2013
上海税务年鉴
SHANGHAI TAXATION YEARBOOK

上海市国家税务局
上海市地方税务局 编

中国税务出版社

图书在版编目(CIP)数据

上海税务年鉴.2013/上海市国家税务局,上海市地方税务局编.
--北京:中国税务出版社,2014.3
ISBN 978-7-5678-0042-7

Ⅰ.①上… Ⅱ.①上… Ⅲ.①地方税收-上海市-2013-年鉴
Ⅳ.①F812.751.42

中国版本图书馆CIP数据核字(2014)第009367号

书　　名:上海税务年鉴(2013)
作　　者:上海市国家税务局　上海市地方税务局　编
责任编辑:陈金艳
责任校对:于　玲
技术设计:刘冬珂
出版发行:中国税务出版社
北京市西城区木樨地北里甲11号(国宏大厦B座)
邮编:100038
http://www.taxation.cn
E-mail:swcb@taxation.cn
发行中心电话:(010)63908889/90/91
邮购直销电话:(010)63908837　传真:(010)63908835
经　　销:各地新华书店
印　　刷:北京联兴盛业印刷股份有限公司
规　　格:889×1194毫米　1/16
印　　张:20.5　彩插:2
字　　数:498000字
版　　次:2014年3月第1版　2014年3月第1次印刷
书　　号:ISBN 978-7-5678-0042-7
定　　价:240.00元

《上海税务年鉴（2013）》

编纂委员会

《上海税务年鉴（2013）》

编纂工作人员

主　　编：胡兰芳

责任编辑：李　明　宁　亚　朱　雷　张莉萍　苏　俊

撰稿人员：（以姓氏笔画为序）

方　彦　王兴桢　田卫芳　石卫平　石海燕
伊　琦　刘　汀　朱　雷　江青松　许　萍
严丽华　严新军　余雪迎　吴海明　宋一萍
张　军　张　帆　张玉霖　张早鸣　李存斌
李　炜　李爱宝　杜　轩　杨　震　杨结应
杨瑞梅　沈　渝　苏　俊　邹晓东　陈文馨
陈佳雯　陈海星　陈　漪　陈熙明　周　健
林寿荣　郑　伟　郑秋芳　金　亮　俞锦林
夏峥嵘　奚波君　徐　凌　诸　赟　郭呈华
顾　书　顾啸凌　堵鹤鸣　戚玉良　梁　丁
黄晓燕　黄颖洁　葛　荣　谢　添　韩秀丽
鲁文杰　熊振宇　潘梓茵　戴　莹

2012年2月6日下午，中共上海市委副书记、市长韩正（左二）、副市长屠光绍（左三）专程前往上海市税务部门视察工作，听取上海市税务部门关于营业税改征增值税试点工作进展情况和2012年相关工作安排的汇报

2012 年 2 月 14 日，国家税务总局局长肖捷（右一）、副局长解学智（右三）赴上海市调研营业税改征增值税试点工作，并在办税服务厅向纳税人了解报税情况

2012年2月14日下午，上海市召开财税工作会议，市长韩正出席并讲话，副市长屠光绍主持。韩正充分肯定了全市税务干部在稳步推进个人房产税和营业税改征增值税试点改革中作出的成绩。韩正指出，2012年是创新驱动、转型发展的关键一年，要紧紧围绕“创新驱动、转型发展”和“五个更加注重”的要求，更多地支持企业的发展，保持经济稳定增长；要突出重点，服务好创新、创业企业和纳税重点企业；要深入推进财税体制改革，全力以赴完成国家交给上海的增值税制度改革试点任务，确保为在全国推广发挥示范作用

2012 年 4 月 27 日，国家税务总局副局长解学智（左二）赴上海进行营业税改征增值税调研，并实地走访了上海国药集团医药物流有限公司了解相关情况

2012 年 5 月 29 日至 30 日，国家税务总局副局长宋兰（左二）赴上海了解征管改革工作情况，并在上海市税务二分局实地了解税源风险管控、特大型企业税源长期跟踪监控等专项评估工作情况

2012 年 5 月 11 日上午，上海市政协主席冯国勤（前右二）率部分政协常委、委员视察了徐汇区税务局办税服务厅，了解营业税改征增值税有关情况

2012 年 12 月 31 日下午，上海市副市长屠光绍（右二）前往上海市税务部门视察并慰问税务干部，并听取 2012 年税务工作情况汇报

2012 年 1 月 20 日，上海市国家（地方）税务局领导顾炬（左二）到浦东新区调研营业税改征增值税情况

2012 年 12 月 10 日，上海市国家（地方）税务局领导庄晓玖为上海市税务系统廉政教育基地揭牌

2012 年 1 月 30 日，上海市国家（地方）税务局领导许建斌（前右一）到上海市税务三分局调研

2012 年 1 月 13 日，上海市国家（地方）税务局领导周振家（左二）到徐汇区税务局调研营业税改征增值税试点情况

2012 年 1 月 16 日，上海市国家（地方）税务局领导胡兰芳（左三）到长宁区税务局慰问税务干部

2012 年 1 月 17 日，上海市国家（地方）税务局领导刘新利（左二）到静安区税务局开展调研慰问

2012 年 6 月 13 日，上海市国家（地方）税务局领导阎更耀（前左一）视察长宁区税务局办税大厅

2012 年 1 月 11 日，上海市国家（地方）税务局领导曹晖（左二）新年慰问虹口区税务局基层一线干部

2012 年 2 月 7 日，上海市国家（地方）税务局领导庞为（左二）到上海市税务二分局调研

2012 年 11 月 5 日，上海市国家（地方）税务局领导吴立民（前左二）代表上海市国家（地方）税务局宣布上海市税务稽查四局新的党组成员及副局长

2012年1月18日，上海市工商联、市财政局、市国家（地方）税务局联合举办营业税改征增值税试点宣讲会

2012年2月2日，上海市国家（地方）税务局对东方传媒集团就营业税改征增值税试点进行走访和调研

2012年2月1日，上海市营业税改征增值税首个申报日。浦东新区办税服务大厅开出全市首张服务业增值税缴款书

2012 年 2 月 7 日，上海市普陀区税务局税务干部在办税大厅指导纳税人填写“营改增”申报表

2012 年 4 月 24 日，上海市宝山区税务局联合区招商办联合主办的区内招商人员“营业税改征增值税知识竞赛决赛”在宝山区文广中心举行

2012 年 1 月 16 日，上海市闵行区政府组织营业税改征增值税培训

2012 年 4 月 16 日，为进一步推进上海市税务部门依法行政工作，优化行政执法效能，上海市国家（地方）税务局召开了全市税务系统依法行政工作会议

2012 年 10 月 10 日，上海市税务系统稽查工作推进会在金山召开

2012 年 11 月 23 日，上海市国家（地方）税务局召开征管改革推进会

2012 年 3 月 21 日，上海市普陀区税务局召开大企业座谈会，并与纳税人签订《税收遵从协议书》

2012 年 12 月 20 日，上海市宝山区税务局召开深入推进征管模式改革动员会

2012 年 12 月 31 日，上海市嘉定区税务局纳税服务中心、风险分析控制中心正式成立

2012 年 8 月 23 日，上海市松江区税务局召开青年依法行政讲座

2012 年 4 月 18 日，上海市税务稽查一局在上海电信大楼召开执法服务现场座谈会

2012 年 7 月 27 日，上海市税务稽查四局组织开展《行政强制法》培训

2012 年 4 月 26 日，上海市闸北区税务局在新客站南广场开展打击假发票违法犯罪活动

2012 年 8 月 7 日，上海市税务稽查五局进行执法督查检查

2012 年 6 月 15 日，上海市台湾同胞投资企业协会向上海市国家（地方）税务局赠送锦旗

2012年4月24日，上海市黄浦区税务局举办税收宣传月纳税服务品牌推介活动

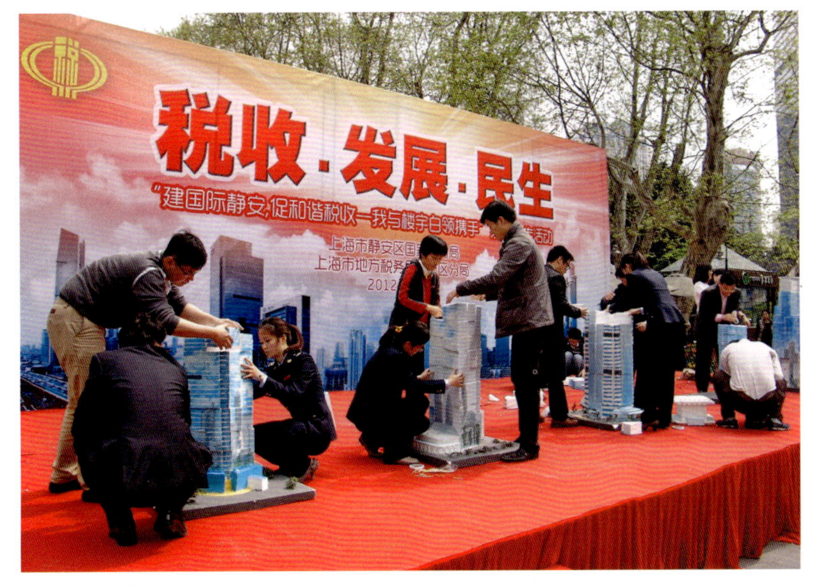

2012年4月14日，上海市静安区税务局举办“楼宇经济助力税收发展——税企楼模拼装户外赛”大型税收宣传活动赛

2012年4月25日，上海市虹口区税务局举办政策专递“微”直播——税收宣传月特色活动

2012 年 1 月 16 日，上海市杨浦区税务局在纳税人学校组织开展个人独资、合伙企业个人所得税汇算清缴政策培训辅导

2012 年 4 月 19 日，上海市闵行区税务局举办“星火燎原”携手小微企业税收宣传互动活动

2012 年 4 月 17 日，上海市嘉定区税务局的青年志愿者向市民发放税收宣传资料，宣传税收知识

2012 年 4 月 5 日，上海市金山区纳税人学校正式启动

2012 年 4 月 21 日，上海市青浦区税务局举办税收宣传月现场签名活动

2012 年 4 月 21 日，上海市崇明县税务局税举办收宣传月“生态旅游与税收”特色活动

2012年4月19日，上海市税务三分局税务人员前往南洋商业银行（中国）有限公司开展税收宣传

2012年3月20日，召开上海市税务系统党风廉政建设工作会议

2012年，上海市奉贤区税务局通过多种方式告知政风行风建设公开承诺

2012年6月29日，上海市国家（地方）税务局召开创先争优表彰暨工作推进会

2012年6月28日，上海市长宁区税务局十七所所长与交易中心负责人现场签订《文明窗口共建协议书》

2012年9月13日，上海市闵行区税务局参加区级机关妇工委“母亲邮包”公益项目捐赠仪式

2012 年 4 月 27 日，上海市松江税务局税务干部参加造血干细胞捐献

2012 年 9 月 19 日，上海市奉贤区税务局举办微型党课观摩会

2012 年 3 月 21 日，上海市国家（地方）税务局在黄浦区税务局召开“撤二建一”调整划转工作专题会议

2012 年 10 月 30 日，上海市税务稽查一局召开处级非领导干部职务晋升民主推荐大会

2012年2月1日，上海市税务系统内门户正式开通

2012 年 3 月 30 日，“上海税务”政务微博正式启动

2012 年 3 月 30 日，上海市税务工商部门管理信息共享签约仪式

2012 年 12 月 20 日，上海市税务系统教学培训实验基地授牌仪式在宝山举行

2012 年 9 月 28 日，上海市税务学会、上海市国际税收研究会正式成立

2012 年 10 月 21 日，上海市税务系统举行第一届职工运动会

2012 年 6 月 30 日，上海市税务稽查六局参加在上海嘉定体育馆举办的“羽动嘉税杯”羽毛球赛

编　辑　说　明

一、《上海税务年鉴》由上海市国家税务局、上海市地方税务局编纂，中国税务出版社出版，是记述和汇集上海税务系统各单位、各部门年度工作及相关文件、数据、图片的资料性文献。

《上海税务年鉴（2013）》真实反映了2012年度上海市税收工作的基本情况，可供有关领导、财税工作者和各类人士查阅参考。

二、本年鉴是年度资料性工具书，力求全面、客观、系统，共设五个篇目，50余万字，采用条目结构和记述体进行编纂，按市级税务和基层税务两条线编排。文字、标点和历史纪年、币制、计量等按国家标准书写。

三、本年鉴稿件由上海市税务系统各单位（部门）提供，并经单位（部门）负责人审核。统计数据以上海市税务规划核算部门提供的图表数据为依据，各单位（部门）提供的资料、数据与其勾稽关系一致。

四、本年鉴机构名称在首次出现时用全称，此后一般用简称。“国家税务总局”简称“税务总局”；“上海市国家税务局、上海市地方税务局”简称“上海市国家（地方）税务局”；“上海市国家税务局”简称“上海市国税局”，“上海市地方税务局”简称“上海市地税局”。“上海市××区（县）国家税务局、上海市地方税务局××区（县）分局”简称“上海市××区（县）税务局”；“上海市国家税务局、上海市地方税务局第一、四、五、六稽查局”简称“上海市税务稽查一、四、五、六局”；“上海市国家税务局、上海市地方税务局第二、三分局”简称“上海市税务二、三分局”。行文中以“总局”“市局”“分局”“区局”进行辅助表达。

五、本年鉴是各级领导和广大编者通力合作的成果，谨向所有为年鉴编辑出版付出辛勤劳动，给予热情支持的单位、部门和个人表示衷心感谢！同时，由于编辑水平所限，难免有疏漏和不当之处，敬请各界人士批评指正。

编　者

2013年12月

目　　录

第四篇　基层税务工作

附　录

综　述

2012年，上海市税务系统重点抓好依法行政和组织收入工作，税收法治、行政效能水平不断提升，税收收入完成7525.6亿元，比上一年增长7.1%，征收的地方级税收收入3378.1亿元，比上一年增长7.6%，与经济发展基本保持同步；全力推进营业税改征增值税和个人住房房产税改革试点、税收征管改革及干部管理和激励制度创新改革，继续推动落实政策、优化服务、建设队伍等其他各项工作，取得一定成效。

依法行政

建立健全各级依法行政工作领导小组，协调、统领税务依法行政工作在各部门、各环节全面推进。建立健全税收政策的反馈机制和税收政策落实的促进机制，并将风险管理理念引入促进税收政策落实工作。完善税务行政处罚基准制度。制定规范性文件政策解读办法，提高规范性和时效性。稳步推进行政审批制度改革，开展行政审批事项《办事指南》《业务手册》编制、行政审批专项评估评审等工作，探索税务行政审批事项网上审批，获“上海市行政审批制度改革标准化示范单位”称号。建立税收政策储备研究工作制度，完成2012年度税收政策储备研究项目25项，为服务科学发展和领导决策提供支撑。试点建立涉税争议前置处理机制，完善纳税人涉税争议救济体系。通过梳理汇编行政复议案例、深入开展《行政强制法》培训考核等方式，促进税务干部强化税收法治观念。

税制改革

按照国家税务总局和上海市委、市政府的统一部署，依托以市区两级试点推进领导小组为核心的统筹协调机制，立足全面动员、全员参与、全力以赴，不断加大政策宣传力度，引导试点企业用足用好政策，加快转变企业经营机制、商业模式和发展方式，提高市场开拓能力；不断完善征管手段，优化纳税服务，持续跟踪试点情况，深入分析试点效应，确保试点的平稳推进、有序运行，在破解影响现代服务业发展的税制瓶颈、落实积极财政政策和结构性减税措施、推动产业结构调整及促进经济发展转型等方面，取得好于预期的改革成效。个人住房房产税试点持续深化。年内，本市税务部门对20.8万套住房完成了房产税征免认定，其中应税住房约3.7万套。通过寄送催缴函、电话沟通等方式，加大2011年度个人住房房产税税款催缴力度，应税住房中已缴税的套数和税额比例均达到93%左右。

税收政策

支持外贸出口，全年办理出口退（免）税817.8亿元。配合做好出口贸易人民币结算业务工作，有279户跨境贸易人民币结算业务企业办理退（免）税申报，税务机关累计审批退（免）税额18.3亿元。继续对注册在上海的保险企业从事国际航运保险业务取得收入免征营业税，将国际航空保险业务纳入国际航运保险业务免征营业税范围。落实启运港退税政策。落实合同能源、软件产品即征即退等税收优惠政策，支持战略性新兴产业发展。继续实施企业研发费用加计扣除政策，优化办理流程。按照规定条件继续做好高新技术企业、技术先进型服务企业、非营利组织、动漫企业、下岗再就业企业等税收优惠资格认定工作。落实提高营业税、增值税起征点等支持小微企业发展的政策，全市缴纳两税的个体工商户数减少11.1万户，降幅为84%，入库税收下降六成左右；免除小微企业发票工本费。做好娱乐业税率的调整及落实工作，支持文化产业发展。围绕改善民生，抓好从事蔬菜批发、零售的纳税人销售蔬菜的免征增值税政策的落实。

征管稽查

深化征管改革。出台税收征管改革的实施意见及其配套文件，上海市直属税务分局建成上海市局风控中心，各征管分局均已组建风控分中心和纳税服务中心，推动风险管理和纳税服务职能专业化实施；搭建全市税收风险分析监控系统，初步完成本市税收数据综合分析库、风险分析监控指标库的建设，形成“市区两级风险识别、等级排序、任务下达，分级实施应对，持续反馈评价”的良性循环工作机制。深化数据分析利用。加强政府部门之间的信息共享及其应用，继续实施江浙沪甬税务登记信息交换。启动上海市普通发票简并工作；调整本市企业税务登记跨区县迁移申请渠道，规范工作程序；针对个体工商户及私房出租等零散税收，制发委托代征税款、代开发票管理暂行办法。加强房地产交易税收管理和车购税管理。规范和强化车船税代收代缴。完善反避税工作机制。强化税务稽查。推进信息化稽查和重大税务案件检查项目制管理，建立与公安、海关部门的打击骗取出口退税违法犯罪三方协作机制，落实对部分重点税源企业自查检查，加强对货运货代行业利用营业税改征增值税试点进行犯罪活动的专项整治，加大发票违法犯罪活动打击力度。全市稽查部门查补收入81.9亿元。

纳税服务

以纳税人合理需求为导向，探索建立“需求采集、需求分析、需求响应和持续改进”工作平台。探索建立办税服务质效管理机制。以个人业务为切入点，梳理出20余项“免填单”服务项目，逐步在系统内推广。加大办税服务场所巡查力度，完善办税服务场所标准化建设。提升12366纳税服务热线质效，并将市级“中心坐席”和区级“远程坐席”建设成为青年干部挂职锻炼培养基地。在网站上新设政策宣传专栏及软件下载、网上办税项目，提供便捷高效服务；拓展税企互动平台功能，参与企业近65万户。开设“上海税务”微博和纳税人学校，拓展征纳沟通渠道。试点建立涉税争议前置处理机制，完善纳税人涉税争议救济体系。开展大企业纳税满意度调查，根据调查结果深化分析大企业的个性化服务需求，并与内控制度较完善、遵从度高的65户大企业（集团）签订税收遵从协议。

队伍建设

贯彻党的十八大精神和习近平同志的重要讲话精神，组织本系统领导干部学习贯彻十八大精神专题研讨班。落实中央政治局关于改进工作作风、密切联系群众的《八项规定》，加强各级领导班子的思想建设、组织建设和作风建设，促进各级领导干部增强工作的主动性和有效性。深入开展创先争优活动，推进学习型机关和文明机关创建。通过学习型党组织创建考评，有9个分局获年度上海市学习型组织，4个分局获上海市学习型党组织创建工作先进单位等称号。在办税服务厅、12366纳税服务热线、税务网站等窗口部门开展“为民服务创先争优”活动。落实党风廉政建设责任制，开展“为政清廉保纯洁”主题教育活动，对部分单位的惩防体系建设情况进行专项检查。完善向纳税人公开政风行风评议情况制度，深化网上测评和向纳税人述职述廉活动，2012年全市政风行风网上测评群众综合满意度在执法部门中排序第三。有序开展科、处级干部的晋升工作，推动干部晋升工作常态化、规范化。开展上海市税务系统“岗位标兵”评比，探索推进税务系统行政执法类公务员管理试点。开展以校训、网训、实训相结合的分层分类培训。

上海市国家税务局　上海市地方税务局 2012年大事记

1　月

1日　按照国家部署，在上海市开展交通运输业和部分现代服务业营业税改征增值税试点。

1日　贯彻落实《财政部、国家发展改革委关于免征小型微型企业部分行政事业性收费的通知》，自1月1日起对小型、微型企业免收发票工本费。

5日　国家税务总局副局长解学智通过视频就“营改增”试点向上海市局提出要求。

5日　财政部等国家有关部门领导听取本市房产税试点情况汇报，并到徐汇区房地产交易中心税务窗口了解征收情况。

5—6日　上海市国家（地方）税务局（以下简称市局）召开税务系统工作务虚会议。

9日　闸北区税务局第一税务所毛琦敏同志被国家税务总局评选为“全国十佳税务工作者”。

10日　上海税务网站改建项目通过专家评审。

12日　国家税务总局局长肖捷致电市局主要负责人，询问有关“营改增”试点推进情况。

13日　市局被市政府评为2011年度“两会”意见提案办理工作优秀单位。

18日　上海市工商联、市财政局、市税务局在世博中心联合举办营业税改征增值税试点宣讲会，市委常委、统战部部长杨晓渡、副市长艾宝俊、市政协副主席王新奎出席，市侨办等部门及2000多家企业代表应邀参加。

19日　市局举行税务系统迎春联欢会。

31日　市局召开12366纳税服务热线青年干部座谈会，市局局长顾炬出席并讲话。

2　月

1日　营业税改征增值税试点首个纳税申报日。截至当日下午16时，全市有5350户“营改增”试点纳税人完成当期纳税申报，涉及增值税税款17027.6万元。

1日　举行内门户启动仪式，市局局长顾炬、党组书记庄晓玖出席，其他各位局领导及各处室主要领导参加。

3日　中共上海市委决定，阎更耀同志任中共上海市地方税务局党组纪检组组长，试用期一年（沪委〔2012〕100号）。

6日　上海市委副书记、市长韩正，市委常委、副市长屠光绍到市税务局视察，听取“营改增”试点工作进展情况和市税务部门2012年相关工作安排的汇报。

13日　财政部部长谢旭人、副部长王军等领导来沪听取市财政局、市地税局、市房管局有关个人住房房产税试点工作情况汇报。市委常委、副市长屠光绍出席。

14日　国家税务总局局长肖捷、副局长解学智来沪调研“营改增”试点进展情况，视察徐汇区办税服务厅，并在市局与纳税人代表和税务干部座谈。

14 日　上海市政府召开财税工作会议，市长韩正出席并讲话，副市长屠光绍主持，市局局长顾炬作工作报告。

22 日　市局发布《关于调整本市企业税务登记跨区（县）迁移申请渠道的公告》，明确本市纳税人跨区县迁移可直接通过上海税务网站提出注销申请，也可向市税务登记受理处大厅提出申请。

3　月

1 日　市局会同市交通港口局、市商务委、市现代物流协会，并组织部分交通运输企业代表，就“营改增”试点工作举行座谈会，市局局长顾炬出席。

3 日　市局志愿者服务总队荣获“2010—2011 年度上海市志愿服务先进集体”“上海市青年五四奖章（集体）”等荣誉称号。

20 日　市局召开税务系统党风廉政建设工作视频会议。市局局长顾炬主持会议，党组书记庄晓玖作题为《着眼长远、永葆纯洁，深入推进全市税务系统党风廉政建设》的主题讲话。

25—28 日　国家税务总局副局长解学智一行来沪视察，了解上海“营改增”试点工作推进情况。

28 日　市局发布《关于启用新版普通发票的公告》（上海市国家税务局公告 2012 年第 3 号），明确本市新版普通发票于 2012 年 4 月 1 日正式启用。

29 日　北京市常务副市长吉林率北京市有关部门领导来本市调研了解“营改增”试点工作。

29 日　市局召开党员代表大会，选举庄晓玖等两位同志为市税务局直属机关系统出席市委十届党代表大会的代表。

30 日　市局举行局长在线访谈暨第 21 个全国税收宣传月启动仪式，市局局长顾炬出席。

30 日　“上海税务”微博正式开通。市局局长顾炬、党组书记庄晓玖出席，其他局领导及各区县税务局、各直属分局和市局机关各处室主要负责人参加。

30 日　市局与市工商局联合签署《上海工商和税务部门政府信息共享协议》。

31 日　根据国家税务总局批复，撤销上海市黄浦区国家税务局、上海市卢湾区国家税务局，设立新的上海市黄浦区国家税务局。根据市编委批复，撤销上海市地方税务局黄浦区分局、上海市地方税务局卢湾区分局，组建新的上海市地方税务局黄浦区分局。

4　月

5 日　国家税务总局发布《营业税改征增值税试点地区适用增值税零税率应税服务免抵退税管理办法（暂行）》（国家税务总局公告 2012 年第 13 号），本市零税率应税服务免抵退税工作正式启动。

16 日　市局召开税务系统依法行政工作会议，市局局长顾炬出席并讲话。

25 日　上海市税务网站荣获“上海市政府网站优秀集体”称号。

25—28 日　国家税务总局副局长解学智一行来沪视察，了解本市“营改增”试点推进情况。

4 月　市局成立 9 个检查组，由市局领导班子成员分别带队，对浦东新区税务局等 9 个单位近 3 年推进惩防体系建设情况开展检查。

5　月

1 日　市局与上海市商务委、发展改革委、公安局、工商局、纠风办联合开展为期 3 个月的大型零售企业收费情况专项检查。

3日 市局团委举办“寄语青春，共享成长——党政领导与团员青年交流座谈会”，市局局长顾炬出席并讲话，本系统内120余名优秀青年代表参加。

10日 市局召开“营改增”试点工作推进会，市局局长顾炬出席并讲话。

11日 上海市政协主席冯国勤率部分政协常委、委员到财税部门视察调研“营改增”试点工作，对“稳步推进增值税制度改革”等提案开展重点督办。

12日 上海市委宣传部在市局主持召开“营改增”试点新闻通气会，上海市财政局、市税务局主要领导向与会媒体通报“营改增”试点一季度以来的推进情况及其成效，并就部分行业企业税收增加、财政扶持政策落实、改革试点扩围等热点问题回答媒体记者的现场提问。

17日 市局被市政府评为2011年度政府信息公开和政务公开工作优秀单位。

29—30日 国家税务总局副局长宋兰一行来沪视察税收征管改革工作。

30日 国家公务员局副局长吴云华一行，在总局人事司副司长殷宝珍，上海市公务员局局长应雪云，市局党组书记庄晓玖陪同下，到虹口区税务局进行调研座谈，并实地视察办税服务厅。

6 月

19日 中共上海市委发文，同意周振家同志退休（沪委〔2012〕408号）。7月5日，上海市人民政府发文，免去周振家的上海市地方税务局巡视员职务（沪府任〔2012〕81号）。

20日 由市局牵头组织的江浙沪甬税务信息交换联动机制第五次工作会议在崇明县召开。大会通过《江浙沪甬四地税务信息交换联动机制工作规程》《江浙沪甬四地税务信息交换联动机制非正常户信息交换操作规范》和《江浙沪甬四地税务信息交换联动机制红字发票信息交换操作规范（试行）》。

28日 财政部、国家税务总局和上海市三方在沪召开“营改增”试点情况汇报会，国家税务总局副局长解学智、上海市副市长屠光绍和财政部等中央有关部委司局领导及部分专家学者参加。

29日 根据国家税务总局批复，成立上海市浦东新区国家税务局临港税务分局、上海市浦东新区地方税务局临港分局，并将上海市浦东新区国家税务局外高桥保税区税务分局、上海市浦东新区地方税务局外高桥保税区分局分别更名为上海市浦东新区国家税务局综合保税区税务分局、上海市浦东新区地方税务局综合保税区分局。

29日 市局召开纪念建党91周年暨创先争优表彰和工作推进会，授予上海市税务稽查一局第四党支部等10个基层党组织“先进党支部”称号，董伟艺等22人“优秀共产党员”称号。

7 月

11日 市局房捐档案705卷（所属期为1949年至1956年）顺利移交市档案馆。

25—26日 市局局长顾炬、党组书记庄晓玖参加国家税务总局召开的深化征管改革工作会议，上海在会上作交流发言。

26日 在上海市政府召开的上海市行政审批制度改革工作会议上，上海市税务系统作为本市首批行政审批标准化示范单位被授牌。

27日 在年中全国税务工作会议期间，国家税务总局局长肖捷主持召开专题会议，对扩大“营改增”试点进行工作部署，对上海继续深化改革试点提出要求。

8 月

1日 财政部、海关总署、国家税务总局联合下发《关于在上海试行启运港退税政策的通知》（财税〔2012〕14 号），决定从 2012 年 8 月 1 日起在青岛、武汉至上海洋山保税港区之间试行启运港退税政策。

3 日 市局发布《上海市国家税务局、上海市地方税务局委托代征税款及代开发票管理暂行办法（试行）的公告》（上海市国家税务局、上海市地方税务局公告 2012 年第 4 号），将市场管理方、物业公司等企业单位引入协税护税体系。

8 日 市局举行征管改革工作专题研讨会，市局局长顾炬出席，有关局领导及处室主要负责人参加。

10 日 上海市政府新闻办、市财政局、市税务局联合举行 2012 年上半年本市“营改增”改革试点实施情况新闻通气会，市财政局、市税务局主要领导分别作了专题宣讲。

20 日 8 月 20 日至 9 月 15 日，税务总局巡视组对市局党组领导班子及其成员近年来的工作情况开展巡视检查。23 日举行巡视动员大会，市局局长顾炬主持。

21—22 日 市局召开全市税务工作会议。

22—23 日 全国人大财经委副主任委员高强，常委会预算工委副主任姚胜、黄建初来沪调研“营改增”、房产税改革试点等情况。

31 日 5—8 月，组织完成全市 2011 年度税收减免税统计调查工作。共调查 74.6 万户企业（不含个体工商户），实际享受减免税政策的企业 32.3 万户，减免税额 1483.6 亿元。

9 月

15 日 市局局长顾炬做客上海人民广播电台“政风行风热线”栏目，与市民进行对话交流，“上海税务”微博进行全程“微直播”。

26 日 根据市级机关党工委部署，组织市局直属单位选举，一致推荐顾炬同志为市级机关系统的市第十四届人大代表。

27 日 市局荣获十一届市政协提案办理工作先进单位称号。

27 日 在嘉定区和崇明县启动上海市工会经费税务机关代收工作。

28 日 上海市税务学会、上海市国际税收研究会成立。经选举，许建斌为上海市税务学会会长，周振家为上海市国际税收研究会会长。

10 月

21 日 上海市税务系统第一届职工运动会在上海东方体育中心举行开幕仪式。上海市政府副秘书长蒋卓庆宣读上海市委常委、副市长屠光绍发来的贺信，市局党组书记庄晓玖和上海市民运动会组委会副主任兼秘书长、上海市体育局副局长李伟听分别致辞，市局局长顾炬宣布运动会开幕。

30 日 市局举行以“倾听诉求，把握需求，构建和谐征纳关系”为主题的局长在线访谈活动，局长顾炬主谈。此次访谈首次将税务网站“在线访谈”和税务微博“微访谈”相结合，采用同时在线、同时接收、同时回答的模式与网友进行交流、互动。

11 月

6 日 市局印发《关于本市推进税收征管改革的实施意见》（沪国税办〔2012〕27 号）及其配套文件，正式成立市、区两级税收风险分析监控中心和纳税服务中心。明确市税务二分局承担市风控中心职责，市局纳税服务处承担市纳税服务中心职责；各区县纳税服务中心、风险分析监控中心分别与分局的纳税服务、信息技术部门实行一体化实体运作。

8 日 市局成立上海市税务系统治理商业贿赂专项工作领导小组，市局局长顾炬、党组书记庄晓玖任组长，其他局领导任领导小组成员。

8日 组织处以上干部收看党的十八大开幕直播。

17日 上海市税务工会获得上海市第一届市民运动会“民生奖”金杯；上海市税务系统代表团获得“民众奖杯”。

20日 市局召开中心组（扩大）学习会，传达党的十八大精神，党组书记庄晓玖主持会议，并就税务系统学习宣传贯彻十八大精神提出具体要求。

23日 市局与上海市公安局签署《上海市税务和公安部门政府信息共享协议》。

12 月

4日 市局召开税务非行政审批事项改革工作第一次推进会议，拉开非行政审批事项改革工作帷幕。

10日 上海市税务系统廉政教育基地揭牌仪式在上海税务干部学校举行，党组书记庄晓玖为基地揭牌。

20日 市局发布《关于在本市范围内实施纳税申报制度改革的公告》（2012 年第 9 号），自 2013 年 1 月起对符合条件的纳税人申报期限由月度改为季度。

25—26日 市局局长顾炬、党组书记庄晓玖参加国家税务总局年度工作会议，上海在会上作交流发言。

31日 根据上海市委统战部部署，经推荐，确定庄晓玖、韩曙同志为上海市十二届政协委员。

第一篇 专文

推进营业税改征增值税试点

根据国家部署，从2012年1月1日起，对上海市从事交通运输业及部分现代服务业的纳税人，由营业税改征增值税（以下简称“营改增”）。试点启动一年来，在党中央、国务院的坚强领导下，在财政部、国家税务总局的直接指导下，上海市税务系统精心组织“营改增”试点，认真开展试点企业确认、宣传培训辅导、应用系统调整、征管风险监控、效应跟踪分析等相关工作，各项措施有机衔接，试点进展平稳有序，运行情况总体良好，初步取得成效。

一、“营改增”试点的基本运行情况

2012年，共有15.9万户企业经确认后纳入“营改增”试点范围。其中，一般纳税人约5.6万户，占35.2%；小规模纳税人约10.3万户，占64.8%。年内共新增试点纳税人4.1万户，其中2.3万户为新办企业。从其行业分布看，主要集中在文化创意、鉴证咨询及研发和技术服务，在一定程度上体现了税改对新兴产业发展的促进作用。

营业税改征增值税试点对全市应税服务企业及试点下游企业的税收均产生影响。从运行情况看，试点下游企业因进项抵扣内容增加，直接享受结构性减税的政策优惠；试点小规模纳税人因征收率调整明显减少税收（减少15.0亿元）；试点一般纳税人有增有减，整体税负较原营业税明显减少（减少30.0亿元）；出口应税服务退税税额为3.4亿元；申报免税税额约为8.1亿元。

从行业分析，一般纳税人税收累计变化“一增六减”，其中：有形动产租赁服务税收增加1347.1万元，其他应税服务整体税收下降。从运行趋势看，税收增加户数占试点纳税人总户数比例不断下降，由试点初期占比11.3%到12月的9.4%，基本呈现逐月下降态势。

试点初期矛盾比较突出的交通运输业由首月税收增加0.8亿元，到12月累计减少0.8亿元，呈“前高后低、逐月下降”的特征。

“营改增”试点一年来，总体运行呈现了试点纳税人稳步增加，新办试点企业体现产业导向；试点纳税人整体税负明显减少，税负增加企业比例逐月下降；交通运输业税负前高后低，负面影响有所减弱的特点，取得了推动经济转型发展，二、三产业融合、中小微型企业税制环境优化、促进就业的积极效应，为国家层面进一步规范税制，深化财税体制改革积累了经验，达到了先行先试的预期目的。

二、“营改增”试点工作的开展情况

（一）各级领导高度重视

为确保“营改增”试点平稳有序推进，国务院和财政部、国家税务总局及上海市委、市政府领导给予了高度重视。试点1年来，国务院领导就如何扎实开展试点工作多次作出重要指示，提出明确要求。财政部、税务总局领导每月听取工作汇报，多次到沪开展调研，强化具体指导；相关司局在制度设计、政策执行、操作保障等诸多方面给予全力支持，尤其是对试点过程中出现的新情况、新问题及时应对、及时解决。上海市委、市政府把推进实施“营改增”试点列为2012年全市重点推进的第一项改革工作，主要领导多次深入企业、基层税务部门调研了解情况，对推进试点作出指示。各级领导的高度重视，为顺利推进试点提供了坚定的目标指向。同时，在各级领导的关心支持下，建立了国家、市、区县三级试点工作统筹协调推进机制，为试点有效运作提供了有力的组织保障。

（二）各项工作平稳推进

上海市税务部门充分认识到既要确保试点平稳推进、舆情稳定、风险可控的大局，为全国改革试点当好“排头兵”；又要紧密结合试点阶段性特点，不断改进完善具体方案、制度、措施，为深化改革试点当好“铺路石”，从试点初期密切关注改革进展和外界反响，深入开展调研分析，在具体工作实践中分试点的不同阶段关注不同的重点，做到内外并举，前后衔接，确保试点有序平稳推进。

1. 在前期准备阶段，在充分准备、强化宣传、范围界定、认定操作等环节上下工夫，区分内、外两个层面开展工作。

对内建立三个保障及明确工作目标，为顺利启动“营改增”试点，建立组织保障、加强干部保障、落实制度保障，着手制定本市贯彻实施意见及方案，明确一系列工作规程及操作细则。同时，提出了“2012年1月顺利开票、2月平稳申报”的目标，要求在强化内部业务培训的基础上，全体税务干部全面动员、全员参与、全力以赴地投入“营改增”试点。在试点准备期和运行期前两个月，市局有关处室坚持每天召开工作例会，对收集的问题明确处理意见，基本做到当天问题当天解决。

对外紧盯宣传、培训和辅导重要环节，通过各种途径开展全方位、多层次的对外宣传。开展大规模的业务培训、“点对点”的操作辅导；通过各大主流新闻媒体和政府网站加大宣传力度；多次召开主要媒体新闻发布会，及时解读重要政策，详细解答社会普遍关心的热点问题。与此同时，我们加大向上海市人大、市政府、市政协的专题汇报和向相关委办局、行业主管部门、社会团体、行业协会的宣传力度，积极开展专题宣讲，取得理解和支持，形成推进试点的工作合力。

2. 在正式运行阶段，以试点运行的持续跟踪及其风险防范为重点关注内容，以增值税链条管理、风险管理、操作口径统一为抓手，全程跟踪调研试点效应、全面强化风险管理。

全程跟踪调研试点效应。通过实地走访、企业座谈等多种形式开展调研，跟踪、掌握试点运行的实际效果，切实做好试点运行情况的月度、季度和年度分析；通过12366服务热线等渠道广泛收集汇总企业在试点过程中遇到的各类问题，认真分析成因，寻找破解途径；通过数据积累，特别是结合相关政府部门、行业主管部门、行业协会的第三方数据，深化试点效应分析，客观评价试点方案的实施成效，综合分析试点对完善税收制度、促进转型发展的作用体现。在调研基础上反映的经营性租赁行业税收增加等突出问题，税务总局已正式发文明确；对试点初期税负上升矛盾突出的交通运输业，及时选取了近600户一般纳税人交通运输企业，对其成本、收入、进项税额等财务指标进行持续跟踪分析，以点带面地剖析影响该行业税负变化的主要因素，以及从中体现的该行业经营周期性特点和纳税人对增值税抵扣的理解、认识情况。试点中特别关注、跟踪重点企业，以税负增加或减少为标准，分别确定排名在前的100户（共200户）企业作为税改重点关注企业，明确了相关的跟踪分析要求，以期通过持续跟踪、分析，深入了解税改对企业、行业及本市经济的影响，为完善税制提供依据。

全面强化深化风险管理。在日常征管中，

基于试点后货运、货代行业虚开发票行为有所抬头的基本判断，针对行业特点进行逐个环节的排摸、分析，对于试点企业销售额激增、用票量激增或者“休眠”企业突然复苏且业务量激增等情况，加强监管，全力规避或减少涉税案件特别是票案的发生；针对交通运输行业、货物运输代理行业等发票违法犯罪新动向，加大稽查力度，并加强了稽查、征管、货劳部门的协同联动，将稽查中发现的征管、政策方面存在的问题及时进行修正。在风险管控上，于运行初期从“营改增”管理的事前、事中、事后出发，加强全过程风险管控，在此基础上优化指标设计，使风险分析识别的精准度得到进一步提高；延伸风险管理的深度，聚焦重大政策变化，从源头加以防范。此外，在落实涉及重大政策变化业务事项时，及时分析政策方面可能存在的薄弱环节，从源头掌控，并同步制定风控措施；同时，依托第三方信息，加大监控力度。先后进行了两批次的风险识别、排序和应对，共计应对2038户疑点纳税人，查处491户，补税金额2070余万元，遏制发案势头效果明显。

三、试点效应

由于方案总体设计科学合理，符合改革发展方向，并能确保整体运行平稳可控，社会各界改革共识逐渐趋于一致。通过一年的改革实践，各项预期效果得到较好印证，成效明显。主要体现在三个方面：

（一）制度效应

实现“营改增”后，随着试点企业从原营业税税制向增值税税制成功转换，标志着上海率先在“1+6”行业领域打通了连接二、三产业增值税抵扣的链条，从制度上基本解决了货物和劳务税制不统一和营业税的重复征税问题，从而使试点成为迈出增值税制度改革关键一步和全面推动税制结构优化的重要契机，符合从广度上深化增值税制度改革的要求，符合“十二五”时期税制改革的总体目标方向；还实现了试点行业现代服务业税制与世界通行做法的接轨，为加快发展现代服务业，促进专业化分工合作，增强综合服务功能，创造了公平竞争的税制环境。

（二）减负效应

营业税改征增值税试点为已在实施的以结构性减税为重心的积极财政政策提供了一个重要抓手，构成了结构性减税的重要内容。减少了因增值税转型改革所带来的营业税税负相对上升现象；减少原适用增值税、营业税的纳税人所承受的重复征税现象，减轻了税负；随着6%、11%两档较低税率引入，使增值税的整体税负水平趋于下降。

（三）发展效应

1. 抵扣链条打通，促进产业发展和二、三产业融合发展。本次营业税改征增值税试点行业属生产性服务业范畴，在整个产业链条中处于中游位置。抵扣链条打通后，其对产业结构调整的积极作用将以第三产业为核心向上游产业延伸和向下游产业辐射，既促进了二、三产业分工协作、融合发展，又带动了自身及上游、下游企业的互相作用、共同发展。

试点对应税服务上游企业的影响体现在试点企业为增加进项抵扣，一是更倾向于更新设备，增加对设备的采购量，客观上促进了上游制造业、修理修配业发展；二是更倾向于将服务外包，向其他试点企业购买应税服务，促进分工细化，增加上游服务行业的业务量。

试点对应税服务下游企业的影响体现在下游企业税负全面减轻，且减税幅度相对较大，进而增强了企业的竞争力；吸引下游企业向试点纳税人购买应税服务，促进了服务业的发展。

试点促进了二、三产业融合发展。生产性服务业体现了制造业和服务业、产品和服务的融合发展。在深化产业分工方面，“营改增”既从根本上解决了多环节经营活动所面临的重复征税问题，推进现有营业税纳税人之间加深分工协作，也从制度上使增值税抵扣链条贯穿于各个产业领域，消除目前增值税纳税人与营业税纳税人在税制上的隔离，促进各类纳税人之间开展分工协作。将现行适用于第三产业的营业税改为实行增值税，更有利于第三产业随着分工细化而实现规模拓展和质量提升。同时，分工会加快生产和流通的专业化发展，推动技术进步与创新，增强经济增长的内生动力，有利于制造业和服务业融合发展。

2. 从结构调整上促进了城市综合服务功能持续稳步提升。随着“营改增”试点深入推进，进一步吸引了各类投资和生产要素向现代服务业集聚，使得全市“1 +6”试点行业都有了不同程度的较快发展，促进了城市综合服务功能持续稳步拓展。

各类投资和生产要素向现代服务业加速集聚。2012 年全市共有 15.9 万户企业纳入了“营改增”试点范围，比年初的11.8 万户新增了 4.1 万户。其中，1.8 万户企业在试点期间新增了试点服务项目，2.3 万户新办的试点企业主要集中在文化创意服务（占比约 31.8%）、鉴证咨询服务（占比约27.4%）、研发与技术服务（占比约 16.4%）等新兴产业，“营改增”改革对上海产业结构优化的引导、促进作用进一步显现。

国际性跨国公司落户上海的意愿增强。2012 年全市新认定跨国公司地区总部 50 户、投资性公司 25 户、研发中心 17 户，使总部经济数量达到“千户数”，集聚效应初步显现，为现代服务业的加快发展注入了新的动力。

服务业的增长质量进一步提升。2012 年全市信息服务业增加值占全市 GDP 比重首次超过房地产业，互联网成为增速最高的领域，达到 30% 左右，有力地促进了智慧城市的加快建设。生产性服务业持续稳步发展，增加值同比增长 16%，明显高于餐饮、旅游等传统服务业增长速度，服务业内部结构进一步优化，增长质量显著提升。

3. “营改增”为小微企业发展提供了良好的税制环境。小微企业从“营改增”中得到了扶持。一方面，税改中广大小微企业税负明显减轻，使企业活力得到增强，也使国家大力扶持小微企业发展的政策落到实处。据分析，10.3 万户小规模纳税人中的绝大多数是小微企业，从原来按 5% 税率缴纳营业税调整为按 3% 的征收率缴纳增值税，税负降幅达到 40% 左右，成为本次试点改革的受益者。另一方面，税收环境优化给小微企业带来发展的动力，既能使小微企业做大做强后可以成为一般纳税人，开具增值税专用发票供下家抵扣，增加业务量，也能推动小微企业规范经营、持续增长，为稳增长、调结构、促就业做出更大的贡献。

4. 支持和促进了服务贸易出口。“营改增”后，通过对国际运输服务和研发设计服务实行服务贸易出口退税政策，对技术转让、技术咨询、鉴证咨询等服务贸易出口实行免税政策，形成出口退税宽化和出口退税深化的制度效应，有效地增强了试点企业出口服务贸易的意愿，提升了服务贸易出口的价格竞争优势，扩大了现代服务业的国际市场需求，有效地调动了服务贸易出口试点企业为境外单位和个人提供服务贸易的积极性。同时，随着出口货物接受试点纳税人提供交通运输和部分现代服务业劳务所负担的进项税额可以退还，提升了商品的出口竞争力。

（市局货物和劳务税处、办公室供稿 熊振宇、苏俊执笔）

深化税收征管改革

2012年，上海市税务部门深入贯彻落实全国税务系统深化税收征管改革工作会议精神，明确把促进“两轮（优化纳税服务和强化风险管理）驱动”作为上海征管改革的指导理念，牢牢抓住“征纳沟通机制”和“风险分析监控”两大核心，通过专业分工、分级实施、体系建设，着力推动征管改革向面上和纵深发展。

一、统一思想，加强领导，凝聚改革推进合力

围绕税务总局提出的改革总体要求和目标原则，结合上海工作实际，进一步统一思想、加强领导、周密部署，在全市税务系统形成齐心协力、众志成城的良好改革氛围。

（一）学习贯彻总局精神，统一改革思路。市局领导班子第一时间深入学习领会税务总局深化税收征管改革工作会议精神，并召开上海市税务工作会议，在全市税务系统传达了总局领导的讲话精神，组织各分局负责人开展专题讨论，在全市税务系统进一步统一了思想，理清了思路，提高了认识。结合研究制定本市实施方案，通过征求基层意见、开展实地调研等形式，广开言路，集思广益，既深入了解基层工作实际和思想动态，也在深入研讨、反复推敲中进一步达成共识，为深入推进改革奠定良好思想基础。

（二）研究制定实施方案，明确改革步骤。在深入调研的基础上，结合地区税收征管工作的探索和实践，陆续制发了等9个工作制度和1个参考材料，进一步细化改革的阶段目标、实施路径和工作任务，明确把纳税服务和风险管理作为推进税收征管改革的“两轮”，按照“依法行政、稳步推进、求实创新、因地制宜、监督制约”的原则，同步配套完善联动机制和机构职能后，加以驱动。

（三）建立健全组织机构，强化改革领导。成立市区两级税收征管改革领导小组和工作小组，统筹规划、实施和协调征管改革各项工作；围绕推进“两轮驱动”，组建市区两级纳税服务机构和税收风险分析监控管理体系，建立健全相对应的纳税服务联席会议、税收风险分析监控管理联席会议制度，设立纳税服务中心和风险控制中心，构筑起构建上下协调联动、内部紧密衔接，运转顺畅、科学高效的组织架构，为推动税收征管改革提供了组织保障。截至年底，全市共设立市局风控中心1个（市税务二分局）、市局纳服中心1个（市局纳税服务处）、分局风控中心18个和分局纳服中心17个。

（四）分类开展宣传引导，营造改革氛围。坚持未雨绸缪，提前谋划，周密考虑改革可能遇到的困难和阻力，做好内部思想发动和针对性宣传引导。特别是按照总局要求，做到“三个讲清楚”，以此争取当地政府和有关部门的关心和支持，争取纳税人的理解和配合。改革方案出台后，于12月集中组织开展2期岗位培训，共12.5天，近20个培训专题，培训干部1500余人次，有效引导广大税务干部树立大局观念，正确对待改革，积极参与改革，全力推进改革。

二、优化服务，强化管理，迈出改革扎实步伐

按照“两轮驱动”为重点的2012—2015年改革工作要求，充分发挥纳税服务在引导纳税人税法遵从方面的基础性、先导性作用，建立健全征纳沟通机制；同时，以风险管理为导向，建立健全税收风险分析监控管理体系，实施分类应对，有效防范和避免税收流失，“两轮驱动”专业化程度显著提升。

（一）提升风险分析监控专业化水平。注重发挥市区两级税收风险分析监控中心作用，形成两级联动、持续完善的两级风险识别排序的闭环工作机制，搭建“统一分析、分类应对”的风险管理体系。建立健全纳税评估机构，强化纳税评估，截至2012年底，全市共设有纳税评估所41个，专职从事纳税评估工作的税务干部563名。以行业管理为抓手，加强行业指标的建设，初步建立了风控行业指标体系，形成了一批经过实践的有效指标，并通过信息化手段保障应用。包括在2011年形成的20个行业评估指标的基础上，以国民经济行业划分为标准，根据本市税收收入情况，启动“7+7”行业指标体系的建设，上述行业的税收收入占到全市的70%；通过项目实施带动指标建设的推进，市风控中心通过三次专项工作形成指标51个，从区县对指标评价的反馈情况看，有效率高于50%的指标共有25个，占比49.02%；各区县分局形成指标218个，经实践使用效果较好的132个，占比60.55%。2012年，全市应对风险纳税人13682户，查有问题户7215户，准确率52.73%，补缴税款11.68亿元。

（二）提升征纳沟通专业化水平。完善网站微博管理机制，切实增强征纳互动功能；完善市区两级12366纳税服务热线，全力打造青年干部锻炼培养基地，全年共受理咨询150余万次，用户满意度达到98.44%；有效发挥纳税人学校作用，提供税收政策宣传辅导服务，全年共开课1449期，参加培训人次达22.3万，提高纳税服务的针对性和有效性；深化互动参与平台功能应用，提供个性化、交互式服务，提高税企互动的实效性，截至年底，已实现与62万户企业的良性互动；全面收集梳理各类纳税人的呼声，全年共编制《本市纳税人呼声信息周报》16期，反映纳税人呼声23件，基层呼声27件，形成由点及面、由个案到制度解决纳税人实际问题的长效管理机制；及时整改投诉举报反映的突出问题，受理并及时处理纳税服务投诉369件，妥善处理涉税争议6件，初步形成纳税服务投诉受理、调查、分析、反馈、改进的良性循环机制。

（三）提升税源分类分级管理专业化水平。根据纳税人的类型特点，将税源管理职责在各层级、各部门、各岗位之间进行科学分解和合理配置，为提高纳税服务和风险管理的针对性创造有利条件。中心城区分局统一按行业、规模兼顾特定事项的模式调整管理所设置；区县分局循序渐进，逐步到位，打破传统按镇设所的固定模式。深入推进大企业税收专业化管理，在市级层面，由市税务三分局负责银行、保险等金融机构和国家级要素市场等大企业，并配置以大企业为管理对象的市局风控中心和市局直属稽查局；在区级层面，由各区县分局设立重点税源管理所，对重点行业大企业实施集中征管，初步形成市区两级大企业税收专业化管理的机构和机制。

三、夯实基础，整合资源，构筑改革坚强保障

从联动机制、管理基础、人力资源配置、信息管税四个方面，将税源管理职责和征管资源在不同层级、部门和岗位间进行科学分解、合理配置，夯实管理基础，全力为征管改革提供保障和支撑。

（一）建立畅通有序的税收管理集约联动运行机制。市局统筹协调，通过建立纵向联动机制，强化职责分级管理后各层级间的纵向配合，形成合力；通过建立横向互动机制，加强纳税服务、风险分析监控管理、风险应对等专业化分工后各环节的衔接、合作；通过建立外部协作机制，加强与政府相关部门和社会组织的沟通，推进信息共享，完善综合治税、协税护税的体制，形成征管各要素、各环节间集约联动的立体化工作格局。同时，深入开展流程、岗责、考核等内部管理制度建设，按照流程再造的理念，修订岗责体系，简并岗位、简化流程、压缩层级、明晰责任、细化考核、强化监督，作为绩效考核依据。同时，按照改革进程，规划和调整相适应的机构职责，促进税收征管新格局的建立。

（二）夯实管理基础。加大信息采集共享力度，于12月起开展全市普通发票明细数据采集试点，要求试点纳税人每周通过电子申报或上门申报渠道上报开具的发票明细数据；市局先后与上海市工商部门、上海市公安部门签署协议，以制度化形式明确信息交换的周期及方式；与上海市住房保障房屋管理局商定房地产交易和登记信息、房屋动拆迁信息、房产开发企业销售备案信息、房屋租赁等信息的交换和共享事宜。持续提高数据质量，在上海税务网上申报企业端软件中增设财务报表预审提醒功能，依托54项校验指标，在全市范围内全面推行财务会计报表申报事前审核提醒工作。将综合征管软件中采集的23套月度财务报表和29套年度财务报表在税收数据综合分析库中进行了整合归并，将上述报表整合成1套统一的报表样式，便于后台数据分析利用。持续开展企业财务会计报表采集质量分析和通报，开展财务会计报表认定申报率和差错率管理，数据质量持续得到提升。于12月制发文件，决定从2013年1月起，对符合条件的纳税人的申报期限由月度改为季度，进一步减轻纳税人和税务机关工作负担。建立健全委托代征税款、代开发票管理制度，针对个体工商户及私房出租等零散税收，以信息化手段为依托，将市场管理方、物业公司等企业单位引入协税护税体系，进一步明确受托单位的执法主体地位，规范代征税款和代开发票行为。

（三）建立分类分级的专业化管理人才队伍。加强人力资源的优化，根据不同的专业化管理岗位需要，对现有的管理人员进行重新组合，优化人力资源配置；加大继续教育力度，更加注重税收专业知识的培训，重点掌握各行业、各类别专业管理技能，尤其要培养出具有决策指挥能力的专家型领导人才，培养出具有分析、评估、稽查等能力的技术人才，尽快建立起一支综合素质高、专业技能强的税收专业人才队伍。形成以事定岗、以岗择人、人尽其才、才尽其用的专业化人才队伍，确保改革目标的实现。

（四）强化信息化平台支撑。结合金税三期工程的实施，以涉税信息的采集、分析、应用为主线，进一步推动业务与技术的融合，按照征管改革的要求重构征管业务流程，实现服务、管理业务的创新和方式、手段的突破。启动本市税收风险分析监控系统建设工作，通过整合综合征管软件（上海）、增值税防伪税控系统、税控收款机管理系统等各类信息系统数据，集成各类数据查询系统，并对系统数据进行统一处理、分析、展现与推送，对项目、指标、案例管理、大企业税源监控等风险分析监控业务进行有效支撑。启动大企业税源监控管理平台建设，通过对单户纳税人实施持续跟踪和信息收集，采取监控模型测算、指标趋势跟踪、关联交易分析和涉税情报利用等手段，对纳税人税收遵从度进行长效评价，并据此采取不同的风险应对措施，以实现对税收风险的主动化解和对征管效能的切实提升。对办税服务厅、网站微博、12366纳税服务热线和税企互动平台等纳税服务平台进行有效整合，探索建立以信息化建设为强力支撑的标准统一、功能全面、运转协调的一体化纳税服务平台。

（市局征管和科技发展处、纳税服务处、办公室供稿　金亮、黄晓燕、黄颖洁、潘梓茵、苏俊执笔）

重要文献

上海市人民政府工作报告

——在上海市第十四届人民代表大会第一次会议上的讲话

上海市代市长　杨　雄

（2013 年 1 月 27 日）

各位代表：

现在，我代表上海市人民政府，向大会报告本届政府过去五年工作，对今后五年及2013年工作提出建议，请予审议。请政协委员和其他列席人员提出意见。

一、过去五年工作回顾

市第十三届人民代表大会第一次会议以来的五年，全市人民在党中央、国务院和中共上海市委的坚强领导下，高举中国特色社会主义伟大旗帜，以邓小平理论、“三个代表”重要思想为指导，深入贯彻落实科学发展观，攻坚克难，砥砺奋进，加快推进“四个率先”，加快建设“四个中心”，开启了创新驱动、转型发展的新局面，完成了本届政府工作目标和任务。

五年来，我们在中央的直接领导和全国人民的大力支持下，坚持科学办博、勤俭办博、廉洁办博、安全办博，举全国之力、集世界智慧，举办了一届成功、精彩、难忘的世博会，城市国际影响力显著提升。八年艰辛筹备、184 天精心举办，全市人民齐心协力，社会各界共襄盛举。高质量完成世博会场馆和城市基础设施配套建设，认真做好活动策划、招展布展、对外推介等筹办工作，全面开展迎世博 600 天行动计划。面对参观人流长时间高度聚集，坚持以人为本，不断改进园区服务和城市运行管理，周密细致做好安保、交通、外事、旅游、接待、宣传和志愿者服务等工作，经受住连续高温天气、单日 103 万超大客流等严峻考验，创下了 246 个参展国家和国际组织、7308 万参观人次的历史之最，赢得了国内外宾客对上海世博会和上海这座城市的普遍赞誉，谱写了世界博览史的新篇章。精心谋划“世博后”这篇大文章，一批绿色、低碳、环保的科技成果得到应用，一批世博会期间行之有效的城市服务和管理措施制度化、常态化，中国馆等重要场馆改造成公共文化场馆并对外开放，“城市，让生活更美好”的理念深入人心，上海世博会精神成为推动转型发展的强大精神力量。

五年来，我们积极应对国际金融危机的严重冲击和自身发展转型的严峻考验，努力摆脱传统发展模式的束缚，经济保持持续平稳健康发展，经济发展方式转变迈出实质性步伐。经济增长的质量与效益明显提高，全市生产总值年均增长 8.8%、2012 年突破 2 万亿元，地方财政收入从 2007 年的 2103 亿元提高到 2012 年的 3744 亿元，单位生产总值能耗“十一五”期间下降 20%、近两年再下降 10.5%，主要污染物排放量超额完成削减目标。金融中心建设取得重大进展，股指期货等金融创新顺利推进，大型商业银行二总部、上海清算所等功能性机构加快集聚，各类金融机构累计 1227 家，金融市场交易额达到 528 万亿元，股票市场、期货市场规模跃居全球前列。航运中心建设取得新突破，启运港退税等一批先行先试政策启动实施，上海港集装箱吞吐量连续三年位居世界第一，浦东国际机场货邮吞吐量连续四年位居世界第三。贸易中心建设步伐加快，关区和本市进出口总额分别达到8013亿美元和4368亿美元，商品销售总额达到53795亿元，社会消费品零售总额年均增长13.8%。产业结构调整成效明显，第三产业增加值占全市生产总值的比重提高到60%，战略性新兴产业规模突破1万亿元，大型客机等一批国家重大项目落地。经济发展对投资拉动、房地产业、重化工业、加工型劳动密集型产业的依赖减弱，消费对经济增长的贡献率上升到70%以上，房地产业增加值占全市生产总值的比重从2007年的7.7%下降到2012年的5.4%，五年淘汰高污染、高能耗落后产能4760项。科技创新能力明显提高，张江国家自主创新示范区启动建设，上海光源、光刻机研制等取得重大突破，全社会研发经费支出相当于全市生产总值的比例达到3.16%。知识产权创造、运用、保护、管理全面加强，每万人口发明专利拥有量达到17.2件。人才发展环境进一步优化，高层次人才不断集聚。滚动实施环保三年行动计划，环保投入相当于全市生产总值的比例保持在3%左右，新增绿地5500公顷。

五年来，我们坚持民生优先导向，把转型发展与改善民生有机结合起来，不断加大民生投入，着力加强和创新社会管理，人民生活水平明显提高。城市和农村居民家庭人均可支配收入分别从2007年的23623元、10222元提高到2012年的40188元、17401元。实施积极的就业政策，每年新增就业岗位60万个左右，城镇登记失业率保持在4.5%以内。加强郊区“菜园子”、市区“菜市场”建设，增强粮食、蔬菜综合保障能力，物价总水平保持基本稳定。覆盖城乡的社会保障体系基本建立，“职保”“镇保”和“新农保”人均养老金分别提高90%、89%和192%，最低工资标准、城镇和农村低保标准分别提高73%、63%和84%。养老服务体系不断完善，养老床位增加到10.6万张，社区居家养老服务覆盖27.2万人。住房保障体系基本形成，累计开工建设和筹措各类保障房83万套，竣工47万套，拆除中心城区二级旧里以下房屋332万平方米。贯彻国家房地产市场调控政策，房价过快上涨势头得到遏制。开展个人住房房产税改革试点。社会管理创新进一步加强，社区事务受理服务中心、卫生服务中心、文化活动中心实现街道乡镇全覆盖，实有人口、实有房屋全覆盖管理基本实现，重大事项社会稳定风险评估制度全面推行，分级分责化解社会矛盾、信访事项核查终结等制度建立实施，平安建设深入推进，社会保持和谐稳定。

五年来，我们顺应人民群众新期待，加快社会事业改革发展，全面推进国际文化大都市建设，城市软实力明显增强。国家教育综合改革试验区建设全面推进，财政性教育投入从2007年的290亿元增加到2012年的724亿元，新增343所幼儿园、75所中小学，城乡免费义务教育全面实现，上海纽约大学、上海科技大学建设顺利推进。深化医药卫生体制改革，在郊区新建4家三级医院，基本药物制度在公立基层医疗卫生机构全面实施，医疗保障水平稳步提升。出生人口素质继续提高，人均期望寿命达到82.4岁。成功创建全国残疾人工作示范城市。

妇女儿童、国防动员、双拥和档案工作取得新进展，民族、宗教、外事、港澳、对台、侨务工作得到加强。建成东方体育中心和近5000处社区健身设施，成功举办第十四届国际泳联世界锦标赛和第一届市民运动会，上海体育健儿在奥运会等重大赛事上取得优异成绩。文化发展不断加快，中华艺术宫、当代艺术博物馆等一批重大文化场馆建成开放，公共图书馆、博物馆等一批公共文化场馆免费开放基础服务项目，国际艺术节等一批重大文化活动成功举办，经营性出版单位转企改制等改革全面完成，文化创意产业增加值占全市生产总值的比重超过10%。

五年来，我们始终把统筹城乡发展放在重要位置，推动建设重心向郊区转移，加快建设现代化基础设施体系，加强和改进城市管理，推进社会主义新农村建设，城乡一体化发展取得重大进展。枢纽型、功能性、网络化基础设施体系基本建成，洋山深水港区三期工程、浦东国际机场二期扩建工程、虹桥国际机场扩建工程建成运营，虹桥综合交通枢纽投入使用，京沪高速铁路上海段、沪宁城际铁路、沪杭客运专线、金山铁路建成通车，轨道交通运营线路从2007年的263公里增加到2012年的468公里。长江隧桥、外滩地区综合交通改造工程、崇启通道和一批黄浦江越江工程相继建成。青草沙水源地原水工程全面建成。智慧城市建设加快推进，光纤宽带使用家庭达到250万户，无线局域网覆盖300处主要公共场所。全面加强城市安全管理，建立健全城市长效管理机制，加大城市维护投入，城市面貌显著改善，交通运行平稳有序。黄浦江两岸、临港地区、虹桥商务区、国际旅游度假区等重点区域建设取得重大进展。郊区新城规划调整修编基本完成，重点新城建设加速，小城镇发展改革试点稳步推进。新建改建3300公里农村公路，完成527个村庄、20万户农村生活污水处理设施、8151户农村困难户危旧房改造。农业投入加大，累计建成设施粮田129.8万亩、设施菜田20.3万亩。稳定和完善农村土地承包关系，有序推进农村集体经济组织产权制度改革。生态补偿机制建立健全，对财力困难区县的财政转移支付力度进一步加大。崇明生态岛建设加快推进。

五年来，我们直面制约科学发展的老矛盾、新问题，奋力推动改革开放不动摇，重点领域和关键环节改革取得新突破，开放型经济水平不断提高。浦东综合配套改革试点深入推进，南汇并入浦东新区顺利实施，跨境贸易人民币结算、期货保税交割等创新在浦东率先推进。按照国家部署，在部分服务业先行开展营业税改征增值税试点，为全国扩大试点范围积累了经验。国资国企开放性、市场化重组有序推进，一批国有企业集团整体上市，全市经营性国资证券化率从2007年的17.6%提高到2012年的35.2%。实施财政专项资金支持等政策措施，缓解中小微企业“担保难、融资难”问题，非公有制经济增加值占全市生产总值的比重超过50%。社会信用体系建设继续推进，人民银行征信中心落户上海。开放型经济达到新水平，实际利用外资595亿美元，对外投资超过100亿美元，在沪跨国公司地区总部累计达到403家，服务贸易进出口总额占全国30%以上，对外承包工程新签合同额连续四年超过100亿美元。支援都江堰市灾后重建任务全面完成，对口支援力度继续加大，与长三角和其他地区的合作交流不断深化。

五年来，我们紧紧围绕服务政府、责任政府、法治政府、廉洁政府建设，着力创新政府管理，着力改进政府服务，“两高一少”行政区建设取得重大突破。推进行政审批制度改革，建立审批标准化管理制度，共取消调整审批事项1040项，产业项目平均审批期限缩短三分之一。电子政务网络实现全覆盖，网上政务大厅开通运行，网上办事事项达到1792项，“12345”市民服务热线建成运行，以“上海发布”为核心的政务微博群成功上线。全面深化政府信息公开，共依法公开73.2万条政府信息，信息公开工作走在全国前列。减少行政事业性收费，共取消和停征368项收费项目，成为行政事业性收费占地方财政收入比重最小的省市之一。市、区县两级政府机构改革和黄浦、卢湾“撤二建一”顺利完成，市级政府部门与所属企业全面脱钩。市与区县财税管理体制改革进一步深化，政府预算体系框架基本形成。建立健全公众参与等决策程序，完善行政执法人员管理等制度，依法行政水平进一步提高。强化对政府投资项目、重大政策执行等的审计监督，在财政资金、土地交易等领域实行“制度加科技”的预防腐败新机制，廉政建设进一步加强。

各位代表：刚刚过去的五年，我们在党

的十七大、十八大精神指引下，奋力推进创新驱动、转型发展，取得了令人欣喜、来之不易的成绩。这是党中央、国务院和中共上海市委坚强领导的结果，是全市人民共同奋斗的结果。在这里，我代表上海市人民政府，向在各个岗位上辛勤劳动的全市人民，向给予政府工作大力支持的人大代表和政协委员，向各民主党派、工商联、各人民团体和社会各界人士，表示最崇高的敬意！向中央各部门、兄弟省区市和驻沪部队、武警官兵，向关心和支持上海发展的香港、澳门特别行政区同胞、台湾同胞、海外侨胞和国际友人，表示最诚挚的感谢！

同时，我们清醒地看到，在前进道路上还有诸多困难和问题，政府工作中还存在不少缺点和不足。资源环境约束加剧，商务成本持续上升，新的经济增长点不多，不少产业能级不高，转方式、调结构的任务非常艰巨；创新创业活力不足，国有经济发展动力不够强，扩大出口的困难更多，“走出去”层次不高，深化改革开放更加紧迫；城乡区域发展差距仍然较大，农民增收基础依然薄弱，城乡区域协调发展的推进力度亟待加大；常住人口总量快速增长，人口老龄化程度加剧，基本公共服务和社会保障压力加大，收入分配差距依然较大，群体利益诉求日趋多样，改善民生和社会管理的任务繁重；城市运行安全和生产安全问题多发，薄弱环节还有不少，城市管理的科学化、精细化水平急需提高。有些政府部门职能转变相对滞后，推动转型发展、加强公共服务管理的能力和水平亟待提高；一些政府工作人员责任感不强、工作效率不高已经成为比较突出的问题，不主动作为和相互扯皮、相互推诿的情况时有发生，形式主义、做表面文章的现象仍然存在，直接导致一些政府工作落实不力、服务不到位；少数政府工作人员缺乏忧患意识、群众观点不强，脱离群众，铺张浪费，极少数人甚至以权谋私、贪污腐败。对这些困难和问题，我们必须高度重视，不掩饰、不回避，切实加以解决。

五年实践探索，我们的体会主要是：始终把人民利益放在第一位，切实解决人民群众最关心、最直接、最现实的利益问题，使改革发展成果更多、更公平地惠及全市人民；始终围绕创新驱动、转型发展，加快经济结构战略性调整，努力实现经济持续健康发展；始终坚持社会主义市场经济的改革方向，坚定不移深化改革、扩大开放，不断为城市发展注入强大动力；始终处理好改革发展稳定的关系，加强和创新社会管理，确保社会和谐安定；始终把政府自身建设放在突出位置，加快建设服务政府、责任政府、法治政府、廉洁政府，为做好各项工作提供重要保障。

总结五年奋斗历程，最重要的就是我们始终高举中国特色社会主义伟大旗帜，解放思想、实事求是、与时俱进、求真务实，坚持以人为本、执政为民，不断探索中国特色、时代特征、上海特点的科学发展之路。这既是我们过去实践的根本经验，也是我们开创未来的制胜法宝！

二、今后五年工作的总体要求和主要目标

今后五年，是上海推进“四个率先”、建设“四个中心”的重要时期，也是创新驱动、转型发展的攻坚阶段。世界经济格局继续发生深刻调整，经济环境更趋复杂，但和平与发展的时代主题和经济全球化的大势没有改变。我国发展面临更为严峻的风险挑战，但仍处于可以大有作为的重要战略机遇期没有改变。上海转型发展的深层次矛盾更加凸显，但在实现国家战略中的地位和使命没有改变。我们必须准确把握上海发展所处的历史方位和阶段特征，进一步增强忧患意识、机遇意识，以更大的勇气和智慧开拓前行，在新的起点上谋求新的发展、实现新的突破。

今后五年政府工作的总体要求是：在以习近平同志为总书记的党中央坚强领导下，高举中国特色社会主义伟大旗帜，以邓小平理论、“三个代表”重要思想、科学发展观为指导，全面贯彻落实党的十八大及市第十次党代会精神，按照当好全国改革开放排头兵和科学发展先行者的要求，坚持创新驱动、转型发展的总方针，奋发有为，攻坚克难，加快推进“四个率先”，加快建设“四个中心”，努力建设经济活跃、法治完善、文化繁荣、社会和谐、城市安全、生态宜居、人民幸福的社会主义现代化国际大都市。

根据市第十次党代会提出的奋斗目标，建议在全面完成“十二五”规划的基础上，今后五年上海经济社会发展的主要目标是：

——努力实现“四个中心”建设的新跨越，为到2020年基本建成“四个中心”奠定坚实基础。国际经济中心地位全面提升，新增跨国公司地区总部150家，主要金融市场规模保持或进入世界同类市场前列，金融市场直接融资额占全国社会融资规模的比重达到25%左右，现代航运服务功能显著提升，国际贸易中心核心功能基本形成，商品销售总额达到10万亿元。

——努力实现经济发展方式的根本性转变，服务经济为主的产业结构基本形成。力争在2020年前实现全市生产总值和城乡居民人均收入比2010年翻一番。地方财政收入与经济保持同步增长。第三产业增加值占全市生产总值的比重达到65%以上。创新成为经济发展的主要驱动力，全社会研发经费支出相当于全市生产总值的比例达到3.3%以上。

——努力完善基本公共服务体系，人民生活水平全面提高。城镇登记失业率控制在4.5%以内，收入分配差距缩小，社会保障体系和住房保障体系更加完善。完成350万平方米二级旧里以下房屋改造。轨道交通运营线路达到600公里以上。社会主义新农村建设成效显著。市民享有更丰富的精神文化生活，更公平的基本公共教育服务和基本医疗卫生服务。

——努力建设智慧、低碳、宜居的城市，人口资源环境更加协调。城市信息化整体水平迈入国际先进行列。环保投入相当于全市生产总值的比例保持在3%左右，单位生产总值能耗、单位生产总值二氧化碳排放量、主要污染物排放量在完成“十二五”目标的基础上进一步下降。

——努力构筑推进科学发展的体制机制，制度创新取得新突破。政府职能进一步转变，市场配置资源的基础性作用在更大程度、更广范围得到进一步发挥，开放型经济新优势更加突出，有利于创新驱动、转型发展的体制机制基本形成。

围绕上述目标，今后五年的主要任务是：

（一）凝心聚力推进经济结构战略性调整

这是加快转变经济发展方式的主攻方向。要把建成“四个中心”作为调结构、转方式的核心目标。适应经济全球化新趋势，坚持先行先试，注重优化发展环境，完善多层次的要素市场体系，加快培育和引进功能性机构，不断增强经济中心的集聚辐射功能，建设具有全球资源配置能力的国际金融中心、国际航运中心、国际贸易中心。

把提升产业国际竞争力作为调结构、转方式的根本途径。按照高端化、集约化、服务化，推动三、二、一产业融合发展的方针，突出城市功能提升、市场需求导向，推动产业技术进步，促进质量发展，加强商业模式创新，重构产业分工协作体系，构建以现代服务业为主、战略性新兴产业引领、先进制造业支撑的新型产业体系。

把增强自主创新能力作为调结构、转方式的中心环节。坚持自主创新、重点跨越、支撑发展、引领未来的方针，以应用为导向、企业为主体，深化科技体制改革，更加注重协同创新，实施知识产权战略，实现科技进步贡献率进一步提升、每万人口发明专利拥有量达到40件，率先进入创新型城市行列。

把提高郊区发展水平作为调结构、转方式的重大支撑。坚持城市建设重心向郊区转移，加快建设现代化宜居新城，提升小城镇建设和管理水平，深入推进以农民持续增收为核心的新农村建设，加快城乡基础设施一体化、基本公共服务均等化，率先形成功能分工合理、资源配置均衡、发展差距缩小的城乡一体化发展新格局。

把培养和集聚人才作为调结构、转方式的关键要素。积极营造具有国际竞争力的人才发展环境，充分开发利用国内国际人才资源，努力让各类人才特别是创新创业人才、优秀青年人才拥有更大发展空间、赢得更多信任宽容、获得更好扶持帮助，使我们这座城市始终保持旺盛不衰的创造活力。

（二）更加有力地在改善民生和创新管理中加强社会建设

促进人的全面发展，是推动转型发展的根本目的。要坚持与发展阶段和发展水平相适应，尽力而为、量力而行，注重公平、统筹兼顾，努力使全市人民安居乐业。实施就业优先战略和更加积极的就业政策，促进创业带动就业，倡导通过辛勤劳动改善生活，推动实现更高质量的就业。根据初次分配和再分配都要兼顾效率和公平、再分配更加注重公平的原则，千方百计增加城乡居民收入。坚持全覆盖、保基本、多层次、可持续方针，以增强公平性、适应流动性、保证可持续性为重点，统筹推进城乡社会保障体系建设，完善养老服务体系，社会养老服务人数达到45万左右。坚持以居住为主、市民消费为主、普通商品房为主，完善房地产市场体系和住房保障体系，加快推进旧区改造和旧住房综合改造，切实改善人民群众的居住条件。

坚持确保公益、促进均衡、激发活力，推进社会事业改革发展。实施教育优先发展战略，深入推进国家教育综合改革试验区建设，努力在提高人才培养质量、促进基础教育均衡发展等方面取得新突破，主要劳动年龄人口受过高等教育的比例达到40%左右。按照保基本、强基层、建机制的要求，深化医药卫生体制改革，力争在公立医院改革、药品采购供应、卫生信息化等关键环节取得实质性突破。着眼于增强人民体质，完善公共体育设施布局，促进群众体育蓬勃发展。

坚持贴近群众关切、寓管理于服务之中，加快形成党委领导、政府负责、社会协同、公众参与、法治保障的社会管理体制，确保社会和谐稳定。致力于充分发挥群众参与社会管理的基础作用，引导群众依法进行自我管理、自我服务、自我教育、自我监督，促进社会组织健康有序发展。坚持服务管理重心下沉，加强基层社会管理和服务体系建设，切实做到管理出效率、基层有活力、群众得实惠。按照合法稳定就业、合法稳定居住的政策取向，依托居住证制度完善来沪人员服务管理，合理控制人口规模，优化人口结构。健全党和政府主导的维护群众权益机制，努力使人民群众的合理诉求及时得到回应、合法权益及时得到维护。

（三）更加自觉地推动国际文化大都市建设

文化是人民的精神家园，是国际大都市迸发活力的本质性力量。要用社会主义核心价值体系凝聚社会共识，用海纳百川、追求卓越、开明睿智、大气谦和的城市精神，公正、包容、责任、诚信的价值取向塑造城市品格，全面提高城市文明程度和市民综合素质。

坚持把社会效益放在首位、社会效益和经济效益相统一，增强文化整体实力。坚持面向基层、服务群众，提高文化产品质量和服务效能，加快建设更加完善、更加均衡的公共文化服务体系。充分运用市场机制，促进文化与科技、金融的紧密融合，提升文化创意产业竞争力，文化创意产业增加值占全市生产总值的比重达到12%左右、确立支柱性产业的地位。提高文化原创能力，加强与国内外的文化交流，努力成为优秀文艺作品的重要原创基地和国际文化交流中心。

着眼于增强全社会文化创造活力，深化文化体制改革，扩大文化领域对外开放，创新文化管理理念，营造宽容社会氛围，培养和引进高素质文化人才，使文化发展的主体更丰富、环境更优化、法制更健全、形式更多样、人才队伍更壮大。

（四）持之以恒推进生态宜居城市建设

建设生态文明和美丽城市，是全市人民的共同心愿。要按照人口资源环境相均衡、经济社会生态效益相统一的原则，优化城市空间开发格局。实施主体功能区战略，控制开发强度，保护生态空间，构建更加科学合理的城镇体系和产业布局。

按照控制总量、调整存量、注重实效、社会参与的要求，建设资源节约型、环境友好型城市。推动能源资源利用方式的根本转变，提高利用效率和效益。滚动实施环保三年行动计划，环境空气质量优良率稳步提高，生活垃圾无害化处理率达到98%以上，中心城污水处理率不低于98%。建设多层次、多功能的基本生态网络，森林覆盖率达到15%以上。加强生态文明制度建设，引导全社会共同推进绿色发展、循环发展、低碳发展。

坚持以人为本、安全为先、管理为重，全面加强城市建设管理。按照安全、整洁、有序、高效、法治的要求，创新城市长效管理体制机制，加快形成与现代化国际大都市相匹配的城市管理新模式。实施公交优先发展战略，中心城公交出行比重、轨道交通占公交客运量比重均超过50%。完善枢纽型、功能性、网络化基础设施体系，推进智慧城市建设，为城市功能提升和可持续发展提供坚强支撑。

（五）坚定不移深化改革开放

改革开放是转型发展的强大动力。要坚持先行先试，不失时机地把改革开放推向深入。继续高举浦东开发开放旗帜，按照浦东能突破、全市能推广、全国能借鉴的要求，加快浦东综合配套改革试点，在创新政府服务管理、扩大开放、吸引人才、统筹城乡发展等方面进一步发挥示范带动作用。

更加尊重市场规律，是深化经济体制改革必须把握的立足点。要毫不动摇巩固和发展公有制经济，推进国资国企开放性、市场化重组，推动国有资本有进有退，更多投向基础设施、公共服务、战略性新兴产业等领域。毫不动摇鼓励、支持、引导非公有制经济发展，保证各种所有制经济依法平等使用生产要素、公平参与市场竞争、同等受到法律保护，非公有制经济增加值占全市生产总值的比重提高到56%左右。深化投资体制、财税体制改革，健全现代市场体系和社会信用体系，不断激发各类市场主体的活力。

开放是上海的最大优势。要适应经济全球化发展的新变化，实施更加积极主动的开放战略，推动开放朝着优化结构、拓展深度、提高效益的方向转变，培育开放型经济新优势。提高利用外资的综合优势和总体效益，更加注重引进国外先进技术、经营模式、管理理念和高素质人才。提高服务贸易和新型国际贸易的比重，加快建设具有国际影响力的服务贸易基地和进出口商品的重要集散地，服务贸易进出口额相当于全市进出口总额的25%左右。提高“走出去”的层次，引导企业增强抵御国际经济风险、把握国际化经营的能力，努力培育世界水平的本土跨国公司。提高与兄弟省区市的经济合作水平，在服务全国中实现共同发展。

三、2013年主要任务

2013年是实施“十二五”规划承前启后的重要一年，也是新一届政府各项工作的开局之年。我们要按照中央经济工作会议、十届市委三次全会的部署，紧紧围绕创新驱动、转型发展，以提高经济增长质量和效益为中心，稳中求进、开拓创新、扎实开局，着力稳增长、调结构、促改革、惠民生，实现经济持续健康发展和社会和谐稳定。

综合各方面因素，建议2013年全市经济社会发展主要预期目标是：在提高质量和效益的基础上，全市生产总值增长7.5%左右，城乡居民家庭人均可支配收入增幅力争高于经济增幅，地方财政收入与经济保持同步增长，城镇登记失业率控制在4.5%以内，居民消费价格指数与国家价格调控目标保持衔接，全社会研发经费支出相当于全市生产总值的比例达到3%以上，环保投入相当于全市生产总值的比例保持在3%左右，单位生产总值能耗、单位生产总值二氧化碳排放量进一步下降，主要污染物排放量削减率完成国家下达目标。重点做好以下工作：

（一）聚焦重要产业、重大项目、重点区域，在加快调结构、转方式中实现经济增长

大力发展现代服务业。积极配合国家金融管理部门，推动保险交易所、国债期货、原油期货市场、票据市场建设，加大总部型、功能性金融机构的引进力度，开展跨国公司总部外汇资金集中运营管理改革、个人税收递延型养老保险等创新试点，提升陆家嘴—外滩金融集聚区的服务功能。推动国际航运发展综合试验区新一轮政策突破，支持航运金融、航运保险、海事法律等高端航运服务机构落户。推进国际贸易结算中心外汇管理试点，加快建设中国博览会综合体等国家会展项目。深化落实扩大消费政策，努力培育一批拉动力强的消费增长点。发展信息服务业、专业服务业、中介服务业、高技术服务业、社区商业和生活性服务业。深入推进现代服务业综合改革试点。

加快发展战略性新兴产业和先进制造业。在新一代信息技术、高端装备制造、新能源等领域实施一批重大项目和专项工程，支持大型客机、商用航空发动机等重大产业项目建设。推动长兴岛造船基地、汽车城等产业基地集群发展，协调推进上海化工区炼化一体化项目。推动宝钢吴淞地区、高桥地区、桃浦地区产业结构调整。全力推进传统产业转型升级，促进信息化与工业化深度融合，鼓励企业加大技术进步投入，抓紧实施一批技术改造项目。积极发展生产性服务业，支持重点工业企业向研发、销售和高端制造转型。淘汰高污染、高能耗、高风险的落后产能500项。

推动重点区域发展。加快世博会地区总部集聚区建设，完成城市最佳实践区改造项目，加快前滩地区基础设施和功能项目建设，推动临港地区政策创新和区港城联动发展，加快虹桥商务区核心区建设和东片区改造提升，继续推进国际旅游度假区迪士尼一期及配套项目建设。积极推进南外滩、徐汇滨江等黄浦江两岸重点地区建设，完善北外滩、吴淞口邮轮母港功能和服务配套，继续建设佘山国家旅游度假区。

加强资源节约和环境保护。强化规划引领，深入推进中心城区“双增双减”。实施最严格的耕地保护制度、节约集约用地制度，稳步推进存量土地的二次开发。强化水资源管理，加快东风西沙水源地建设。实施能源总量和能效双控制度，推动东海大桥海上风电二期等项目建设。继续实施第五轮环保三年行动计划，加强PM2.5治理，推进郊区污水处理厂升级改造，启动200公里河道综合整治，深化金山卫化工集中区和南大地区环境综合整治。继续推动崇明生态岛建设。推进外环等结构性绿地建设，启动郊野公园项目，新建绿地1000公顷、林地800公顷。

（二）优化发展环境，促进技术创新体系和人才队伍建设支持企业增强自主创新能力

建立健全企业主导的产学研协同创新机制，加快企业技术中心建设，推动工程技术类研究中心等研发基地布局向企业倾斜。鼓励国有企业加大研发投入。扩大科技型中小企业创新资金的规模，支持中小企业技术创新。承接和实施国家科技重大专项，启动市级科技重大专项，集中力量研发高温超导、高端医疗器械、新型显示、机器人等一批高科技产品。

健全创新创业服务体系。支持张江国家自主创新示范区在股权激励、科技金融等方面先行先试，推进紫竹国家高新区和杨浦国家创新型试点城区建设。强化基础研究、前沿技术研究、社会公益技术研究。加快建设产业技术研究院，鼓励社会资本参与科技企

业孵化器建设。加强技术标准研发。深化科技评价和奖励制度改革。建设亚太地区知识产权中心城市，健全知识产权保护长效机制。

加强各类人才队伍建设。继续推动引进海外高层次人才等“千人计划”和浦江人才计划，启动实施国家高层次人才特殊支持计划。发展一批高技能人才培养基地、技能大师工作室，高技能人才占技能劳动者的比重提高到28%。推进各类人才关心的创业融资、居住、子女教育等方面政策创新。

（三）注重先行先试，深入推进经济体制改革深化浦东综合配套改革试点

按照国家部署，试点建立自由贸易园区。深入推进开设外币离岸账户、融资租赁业务创新等改革事项，争取国家支持开展一批新的改革事项。探索社会组织直接登记管理等制度。推进人才政策创新试点，建设国际人才创新试验区。推动城乡建设管理一体化、基本公共教育卫生资源均衡化。

推进财税体制改革。深化营业税改征增值税试点，完善先行试点行业改革政策，按照国家部署适时将邮电通信等行业纳入改革试点，促进“两头在沪、中间在外”企业集聚发展。完善财政转移支付机制，开展中期预算管理体制试点，扩大财政支出绩效评价实施范围。

加快国资国企改革发展。建立国有资本有进有退、合理流动的常态化机制，进一步收缩领域、压缩层级。推进国有企业集团上市，加强上市公司国有股权管理。完善国有企业激励约束机制。健全国有企业分类监管、分类考核体系。

改善非公经济发展环境。拓宽民间投资的领域和范围，引导民间资本发展实体经济，鼓励民营企业并购重组、转型升级。完善中小微企业服务体系，创新投资、担保、贷款联动的融资方式，适时设立专项发展基金，帮助企业解决实际困难。

加强市场监管。完善企业信用分类监管制度，实行对市场主体准入、经营、退出等全过程有效监管。强化产品质量、网络商品交易监管。建成公共信用信息服务平台，加强工程建设、食品药品安全等领域信用管理，建立健全联动惩戒机制。

（四）着眼于提升集聚辐射功能，进一步扩大对内对外开放提高对外开放水平

发展总部经济，完善支持跨国公司总部发展的相关政策，加快集聚外资企业研发中心、营运中心、结算中心、数据中心，引导外资投向基于网络平台、智能终端等的新产业、新业态。深化推广口岸报检报关“一单两报”、通关作业无纸化等试点，积极支持国家进口贸易创新示范区等建设，举办首届中国（上海）国际技术进出口交易会。发展信息技术外包、业务流程外包、生物医药研发外包。优化外贸商品结构、企业结构和市场结构，促进加工贸易转型升级。鼓励和支持有条件的企业开展对外投资，推动本土银行、保险、担保等机构在境外提供专业服务。提高外事工作服务国家总体外交的能力。

促进区域经济合作。深化长三角地区交通、能源、环保、旅游、科技、农业、知识产权等领域合作，推进长三角一体化发展。聚焦重点产业和重大经贸活动，推动与中西部、东北和港澳台等地区的合作。鼓励企业面向全国拓展发展空间。创新对口支援模式，注重资金项目向基层和农牧民、移民倾斜。

（五）完善服务配套，切实保障和改善民生积极促进就业

新增就业岗位50万个以上，保持就业形势总体稳定。创建创业型城区，落实创业扶持政策，帮助1万人成功创业，促进高校毕业生、农村转移劳动力、城镇困难人员就业。健全面向全体劳动者的职业培训制度。完善劳动关系调处机制，预防和化解结构调整、企业搬迁等引发的劳动纠纷。

完善社会保障体系。统筹增加各类养老金，完善城镇企业基本养老金计发办法和增长办法，调整灵活就业人员参加社会保险办法，完善被征地人员社会保障政策。建立城

乡居民大病保险制度，开展高龄老人医疗护理保障计划试点。完善社会救助体系，提高城乡低保标准。新增养老床位5000张，为28万名老年人提供社区居家养老服务，为10万名高龄老人提供家庭互助服务。

完善保障性住房建设管理机制。新建保障性住房和实施旧住房综合改造共10.5万套，基本建成10万套。完成大型居住社区40个外围市政配套项目建设。拆除二级旧里以下房屋70万平方米，探索城中村改造。坚决执行国家房地产市场调控政策，促进房地产市场健康平稳发展。

（六）把握市民新需求，加快社会事业改革发展深化教育改革发展

完善教育投入机制，加强以学校为单位的整体投入，逐步提高人员经费支出比例，推进教育专项资金绩效评价。实施城乡基础教育一体化工程，新增30所幼儿园，在城郊结合地区新增21所义务教育学校。推进义务教育质量综合评价改革，深入实施中小学课程改革。提高本科教育质量，实施高校创新能力提升计划，启动行业高校办学体制改革。开展职业教育专业教学改革试点，促进专业教学与技能培养有效衔接。加强终身教育体系建设。

推进医药卫生体制改革。在4家新建三级医院开展公立医院综合改革试点，稳步推进面上市级医院改革，全面推动区县公立医院建立运行管理新机制，逐步建立公立医院可持续发展政策体系。加强产科、儿科、老年护理、精神卫生等医疗资源配置，实现全市近600家公立医疗卫生机构的信息互通共享。在全市所有区县推行家庭医生制服务试点。发展中医药事业。实施一批公共卫生服务项目，推进健康城市建设。

广泛开展全民健身运动，建设30分钟体育生活圈，推动体育场馆管理改革，探索职业体育发展模式，提高竞技体育特别是“三大球”水平。发展计划生育、妇女儿童、残疾人和慈善事业，做好民族、宗教、国防动员、双拥和侨务工作。

（七）着力提高服务效能，发展文化事业和文化产业加强公共文化服务

加快建设虹桥国际舞蹈演艺集聚区等重大文化项目。继续推进公共文化设施免费开放，举办高质量公益性专场演出250场，营业性演出低票价受益面达到5万人次。推动社区文化活动中心社会化、专业化管理，扶持群众文化团队发展，举办首届市民文化节。弘扬中华优秀传统文化，推进文化遗产的保护传承和开发利用。繁荣发展哲学社会科学。提高市民道德素质、科学素养和法制意识。

发展文化创意产业。加快推进动漫游戏、网络视听等重大文化产业基地建设，发展影视、出版、新媒体、演艺产业，建设设计之都。完善文化产权交易、国际文化服务贸易等服务平台。推动国有转制文化企业公司制、股份制改造。完善民营院团专项扶持资金运作机制，引导社会资本投资文化创意领域，扶持一批中小文化创意企业发展。结合世界著名旅游城市和体育强市建设，推进文化、旅游、体育联动发展，发挥重大文化活动、旅游节庆和体育赛事的带动作用。

（八）加强城市建设管理，推动智慧城市建设狠抓城市安全

严格落实企业法定代表人安全生产责任制，强化基层安全生产责任，健全隐患排查治理常态机制。推动社会化消防体系建设，强化轨道交通、道路交通、高层建筑、建设工程、地下空间、特种设备、危险化学品等重点领域安全管理。推进农产品安全追溯系统建设，加强食品安全监督执法。加快多灾种早期预警体系建设，提升应对突发事件能力。

强化城市管理。深化拓展网格化管理，建设综合性城市管理平台。整合执法管理资源，提高属地化执法能力，加强对违法建筑、无序设摊、非法客运等综合治理。推进城市化地区生活垃圾分类减量，加快建设生活垃圾处理设施。完善物业管理市场机制，加强群租整治。创建国家公交示范都市，优化调整公交线网，加强静态交通建设和管理。

完善现代化基础设施体系。加快洋山深水港区四期工程和浦东国际机场第四、第五跑道建设前期工作，推进大芦线二期、赵家沟东段等内河航道整治。开展沪通铁路、沪乍铁路、北横通道、S7 公路前期工作。加快建设 S6 高速公路、嘉闵高架南北延伸项目。建设轨道交通基本网络，加快 8 号线三期、10 号线二期、17 号线等项目前期工作，建成 11 号线二期和 12 号线、16 号线部分区段，轨道交通运营线路达到 567 公里。启动沿江通道、周家嘴路隧道建设，加快长江西路隧道、虹梅南路—金海路通道建设。

建设智慧城市。推进宽带城市、无线城市建设，光纤宽带使用家庭新增 80 万户以上，无线局域网覆盖主要公共场所新增 150 处。继续实施数字城管、数字惠民行动，推动建设市场管理平台等一批项目投入运行，推进电子账单等项目建设。加快建设网络与信息安全应急基础平台，确保城市信息安全总体可控。

（九）创新体制机制，切实加强社会管理夯实社会管理基层基础

完善社区事务受理服务中心后台协调机制，实现全年无休，探索全市通办。加强社区共治和居民村民自治的制度建设，继续在大型居住社区探索镇管社区等管理模式。基本完成协管员队伍整合转制。完善居住证管理办法，健全实有人口、实有房屋、实有单位全覆盖管理常态长效机制。

引导社会力量参与社会服务管理。加快社会组织孵化基地建设，健全公益项目创投和招投标机制，推动社会组织完善内部治理结构和规章制度。支持工会、共青团、妇联等人民团体充分发挥桥梁纽带作用。加大社会工作领军人才和专业机构培育力度。试点志愿服务记录制度，建立志愿服务激励机制。

预防和化解社会矛盾。完善重大事项社会稳定风险评估制度。培育专业化调解组织，着力推进医患纠纷、房地物业等领域的人民调解工作。加强信访工作，落实分级分责化解社会矛盾制度，推动社会力量参与化解社会矛盾。

深化平安建设，完善立体化社会治安防控体系，切实保障人民群众生命财产安全。

（十）加大城乡统筹力度，加快郊区新城和新农村建设分类推进新城建设

提升松江、嘉定、南汇新城综合功能，促进南桥、青浦新城加快发展，支持金山、崇明新城优化发展。推动符合功能导向的产业项目、功能性社会事业项目、生活服务设施向新城集聚，建设连接新城与中心城的轨道交通，完善新城之间骨干道路系统。扩大郊区城镇棚户简屋改造试点。深化小城镇发展改革试点，推动老集镇改造。

积极推进新农村建设。实施强农惠农富农政策，加大“三农”投入力度。发展都市现代农业，保障粮食、蔬菜等主副食品本地生产能力。加强农业基础设施建设，新建高水平粮田 3 万亩、设施菜田 8000 亩。培育农民专业合作社、家庭农场等新型经营主体，发展多种形式规模经营。完成 100 个村庄、4 万户农村生活污水处理设施改造，完成农村经济相对薄弱村 1000 公里村内道路、500 座危桥改造。新增非农就业岗位 10 万个，促进农民增收。

深化农村改革。加快推进农村集体经济组织产权制度改革，完善农村集体经济监督管理体制和运行机制。逐步扩大土地承包经营权确权登记试点。改革征地制度，推进城乡建设用地增减挂钩和农村土地整理，提高农民在土地增值收益中的分配比例。

各位代表：做好今年和今后五年工作，关键还是要加强政府自身改革和建设。坚持以人为本、执政为民，更加注重从严治政、高效施政、依法行政、廉洁从政，全面建设服务政府、责任政府、法治政府、廉洁政府。

着力转变政府职能。正确处理政府与市场关系，减少对微观经济活动的干预。完成

第六批审批事项取消调整和审批评估评审清理，扩大告知承诺制实施范围，改革现代服务业和政府投资项目审批流程，落实工业项目审批流程优化方案，全面推行审批标准化管理，启动行政服务中心标准化建设，完善行政审批电子监察系统。按照国家部署，稳步推进新一轮政府机构改革。推动事业单位分类改革，加快区县政府部门与所属企业脱钩。全面梳理各级政府管理和介入的事务，放开应该由企业和社会组织自我服务、自我管理的事项，扩大购买公共服务范围。界定政府投资范围，进一步落实企业投资自主权。

着力提高行政效率。创新政府服务管理方式，推动政府高效运转。实行中心城区和郊区差别化管理，下放审批权限和服务管理资源，直接面向社会的具体服务管理事项原则上下放区县实施。强化分工负责、合力推进机制，严格落实工作责任制和项目负责制，开展政府部门履职评估，完善落实行政问责制。实行电子政务规范标准，加快电子政务云、跨部门信息系统建设，促进政府信息资源共享，推行无纸化办公，提升12345市民服务热线功能。

着力提高行政透明度。对招标投标、房屋征收、行政执法、城市安全等群众关切的领域加大信息公开力度，扩大部门预算、“三公”经费、专项资金的公开范围，探索市级行政单位行政经费公开、政府投资项目竣工决算的审计结果公开，完善政务微博等公开渠道。健全重大行政决策事项听取人大、政协意见制度，推行重大行政决策草案社会公布制度，完善听证会、网上征询等公众参与决策机制。加强对重点领域、重点部门、重点资金、重点项目的行政监察和审计监督。自觉接受市人大及其常委会的监督，主动接受市政协的民主监督，认真听取民主党派、工商联、无党派人士和人民团体的意见，重视司法、舆论、公众监督，让政府工作置于全方位监督之下。

着力提高法治化水平。强化法治思维，严格依照法定权限和法定程序行使权力、履行职责。深化落实政府规章议题公开征集制度，制定和实施规范重大行政决策程序、规范行政事业性收费等政府规章，出台和落实促进改革创新的若干规定。推进多部门联动执法、跨区县协同执法，确立行政处罚裁量基准，建立与实有人口和管理事务相匹配的行政执法力量配置制度。

着力加强作风建设。坚决贯彻中央关于改进工作作风、密切联系群众的八项规定，认真落实精简会议活动和文件简报、从严控制财政拨款举办国际会议、严格出访经费预算管理等要求。提高公务员队伍素质，组织年轻干部到基层交流锻炼。推进政府诚信建设。扩大纠风工作群众参与，拓展“制度加科技”预防腐败机制的应用范围。政府全体工作人员、特别是各级领导干部必须牢固树立艰苦奋斗、勤俭节约的思想，始终保持奋发有为、敢于开拓、勇于担当、真抓实干的精神状态和工作态度。每一位政府工作人员都要牢记群众观点，始终把人民的期待作为努力工作的动力，切实做到思想上尊重群众、感情上贴近群众、行动上深入群众，勤勤恳恳、想方设法为群众多做贴心事、实在事。

各位代表：时代赋予重托，奋斗铸就辉煌。让我们紧密团结在以习近平同志为总书记的党中央周围，高举中国特色社会主义伟大旗帜，以邓小平理论、“三个代表”重要思想、科学发展观为指导，在中共上海市委的领导下，齐心协力，开拓创新，为加快推进“四个率先”、加快建设“四个中心”和社会主义现代化国际大都市而奋斗！

服务科学发展　共建和谐税收
充分发挥税收促进创新驱动转型发展的作用

顾　炬

（2012年2月14日）

同志们：

按照会议安排，我的发言分三部分：一是简要传达全国税务工作会议精神；二是简要回顾2011年本市税收工作；三是具体布置2012年本市税收工作主要任务。

一、传达全国税务工作会议精神

全国税务工作会议于2011年12月27—29日在北京召开。会前，李克强副总理对做好税收工作作出重要批示，在充分肯定税务系统2011年工作的同时，要求税务系统在2012年深入贯彻落实科学发展观，全面贯彻中央经济工作会议精神，牢记为国聚财、为民收税的神圣使命，坚持依法行政，深化税制改革，继续完善结构性减税政策，切实优化纳税服务，积极创新税收征管，大力加强队伍建设，充分发挥税收在促进发展、调整结构、改善民生等方面的作用，以优异成绩迎接党的十八大胜利召开。

在12月27日大会上，国家税务总局局长肖捷作了题为《认真贯彻党的十七届六中全会精神　推进税收事业科学发展》的主旨讲话。主要精神如下：

（一）奋发有为，“十二五”时期税收事业发展实现良好开局

在党中央、国务院的坚强领导下，全国税务系统深入贯彻落实科学发展观，坚决执行中央重大决策部署，坚持依法行政，税收法治建设获得新进展；落实结构性减税政策，税收调控取得新成效；优化税收制度安排，税制改革实现新突破；抓好核心业务，纳税服务和税收征管工作迈出新步伐；加强干部队伍和党风廉政建设，队伍素质实现新提高；完善内部行政管理，机关效能建设迈上新台阶。通过一年来的努力工作，实现了税收收入平稳较快增长。

（二）认清形势，明确明年税收工作总体思路

根据中央精神和李克强副总理对税收工作的重要指示，结合税务部门实际，2012年税收工作的总体要求是：以邓小平理论和“三个代表”重要思想为指导，深入贯彻落实科学发展观，全面贯彻党的十七大和十七届三中、四中、五中、六中全会及中央经济工作会议精神，牢记为国聚财、为民收税的神圣使命，围绕服务科学发展、共建和谐税收的工作主题，坚持依法行政，完善税收政策，深化税制改革，优化纳税服务，创新税收征管，加强队伍建设，推进反腐倡廉，充分发挥税收在促进发展、调整结构、改善民生等方面的积极作用，以优异成绩迎接党的十八大胜利召开。贯彻上述总体要求，在税收工作实践中要注意以下几个重要方面：充分认识明年国际国内经济形势变化对税收工作的重要影响；认真履行税收在保持经济平稳较快发展中的重要职责；积极承担税收在惠民生促和谐中的重要使命；有效发挥改革创新在推进税收事业科学发展中的重要作用；准确把握税收部门自身建设面临的重要任务。

（三）开拓进取，扎实做好各项税收工作

1. 全面推进依法行政。全面贯彻国务院关于加强法治政府建设的意见，抓紧完善和实施“十二五”时期税务系统推进依法行政工作规划，抓住税收立法、执法、监督三个关键环节，不断提高税收法治水平。

2. 完善落实税收政策。按照国家宏观调控部署，完善和落实结构性减税政策。抓紧制定和实施促进社会主义文化大发展大繁荣的具体政策措施。进一步完善支持企业创新和科技成果转化的税收优惠政策，适度扩大研究开发费用加计扣除政策适用范围。继续研究和运用税收政策推动国有大型企业重组改制。完善出口退税政策。扩大物流企业营业税差额纳税试点范围。进一步研究完善鼓励就业再就业，促进教育、卫生等事业发展和改革，增加居民可支配收入等税收政策。落实好提高增值税和营业税起征点政策，延长对小型微利企业减半征收企业所得税并适当扩大优惠范围的税收政策。

3. 继续深化税制改革。全力抓好营业税改征增值税试点工作，适时扩大改革试点范围，推动增值税改革逐步深入。研究将一些高污染、高耗能产品、高档奢侈品和部分高消费等行为纳入征收范围，调整部分产品消费税税率。继续跟踪分析修改后的个人所得税法实施情况，完善与之相配套的有关政策。严格执行资源税暂行条例及其实施细则。做好车船税法实施工作。建立促进房地产业稳定健康发展的长效机制，研究制定住房保有、交易环节税收改革方案，适时扩大房产税改革试点范围。研究实施环境保护税改革。

4. 不断优化纳税服务。始终坚持征纳双方法律地位平等，探索和把握纳税服务工作规律，全方位、系统化推进纳税服务体系建设，努力在维护纳税人合法权益、减轻纳税人办税负担、增强纳税服务实际效果上实现新突破。

5. 积极创新税收征管。针对税收征管的薄弱环节，进一步采取措施，深化税源专业化管理、深化信息管税、深化各税种管理，不断提高税收征管水平。

6. 切实加强干部队伍建设。以激发活力、创新管理为重点，采取行之有效的措施，着力加强领导班子建设，着力深化人事制度改革，着力强化公务员队伍管理，着力加强和改进干部教育培训，着力加强党建和思想政治工作，推动税务干部队伍建设迈上新台阶。

7. 扎实推进党风廉政建设。充分认识反腐败斗争的长期性、复杂性、艰巨性，进一步推进惩防体系建设，进一步加强监督检查，进一步深化完善内控机制建设，进一步加大查办案件力度，进一步加强政风行风建设，进一步加强反腐倡廉宣传教育。

（四）改进作风，确保圆满完成各项税收工作任务

一要牢记为国聚财、为民收税的神圣使命；二要忠实履行职责；三要密切联系群众；四要坚持勤俭节约。

二、2011 年本市税收工作回顾

2011 年，在市委、市政府和国家税务总局的正确领导下，本市各级税务部门发扬奋发有为、奋力争先精神，锐意进取，扎实工作，完成税收收入 6828.7 亿元，同比增长 15.3%；征收的地方级税收收入 2942.4 亿元，同比增长 17.7%，为推动上海创新驱动、转型发展提供了财力支撑。稳步开展涉及税制、体制的改革，使各项改革成为年内工作的重头戏。全面落实各项税收政策，推动税收在促发展、调结构、惠民生等方面的积极作用得到有效发挥。纳税服务和税收征管两项核心业务齐头并进，为经济社会和谐稳定发展营造了良好环境及氛围。努力推进党风廉政和干部队伍建设，为各项工作有序开展和全面完成提供了有力的政治和纪律保证。

（一）税制改革取得进展

认真做好营业税改征增值税试点的各项

准备。在前期开展数据测算分析、深入企业调研、参与方案拟订等工作的基础上，根据年末公布的国家试点方案要求，抓紧制发相关文件提供工作依据，设立专栏专线专窗开展宣传，确定试点企业强化培训辅导，调整征管系统适应实际操作，汇总政策问题积极研究处理或向上反映，为平稳有序推进改革试点奠定了基础。已有12.2万户企业经确认后纳入试点范围，累计培训辅导30余万人次。

全力做好个人住房征收房产税改革试点。从2011年1月28日试点以来，试点政策配套完备、操作办法规范统一、部门协作机制运作良好。截至2011年底，已有16283套住房的纳税人按规定缴纳了2011年度房产税税款3015.5万元。

顺利完成契税由财政部门划转至税务部门征管的改革任务。全市于2011年4月1日顺利实现了划转目标，并从制度和操作层面进一步规范了契税征管和纳税服务。

深入贯彻市与区县财税体制改革要求完成税收征管体制调整。于2011年4月1日正式将1194户市属企业划转到区县征管，移交中做到了对企业的服务及管理无缝衔接。

（二）税收政策有效落实

配合跨境人民币业务试点，加快人民币结算业务的退税进度，审批退（免）税额6.2亿元。进一步落实洋山航运企业税收优惠政策，对现有涉及航运中心政策的企业合计减免营业税22.9亿元。落实离岸服务外包营业税优惠政策。落实上海期货交易所期货保税交割业务的相关税收优惠政策。完善营业税差额征收管理，全年备案企业数量明显增加。支持战略性新兴产业，继续深入贯彻落实企业研发费用加计扣除和技术先进型服务企业减免企业所得税的政策，其中实际享受研发费加计扣除优惠政策的企业达到2813户，税前加计扣除171.5亿元。实施修改后的个人所得税税法，所属期9月的工资薪金所得按新税法计算同比减幅21.7%；纳税申报无税的工薪阶层同比增长43.7%，体现了普通工薪阶层老百姓受益较大。

（三）纳税服务持续优化

实施“需求采集、需求分析、需求响应、持续改进”的纳税服务工作制度，汇总、分析纳税人的各类诉求并及时予以回应，逐步形成由点及面、由个案到制度解决纳税人实际问题的长效管理机制。通过进一步整合办税窗口资源，积极推进“一窗多能”或“全职能”的办税窗口，扩大自助办税终端应用等，推进办税服务厅标准化、规范化建设。从扩容市级中心坐席、推广区县分局远程坐席、建立青年干部培养机制等方面着手，强化12366纳税服务热线软、硬件建设，进一步提升纳税服务质效。加强税务网站功能应用，推进分局子网站建设，拓展税企互动平台应用，着重为企业提供个性化服务。规范有关政策的标准化解读和操作流程标准化描述，利息、股息、红利所得个人所得税和契税政策操作指南已经完成拟定。

（四）行政行为更加规范

抓紧开展行政审批制度改革，将29项税务行政审批事项中的税务登记、一般纳税人资格认定和出口退税等项目定为网上审批，多缴税金加算利息退付申请等项目作为第一批编制《办事指南》和《业务手册》的示范已完成初稿。试行税务行政处罚基准制度，率先对存在于税务行政处罚中的裁量权进行规范。优化简化涉税事项审批流程，市局层面已对35项征管业务类涉税事项流程进行了优化，其中，17项实现当场办结，当场办结比例提高至近50%；其余事项涉及的工作流环节从195个缩减至81个，切实减轻了纳税人负担。开展印花税票出售、企业所得税征管、出口退税管理、私房出租税收征管等项目的专项执法督察，强化执法规范。开展依法行政知识竞赛，进一步增强干部依法行政意识和能力。

（五）征管稽查创新发展

稳步推进税源专业化管理，正式向税务

总局报送本市试点工作方案，为本市税源专业化改革试点提出了工作目标。同时，根据“转变观念，搭建框架，突出重点，协调推进”的整体要求，加快探索步伐，尽快形成适合面上统一推进的方案。加快推广应用信息化稽查的步伐，建立打击发票违法犯罪活动长效机制，按照国家税务总局统一部署组织开展税收专项检查，采用调研型、审计式、信息化“三位一体”稽查方法做好重点税源企业检查工作，据统计全市稽查部门共完成稽查收入53.2亿元。加强国际税收管理和反避税工作，积极稳妥推进双边预约定价谈签工作，加大反避税调查补税力度。

（六）队伍建设再创佳绩

认真学习贯彻胡锦涛总书记在庆祝建党90周年大会上的重要讲话精神，以建设学习型、团结型、廉洁型、实干型班子为目标，全面加强各级领导班子的思想建设、组织建设和作风建设。按照“恪尽职守、甘于奉献、提升能力、勇于突破”的主题，深入开展创先争优活动，落实“抓好再承诺”“积极践诺”“认真点评评议”等具体工作。加大党风廉政建设责任制落实力度，举行以“执法为民、廉洁从税”为主题的廉政教育月活动，深入开展专项治理，推进内控机制建设。加大政风行风建设力度，全面开展基层税务所民主评议，试行基层税务人员向纳税人述职述廉，2011年全市政风行风网上测评群众综合满意度在8个执法部门中排序第三。开展部分正处级干部轮岗交流，对区县分局主要负责人的轮岗交流面达到50%，且确保了分局工作的不断不乱。按照公正、公平、公开要求实施副处级、科级干部竞争上岗。制定2011—2015年人才发展五年实施计划和方案，并在此基础上进行人才选拔入库工作，已初步建立起一支涵盖三大类16个细类共1052人的人才队伍。大力开展干部教育培训，不断增强针对性和实效性。

在肯定上述成绩的同时，我们也清醒地看到存在的一些问题：依法行政的意识和能力有待进一步提升，全面落实税收政策的机制尚需进一步健全；征管改革模式的顶层设计有待进一步统一思想、明确框架、稳健推进，在加强税法宣传辅导、满足纳税人合理需求、及时回应纳税人诉求等方面还有待进一步提高；一些干部的工作作风不够扎实、个别干部违法违纪行为还有发生，各级领导干部在以身作则的同时严格管理队伍的力度尚待进一步加大。对这些问题，我们要高度重视，采取措施切实加以解决。

三、2012年本市税收工作主要任务

2012年是实施“十二五”规划承上启下的关键一年，是本市巩固深入创新驱动、转型发展的重要一年。通过近期对中央经济工作会议和全国税收工作会议精神的学习、领会，以及对九届市委第十七次全会精神和韩市长在人大会议上所作的《政府工作报告》的学习、领会，我们对税务部门当前面临的国内外新形势和国情、市情发生的新变化有了比较清醒的认识，对市委、市政府和总局的决策部署及提出的新任务、新要求有了比较全面的理解和把握。今年国家将继续实施积极的财政政策和稳健的货币政策，保持宏观经济政策的连续性和稳定性，增强调控的针对性、灵活性、前瞻性，加快推进经济发展方式转变和经济结构调整，从而促进经济保持一定增速，使今年税收收入增长具备一些有利条件。但是，不利的因素是，从国内外经济形势看，各种不稳定、不确定、不可测因素增多，潜在风险加大；从本市看，自去年四季度起主要经济指标呈现下行态势，经济较快增长的动力结构已处于转换期，经济增速逐步回落，这又对组织收入工作带来较大难度。从税务部门适应新的形势要求看，国家交给本市税制改革重任，市委、市政府提出深入推动创新驱动、转型发展和“五个更加注重”，这将对税收职能作用的发挥提出更高的要求，需要我们更加履行好税收在保持经济平稳较快发展中的重要职责，更加承担起税收在惠民生、促和谐中的重要使命。

根据新形势、新任务，结合税务部门实际，2012 年本市税收工作的总体要求是：全面贯彻落实市委、市政府和国家税务总局各项决策部署，牢记为国聚财、为民收税的神圣使命，围绕服务科学发展、共建和谐税收的工作主题，重点抓好依法行政和组织收入两项工作，全力推进营业税改征增值税和个人住房房产税改革试点、征管改革及干部管理和激励制度创新三大改革，继续推动各项工作取得更大实效。

贯彻上述总体要求，2012 年本市税收工作的主要任务是：

（一）全面推进依法行政

高度认识推进依法行政的重要性。各级税务部门要将依法行政当做税收工作的生命线时刻呵护，将依法行政作为税收工作的基本准则贯穿始终。年内择时召开本系统依法行政工作会议，就贯彻全国税务系统依法行政工作会议精神和上海市依法行政“十二五”规划要求进行具体部署。各分局要成立由主要领导挂帅的依法行政工作领导小组，组织推进本单位学法、用法，促进依法行政成为广大税务干部的自觉行为。

促进依法行政工作效能最大化。在制度层面，切实贯彻落实《行政强制法》，研究与税收征管实践和改革的衔接，规范税务行政强制行为；开展税收规范性文件解读，对税收文件的出台背景、目的意义及其执行口径、操作方法进行解释性说明，帮助基层税务机关、纳税人和社会各界准确理解税法，提高纳税人的税法遵从，确保全市税政统一。在执法层面，采取处罚、强制措施等具体行政行为时，严格依据税收和行政法律法规要求规范执法。将依法行政贯穿于税收征管、税制改革、政策调整、纳税服务、内部行政管理等税收工作各个环节，确保征管体制改革的制度设计有法可依，确保各项税收征管具体行政行为有章可循，确保纳税人的合法权益得到有效保障。

创新依法行政举措。继续丰富载体、创新内容，坚持以点带面，把有利于推进依法行政的几项特色工作做深、做精。一是扎实推进行政审批制度改革。加强行政审批标准化建设，继续削减行政审批项目，严格依法设定和实施行政审批，规范审批程序，大力推行行政审批网上办事，重点做好非行政审批事项分类管理与税源专业化改革的协调和匹配。二是全面运用和严格执行税务行政处罚裁量权实施办法及执行标准。要从行政处罚的各个环节贯彻落实，最大限度地避免随意执法、同案异罚和权力寻租等情况发生。三是继续做好行政复议和调解工作。不仅要做到稳妥应对、案结事了，还要关注案件反映出的问题或瑕疵，惩前毖后，自我纠错，开创依法行政前提下的和谐税收新局面。

（二）确保完成收入任务

充分认识组织收入工作面临的严峻形势。国家税务总局初步安排本市 2012 年税收收入计划比 2011 年实际完成数增长 9.6% 左右。今年本市地方财政预算收入 3705 亿元，同比增长 8%。其中，税务部门征收的地方级税收收入 3411 亿元，按各税种中央和地方分成比例进行还原计算后，税务部门征收的税收收入总量为 7766 亿元，同比增长 10.6%。今年税收收入面临许多不确定性因素，国际经济形势严峻复杂，国内经济增长存在下行压力；本市部分传统重点税源受土地成本、产业政策、环保节能等诸多因素制约，产能潜力已不大；与此同时，作为上海经济未来支柱的先进制造业、现代服务业等新兴产业，产税能力仍显不足；在房地产调控政策持续实施的情况下，房地产市场继续下行概率较大，使房地产业税收收入形势严峻；营业税改征增值税的试点、提高增值税和营业税起征点、实施修改后的个人所得税法、实施支持中小企业发展的企业所得税优惠政策等，都将影响今年的税收，加大组织收入工作的难度。

始终坚持组织收入原则。各级税务部门要提振信心，既要看到本市经济转型发展、稳定增长的有利一面；又要沉着应对，积极克服不利困难，确保税收及时足额入库。尤其要严格遵循组织收入原则，坚持依法征收，应收尽收，坚决防止和制止越权减免税；坚决不收过头税，坚决落实各项税收优惠政策，牢固树立不落实税收优惠政策也是收过头税的观念，绝不能因为收入任务重就不落实；坚决防止占压、挪用、转引税款等违法违规行为。

采取有效措施确保完成收入任务。科学测算、合理分解税收收入计划，加强定期分析和预测，准确推断经济环境、税收政策变化对税收收入的影响，努力挖掘税收变化的结构性和深层次原因，提高组织收入工作的科学性和主导性。加强对收入质量和征管状况的监控预警，强化重点税源管理，健全税收分析、纳税评估、税务稽查的横向互动机制，及时发现并有效处理征管漏洞和薄弱环节，不断提高税收征管质量和效率。

（三）稳步推进改革试点

在营业税改征增值税方面：深化宣传辅导，尤其是对结构性减税内涵和增值税链条原理作准确解读，引导社会各界深化认识，正确履行纳税申报义务。深化调研，重点关注试点企业的生产经营状况，认真分析政策实施效应，配合财政部门做好政策扶持工作，助推企业抓住机遇加快发展。强化征管举措，严密监控纳税申报及增值税专票管理中的风险点。进一步完善向上级部门的请示汇报机制、与相关委办局的协作沟通机制，以及市局层面各推进工作小组之间和市、区两级税务部门之间的联络机制，形成平稳、有序、有效推进改革的合力。密切关注试点进程，择时向国家提出进一步扩围的要求，逐步将其他营业税项目纳入改征增值税范围，在更大程度上促进抵扣链的完整。

在个人住房房产税方面：继续做好个人住房房产税试点工作，在总结去年工作的基础上，梳理和分析政策、征管状况，继续研究完善有关优化服务，强化征管，提高征收率的相关措施，进一步探索对个人直接征税的有效方法，确保政策有效执行。推进与市有关部门的信息共享和交换，切实提高涉税事项办理效率。

（四）全面落实税收政策

认真落实好各项税收政策。在支持“两个中心”建设方面，配合市政府相关部门研究与推进国际航运中心、国家金融中心建设相配套的税收政策，对注册在上海的保险企业从事的国际航空保险业务免征营业税，进一步做好跨境贸易人民币结算出口退税试点，配合做好启运港退税工作，配合外汇核销体制改革试点做好相应的单证简化工作。在支持服务经济发展方面，研究制定有利于支付行业有序发展的具体管理办法，落实税前扣除管理办法、企业重组政策，重点加强研发费加计扣除、高新技术企业、非营利组织、动漫企业、技术先进型服务企业等税收优惠资格认定管理，进一步规范细化认定标准。在支持中小微企业发展方面，落实营业税、增值税起征点提高等政策。在促进保障和改善民生方面，落实促进就业、再就业有关政策，全面贯彻落实好修改后的个人所得税法，配合做好个人税收递延型养老保险试点推进工作。

健全全面落实税收政策的机制。认真评估税务部门近几年落实调结构、促转型、惠民生政策上的做法、成效，并从经济社会活动多元性、复杂性和体制、机制、税制相对于经济的滞后性等角度，更深层次地分析政策落实机制上可能存在的瓶颈，提出有效应对措施以最大可能地解决政策不到位、难落地的问题。具体是在完善已有的税收政策执行情况反馈工作机制的基础上，建立税收政策执行情况反馈的促进机制，并使两个机制互为补充，通过内部的基层分局定期反映、行政争议处理应对和外部的与纳税人互动、与其他部门的专题工作沟通等，认真梳理和全面掌握落实税收政策的情况和问题，深入分析重大税收政策效应，检验政策执行效果，进而作出整改、完善或向上级反映、建议的处理。

开展政策落实情况的检查。监察、督察内审部门要围绕重大结构性减税政策和热点税收政策落实情况，开展专项执法督察，从审批依据、审批流程等方面入手，及时发现政策执行中存在的偏差及问题，提出建设性、针对性的意见和建议，促进依法行政，规范税收执法行为。

（五）改革完善税收征管

深化征管改革。按照构建适合上海现代化国际大都市特点的现代征管模式的要求，以提高税法遵从度和税收征收率为目标，深化税收征管改革，加快明确本市税务征管模式的总体方向、内容要素、管理标准、实施步骤和配套措施等，搞好顶层设计。当前要结合税源专业化管理改革，着力推动征纳沟通机制和风险防范监控两轮驱动。即：一方面，通过建立税企互动平台、网上审批平台、在分局增设12366纳税服务热线远程坐席等，在征管改革中充分体现专业的、优质的、高效的纳税服务。另一方面，通过积累完整准确的数据信息，完善风险预警指标体系，强化本市税收数据综合分析库、纳税评估指标库和行业模型库建设，对不同类别的税源实施不同的管理方法，同时相应调整税收管理职能，优化资源配置。

加强各税种管理。结合营业税改征增值税试点，改进相关征管措施。加强增值税抵扣凭证管理。加强对高收入行业、高收入者的个人所得税征管；开展个人工资薪金所得与企业工资费用支出的比对工作，提升个人所得税全员全额申报工作质量。组建经济分析师团队和若干专题技术研究团队，进一步完善国际税收管理和反避税工作。进一步加强出口退税管理，对现行出口退税管理的操作程序和涉及的有关单证进行梳理，加以规范。推进房地产税收一体化管理。加强车船税征收管理。

提升税务稽查效能。以整顿和规范税收秩序为目标，以信息化稽查推广应用和稽查基础制度建设为重点，着力做好重点税源企业检查、税收专项检查、分类分级税务稽查等工作，更新稽查理念，完善体制机制，规范执法行为，创新工作方法，全面提升税务稽查工作现代化水平。加强与公安、财政、审计、通信等管理部门的配合，将发票检查与行业税收专项检查、区域税收专项整治、重点税源企业检查和专案检查等工作捆绑开展，建立完善长效工作机制，严厉打击发票违法犯罪活动。

（六）持续优化纳税服务

构建广泛务实的税企沟通机制。按照征管改革要求，着力做好税法宣传、纳税咨询辅导及与企业的联系等工作。进一步发挥纳税服务平台功能，在办税服务厅设置纳税咨询部门或窗口，现场受理或预约受理各类涉税咨询；通过12366纳税服务热线、上海税务网站纳税咨询专栏及税企互动平台，收集和答复纳税人的涉税咨询，实现征纳双方良性互动。更加注重税法宣传全方位、全覆盖、系统化、常态化，引导全社会纳税遵从。深化以纳税人需求为导向的纳税服务长效管理机制，开展纳税人满意度调查，注重纳税服务的针对性、个性化，充实、完善纳税人呼声处理机制。

开展快捷高效的办税服务。继续抓好包括导税服务、限时服务、延时服务、预约服务、提醒服务、午间值班等制度的落实工作。进一步下沉涉税事项审批权，提高办税服务厅集约化办税能力。进一步简化办税程序，规范涉税事项受理标准，切实解决不同分局间涉税事项受理内容、标准、要素不统一和“一次告知”不清等问题。以个人涉税业务为切入点，探索实施“免填单”业务。继续推进网上办事，逐步扩大网上办事业务受理范围，依托上海税务网站探索建立网上办税服务厅。

树立公开透明的服务品牌。以民众关注度高的个人涉税业务为切入点，编写或修订相关税收政策操作指南并上网发布。建立涉税争议前置处理机制，在税务机关作出具体行政行为之前，采取适当形式研究讨论征纳双方有关争议，及时化解矛盾。开设政务公开“微博”，主动公开本市税收工作情况，回应社会各界对税务机关的关注，接受社会监督。加强同新闻媒体的日常联系和沟通，通过开设税务专访、专栏等凸显税务工作的开放性。加强纳税信用等级评定管理，扩大评定结果的告示范围，将企业纳税信用纳入社会诚信体系。

（七）切实加强干部队伍建设

营造良好的税收工作氛围。按照市委提出的“公正、包容、责任、诚信”的价值取向和总局倡导的“忠诚、敬业、守法、廉洁、创新”的税务精神，进一步赋予税务文化建设新内涵，引导广大干部做到爱岗敬业、公正执法、诚信服务、廉洁奉公，在本系统形成崇尚先进、积极向上的良好风气。

加强各级干部管理。以提高领导水平和执政能力为核心，切实加强各级税务机关领导班子建设。针对2011年干部选拔和轮岗后部分分局班子大幅变动的情况，进一步加强领导班子和干部队伍组成的科学分析，认真开展岗位培训和民主测评，促进领导干部在调查研究基础上推进前瞻性思考，在科学决策、民主决策的基础上狠抓落实。继续加强处级干部的培训、培养，认真开展处级、科级后备干部选拔，拓展全方位、多渠道干部选拔任用机制，不断充实各部门、各条线管理队伍。开展全覆盖、多手段、高层次的分层、分类培训，为各类税务专项人才脱颖而出、人尽其用提供良好的发展机遇和工作环境。

推进干部管理和激励制度创新。进行税收管理、税务稽查和办税服务等岗位的标兵评比，以及全国税务系统先进工作者评选推荐、市税务系统先进集体和先进工作者评选表彰工作，开展向身边先进人物学习的活动，并向社会宣传先进税务干部的事迹，提升税务部门公共形象。以激发活力、创新管理为着眼点，在去年部分基层分局参加总局行政执法类公务员分类管理试点的基础上开展面上测算等工作，为全面推广实施行政执法类公务员分类管理做好准备。

（八）扎实推进党风廉政建设

深化反腐倡廉教育。深入开展理想信念教育、党章学习教育、党性党风党纪教育和从政道德教育，促进广大党员干部模范践行社会公德、职业道德、个人品德、家庭美德，保持思想纯洁、队伍纯洁、作风纯洁和清正廉洁。于3月召开每年一次的全市税务系统党风廉政建设工作会议，举行廉政教育月活动，深入推进惩防体系建设和推动党风廉政建设责任制落实。积极开展廉政文化创建活动，依托税务干部学校这一平台推进廉政教育基地建设和廉政文化示范点建设，研究制定本市税务系统廉政文化建设实施意见。

扎实开展督促检查。通过巡视检查等手段，不断加强党内监督，以领导班子整体功能为监督重点，优化巡视的方式和方法，注重从制度和机制层面提出巡视建议，进一步促进领导班子建设。扎实开展执法督察，防范税收执法风险，依托市局税收征管数据信息平台，创新执法督察手段，进一步提高执法督察工作效能。继续做好领导干部经济责任审计工作，强化组织领导，建立协调机制，加强对资金管理使用情况的审计监督，进一步增强领导干部依法履行经济责任的意识。

推进政风行风建设。借助上海税务网站电子申报平台，继续完善政风行风评价模块。积极参与政风行风评议，完善向纳税人公开政风行风评议情况制度，广泛开展向纳税人述职述廉活动，更直接地接受纳税人的监督。继续推进基层税务所民主评议工作；继续聘请社会专业调查机构和特邀监察员进行明察暗访，并畅通意见建议反馈渠道。建立健全市政风行风热线和市“纠风在线”投诉的快速处置机制，着力解决纳税人反映的突出问题，重点纠正损害纳税人利益的不正之风。

在开展上述各项工作的同时，还要加强内部行政管理。按照转变职能、理顺关系、优化结构、提高效能等要求，进一步完善机关公文、保密、保卫、后勤等方面管理制度，明确岗位职责和工作标准。进一步加强财务管理，坚持勤俭节约，严格控制行政经费支出，压缩“三公”经费支出，按布置推进实施财务制度改革。按照精简程序、清理环节、分清责任、科学管理的要求，优化工作流程，加强工作衔接，深化内门户应用，提升机关执行力，确保各项管理制度和工作任务落实到位。

同志们，做好2012年各项工作，任务光荣而艰巨。我们要继续全面发挥税收职能作用，不断增强围绕中心、服务大局的意识，进一步服务于创新驱动、转型发展的各项工作，进一步弘扬上海税务系统奋发有为、奋力争先、攻坚克难的精神，抓好各项工作的推进和落实，争取新的更大的成绩。

在市税务工作会议结束时的讲话

庄晓玖

（2012 年 2 月 15 日）

同志们：

按照议程安排，我对本次会议作一小结，并对落实会议精神提几点意见。

一、关于会议的收获

在昨天下午召开的市财税工作会议上，韩市长作了重要讲话，对我们的工作表示了肯定，也提出了进一步做好工作的希望和要求。顾局长也在会上作了工作报告，在简要回顾2011 年工作的基础上，对 2012 年的各项工作进行了具体部署。在随后及今天上午的分组讨论会上，大家围绕今年的工作任务及其要求，谈贯彻意见、谈落实措施，当然也谈了工作中存在的困难、问题及其应对的建议。

大家谈到，在 2011 年，我们做了大量工作，取得了一定成效，得到了上级领导的好评。这是市委、市政府和国家税务总局正确领导、精心指导的结果，也是广大税务干部发扬奋发有为、奋力争先精神努力工作的结果。如营业税改征增值税试点工作，市领导和总局领导高度重视，并多次做出指示，为我们顺利开展工作指明了方向。我们要再接再厉，继续以良好的精神状态投身到今年的各项工作中，不辜负各级领导的期望。

大家表示，当前税务工作面临复杂严峻的形势，税制改革的任务非常艰巨。但由于我们长期积累了一些好经验、好方法，加之税务队伍强，干部素质高，是能够应对挑战，克服困难，完成任务的，对此我们充满信心和决心。

大家认为，今年的工作任务比较繁重，有的还有一定难度。如征管改革，现有的税源专业化管理如何贴近总局提出的要求？如何才能建立适合上海大都市特点的征管模式？对此大家的看法各异，有待统一思想后做出更明确的规划。

总之，从大家的发言中可以看出，有年初工作务虚会的基础，有这次会议的深化讨论，大家的思想认识进一步提高了，工作思路进一步理清了，工作热情进一步激发、干劲更足了。我想，这些应该是本次会议的很大收获。

二、关于会议的贯彻

会议以后，请大家及时传达，并在本单位认真组织学习、深入开展讨论。要通过学习和讨论，促进广大税务干部进一步认清形势、提高认识、明确要求、统一行动，全力以赴投身各项工作、做好各项工作。今年工作总体要求是“1、2、3”，就是说要围绕 1 个主题，抓好 2 项重点工作、推进 3 大改革。各单位要结合本单位实际，提出贯彻意见和具体工作事项，明确目标和责任人，尽职尽责、尽心尽力，加以推进，狠抓落实。

这里，我再结合今年工作实践提三点要求：

一是发扬攻坚克难的精神

人是要有点精神的，精神所产生的巨大能量是任何力量也挡不住的。在去年的工作中，我们之所以能够有序有效地推进各项改革，取得较好的业绩，与全体干部保持奋发有为、奋力争先的精神密不可分。在这种精神支撑下，从上到下铆着一股劲。由于营业税改征增值税的改革试点、个人住房房产税的深入试点、征管模式的改革试点，都是没有先例可循的探索，所以，在改革仍是重头戏且难度逐步加大的今年，只有发扬攻坚克难的精神，敢于碰硬、敢打硬仗，绝不服输、绝不言退，那么在上级部门的领导下，我们就一定能争取工作主动、应对各种挑战、解决各种困难，从而有效完成改革任务的。

同时我们要注意到，除了内在自觉、主动，精神的树立很多要靠外部激发。作为各级组织、各级领导，一方面要通过对税务精神和税务职业道德的宣传、教育，引导广大干部做到爱岗敬业、公正执法、诚信服务、廉洁奉公、团结进取，努力在系统内形成共同的价值取向；另一方面要建立起激发干部活力的激励机制，通过全面试行行政执法类公务员管理制度、立功授奖制度等手段，在全系统营造干事者有舞台、受尊敬、受重用的氛围。

二是坚持依法行政的理念

税收工作中，依法行政的理念至高无上。依法行政是现代政治文明的重要标志，是贯彻中央和市委、市政府关于建设法治政府和服务型政府要求的具体体现，是加强和创新社会管理的迫切需要。我们说依法行政是灵魂，是一条生命线，这一提法足以说明依法行政的极端重要性。韩市长在2月6日视察我局时也说到，如果税务部门不依法行政，后果不堪设想。所以，我们必须把依法行政作为税收工作的基本准则贯穿始终，所有工作的开展都要以法律法规为依据，都要在法律授权的范围内进行；必须把为民收税作为税务部门依法行政的根本出发点和落脚点，通过规范执法、优化服务等措施维护纳税人的合法权益；必须把税务部门带头遵从税法作为提高税法遵从度的有效途径，坚持合法行政、合理行政、程序正当、高效便民、诚实守信、权责统一；必须把营造公平竞争的税收法治环境作为税务部门依法行政工作的重要目标，推进“阳光执法”，增强税收执法的透明度。

同时我们要注意到，发展是硬道理，支持发展也是税务部门必须坚持的理念，是义不容辞的职责。因此，我们要认真处理好依法行政和支持发展的关系。一方面要带头遵从税法，在全市范围依法统一规范地用好用足现有政策，体现依法行政，确保税法得到公正执行和普遍遵从；另一方面要注意倾听有关支持发展的各种政策需求及相关意见建议，既不能一味强调支持发展而乱开政策口子或违规操作，也不能因为政策制定的权限问题而无视发展要求及合理意见，不履行向上反映、建议的义务。

三是构建推进落实的长效机制

政策、服务、征管等各项工作的推进和落实，必须依靠制度和建立健全长效机制加以保障。长效机制有其自身的内涵和特点，既不能以工作目标责任制代替长效机制，也不能用行政管理制度代替长效机制，当然也不能用整改措施代替长效机制。这些年来我们政策落实的力度不断加强，但外界时有政策落实不及时、不到位的反映，当然个中确有一些干部自身弄不懂、不作为的问题。对此，我们从研发费用加计扣除政策的落实机制方面得到启示，提出了今年政策落实的整体工作中重在机制保障的要求，具体就是健全反馈机制，建立促进机制。以此作引申，我们做任何工作都要注重建立健全长效机制，要将长效机制建设与推进事业发展、强化跟踪问效、达到预期目标、提高工作水平、确保任务完成相联系，并在具体推动中不断进行检验、修正、丰富和发展。尤其要注意把广大干部在税收工作实践中激发出来的良好的精神状态、积累起来的好经验好做法及时转化为经常之举和制度规范，在实践中长期坚持并不断丰富完善，以此形成真正的长效机制。

同时我们要注意到，长效机制的构建要与信息化技术相结合。要根据机制及机制本身创新完善的要求，通过设计各类应用软件和加快推进本系统的内门户建设，强化对干部各种工作行为的规范及阳光操作，强化对税制改革和政策措施效应的评估分析，强化对干部裁量权的制约和监督，强化对各项工作办理过程的跟踪、督办、考核，形成“制度+科技”管人、管事的局面。

三、关于个别工作的再补充、再强调

这次顾局长在工作报告中布置的各项任务，都很重要。市局办公室要结合市政府重点工作内容，确定今年重点工作事项，并予以分解，由处室细化落实。下面，我对个别工作再做补充或强调。

一是关于贯彻市领导、总局领导近期对“营改增”工作的指示

“营改增”试点是重大改革任务，是当前及今后一段时期税务部门的首要重点工作。自2012年1月1日正式启动运行以来，在我们前期精心组织开展试点企业确认、宣传培训辅导、应用系统调整等各项准备工作的基础上，试点推进平稳有序，总体情况是好的。同志们为此付出了大量的、辛勤的努力，请在座各位回去后向干部们转达市局领导的慰问和感谢。

营业税改征增值税试点的工作，一直得到市领导和总局领导的高度重视。正式启动前期，俞书记、韩市长、屠市长通过听取专题汇报、走访中小企业、召开区县长会议等形式，全面了解和掌握试点准备情况。启动首月正值上海召开“两会”之际，针对“营改增”试点可能成为人大代表和政协委员讨论的主要话题之一的情况，1月10日晚，俞书记主持召开专题工作会议，韩市长等市领导和相关委办局主要领导参加。在听取市财税部门有关试点情况汇报后，俞书记强调，要下决心把此事做好。这次试点改革的目的是促进服务业分工细化，推进服务业发展。但既然是试点，必然就会有各种情况，针对这次试点已有许多过渡期政策，但这些政策都是制度性的，操作上一定要谨慎，必须统一；政策宣传一定要做好，确保公开透明，并培训到企业领导层。韩市长指出，要讲透税改意义，讲清税改情况，讲明过渡政策，发挥快速协作机制作用，遇到情况及时研究解决。韩市长在市十三届人大五次会议上所作的工作报告中指出，营业税改征增值税试点是一项意义深远的重大税制改革，是推动经济发展方式转变和现代服务业发展的重大举措。在参加政协分组讨论会期间，韩市长还以此为专题，向政协委员详细介绍相关背景情况，并分析了在上海先行先试改革的重要意义，指出通过改革试点，可促进税制更加科学合理，推动上海服务业竞争力提升。2012年2月6日下午，韩市长到市局视察工作，在听取营业税改征增值税试点工作进展情况后指出，“营改增”属于国家改革，既然放在上海，就必须圆满完成改革试点任务。由于前阶段试点推进的准备工作充分、基础扎实，因此，至目前试点是平稳有序的。但只是刚刚起步，可能还有许多问题没能反映出来。要对倾向性问题分析透，据此向总局、市政府提出工作建议。韩市长还提出了落实好过渡性政策的要求。

总局领导同样高度重视“营改增”试点。肖捷局长1月12日专门来电询问有关情况，又于2月13日到上海听取汇报、视察工作。在昨天上午召开的座谈会上，肖局长一行听了来自10个分局一线同志的汇报后，对上海前期各项工作予以了肯定，并代表总局党组向上海税务干部表示崇高的敬意。肖局长还要求我们梳理汇总工作中行之有效的做法，深入分析管理风险点、环节税负等问题，把下一步工作考虑得更充分些，确保改革成功，并对在全国的推开提出建议。解学智副局长继2011年12月30至31日来沪调研指导、这次又陪同肖局长视察后，曾于2012年1月5日上午代表总局党组通过视频电话提出三点要求：一是按照原定计划推进营业税改征增值税试点，尤其注意技术层面、操作层面不要出问题；二是进一步关注好税负上升企业，认真对待并配合财政予以妥善处理；三是对企业各类诉求在了解核实后均要有答复。总局相关司局也非常关心，在研究明确政策、调整测试系统等方面给予大力支持或到本市实地指导。

我们一定要按照上级领导的要求，继续保持优良的工作作风和连续作战的干劲，全力抓好政策落实、宣传辅导、风险控制、效应分析等各项工作，为国家顺利实现重大税制改革、推动转型发展作出应有的贡献。

二是关于组织收入工作

组织收入是税务部门的一项中心任务。一般而言，税收收入会受到经济、政策、征管因素的影响，当然经济决定税收，首要的是要看经济发展情况。今年形势不容乐观，税收收入将延续去年下半年以来就已呈现的下行趋势。1 月，本市税务部门组织的税收收入完成 1129. 9 亿元，同比增长 9. 0%，增收 92. 8 亿元。其中，证券交易印花税完成 9. 9 亿元，同比下降 66. 6%，减收 19. 9 亿元；税收收入（不含证券交易印花税）完成 1120. 0 亿元，同比增长 11. 2%，增收 112. 7 亿元。可以说税收有增长，但增幅不大了。可能困难的一面会在以后的月份中逐步体现，我们不能掉以轻心。

对于组织收入工作原则，在实际工作中似乎一直难以把握，不论收入形势是好是坏。我们也体谅到基层分局工作的难处，既有来自市局指标任务的压力，又有来自区县政府的压力。但是，在依法行政作为我们工作的重要理念时，必须始终坚持组织收入原则不动摇。如果发生个别区县政府背离经济税收发展规律，脱离经济税源实际，急功近利地向税务部门加大收入任务指标的行为，我们一方面要进行解释并予以抵制；另一方面要着眼区域经济发展大局，做好区县政府的参谋，帮助做好促进经济可持续发展及涵养壮大税源的工作。

三是关于普通发票及税务登记的管理

近期征管方面将有以下两项新的措施出台。

（1）普通发票兼并票种统一式样。总局在 2009 年印发了《全国普通发票兼并票种统一式样工作实施方案》，指明了普通发票管理的方向。经对本市普通发票管理现状调研分析，存在两个主要问题：一是统一发票种类繁多、式样各异、机打发票较少，实现采集数据的票种更少，仅占票种总数的 10%；二是冠名发票印制数量大，规范控制力度不够。对此，市局确定兼并票种、统一式样的工作思路是：力争取消手工票、强化使用机打票、压缩规范冠名票、适度使用定额票。这一工作思路将对全面提升普通发票管理的规范化和信息化水平，逐步实现从“以票控税”向“信息管税”的转变，进一步强化税源监控，提高纳税服务，产生重要的推动作用。2 月 10 日召开的局长办公会议已经同意了征管科技处提出的相关工作方案。在这项工作开展中，必须做好对外宣传工作，特别是原使用冠名发票企业的解释工作；必须在发票印制的招投标工作中严格按照规定程序操作，不要引起负面反响。另外，本次兼并、统一后，税务部门将承担起发票的大量印制及存放保管问题，使票据中心调拨运输、分局仓库存放等方面的压力增大。因此，我们要采取措施应对压力，严格制度加强管理，确保这项工作平稳、有序进行。

（2）纳税人跨区迁移税务登记集中管理。随着本市市与区县财税体制改革的实施，税收户管的矛盾从市与区层面转到区与区之间，且日益突出。造成部分企业无法正常迁移的主要因素是地方财力，部分税务分局对纳税人的跨区迁移申请不予受理。2011 年全年市局就收到市委、市政府转来信访投诉 20 件次。市领导多次指出，市税务局应要求各税务分局认真执行有关原则，对企业提出正常的跨区迁移申请，政府部门不能设置障碍，确保本市户管有序流动。但经调研，造成基层税务机关不予受理或拖延企业迁移的原因主要来自区县政府的压力，部分区县税务分局反映，有待区政府在相关会议上一再强调，本区域企业特别是税收大户迁出，须经区政府同意，税务机关不得擅自受理企业的迁移申请。受制于此，加之担心工作业绩考核受到影响，税务机关不得不进行了“阻扰”。对此，市局决定调整企业迁移注销税务登记的申请渠道，拟将跨区迁移的受理工作集中到市局，即由市税务局层面统一受理企业的跨区迁移申请，并对迁移全过程进行监控。这一决策已在韩市长视察时报告，请分局今后在实际执行中注意做好与区县政府的沟通、解释工作。

征管方面大家比较关心的问题首推征管改革，特别是讲到顶层设计，大家更是议论纷纷。对于改革的具体内容、怎样实施改革等问题，确实还有待弄明白，但有一点是肯定的，顶层设计将涉及税务组织架构的重新确立，涉及人力资源的重新配置，涉及管理、服务核心业务的更深协调，将是一场重大的变革。目前征管科技处经研究讨论，提出了有关工作意见，这次随会议印发，供大家讨论修改。希望大家尽早凝聚共识、群策群力，积极实践、推进。

四是关于对干部的激励

对干部的激励，同样是大家比较关心的问题。作为市局领导，也一直在操心、在摸索。去年我们进一步规范带薪年休假和疗休养工作、完善科级干部晋升管理、开展行政执法类公务员分类管理试点，取得了良好的反响。还通过走访外省市税务局取经、发放问卷调查、召开座谈会等形式，形成了《上海市税务系统公务员激励机制现状与初探》调研报告，提出了公务员激励机制的指导思想、基本原则、主要方法、手段和具体做法，有待结合总局的相关要求，运用到实际工作中去。

今年我们把推进干部管理和激励制度创新作为三大改革任务之一。确有许多方面需要深化研究，认真思考。如这两年我们已逐步配齐各级领导班子，但处级干部年龄相对老化，且跨系统的交流、晋升渠道较少。目前本系统有正处级干部49人，其中任正处职务10年以上的有20人，15年以上的有8人。对此我们向市领导提出，是否能对一些政治合格、业务过硬、作风正派，任职年限较长的税务系统处级干部，在市级层面进行晋升等方面的通盘考虑。

在这必须强调的是，对于我们这支1万余人的干部队伍来说，严格管理、从严带队的要求时刻不能忘记、不能放松。韩市长视察我局时就讲，如果有严明的纪律和严格的制度，再加上个人的道德和素质，就能确保我们这支队伍是过硬的。韩市长在昨天的讲话中，再次强调了严格管理的要求。希望各单位领导按照市领导的嘱托，带好一支队伍；每个干部按照市领导的期望，都是过硬的，是经得起任何风浪考验的。3月我们要召开党风廉政建设工作会议，还要开展廉政教育月活动。各单位要根据市局的工作部署，狠抓党风廉政责任制落实，狠抓行风政风反映问题的整改，推动广大干部保持思想纯洁、作风纯洁和清正廉洁。

五是关于涉税舆情、信访、内门户建设等工作

这几方面工作内容杂、强度大、压力重、要求高，要从制度和机制的层面加以规范，并从促进税收事业发展的高度加以推进。

（1）涉税舆情工作。随着税务工作与经济社会的联系度、影响度日益紧密，税务工作的许多举动都被社会所瞩目。我们要高度重视涉税舆情引导工作，正确看待涉税舆情，自觉接受舆论监督。我们要充分认识新媒体的广泛影响力，全市税务系统上下同心，统筹做好涉税舆情应对、引导工作，积极发挥好网站、微博的正面效应。对外新闻宣传或安排接受新闻采访的管理归口市局办公室，市局要抓紧出台新闻宣传方面的制度，加强对分局工作的指导。

（2）信访工作。当前，我国社会正处于转型期，各种矛盾不断凸显，诱发信访事件

的因素日益增多。作为从事税收征管工作的部门，存在征纳矛盾在所难免。化解矛盾工作成效如何，直接影响征纳关系。去年年底国家税务总局下发了《关于印发〈税务系统信访工作规定〉等制度的通知》，从强化信访工作的组织领导、明确职责分工、畅通信访渠道、维护信访秩序、规范信件办理、强化督查考核、加强基础建设等方面，提出了一系列新要求。尤其强调要以群众工作为统揽，及时就地解决群众的合理诉求，预防、化解各类涉税矛盾。今年2月5日市委召开信访工作专题会议，明确要求把信访量大、信访工作任务重以及与民生问题紧密联系的部门纳入考核。根据这一精神，市信访办将我局纳入2012年新增加的3家目标责任考核单位之一。近期我局就要同市委市政府签订《信访工作目标责任书》。这一切都说明，税务系统的信访任务越来越重，要求越来越高。各单位领导尤其是一把手一定要高度重视，增强群众观念和宗旨意识，要以开展领导干部接访活动为载体，认真开展领导干部定点接访、重点约访和带案下访，切实把领导干部"一案双责"落到实处；深入开展领导包案化解活动，包案处理面上有一定影响、政策性较强的突出事项，协调疑难案件处理，推动"事要解决"。各单位要把信访工作放在党的群众工作的全局中去把握，放在推动税收工作科学发展的全局中去谋划，放在税收服务民生的全局中去推进，通过实实在在的举措，把群众路线贯彻落实到我们想问题、做决策、办事情的各个方面、各个环节，使税务信访工作在更好地服务人民群众，为税收事业科学发展创造更加和谐稳定的良好环境。

（3）内门户建设。2月1日市局举行了内门户正式启动应用仪式，目标是在税务系统内部搭建一个统一的信息化办公平台，实现信息化系统一个"入口"，一个信息展示平台，建立内外门户之间、市局和分局之间、分局和分局之间、单位内部各部门之间、人员之间沟通交流的渠道。内门户初期项目建设完成后，去年起在市局机关已开展部分项目的试运行，在4个分局开展试点应用。今年正式启用之初，将首先在信息动态及时发布、内外网信息互通等方面呈现亮点；以后随着办公自动化等系统的全部纳入或与其他应用系统的整合，特别是推广到各分局后，必将对我们开展工作、做好工作发挥出更大的作用。因此，各单位要关注内门户推进情况，积极做好推进的各项准备。

同志们，工作任务及其要求已经明确，我们要紧密团结，扎实工作，狠抓落实，确保圆满完成各项任务。

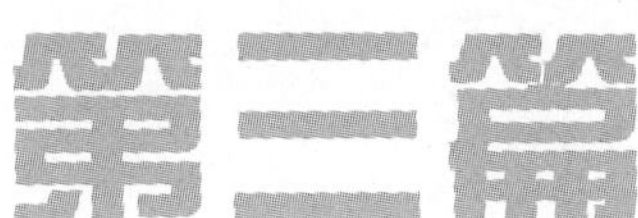

第三篇

市级税务工作

收入规划核算

【概况】2012年，本市税务部门组织的税收收入完成7525.6亿元，同比增长7.1%，增收501.1亿元。其中，证券交易印花税完成159.0亿元，同比下降36.0%，减收89.4亿元；税收收入（不含证券交易印花税，以下分析均按此口径）完成7366.6亿元，同比增长8.7%，增收590.5亿元。

全年税收收入呈现三个特点：一是税收总量创新高，税收与经济发展更协调。全年收入突破7000亿元，月均收入超600亿元。从GDP同比增幅看，一季度GDP增长7.0%，上半年增长7.2%，前三季度增长7.4%，全年增长7.5%。从税收收入同比增幅看，一季度税收收入增长8.0%，上半年增长7.0%，前三季度增长6.8%，全年税收增长8.7%。税收收入增幅与GDP指标保持协调增长。二是第二产业收入占比有所上升，第三产业收入结构继续优化。本市第二产业税收完成2762.1亿元，同比增长11.2%，占税收收入的比重为37.5%，较上年同期提高0.9个百分点。第三产业税收完成4603.3亿元，同比增长7.3%，占税收收入的比重为62.5%，较上年同期下降0.9个百分点。从第三产业内部结构来看，房地产税收占税收收入的比重从2011年同期的13.5%下降到12.6%，减少0.9个百分点；金融业和信息传输服务业税收占比分别提高0.6个和0.1个百分点。三是主体税种增减互现，其他各税增幅较快。增值税收入同比增长25.7%，其中营业税改征增值税收入完成192.0亿元；消费税收入同比增长11.1%；营业税收入同比下降13.8%；企业所得税收入同比增长7.7%；个人所得税同比增长1.0%。其他各税同比增长11.1%。

【税收分析】坚持“依法征税，应收尽收，坚决不收过头税，坚决防止和制止越权减免税，坚决落实各项税收优惠政策”的组织收入原则。坚持按月召开税收分析例会，听取部分分局对重点税源税收完成情况的汇报。针对今年收入形势较为严峻的情形，从9月起，将每月收入分析会议参加分局的面扩大到全市范围。开展月度、季度、半年度、年度税收分析并撰写分析报告，对收入进度、重点行业、主要税种的收入增减变化原因加强细化分析。每月对房地产、金融、钢铁、汽车、石化五个行业税收情况进行重点分析并分别形成单篇分析材料。

【重点行业分析】工业、商业、金融、服务和房地产业五大行业共完成税收收入6545.5亿元，占税收收入总量的88.9%。（1）工业税收稳步增长。工业税收完成2533.3亿元，占总量的34.3%，同比增长11.3%，增收256.2亿元。除精品钢材制造业因产品销售价格回落，原材料采购价格不断攀升，能源价格上涨等因素，同比下降31.1%外，本市重点发展的其余五个行业均实现增收。其中，生物医药制造业同比增长52.6%；电子信息产品制造业和成套设备制造业，分别增长20.2%和11.6%；汽车制造业和石油化工及精细化工业同比分别增长

5.2%和3.5%。此外，烟草行业完同比增长19.7%，占工业税收增量的38.0%。（2）商业税收增长稳定。商业税收完成1287.0亿元，占总量的17.5%，同比增长8.0%，增收95.6亿元。主要是由于销量增加、价格上升等因素，大型批发类企业盈利能力提升带来了税收增加，批发业税收同比增长8.4%。同时，商业圈的成熟及企业促销力度的加大，繁荣了消费市场，零售业税收也同比增长6.7%。（3）金融业税收增势良好。金融业税收完成844.1亿元，占总量的11.5%，同比增长14.3%，增收105.5亿元。该行业近九成的增量来源于营业税和企业所得税。由于企业利润大幅上升，金融业企业所得税同比增长14.3%，增收59.0亿元；同时，随着企业经营规模扩大及业务拓展，营业税同比增长17.2%，增收31.7亿元；此外，个人所得税因从业人员个人收入增加同比增长4.1%，增收4.5亿元。（4）房地产业税收略有增长。房地产业税收完成925.4亿元，占总量的12.6%，同比微增1.5%，增收13.5亿元。其中，营业税完成230.9亿元，同比下降3.0%，减收7.2亿元；企业所得税完成228.7亿元，同比下降2.9%，减收6.8亿元。税收增长主要依靠土地增值税拉动，土地增值税全年实现218.8亿元，增收62.2亿元，剔除此因素后，税收下降6.4%，减收48.7亿元。在房地产宏观调控政策形势下，上半年房地产市场持续低迷，尽管年底出现翘尾因素，但全年行业税收增长乏力。（5）服务业税收稳定增长。服务业税收完成955.6亿元，占总量的13.0%，同比增长9.2%，增收80.7亿元。其中，信息服务业增收18.2亿元，租赁和商务服务业增收61.3亿元，居民及其他服务业增收1.2亿元。

【主体税种分析】增值税、消费税、营业税、企业所得税和个人所得税五大税种收入四增一减，共完成6557.8亿元，占税收收入总量89.0%。（1）增值税大幅增长。增值税收入累计完成2115.3亿元，同比增长25.7%，增收432.9亿元。其中，免抵调库收入167.0亿元，同比增收132.1亿元。增值税增速较快主要得益于免抵调库收入和营业税改征增值税试点政策的实施，若剔除此两项因素，增值税实际增收108.8亿元，同比增长6.6%。第一，从改征增值税试点项目看，交通运输业完成增值税收入29.4亿元；部分现代服务业完成增值税收入162.6亿元。第二，工业增值税直接收入增收的重点行业主要是医药制造、纺织服装皮革、烟草和食品饮料行业。医药制造业增幅居前，完成增值税35.0亿元，同比增长32.0%，增收8.5亿元。食品饮料业增幅紧随其后，完成49.4亿元，同比增长12.5%，增收5.5亿元。烟草行业完成增值税110.8亿元，同比增长13.0%，增收12.8亿元。纺织服装皮革业保持稳定增长，完成47.5亿元，同比增长7.2%，增收3.2亿元。工业增值税直接收入基本持平的行业为石化及化工行业和各类通用、专用、电子通信设备及电气机械制造业。石化及化工行业完成增值税109.3亿元，同比下降3.0%，减收3.4亿元。各类通用、专用、电子通信设备及电气机械制造业完成增值税189.7亿元，同比下降1.1%，减收2.2亿元。工业增值税直接收入减收的重点行业主要是汽车制造业和钢铁业。汽车制造业完成增值税153.1亿元，同比下降5.9%，减收9.6亿元。钢铁行业完成增值税24.5亿元，同比下降9.5%，减收2.6亿元。第三，商业增值税收入完成674.4亿元，同比增长10.1%，增收61.6亿元，主要是本市商品市场销售继续保持平稳较快增长，1—11月社会消费品零售总额同比增长9.1%。（2）消费税收入稳定增长。消费税收入累计完成633.5亿元，同比增长11.1%，增收63.1亿元。烟草、成品油消费税实现增收，汽车消费税出现减收。烟草制品消费税完成403.2亿元，同比增长19.5%，增收65.9亿元。成品油消费税完成123.6亿元，同比增长7.8%，增收8.9亿元。汽车消费税完成87.1

亿元，同比下降12.6%，减收12.6亿元。（3）营业税出现负增长。营业税收入累计完成897.9亿元，同比下降13.8%，减收143.6亿元。金融业、建筑业实现增收，房地产业、交通运输业和服务业出现减收。金融业营业税累计完成215.7亿元，同比增长17.2%，增收31.7亿元。其中，银行业增收34.6亿元；保险业营业税收入增收0.7亿元；证券及其他金融企业减收3.6亿元。建筑业营业税完成121.4亿元，同比增长4.7%，增收5.4亿元。主要是本市建筑业实现平稳发展，1—11月，本市建筑业总产值同比增长6.5%。房地产业营业税完成230.9亿元，同比下降3.0%，减收7.2亿元。上半年，本市房地产业营业税减收30.1亿元；下半年，随着本市部分区域房产销售回暖，营业税增收22.9亿元，税收减幅有所减小。交通运输业营业税完成16.9亿元，同比下降72.9%，减收45.6亿元。服务业营业税完成157.2亿元，同比下降36.0%，减收88.6亿元。（4）企业所得税收入平稳增长。企业所得税收入累计完成2115.9亿元，同比增长7.7%，增收151.3亿元。工业企业所得税完成525.2亿元，同比增长9.0%，增收43.3亿元。六大重点税源行业两极分化较为明显，其中，生物医药制造业和汽车制造业增长势头强劲，同比分别增长56.3%和27.2%，石化及精细化工制造业与上年同期相比平稳增长，同比增长8.8%；成套设备制造业、电子信息产品制造业和精品钢材制造业均出现不同程度的减收，同比分别下降3.6%、5.0%和73.8%。批发零售业完成企业所得税356.2亿元，同比增长4.7%，增收15.9亿元。零售业同比增长14.9%；批发业同比增长2.2%。金融业完成企业所得税472.0亿元，同比增长14.3%，增收59.0亿元。其中，银行业企业所得税增收67.6亿元；保险业企业所得税减收15.6亿元；证券及其他金融企业增收7.0亿元。信息、租赁、商务及居民等服务业企业所得税完成304.5亿元，同比增长9.7%，增收27.0亿元。其中，信息服务业完成企业所得税48.1亿元，同比增长14.6%，增收6.1亿元；租赁和商务服务业完成企业所得税229.0亿元，同比增长10.3%，增收21.3亿元；居民服务业完成企业所得税27.4亿元，同比下降1.5%，减收0.4亿元。房地产业企业所得税完成228.7亿元，同比下降2.9%，减收6.8亿元。（5）个人所得税略有增收。个人所得税收入累计完成795.2亿元，同比增长1.0%，增收7.9亿元。其中，工资薪金所得税收入656.5亿元，增收6.5亿元，占个人所得税总量的82.6%。

【重点税源管理】根据国家税务总局的有关要求，结合本市实际情况，确定凡符合国家税务总局下达的监控范围标准的企业，均纳入国家税务总局和市局重点税源监控范围，并将上年实际缴纳税收合计达到1000万元以上的企业列入国家税务总局监控范围。年内，本市纳入总局、市局、分局和税务所级四级重点户计32389户，占全市上年纳税户数的4.0%。其中，总局级为4499户，市局级为5587户。营业税改征增值税一般纳税人全面纳入重点税源管理。重视对重点税源户实地走访工作。了解企业生产经营状况、所在行业的发展趋势和税收政策执行情况，增强组织收入工作的科学性。先后完成对上海烟草集团、大众汽车、宝钢股份和石化股份等重点税源企业的实地走访工作。

【会统基础工作】（1）完善信息化会统核算体系。一是会统核算模块优化。完成2012年会统报表、快报资料的代码定义全面修改。二是预算科目调整。完成2013年预算科目系统参数和有关系统模块的全面改造，以及与国库部门的联调测试工作，配合征科处完成TIPS系统参数改造的测试工作。三是退库流程的规范和优化。完成改征增值税出口退税预算科目添加，并与退税处协商制定改征增值税出口退税操作方法。完成多缴税金加算利息退付审批标准化流程的修改和送审。制定个人所得税明细退付业务补充业务需求。四是做好调库与更正。完成更正（调库）通知书模块调整业务需求，启用新的更正（调库）通知书。制定个人住房房产税调库办法和进行系统测试。(2) 提高会统报表数据质量和工作水平。做好会统报表的日常核算工作。完成2011年中央国库对账和税收会计类、统计类、欠税类年报工作。按时完成中央国库对账和税收会计类、统计类、欠税类月报工作和税收快报资料编报。对本市税收收入分税种、分经济类型、分行业统计资料进行系统整理、汇编，编制2011年税收统计资料。（3）确保各类配套服务保障到位。做好二分局、三分局浦东政策企业户管划转，洋山、浦东政策、海石油企业收入划转业务和2011年个人住房房产税调库工作；组织完成2011年10月—2012年9月全市车船税调库工作。开展国民经济代码清理工作；配合征科处，开展工会经费代征试点工作。组织完成总局课题《个人退库模式研究》的修改和统稿上报；配合撰写《数字凭证在个税证明上的应用》。做好与人民银行的业务横向沟通。与人民银行联合发文规范个人现金税款退库业务操作规程，组织国库和税务部门联合培训。做好商业银行网点增加、调整等系统代码维护工作，协助人民银行完成增值税留抵税额退税；税务部门与人民银行合作，确定“3+1”代征的个人住房房产税退库流程；联系人民银行国库处处理税银更正业务。

【税收票证】 完成2011年度票证年报表的制作、确定废弃废旧电子产品基金的票证、完善综合征管软件的票证模块、制定《电子缴款凭证》样张等工作、制定《委托代征税款、代开发票管理暂行办法（试行）》中票证流转规程并参与网络版开票系统的开发及测试工作。适当扩大税收票证检查的范围，细化检查的环节和内容。对税收票证的领发、保管、填用、结报、缴销、盘点和核算等各个管理环节进行清理检查。

【税收调查】 召开税收调查工作布置会，对各分局相关人员做税收调查软件辅导。跟踪各分局的税收调查填报工作。在系统中制作审核公式、清单列表等方式，提高审核工作效率和准确性。召开全市数据会审会议，采用市局审核、分局互审与自审相结合的方式，当场审核、修改各单位税收调查数据，确保数据质量。

【税收减免税调查】 根据税务总局要求，继续开展全市减免税调查工作，制定并下发减免税调查的相关文件。成立减免税统计调查工作领导小组，加强组织领导，明确职责分工。要求各分局加大对纳税人减免税调查工作的宣传力度，组织各分局人员开展减免税调查工作的业务培训。上海市局对减免税统计调查数据的真实性和准确性进行事中、事后抽查，对减免税统计调查分析质量进行考核评比，对统计调查工作开展情况进行全面总结和通报，提高减免税数据质量。

（市局收入规划核算处供稿　堵鹤鸣执笔）

货物与劳务税管理

【概况】2012 年，货物与劳务税管理工作围绕税制改革要求，做好在部分生产性服务业领域开展营业税改征增值税试点准备；全面落实支持小微企业发展、洋山航运企业、离岸服务外包以及战略性新兴产业相关税收优惠政策；加强税种管理，推进各项工作。

【营业税改征增值税试点】根据国家税制改革安排，2012 年上海市率先在交通运输业和部分现代服务业开展营业税改征增值税试点改革。至年底，全市共有 15.9 万户企业经确认后纳入“营改增”试点范围，比年初的 11.8 万户增加了 4.1 万户，其中，一般纳税人 5.6 万户，占 35.2%；小规模纳税人 10.3 万户，占 64.8%。新办试点企业集中在文化创意服务、鉴证咨询服务及研发和技术服务等行业，充分体现了税改对新兴产业发展的促进作用。全年试点企业应纳增值税税款累计为 240.1 亿元。其中，一般纳税人为 217.8 亿元，占比 90.7%；小规模纳税人为 22.3 亿元，占比 9.3%。

与原营业税税制相比，“1+6”试行业试点企业实施“营改增”后，小规模纳税人的税负全面减轻，减税 15 亿元。一般纳税人税负总体下降，减税约 30 亿元；原增值税一般纳税人由于抵扣增加税负普遍下降。

试点中注重放大宣传效应，营造社会舆论氛围。组织协调新华社、中央电视台等主流媒体采访市财税部门主要领导以及部分试点企业，报道宣传试点企业利用“营改增”试点政策在促进产业结构升级、助推工业创新转型、拓展业务空间等方面的做法和经验。推荐部分企业参加李克强副总理主持召开的座谈会，加快“营改增”推进步伐。多次配合《中国税务报》《中国税务杂志》、东方卫视、上海电视台、《解放日报》等采访、制作、播发“营改增”专栏，引导舆论媒体全面、客观、公正地报道评价改革试点。向来沪的兄弟省市推介本市“营改增”运行情况，为“营改增”在全国的逐步推开作出贡献。

试点过程中涉及货物运输等 4 个专业指标组合进行重点实时监控，全年共评估 1993 户企业，查处 468 户，补征税款 1878 万余元；会展应税服务界定范围专项清理，重点针对服务业企业适用《应税服务范围注释》进行梳理、比对和纠错，纠正约 400 户试点企业出现的相关问题，补征增值税约 2 亿元。配合稽查部门开展对“营改增”涉税案件的专项查处。根据税务总局下发的部分企业运输发票抵扣情况明细表，对接受外省市货运发票金额剧增 50 户企业开展风险核查工作，为风险管控提供数据源。

【给予新兴产业优惠政策】根据国务院鼓励软件产业发展的 4 号文件精神，配合上海市发改委制定《关于本市进一步鼓励软件产业和集成电路产业发展的若干政策》（沪府发〔2012〕26 号），确保本市软件企业有关政策及时延续。全年本市享受软件产品增值税优惠企业 1077 户，办理即征即退税额 16.77 亿元，分别比上年增加 26% 和 33%。

对光伏发电产业调研，向国家税务总局提出比照风力发电政策，给予光伏发电实行增值税即征即退优惠政策的建议。

【落实航运中心税收政策】推进建设“两个中心”相关优惠政策的研究和落实。继续对注册在上海的保险企业从事国际航运保险业务取得收入免征营业税，重点做好国际航空保险业务纳入国际航运保险业务免征营业税工作。根据财税〔2011〕111号文附件3——《交通运输业和部分现代服务业营业税改征增值税试点过渡政策的规定》解决注册在洋山保税港区内试点纳税人提供的国内货物运输服务、仓储服务和装卸搬运服务实行增值税即征即退的实务操作问题。年内本市享受航运中心政策企业267户，享受免税13.85亿元，其中，从事国际航运保险业务取得的收入免征营业税1.18亿元，从事国内运输、仓储、装卸搬运业务享受即征即退增值税12.67亿元。

【落实节能服务公司优惠政策】根据《交通运输业和部分现代服务业营业税改征增值税试点过渡政策的规定》（财税〔2011〕111号），符合条件的节能服务公司实施合同能源管理项目中提供的应税服务免征增值税。针对合同能源优惠政策要求，将其纳入市局重点跟踪反馈项目进行管理。年内，本市纳入减免税备案的合同能源企业47户，涉及14个区县，申报免征增值税销售额4976万元，免征增值税299万元，与上年相比，享受优惠政策的企业数量增长近两倍。

【落实离岸服务外包增值税优惠政策】根据《交通运输业和部分现代服务业营业税改征增值税试点过渡政策的规定》，自2012年1月1日起至2013年12月31日，注册在上海的企业从事离岸服务外包业务中提供的应税服务免征增值税。针对离岸服务外包优惠政策调整的实际情况，重新明确审批流程和相关要求，与市商务委加强协调和合作，共同做好离岸服务外包税收政策的落实。对相关分局离岸服务外包企业税收执行中的问题进行分析，提出完善政策执行的意见。全年本市206户离岸服务企业，申报免征增值税销售额118.47亿元。

【落实支持农产品流通改善民生的增值税政策】继续做好本市从事蔬菜批发、零售的纳税人销售蔬菜免征增值税政策的落实工作，在综合征管系统新设相关征收品目，开发完善免税备案流程，对全市从事蔬菜批发和零售的企业及个体户开展全面筛查，力促优惠政策全覆盖。转发《财政部、国家税务总局关于免征部分鲜活肉蛋产品流通环节增值税政策的通知》（财税〔2012〕75号），对涉及企业进行纳税宣传和税收辅导，做好税收发展民生的舆论引导，确保政策落地。全年有1077户蔬菜批发零售企业享受免税政策，申报免征增值税销售额34.65亿元；有756户肉蛋企业享受免税政策，申报免征增值税销售额51.78亿元。

【落实农产品增值税定额抵扣试点】根据《财政部、国家税务总局关于在部分行业试行农产品增值税进项税额核定扣除办法的通知》（财税〔2012〕38号）规定，对纳入试点范围的增值税一般纳税人购进农产品增值税进项税额采取投入产出法等方法进行核定。市局牵头召开试行农产品增值税进项税额核定扣除办法的测算工作会议，下发名单要求分局对符合条件的企业进行政策辅导和模拟测算，走访部分乳制品及酒类企业，初步形成本市操作办法，并对本市相关的27户农产品生产企业进行布置和辅导。9月19日发布《关于下发本市部分试行农产品增值税进项税额核定扣除试点企业扣除标准的通知》（沪国税货〔2012〕49号），对明确实施农产品扣除试点的具体范围、投入产出法的操作原则及试点纳税人扣除标准核定程序等问题，规范抵扣操作。

【细化房产交易相关政策】落实国家对房地产市场调控的各项税收政策，适应房产交易规则发展和完善的需要，对房地产核价规则及处理原则进行研究。规范本市房地产交易市场的营业税征收管理，促进房地产交易有关税收政策落到实处，下发通知将法院调解书、裁定书作为个人无偿赠与不动产、土地使用权免征营业税的证明材料。针对房地资源局不再对土地进行管理，土地管理职能移交规土资源局的实际情况，明确政府回购土地使用土地专用章问题。对个人住房营业税税收政策的执行情况、政策效应持续跟踪，完善定期信息反馈制度。

【明确新型业态企业税收政策】 对网络游戏开发企业有关流转税政策进行明确。针对网络游戏开发企业，自行开发游戏软件取得的软件许可费适用税收政策问题，组织浦东、徐汇、长宁、嘉定等分局召开专题会议进行研究，在全市货劳工作会议上进行讨论，会后又听取部分分局意见，制定下发通知，对网络游戏开发企业的授权金、游戏运营分成收入统一按销售软件产品征收17%的增值税，符合规定的可享受增值税即征即退政策，确保网络游戏开发企业在各区税收政策的统一性。针对部分郊县城市基础设施的建设运营中出现的建设—转让（BT）方式，对BT业务营业税政策进行研究，了解情况，对有关分局涉及项目的营业税政策进行明确。

【支持小微企业税收政策】 参加本市中小企业办组织的各项活动，落实各项税收政策，支持企业发展。年内起征点政策调整后，缴纳增值税和营业税的个体工商户数减少11.1万户，入库税收减少3.25亿元，减轻纳税人负担。落实“营改增”试点中涉及中小企业的税收政策，近七成的小规模纳税人成为“营改增”改革试点的受益者。

【调整娱乐业营业税税率】 2011年12月30日发布《关于调整上海市娱乐业营业税税率的通知》（沪财税〔2011〕131号），规定高尔夫球适用10%税率，其他娱乐业征税项目适用5%税率。调整后的税率从2012年1月1日（税款所属期）起执行。

【消费税调研】 根据国家税务总局的要求，在上海市范围内组织各税务分局贯彻落实《卷烟消费税计税价格信息采集和核定管理办法》（国家税务总局令第26号），完成采集第一阶段工作。对烟、酒、成品油、汽车等税目的涉税信息组织相关分局进行采集，做好开展消费税纳税评估基础工作。

【文化事业建设费管理】 布置开展文化事业建设费税目、税率核定的专项核查，重点纠正漏核税种造成少征文化事业建设费，以及未及时调整费率造成多征文化事业建设费等现象，完成补充、调整、取消、核实各项核定信息，补征或退还文化事业建设费等核查工作。针对部分广告业纳税人有广告业征收品目，但附加税种核定中没有文化事业建设费核定或文化事业建设费核定未调整等问题，在系统中设置广告业主税种与文化事业费核定关联匹配的模块。对“营改增”后文化事业建设费的征收依据缺失问题，会同财政部门多次研究，拟定过渡政策上报并敦促上级部门尽早出台管理办法。财政部、国家税务总局关于“营改增”后文化事业建设费征收的有关文件下发后，就有关销售额、执行时间、退库等具体执行问题，与财政部门研究协调应对举措，在征管系统及时进行调整。

【额度证明查验移交工作】 根据上海市政府专题会议精神，2012年度，实现上海市交港局与车辆购置税曹杨、安亭、周浦征收所合署办公，由市交港局负责审查收缴各类机动车额度证明。为做好移交工作的相关衔接，主动与上海市交港局加强协调，明确完税证明的交接流程，配备硬件环境，在办税大厅发布额度审查工作调整公告，规范车购税征管。

【防伪税控系统职能调整】 根据防伪税控系统的职能调整（由市局征管科技处调整至货物劳务税处）要求，下发相关调整的内容、分工、时间进度及工作要求，10月下旬对分局有关人员进行发票管理、防伪税控、货运系统、稽核系统、抵扣凭证审核检查等方面培训。各分局从人员调配、政策梳理、工作衔接等方面对职能调整工作进行研究部署，建立由货劳、征管、信息等部门人员组成的职能调整工作小组，界定工作内容、职责，制订详细计划。11 月 1 日，各分局按要求完成防伪税控系统应用、维护管理等工作从征管划转货劳的职能调整。市局对职能调整是否到位进行督导，实地了解职能调整后增值税发票保管、发售、代开情况，相关涉税事项的办理流程及相关数据处理分析情况。

【开展“营改增”相关课题调研】完成上海市委确定的一号调研课题《深化增值税改革动态跟踪及放大效应》和国家税务总局办公厅下发的上海“营改增”试点的效应分析课题，获市局课题评比一等奖；配合上海市全国人大代表“推进营业税改征增值税试点工作”专题调研活动，向调研组专题汇报本市营业税改增值税试点工作情况，在课题启动准备、调研考察、报告形成等各阶段与课题组紧密配合，就户调查企业，完成调研任务。对“营改增”运行中出现的情况进行调研。对于有形动产经营性租赁政策调整问题，提出处理意见并下发公告进行明确；对于船代政策与货代政策不平衡问题、鉴证咨询税负增加问题、外国企业代表处“营改增”可行性和融资租赁税负率计算等问题设立分课题，组织分局专题研究，有关成果得到财政部和国家税务总局的高度重视，并在全国会议上进行明确；研究营业税改征增值税试点地区跨境应税服务的免税管理办法，配合国家税务总局研究制定具体管理办法，对免税范围、免税条件、资料提供、备案流程、审核要点等提出可行性意见和建议，有关方案研究多次，并上报税务总局。对拟扩围行业的深化调研分析。按照上海市领导要求，对上海市邮电通信行业实施“营改增”有关情况进行调研和分析，实地走访重点企业，了解分析税改可能产生的问题，分行业对数据进行测算。做好中国税务学会下达的《进一步完善税收制度问题的研究》上海分课题的调研工作。参与总局 2012 年度重点课题《全球化条件下金融税制取向研究》，提出政策建议。配合完成市社科院课题“上海转制文化企业提升竞争力研究——支持上海转制文化企业发展的财税政策研究”。配合市委宣传部下达的年度课题《上海试点税制改革对文化创意产业的影响和对策研究》相关部分开展研究工作。

（市局货物和劳务税处供稿　熊振宇、秦曾佩执笔）

所得税管理

【概况】年内，企业所得税管理工作继续坚持科学化、精细化、专业化管理，构建本市企业所得税管理体系，重点抓好汇算清缴，落实税收政策，科学实施征收管理，加强专业人才队伍建设，全年组织企业所得税收入2115.9亿元，较上年增长7.7%，增收151.3亿元。其中，内资企业完成1134.3亿元，较上年增长5.6%，增收60.0亿元；外资企业完成974.3亿元，较上年增长10.4%，增收92.0亿元。所得税收入两年连续位居各税种之首，显现主体税种地位。全年个人所得税收入完成795.3亿元，较上年增长1.0%，增收7.9亿元。其中，利息所得个人所得税收入完成2414万元，较上年减少70.39%，减收5738万元。

【企业所得税汇算清缴工作】坚持早启动、早安排的要求，完善2011年度汇算清缴期间各项工作，包括改进申报软件，提高申报效率；搭建宣传平台，加强政策辅导；编发汇缴动态，交流经验体会；倾听纳税人需求，加大服务力度等。本市参加2011年度居民企业所得税汇算清缴63.17万户，同比增长11.27%，增加6.40万户。其中，查账征收企业47.11万户，同比增长24.91%、增加9.39万户，实际应纳所得税额1824.58亿元，实际税收负担率22.74%，同比上升1.48个百分点；核定征收企业16.01万户，同比下降15.73%、减少3.0万户，所占比重25.42%，同比下降8.14个百分点，实际应纳所得税额80.90亿元，仅占全市的4.21%。1—5月，147.3万人次点击《居民企业所得税汇算清缴专栏》以及下载软件，网上申报纳税人占全部户数的87.6%，同比增长6.0%。

【开展所得税政策调研】全面开展所得税课题研究。把2012年定为企业所得税税收政策调研年，组织各分局完成企业所得税市局级调研课题9个。按时完成税务总局交办的任务。梳理居民企业认定管理、落实软件和技术转让优惠政策等政策问题，在税务总局召开的大连、广西座谈会上作专题发言。对企业所得税年度纳税申报表、跨地区经营汇总纳税管理办法提出修改建议。参与税务总局组织的税前扣除管理办法、股权激励税前扣除政策、合伙企业及合伙人所得税管理办法、汇总纳税管理系统升级业务需求等所得税管理研讨工作，按时完成税务总局对合伙企业及合伙人所得税管理办法（草案）、汇总纳税管理系统评估协查模块升级的业务需求等起草工作。做好建言献策工作。研究起草《关于上海市落实企业研究开发费加计扣除政策情况和扩大企业研究开发费加计扣除范围建议的报告》，向税务总局作汇报。与上海市人力资源和社会保障局、市国有资产监督管理委员会研究制定本市国有地方企业工资分配政策。明确本市企业使用劳务派遣员工发生的工资薪金等费用支出税前扣除问题的办法，起草相关政策文件。开展相关政策问题研究。联合市浦东新区税务局调研生物医药新品种技术所有权转让中的问题；

参与调研分析本市企业尤其是国有企业重组案例工作，根据上海市政府及局领导要求，探讨研究相应所得税税前处理办法；配合上海市政府相关部门研究保障房建设、国际金融中心建设、外国股权投资合伙企业试点工作等所得税税收政策。

【高新技术企业优惠政策】2011年度全市有3178户企业享受研发费加计扣除额197.95亿元，比上年增加41.68亿元，减免企业所得税49.49亿元，比上年增长6.67%。有2217户企业享受高新技术企业优惠政策，减免税金额为94.47亿元，比上年增长24.80%。有127户企业享受技术先进型服务企业所得税优惠政策，减免税金额为2.93亿元，比上年增长38.03%。

【促进高新技术产业配套政策】根据《国务院关于印发进一步鼓励软件产业和集成电路产业发展若干政策的通知》（国发〔2011〕4号），与上海市政府专业职能部门沟通协调，配合上海市发展和改革委员会，加强研究，由上海市政府颁发《关于本市进一步鼓励软件产业和集成电路产业发展的若干政策》。联合上海市经济和信息化委员会就本市贯彻落实《财政部、国家税务总局关于促进节能服务产业发展增值税、营业税和企业所得税政策问题的通知》（财税〔2011〕110号）的要求，制定实施意见。

【制定完善政策落实操作规范】本市修改完善各项税基、税收优惠和征收管理的操作规程，确保全市政策执行的规范、公平。落实《国家税务总局关于印发〈境外注册中资控股居民企业所得税管理办法（试行）〉的公告》（国家税务总局公告2011年第45号）和《国家税务总局关于境外注册中资控股企业依据实际管理机构标准认定为居民企业有关问题的通知》（国税发〔2009〕82号）的规定，研究制定《本市境外注册中资控股企业居民身份认定管理规程（试行）》（沪国税所〔2012〕15号）；根据《国家税务总局关于“公司+农户”经营模式企业所得税优惠问题的公告》（国家税务总局公告2010年第2号）和《国家税务总局关于实施农林牧渔业项目企业所得税优惠问题的公告》（国家税务总局公告2011年第48号）的规定，修改《农、林、牧、渔业项目的所得减免税管理规程（试行）》（沪地税所〔2012〕22号）；落实《国家税务总局关于印发〈跨地区经营汇总纳税企业所得税征收管理暂行办法〉的通知》（国税发〔2008〕28号）、《国家税务总局关于发布〈中华人民共和国企业所得税月（季）度预缴纳税申报表〉等报表的公告》（国家税务总局公告2011年第64号）、《国家税务总局关于发布〈中华人民共和国企业所得税月（季）度预缴纳税申报表〉等报表的补充公告》（国家税务总局公告2011年第76号）的规定，研究制定《本市汇总纳税总机构企业所得税分配比例备案管理规程（试行）》（沪国税所〔2012〕10号）。

【政策宣传与培训】强化政策宣传和咨询。配合局长“在线访谈”“政风行风热线”工作，做好有关专题问答，以“居民企业所得税汇算清缴工作”为主题，做好市局副局长许建斌2月“在线访谈”与网友实时交流、解读政策、解答疑惑的准备工作。在税务网站上建立新的专栏：上海市跨地区经营汇总纳税企业所得税管理，维护好税务网站上企业所得税汇算清缴、企业研发费加计扣除、公益性捐赠税前扣除和非营利组织4个专栏。动态更新专栏内容，及时回应纳税人需求，确保政策落实的公开、公正、透明。结合市创业投资协会组织的创业投资论坛和《上海市创业投资企业所得税优惠操作手册（试用版）》发行，做好创业投资企业所得税优惠宣传工作。协助市经济和信息化委员会举办“合同能源百日讲座”活动，就有关税收政策作专题宣传。对分局开展2011年度企业资产损失申报客户端、汇总纳税分配比例备案操作培训。对12366服务平台话务员开展企业所得税汇算清缴培训。

【汇算清缴后续管理】完成2010年度汇

算清缴后续管理工作总结，升级改造市局综合征管软件中的后续管理模块，完善2011年度汇缴后续管理疑点指标，市局级必选指标由68项下降到49项，分局级可选指标由55项上升到78项，按照疑点指标选取异常信息28315条。密切与上海联合产权交易所以及中国证券登记结算有限责任公司上海分公司的协调，将取得的股权转让信息和持有证券信息等第三方信息与汇缴申报信息进行比对，确定4项疑点指标，涉及疑点企业7224户，确认异常信息3334条。用好工商投资方信息，起草《上海市投资方信息登记、变更及股权转让所得管理规程》，完善综合征管软件中有关投资方信息变更模块，做好股权转让所得申报后续管理工作。年内后续管理调整应纳税所得净额90.13亿元，查补税款18.44亿元，加收滞纳金726.72万元。

【核定征收管理】 继续落实“从严”和“收紧”原则，制定本市核定征收“降比例，调结构”的管理目标和考核方法，按月通报各分局核定征收情况，各分局加大核定征收管理力度。截至9月底，本市一定规模企业的核定户数由11523户下降到9953户，同比下降13.62%，低于2010年度汇缴统计的10842户。截至12月底，本市企业所得税核定征收户数占总户数的比例下降至20.60%，同比下降5.02个百分点。

【信息管税建设】 建立《企业所得税弥补亏损信息维护》系统，对于纳税人因汇算清缴后续管理、日常稽查、企业合并等原因需要调整可弥补亏损额的，可通过该系统向纳税人出具调整后的《企业所得税弥补亏损明细表》，进行填报。根据税务总局2011年第25号公告，资产损失税前扣除由审批制改为申报制，为便于纳税人网上申报，在市局综合征管软件中开发、修改完善《企业资产损失所得税税前扣除客户端》。根据税务总局2011年第64号公告的规定，升级改造综合征管软件中企业所得税预缴申报模块，在一季度预缴申报期前正式投入使用，完成新旧报表的衔接与转换。对预缴纳税申报系统、汇总纳税企业信息维护系统、企业所得税分配比例备案系统进行升级改造，为2013年1月1日执行税务总局修订的《跨地区经营汇总纳税企业所得税征收管理办法》（国家税务总局公告2012年第57号）做好准备。

【专业人才队伍建设】 广泛开展自主培训和集中培训。做到迎考学习与本职工作两不误，以考促学，自编教材广受好评。税务总局开展的第三批企业所得税业务知识考试与建设专业人才库结合，考试情况全面通报，对考试成绩优秀的王英等21名个人和浦东新区等6家单位予以通报表彰。各分局将考试与竞争上岗、选拔任用等结合起来，调动广大干部学习所得税业务的积极性。代表上海市国家税务局参加税务总局考试的共有80人，获得第七名的成绩。

【编写业务知识考试培训教材】 编写《企业所得税法规及上海市操作规程汇编》，作为本市迎接税务总局开展的第三批企业所得税业务知识考试的培训教材。该教材将企业所得税法颁布以来至2012年6月30日国务院和财政部、国家税务总局等部委相关配套文件及本市落实政策办法和操作规程汇编成三册，达111万余字。教材浓缩了本市2008年新税法实施以来的操作实践，对所得税法规按项目进行分类，对涉及税法不同章节的编入“综合规定”，方便纳税人了解企业所得税相关法规和操作办法。

【上市公司股息红利差别化个人所得税政策】 根据《财政部、国家税务总局、证监会关于实施上市公司股息红利差别化个人所得税政策有关问题的通知》（财税〔2012〕85号）的有关规定，自2013年1月1日起，个人从公开发行和转让市场取得的上市公司股票，持股期限在1个月以内（含1个月）的，其股息红利所得全额计入应纳税所得额；持股期限在1个月以上至1年（含1年）的，暂减按50%计入应纳税所得额；持股期限超过1年的，暂减按25%计入应纳税所得额。

为保障相关政策在实际操作中落实到位，上海市税务部门深入开展调查研究，对上市公司分红派息所得扣缴个人所得税的计算步骤、持股期限等数据信息衔接等问题，与证券机构、中国证券登记结算有限责任公司上海分公司共同研究并做好贯彻落实的相关技术调试各项准备，确保政策按时实施。

【外建企业个人所得税查账征收】 根据《国家税务总局关于印发〈建筑安装业个人所得税征收管理暂行办法〉的通知》（国税发〔1996〕127 号）的有关规定，遵循公开、公平、公正的原则，自 2004 年起，本市对符合条件的外省市在沪建筑安装企业实行个人所得税查账征收，完善外省市建筑安装企业实行个人所得税查账征收审批工作规范。按照上海市地方税务局《关于外省市在沪建筑安装企业实行个人所得税查账征收有关问题的通知》（沪地税所二〔2004〕11 号）的规定，经汇总审核，2012 年，确定江苏省建工集团有限公司等 195 户外省市在沪建筑安装企业实行个人所得税查账征收，实行期限 2012 年 7 月 1 日至 2013 年 6 月 30 日。

（市局企业所得税处供稿　宋一萍执笔
市局个人所得税处供稿　李　炜执笔）

财产和行为税管理

【概况】2012年，本市财产行为税管理工作围绕服务科学发展、共建和谐税收的主题，完善个人住房房产税政策和征管措施，推进应用房地产估价技术评估存量房交易价格工作，加强车船税征管和土地增值税清算。全年各项财产行为税收入，包括房产税、城镇土地使用税、土地增值税、车船税、印花税（含证券交易印花税地方级收入）、耕地占用税、契税、城市维护建设税、教育费附加，共计完成850亿元，同比增长10.5%，增收80亿元。

【个人住房房产税试点】按照上海市个人住房房产税试点暂行办法和有关征管规定，继续做好房产税征免认定工作。针对试点中出现的新情况，开展政策调研、案例分析工作。2012年度认定应缴纳个人住房房产税的住房约4.95万套。通过多种渠道发布纳税提示，抓好税收宣传。在税务网站发布《关于缴纳2012年个人住房房产税有关事项的提示》，通过《解放日报》、上海电视台、分众传媒等媒体、通过发送提示短信、税务微博等方式提醒纳税人如期缴纳税款；继续提供便捷缴税渠道，包括房地产交易中心专窗，上海银行、农商银行、邮政储蓄银行办理个人业务网点以及上海付费通网站。开通付费通网站受理逾期税款缴纳的渠道。纳税人通过代征单位缴纳税款的，需要完税凭证的，提供通过12366电话热线或上海税务网查询记录、提出邮寄《税收转账专用完税证》要求的相关服务，并在受理申请的10个工作日内寄出。对未按时缴纳2011年度个人住房房产税的纳税人，税务机关通过寄送催缴通知书、电话直接联系等方式进行催缴。

【贯彻实施车船税法】《车船税法》及其实施条例自2012年1月1日起施行。税务部门通过税务网站、12366纳税服务热线等多种途径，做好车船税政策宣传解释工作，提高纳税人的税法遵从度。加强机动车与船舶车船税征收管理工作。继续采用车船税征管信息与保险机构代收代缴车船税信息联网的方式，强化车船税代收代缴管理；与船舶主管部门建立信息共享机制，实现第三方信息共享，完善船舶车船税委托代征办法。建立机动车车船税代收代缴分析评估工作制度，要求保险机构主管税务局在每年第一季度对机动车车船税代收代缴情况开展分析评估工作。9月19日，发布《关于因质量原因退还车辆后车船税退税问题的公告》（上海市地方税务局公告2012年第1号），对纳税人申请退税需要提供的资料进行明确。

【评估存量房交易价格】完成了《上海市住宅房地（公寓住宅）产交易环节计税价值评估技术方案》和统一核价系统的开发工作。在浦东新区、闵行区就计税价值评估系统进行了测试、比对、模拟运行工作。本市所有区县均采用政府购买服务方式引进有资质的评估机构对纳税人申报的交易价格进行核价工作。

【房地产交易税收信息一体化】加强信息沟通，整合征管资源，优化纳税服务，组织开发完成“房地产交易税收信息一体化系统”，年底进行模拟试运行。该系统将实现与房地产网上备案合同信息共享，通过调取合同备案数据，减少数据录入，提高数据正确性；全面实现征管系统内相关信息共享，以房为单位，采集交易信息，为再次交易获取信息提供支持；全面采用“免填单”服务，调整内部审核流程，采用一次录入、一次复核、一次办结方式。

【土地增值税清算】对本市各区县2011年度土地增值税预征和清算工作情况进行通报，按照清算计划推进土地增值税清算工作。全年完成792个项目的土地增值税清算，清算应缴税额约115亿元。

【普通住房标准政策调整】根据上海市住房保障和房屋管理局、上海市规划和国土资源管理局、上海市财政局、上海市地方税务局发布《关于调整本市普通住房标准的通知》（沪房管规范市〔2012〕3号）文件规定，自2012年3月1日起，调整本市普通住房标准，按调整后标准受理契税申报。

【落实土地使用税优惠政策】5月17日，发布《关于本市单位纳税人申请办理城镇土地使用税困难减免有关操作事项的通知》（沪地税财行〔2012〕22号）、《关于本市物流企业大宗商品仓储设施用地减征城镇土地使用税备案事项的通知》（沪地税财行〔2012〕21号），明确需要提供的资料以及具体操作流程，落实相关政策。

【明确资源税有关政策】根据新修订的《中华人民共和国资源税暂行条例》及其实施细则规定，对条例中未列举名称且未确定具体适用税率的其他非金属矿原矿和有色金属矿原矿，由省级政府根据实际情况确定是否征收。经研究，明确对本市开采矿泉水等地下水项目仍暂不征收资源税。

（市局财产和行为税处供稿　陈海星执笔）

国际税收管理

【概况】2012 年，国际税收管理工作围绕强化跨境税源管理、维护国际税收权益的主线，规范职责体系，完善反避税工作、非居民税收管理、“走出去”税收服务与管理、国际税收征管协作机制，确保国际税收管理质量。

【非居民税收管理】完善非居民税收管理机制，通过信息管税逐步实现非居民分类和风险管理。加强非贸出证管理工作。将非贸出证纳入信息化管理，在系统中自动对向低税率及有避税嫌疑的国家（地区）的支付作特殊标记以作提醒，对有关信息进行监控和比对，探索跨境税源专业化、信息化管理新方式。做好境外股权转让征管工作。组织全市专题培训，加强对各分局非居民税收政策的指导工作，提高应对复杂税收筹划的跨境征管理念，打击涉及避税地的跨国避税行为。年内本市非居民企业所得税收入累计完成 150.96 亿元，比上年同期增收 12.53 亿元，同比增幅 9.05%。

【国际税收协定工作】抓好税收协定执行，按照“摸清底数、完善政策、优化服务、加强管理”的要求做好“走出去”税收服务与管理。发挥国际税收在维护我国税收主权和跨境纳税人合法权益方面的职能作用。采取上门走访“走出去”企业和地区集团总部等，提供税制介绍、政策辅导和纳税咨询等服务，重点加强税收协定知识的宣传和辅导，帮助企业维护自身合法权益。转发总局有关我国与各缔约国签订的税收协定，按照协定生效时间及时纳入协定执行范围。规范居民身份认定、常设机构判定等管理程序，按规定及时办理《中国居民身份证明》、非居民享受协定待遇等协定管理事项。全年本市审批享受协定待遇 723 份，涉及减免税款 13.25 亿元。

（市局国际税务管理处供稿　谢添执笔）

进出口税收管理

【概况】2012年，进出口税收管理以“防外控内”为原则，配合上海市“两个中心”建设，贯彻落实出口退（免）税新政策和零税率应税服务免抵退税政策，加强出口退税管理，防范和打击骗取出口退税等违法行为，完成出口退税各项工作任务。全年办理出口退（免）税817.84亿元，其中退库650.89亿元（其中零税率应税服务2.05亿元），同比减少4.28%；免抵调库166.95亿元，同比增加478.56%。

【零税率应税服务免抵退税政策】结合营业税改征增值税试点，配合税务总局开展多轮调研。国家对零税率应税服务实行免抵退税政策确定后，与上海市商务委有关部门共同对国际运输、对外研发和设计服务业务情况进行探讨和实地调研，将有关情况向税务总局进行汇报，为税务总局制定具体管理办法提供第一手材料。参与研讨制定《营业税改征增值税试点地区适用增值税零税率应税服务免抵退税管理办法（暂行）》（国家税务总局公告2012年第13号）。公告出台后，在税务总局退税审核系统配套完善前的过渡阶段，结合政策涉及的认定、申报、审核和审批等各环节，制定具体的管理办法和操作细则，并于4月正式启动申报工作。按照《财政部、国家税务总局、中国人民银行关于营业税改征增值税试点地区适用增值税零税率应税服务免抵退税有关预算管理问题的通知》（财预〔2012〕65号）的要求，实施零税率应税服务的审批退库工作。规范零税率应税服务免抵退税的管理程序，防范骗取退税案件的发生，针对应税服务的业务特点并结合“营改增”试点工作的实际情况，下发有关加强零税率应税服务免抵退税管理的工作规程。年内，零税率应税服务审批免抵退税额59.79亿元，办理退库2.05亿元。

【出口退（免）税新政策】6月，财政部、国家税务总局印发《关于出口货物劳务增值税和消费税政策的通知》（财税〔2012〕39号），对近年来陆续制定的一系列出口货物、对外提供加工修理修配劳务增值税和消费税政策进行梳理归类，对在实际操作中反映的个别问题予以明确，方便征纳双方系统、准确地了解和执行出口税收政策。国家税务总局发布《出口货物劳务增值税和消费税管理办法》（国家税务总局公告2012年第24号），对出口货物劳务增值税和消费税的管理规定进行清理、完善。税务部门举办专题培训班，对全市税务机关部分退税管理人员进行相关业务培训，统一把握政策执行口径，确保企业出口的各项政策和管理规定得以落实。

【外汇核销体制改革】配合国家外汇核销制度改革，前期从促进贸易便利化和降低税收执法风险的角度出发，对税务总局拟订的出口退税管理调整方案提出建议和意见。三季度，按照外汇管理局外汇核销体制改革公告精神和税务总局工作要求，结合上海市外汇核销体制改革推进情况，在全市范围布置落实相应的出口退税管理的衔接工作。

【出口退税管理程序】 加强出口退税管理，对现行出口退税管理的操作程序和涉及的有关单证、文书等进行梳理、规范。对现行退税计统工作，提出要求，重申出口退税报表统计、上报工作规范和操作要点，健全完善出口退税报表工作机制。对零税率应税服务，下发工作规程，加强零税率应税服务免抵退税管理，保障全市服务出口的健康平稳发展，规范零税率应税服务免抵退税的管理程序，防范骗取退税案件的发生。针对现行出口退税政策中办理出口货物退（免）税注销认定的有关规定比较笼统、工作流程不够清晰的问题，提出明确政策和建立相关工作流程的设想，并向税务总局反映。

【出口退税管理制度】 按照上海市出口退税“防外控内”的管理原则，对现行各项出口退税管理制度的执行落实情况加以检查和监督，把好退税审核质量检查关。2 月，相关部门联合开展专题研讨，确定年内纳入税收执法督查的出口退税检查内容，提供相关政策依据和文件内容等信息资料，做好监督检查和整改落实工作。

【“两个中心”建设】 做好国际金融中心和航运中心建设的推动工作，配合做好出口贸易人民币结算业务的全面扩大，3 月，根据中国人民银行等国家六部委明确的出口贸易人民币结算业务的企业监管标准，完成全市需重点监管企业名单的统计上报工作；6 月，国家六部委明确，全面扩大出口贸易人民币结算业务范围，对部分涉嫌违法违规企业实行重点监管机制，上海市税务部门即时转发最新文件，确保政策上行下达；8 月，配合相关部门召开面向企业的人民币业务专题培训，详细介绍人民币退税政策。自 2009 年 7 月业务开展起至 2012 年年底，有 279 户出口企业办理出口贸易人民币结算业务退（免）税申报，税务机关累计审批退（免）税额 18.36 亿元，其中：2012 年税务机关审批退（免）税额 11.60 亿元。推动启运港退税政策的落实。6 月 26 日，财政部、海关总署、国家税务总局联合下发《关于在上海试行启运港退税政策的通知》(财税〔2012〕14 号)，规定从 2012 年 8 月 1 日起在青岛、武汉至上海洋山保税港区之间试行启运港退税政策，标志着国务院《关于推进上海加快发展现代服务业和先进制造业建设国际金融中心和国际航运中心的意见》(国发〔2012〕19 号）中提出的“在完善相关监管制度和有效防止骗税措施前提下，实施启运港退税政策，鼓励在洋山保税港区发展中转业务”的要求得到贯彻落实。8 月 30 日，国家税务总局下发《关于发布〈启运港退（免）税管理办法〉的公告》（国家税务总局公告 2012 年第 44 号），明确规定出口企业申报启运港退（免）税的备案和申报方式，以及税务机关的具体审核要求。正式启动启运港退（免）税政策。

【优化服务】 落实税务总局关于零税率应税服务免抵退税管理办法，会同上海市商务委等部门做好对全市涉及对外研发和设计企业零税率税收政策的宣传辅导工作，帮助企业及时掌握政策精神。利用税贸协作平台，多次参加上海市商务委举行的全市贸易便利化工作会议、走访企业、召开企业座谈会，了解掌握企业在税收政策执行方面出现的情况、问题及困难，共同研究对策措施，协调解决。针对 2012 年外贸出口形势低迷的状况，解决外贸企业的资金困难，促进外贸企业对外贸易业务的开展，重申审核期限 20 个工作日的要求，加强对出口退税办理进度情况的考核。对个别分局存在审核、审批进度较慢的情况，进行通报提出改进完善要求。

（市局进出口税收管理处供稿　张军执笔）

征收管理

【概述】2012 年，征管科技工作围绕税收征管改革工作要求，建立健全税收风险分析监控管理制度，持续加强信息化平台建设，注重日常征管数据采集和质量管理，确保营业税改征增值税工作平稳有序开展。继续实施市区两级税收风险管理，完成本市普通发票简并票种统一式样工作，加大各项税制改革政策调整的业务需求统筹管理，确保各项政策有效执行。

【税收征管改革】根据集中调研和统一部署的要求，全面深化和推进本市新一轮税收征管改革工作。建立健全工作方案和工作制度。11 月制发相关文件，明确当前应聚焦“优化纳税服务和强化风险管理”两方面工作，要建立健全征纳沟通机制和税收风险分析监控管理体系；12 月陆续制发税收风险分析监控联席会议、税收风险分析监控平台管理、税收数据采集管理、税收数据质量管理等 6 个配套文件，明确税收风险分析监控运转机制，对数据采集、数据质量、指标管理、识别排序等工作提出具体要求，制作操作指南。搭建市区两级税收风险分析监控组织架构。明晰市税务二分局职能，突出其作为市局税收风险分析监控中心的职能定位，在市局税收风险分析监控联席会议的统筹指导下，配合各业务处室落实风险指标的研究、验证、完善和修正，承担全市数据质量管理职责，并负责部分大企业的风险应对和监控管理。明确要求各区县分局组建分局级税收风险分析监控中心，将原先散落于税收管理员岗位的纳税评估、预警监控、数据管理等工作职责剥离、上移，实现风险管理职能集中化、统筹化、专业化地实施。搭建全市税收风险分析监控系统。2 月上线全市统一的税收评定指标库系统，形成满足风险识别、排序、下达、应对等风险管控功能于一体的风险管理平台，平台中的指标库为二级开放式，在市局编制一级指标的基础上，支持各分局风险管理分中心结合区域特点，同步研究、补充二级指标。依托该平台，探索形成“市区两级风险识别、风险排序、任务下达，分级实施应对，持续反馈评价”的良性循环工作机制。10 月初步完成税收评定案例库，建立全面覆盖主要行业、各类税种、各类指标模型的案例库，贯穿案例采集、管理、使用和评价全过程的良性循环机制，促进案例的优胜劣汰，保证案例可参考性和质量，在选案方法、审核分析、约谈技巧、评估处理等各个方面指导评估实践，11 月在部分分局试点。

【“营改增”试点管理】明确目标、分步实施，确保“营改增”试点平稳有序。一是加强申报准确率管理。1 月，组织多项模拟申报测试工作，制发申报期应急处理工作预案；2 月，申报期后，围绕基础数据管理要求，从税种核定情况、抄报税情况、申报表选用情况及一窗式事后比对等方面开展相关数据比对工作，将疑点名单下发基层分局进行核实，确保当月申报差错当月修正完毕，为下一个申报期做好各项数据准备工作；3

月申报期起，启用“一窗式”票表比对指标17项，加强增值税申报销、进项管理工作，建立市区两级沟通机制，前两个申报期内坚持每天召开工作例会，研究回复基层分局和纳税人遇到问题及意见建议。二是加强发票管理。规范“营改增”纳税人发票使用，上海市局以杜绝“混票使用”为工作原则，要求自2月1日起，对“营改增”一般纳税人无兼营营业税应税劳务的，开始清缴原上海市地方税务局监制的普通发票，特别关注公路内河货物运输业统一发票、国际海运运输业统一发票、国际货运代理冠名发票等，并于3月31日前完成该类纳税人发票清缴工作；自3月起，对“营改增”小规模纳税人无兼营营业税应税劳务的，在告知其4月1日起不得再开具原有营业税发票的同时，启动发票清缴工作，重点关注广告业发票等，并于5月31日前完成该类纳税人发票清缴工作；若属于税控发票的，要求纳税人在税控开票系统中，先将空白发票进行作废并报送所有的电子数据。三是实施两级风险管理。3月下发“营改增”六大类风险项目、50个风险监控指标，初步形成2个重点行业（交通运输行业、货物运输代理行业）+2个风险项目（洋山即征即退政策、销售额减除项目）共4个专项指标组合评估模式；4月制发相关文件，选择注册资本在50万~200万元人民币的商贸型增值税一般纳税人，组织开展统一的风险识别，确定一级风险纳税人111户，二级风险纳税人280户，三级风险纳税人107户；5月要求各分局从发票核定入手，加强事前审核；以数据质量为抓手，加强事中监控；以纳税评估、税务稽查为手段，加强事后管理；6月开展《2012版增值税申报表》附表三的《营业税改征增值税销售额减除项目金额明细表电子导入模板》的调整工作，提高数据质量，加强风险管控；8月要求各分局开展覆盖“营改增”全部行业的专项评估工作，扩大“营改增”风险应对和打击的范围；印发本市营业税改征增值税风险管理（第一阶段）情况通报，指导分局提高工作的针对性、有效性。

【纳税人申报数据事前提示管理】 7月制发《关于本市开展财务会计报表报送校验提醒工作具体事项的公告》（上海市国家税务局、上海市地方税务局公告2012年第7号），在上海税务网上申报企业端软件中增设财务报表预审提醒功能，依托54项校验指标，在全市范围内全面推行财务会计报表申报事前审核提醒工作。

【江浙沪甬税务登记信息交换和比对分析】 6月组织召开江浙沪甬税务信息交换联动机制第五次工作会议。明确将跨省的集团企业和上海“营改增”风险管理部分，尤其是差额纳税部分，纳入税务信息交换内容。会议审议并签订《税务信息交换联动机制工作规程》，明确信息交换的时间、信息保密机制和核查反馈等内容，从制度层面进行规范和固化。11月，根据“营改增”纳税人1—5月销售额减除项目与江浙沪甬发票明细数据比对发现的疑点信息，全市范围内开展“营改增”销售额减除项目审核的工作，完成1203张发票的审核工作，共查补税款119万余元，实施纳税评估34户，移送稽查2户。

【政府间信息共享与应用】 3月30日与上海市工商局签署协议，并制发《关于进一步深化和推进本市税务和工商部门登记管理信息共享的通知》（沪国税征科〔2012〕16号），在开展企业设立并联审批、法人信息共享与运用系统建设过程中建立协作配合机制；与市住房保障房屋管理局商定房地产交易和登记信息、房屋动拆迁信息、房产开发企业销售备案信息、房屋租赁等信息的交换和共享事宜；11月23日与市公安部门签署《上海市税务和公安部门政府信息共享协议》，加强在税侦领域密切合作、联手打击和预防涉税违法犯罪，维护保障税收秩序。

【财务会计报表管理】 5月将综合征管软件中采集的23套月度财务报表和29套年度财务报表在税收数据综合分析库中进行整合

归并，将上述报表整合成1套统一的报表样式，便于后台数据分析利用。12月，市局风险分析监控中心组织开展三季度全市税务系统财务会计报表采集质量分析工作，制发税收数据质量情况通报（第三期）。通报显示，截至9月底，本市认定财务会计报表的重点税源纳税人31055户，实际申报30926户，认定申报率达到99.58%，三季度认定申报率始终保持在99%以上，比上半年月均认定申报率（98.11%）有提高，但也存在“连续两月报表相同”“空表”及“上月累计加本月非本月累计”等问题，有待认真研究与解决。

【普通发票明细数据采集】6月，对整个采集工作流程反复测试不断修正，单机版通用开票软件、电子申报采集渠道等各主体功能趋于稳定，发票子库系统数据采集机制和查询统计功能不断完善，实现数据采集成功率和效率的双提升，采集成功率由期初的58%提升至84%；采集效率由期初70条/秒提升至110条/秒。12月起，开展全市普通发票明细数据采集试点工作，明确推广应用范围、规定数据采集时间、开通数据采集渠道、制定具体实施步骤。

【普通发票简并票种、统一式样】以“力争取消手工票、强化使用机打票、压缩规范冠名票、适度使用定额票”为工作思路，完成本市普通发票票种简并、统一式样工作。一是制发方案、明确要求。3月制发《关于启用新版普通发票的公告》（上海市国家税务局、上海市地方税务局公告2012年第3号）和《关于本市贯彻国家税务总局〈全国普通发票简并票种统一式样工作实施方案〉的通知》（沪国税征科〔2012〕10号），明确本市新版普通发票于4月1日正式启用，发票换版过渡期为4月1日至6月30日，此期间新旧版发票同时使用（包括冠名发票），从7月1日起一律使用新版发票，旧版发票停止使用。经简并后，本市国税统一发票由43种减为22种（其中定额发票按人民币面值设置13种），地税统一发票由88种减为28种（其中定额发票按人民币面值设置13种及其他定额发票5种）。二是加强宣传、统一口径。3月起，在上海税务网站开设专栏开辟设立相关问题、宣传资料及发票问答3个专窗进行宣传，并在《解放日报》连续两期刊登有关宣传内容和政策解答；6月27日，市局总会计师庞为在上海税务网开展以“普通发票简并票种统一式样”为主题的局长在线访谈活动，专题介绍国家税务总局“简并票种，统一式样”工作的意义、本市贯彻落实简并票种的具体情况以及工作要求，并解答用户有关发票方面的问题。三是积极调研，规范操作。1月起，通过召开全市税收征管工作例会、普通发票简并票种交流会、发票管理员会议等不同层面的会议，向各基层分局大力宣传简并票种的重要意义，明确本市简并票种工作思路和实施步骤。在方案正式下发后，立即建立市区两级沟通机制，对疑难问题由市局带队前往相关企业调研，针对取消税务统一收据、出口商品发票使用、冠名发票等热点难点问题制发单项文件进行明确。四是定期通报、跟踪落实。4月起建立定期通报制度，针对旧版发票清理缴销情况进行通报，通过综合征管软件后台数据分析，定期提醒提示相关分局做好有关工作。各分局在过渡期内建立针对各管理所执行情况的监督机制，跟踪落实情况。五是组织自查、重点检查。11月至12月间，市局采取纳税人自查、各税务分局自查和市局抽查相结合方式，重点检查各税务分局简并票种统一式样工作的落实情况、发票内部管理工作（各管理环节审批手续是否齐全，资料保存是否完备等）、发票仓库账面数量与仓库实物数量是否一致，领用、保管手续是否齐全以及检查纳税人发票核定信息的正确性和发票供应数量的合理性。通过专项检查工作，梳理发票信息基础数据，进一步提高纳税服务水平；提升全市发票管理质量及效能，堵塞内部管理漏洞。全年本市缴销和验旧旧版普通发票（不包括冠名发票）3.7亿余份。

【税务登记管理】2月制发《关于调整本市企业税务登记跨区（县）迁移申请渠道的公告》（上海市国家税务局、上海市地方税务局公告2012年第1号），明确本市纳税人跨区县迁移可直接通过上海税务网站提出注销申请，也可向上海市税务登记受理处大厅提出申请，改变以往各主管税务机关分头受理，口径不一致的情况，方便纳税人，规范工作程序。继续推进企业设立登记并联审批工作，完成本市市局层面和各区（县）企业设立登记并联审批推广运用工作，确保并联审批工作在业务和系统支持方面保持一致。

【零散税收委托征管】8月制发《上海市国家税务局、上海市地方税务局委托代征税款及代开发票管理暂行办法（试行）》（上海市国家税务局、上海市地方税务局公告2012年第4号），针对个体工商户及私房出租等零散税收，明确税务机关和受托单位应该按照“双方自愿、简便征收、强化管理、依法委托”的原则，以信息化手段为依托，将市场管理方、物业公司等企业单位引入协税护税体系，并明确受托单位的执法主体地位，规范代征税款和代开发票行为。截至12月底，本市与税务机关签订协议的代开代征方162家，代开发票份数达11万份，缴纳税额5235万元。

【启用《电子缴款凭证》】9月制发《关于本市启用〈电子缴款凭证〉的公告》（上海市国家税务局、上海市地方税务局公告2012年第5号），贯彻落实《上海市人民政府办公厅转发市经济信息化委关于推进本市法人网上身份统一认证工作实施意见的通知》（沪府办发〔2012〕41号），满足“一证通用”法人数字证书新旧兼容应用要求，提高本市“税款无纸化”相关凭证使用效率。

【免收发票工本费】贯彻落实《财政部、国家发展改革委关于免征小型微型企业部分行政事业性收费的通知》（财综〔2011〕104号）要求，自1月1日起对小型、微型企业免收发票工本费。截至12月底，全市有63万户享受此项优惠政策，减免金额达1.18亿元。

【申报制度改革】12月制发《关于在本市范围内实施纳税申报制度改革的公告》（上海市国家税务局、上海市地方税务局公告2012年第9号），明确自2013年1月起对符合条件的纳税人申报期限由月度改为季度，减轻纳税人和税务机关工作负担。

【税收征管状况监控分析】4月制发2011年度上海市税收征管状况监控及征管质量考核的通报，对全市2011年征管状况从税务登记等10个环节进行分析，通报指出本市2011年度税收征管状况总体良好，各项指标都未列入税务总局点名批评范围，处于全国中等偏上水平。要求各分局严禁在管理中采取强制取消增值税税种核定、强制要求纳税人进行小额缴税等“一刀切”措施，杜绝一切为了考核而增加纳税人负担的行为。12月，市局税收风险分析监控中心对三季度全市税收征管状况进行分析，提出要针对非正常户、欠税及零负申报管理等薄弱环节采取科学有效措施，加强管理。

【财税管理体制改革】根据上海市政府相关文件的要求，本市税务部门自2011年3月起实施相关户管调整工作。因国家关于浦东新区相关税收政策的特殊因素，其中17户企业仍留在上海市税务三分局实施委托征管，并明确自2011年度企业所得税汇算清缴结束后进行调整。2012年6月起，根据上海市财政部门要求，配合做好户管信息核定、对照表建立、税控器具信息核对、模拟测试等相关工作，于6月30日完成相关企业主管税务机关信息调整工作，确保7月相关企业调整到位。

【废弃电器电子产品基金征收管理】在税务总局的统一部署下，做好废弃电器电子产品处理基金征收管理各项工作。组织召开全系统基金征收管理工作专题会议，传达学习税务总局文件精神，增强对基金征收管理工作重要性和必要性的认识；开展分层次专题培训，领会和把握相关政策文件的基本内容。制发《关于贯彻落实〈废弃电器电子产品处理基金征收管理规定〉的意见》（沪国税征科〔2012〕33号），明确责任部门和人员；部署开展各项准备工作，摸清企业生产经营实际情况，建立健全基金缴纳企业基础信息档案，做好征收对象确认、应缴纳基金及抵减数量核定工作；做好综合征管软件（上海）有关基金征收模块的开发、培训、上线运行工作，及时、准确地完成客户端软硬件配置、系统初始化设置等前期准备。向上海市政府进行专题汇报，加强与有关部门的配合与沟通，争取理解和支持；做好基金缴纳义务人和社会各界的宣传辅导，提升政策的知晓度和遵从度。截至10月（第1个申报期），本市有43户基金缴纳义务人进行基金申报，累计申报入库800万元。

【工会经费代收】配合上海市有关部门完成相关文件的制发工作，完成系统开发工作并组织开展内外培训。截至11月底（第1个申报期），共有139户试点企业完成申报，共代收工会经费381.73万元。

【编制票证采购计划】根据2011年发票供应数据及各基层税务分局库存数据，测算分析2012年各季发票印制需求，经市局批复后及时与各中标印制企业签订采购合同，确定印制品种、数量、送货时间。全年上报国税、地税四个季度采购计划共9个批次，采购国税、地税发票93种，采购金额15388万元，比上年增长180%。其中，旧版发票采购计划2个批次，采购国税、地税发票43种，采购金额1273万元；新版发票采购计划7个批次，采购国税、地税发票50种，采购金额14115万元。

【票证供应】全年为基层税务分局供应各类发票118425万份，同比增长96%。其中，增值税专用发票13704万份，同比增长21%；增值税普通发票4326万份，同比增长38%；国税统一发票40989万份，同比增长251%；地税统一发票59406万份，同比增长73%。为市局有关职能处室采购各类消耗性票证报表1198万元，同比增长47%。为基层税务分局运送发票2200车次，同比增长110%。根据市局安排，新增全市冠名发票的审核、印制、供应工作，全年共审核、印制全市冠名发票113952万份，支付印制金额8490万元。

【新版发票采购配送】2月，按照《国家税务总局关于印发〈全国普通发票简并票种统一式样工作实施方案〉的通知》（国税发〔2009〕142号）要求，组织实施本市新一轮发票改版、招标工作。票证管理中心在分析、测算的基础上，向市局汇报解决运能、人员不足问题的方案。经市局批准，同上海市保安押运公司接洽，签订服务合同租用4辆押运车辆，同上海市保安人力公司接洽，签订服务合同新增保安人员6名。积极挖掘内部潜力，一人多岗，精心组织，合理调配，顺利完成新版发票采购配送工作。

【票证销毁和清理】根据市局《关于启用新版普通发票的公告》（上海市国家税务局、上海市地方税务局公告2012年第3号）要求，在保证新、旧版发票同时供应的前提下，分步对旧版发票进行清理、销毁。6月30日，旧版发票清理销毁完毕，销毁旧版发票总额545.8万元。清理销毁长年不用的其他票证40多吨，残值上缴国库3.8万元。

【个人所得税完税证明印制工作】全年分4个批次为20个税务分局打印个人所得税完税证明共计130.8万份，支付印制费用计11.77万元。

【探索管理创新机制】围绕票证服务工作重点，探索管理创新机制：一是试行按计划入库的管理模式。在逐步积累每月发票配送数量变动情况、发票印制企业产能运能情况的基础上，先行对配送数量较大、生产周期较长的《停车场定额发票》试行按计划入库的管理模式。季度采购订单签订后，确定三家承印企业分月供应计划，定时间、定品种、定数量。在保证供应的前提下，最大限度地节约仓库仓位，仓库人力资源得到合理调配，印制企业生产调度更加主动。二是探索发票质量抽检记录制度。新版发票招标后，市局征管科技处和票证管理中心更加注重发票的质量管理，包括印刷质量、包装质量和服务质量。11月，票证管理中心配合市局征管科技处聘请第三方对发票印制质量进行抽查，并将抽查记录逐一反馈给承印单位。三是建立与基层税务分局发票管理部门的沟通协调机制。12月，在市局征管科技处的指导下，票证管理中心首次召开由各基层税务分局征管科长和发票管理员参加的例会，沟通一年来发票配送、冠名发票审核、套印发票审批的情况，明确工作流程和仓库各岗位的责任人，各基层税务分局也反馈对发票仓库工作的意见建议。

【实施注册会计师审计】5月，根据上海市财政局监督检查局《关于对市级事业单位2011年度财务会计报表和部门决算报表实施注册会计师审计的通知》要求，上海铭瑞会计师事务所有限公司派员对票证管理中心2011年度财务会计报表和部门决算报表实施了为期3天的审计。审计结果显示，2011年财务报表基本符合事业单位会计准则和《事业单位会计制度》国家其他有关法律法规以及上级主管部门的有关规定，在所有重大方面公允反映了2011年度的财务收支情况，但须对“存货”事项和“其他应付款”事项反映的问题做相应账务调整。根据《审计评价与建议》，票证管理中心对“其他应付款”事项做相应账务调整，并报经市局征管处同意对“存货”事项进行调整。同时，根据内控制度有关规定，定期做好对材料（存货）的对账、盘点和抽查工作。

【市级财政专项资金评审】6月29日，根据《上海市市级财政专项资金评审项目管理暂行办法》（沪财预〔2010〕113号）文件精神，上海市财政专项资金评审中心组织有关部门和专家对《税务发票印制费项目》进行专项评审。票证管理中心会同市局财务处就《税务发票印制费项目》的概况、目标、前期准备工作、现状和运行管理、资金筹集等方面向专家进行现场讲解和答辩，通过该项目的专项评审。

（市局征管和科技发展处供稿　金亮执笔
上海市票证管理中心供稿　方彦执笔）

纳税服务

【概况】2012 年，纳税服务工作围绕税收工作大局，全面贯彻落实全国和全市税务工作会议要求，树立征纳双方法律地位平等的理念，以纳税人为中心，以流程为导向，以信息化为依托，坚持把握纳税服务的总体发展趋势，发挥纳税服务的先导性和基础性作用，不断改进和优化纳税服务。

【建立纳税服务中心】按照全国税务系统深化税收征管改革工作会议和上海市税务工作会议要求，推进“优化纳税服务和强化风险管理”两方面工作，11 月制发《关于进一步加强征纳沟通的指导意见（试行）》（沪国税纳〔2012〕17 号，以下简称《指导意见》），明确各基层分局应建立健全广泛务实的征纳沟通机制，成立纳税服务中心，充实整合现有纳税服务资源和职能，统筹协调、指导管理、组织实施本单位的纳税服务工作。根据《指导意见》要求，截至2012 年底，全市 15 个区县分局成立纳税服务中心，基本完成配套制度制定、岗位设置和中心人员配置，陆续启动纳税服务联席会议制度，上下联动，实现对纳税服务工作的决策指导、组织协调和督办考核，为纳税服务中心正常运行和工作开展提供基本保障。

【拓展自助办税终端功能】适应税收政策、征管形势和纳税人需求的变化，发挥自助办税终端（以下简称“ARM 机”）的作用，对全市 198 台 ARM 机的“短信平台、数据分析、纳税申报、打印类业务”等功能进行完善和升级，为纳税人提供现代化自助办税服务。年内，纳税人使用 ARM 机发票认证 350 万余份，同比增加 118. 75%；税控设备报税 40 万余次，同比增加 33. 34%；凭证打印 24 万余份，同比增加 41. 18%，有效缓解窗口压力，提高办税效率。

【成立纳税人学校（课堂）】创新服务手段，拓展服务渠道，为纳税人提供规范、高效、便捷的税法宣传和纳税咨询服务，帮助纳税人正确履行纳税义务，提高纳税人满意度和税法遵从度，2 月，印发《关于建立纳税人学校（课堂）的意见》(沪国税纳〔2012〕4 号)，全市 18 个区县分局相继成立纳税人学校（课堂），通过纳税人学校（课堂），建立覆盖全市的集税法宣传、纳税咨询、培训辅导、权益保障为一体的税收知识学习新平台。全年共计开课 1513 次，内容涵盖营业税改征增值税相关政策、企业所得税汇算清缴、出口退税等方面，满意度调查结果显示，纳税人普遍对纳税人学校的多元化办学模式、全方位教学内容及实用性培训效果感到满意。

【推行 12366 纳税服务热线】根据《国家税务总局关于推广应用 12366 纳税服务热线系统的通知》（国税函〔2012〕487 号），组织、筹划、推进 12366 纳税服务热线新系统运行。针对各基层分局呼入情况，统筹安排线路分布，稳步推行远程坐席，满足纳税人的咨询需求。强化市区两级坐席培训工作，安排专人负责培训需求分析、计划拟定、具体实施和效果评估，采取授课、案例分析、经验交流、情景模拟等多种培训形式，开展及时、长效的税收政策、业务专题等培训。做好与12345市民服务热线的衔接，统筹协调热线建设，建立联动处理模式，完善知识库运行维护，健全信息专报机制。年内，市、区两级12366累计接受大众类咨询101万余次，自动语音21万余次，受理网上实时咨询10463次，网上提问5978次、留言咨询6186次，直接回复率98%，用户满意度为99.98%。

【青年干部锻炼培养基地建设】根据《关于进一步做好12366纳税服务热线工作的通知》（沪国税纳〔2012〕7号），2011年5月建立12366青年干部挂职锻炼培养基地。年内，制定青年干部综合管理制度、考核制度和服务明星评选制度等。建立培养基地与选派单位反馈机制，定期将挂职人员工作情况反馈给选派单位，在挂职人员培养管理上形成合力。召开青年干部座谈会，局长顾炬、副局长刘新利和劳模匡成萍、毛琦敏先后与12366热线青年干部开展交流，激励青年干部从自身实际工作出发，做好本职工作，务实奉献。重视人文关怀，开展服务明星和优胜小组评选，营造爱岗敬业的工作氛围；组织团队拓展活动，提升队伍凝聚力；安排心理辅导，进行心理调适，有效舒缓工作压力；鼓励参与社会公益活动，培养奉献意识和社会责任感。截至年底，3人通过竞争上岗走上副科级工作岗位；3人被提任为副主任科员；2人在上海市局处室职位竞聘中被录用；9人获2012年度嘉奖。挂职锻炼期间有7人取得注册税务师证书，17人取得中级经济师证书，有15人次取得各类单科合格证书。12366青年干部挂职锻炼培养基地获得2011—2012年度市级青年文明号的光荣称号。

【互动参与平台应用】畅通税企沟通、优化服务手段，提高纳税人满意度和税法遵从度，落实“两个减负”，完善互动参与平台“系统监控”和“调查问卷”功能应用。截至年底，全市开通企业664960户，有189243户企业登录互动参与平台，平均使用率28.46%。各级税务机关通过信息推送模块向纳税人推送12701批涉税信息，推送总数达6323268条。有1430名税收管理员通过税企互动模块与36065户纳税人互动交流，累计132481次。其中，税务机关接收纳税人的互动信息54614次，回复纳税人77867次。

【纳税人呼声处理】按照“四有”（有理、有解、有复、有纠）理念，全面收集梳理各类纳税人的呼声，年内编制16期《本市纳税人呼声信息周报》，反映纳税人呼声23件（其中，政策类3件，征管类14件，意见建议类6件），基层呼声27件。收集基层税务分局办税服务厅动态28件，全市税务系统纳税服务工作经验交流26件，对改进纳税服务工作提出的新方法、新思考20件，全市12366运行情况7件，形成由点及面、由个案到制度解决纳税人实际问题的长效管理机制。

【纳税人满意度调查】12月，贯彻落实“需求采集、需求分析、需求响应、持续改进”的纳税服务工作机制，分析本市纳税服务工作现状，了解纳税人和社会公众对纳税服务的期望和诉求，首次利用互动参与平台开展2012年度纳税人满意度调查。调查共设19个问题，主要涉及纳税人基本情况、税法宣传、办税服务、权益保护、自助办税等。截至12月28日，共向纳税人发放问卷4565份，收回4401份，收回率96.40%，纳税人对本市纳税服务工作总体满意度为98.07%。

【纳税服务动态信息报送】按照国家税务总局纳税服务司编发《纳税服务动态》的要求，及时了解纳税人和基层税务机关诉求，全面掌握全市纳税服务工作情况，为领导科学决策提供信息服务，年内，向国家税务总局报送12期73件本市纳税服务动态信息，其中工作简讯3件，办税服务厅动态28件，本市税务系统纳税服务工作开展情况的经验交流26件和对改进纳税服务工作提出的新方法、新思考16件。

【纳税信用等级评定】 根据《关于实施修订后的纳税信用等级评定指标的通知》（沪国税纳〔2012〕13号），7—10月，开展2010—2011年度纳税信用等级评定工作。完成对全市725625纳税人的有效评定，评出A类信用等级纳税人1982户，占总参评户数的0.27%；B类信用等级纳税人537792户，占总参评户数的74.12%；C类信用等级纳税人8698户，占总参评户数的1.2%；D类信用等级纳税人168户，占总参评户数的0.02%。12月，A、D两类纳税人的名册在上海税务网站、《中国税务报》等媒体上予以表彰和惩戒公示。

【大企业专业化管理试点工作】 按照《国家税务总局关于大企业税收专业化管理试点工作的意见》（国税发〔2011〕105号）要求，以大企业税务风险管理作为上海大企业税收专业管理试点工作重点，探索和实践集团性公司整体税务风险测试评估。试行由市税务二分局（风控中心）具体负责实施对2户大型企业集团开展集团税务风险整体测试评估。经过测试，揭示两家集团公司需要重点关注的涉税风险领域有206项，经实地符合性测试，证实了两家集团公司在管理层以及具体业务环节存在涉税内控缺陷55处。发现包括企业所得税等主体税种在内16个潜在涉税问题，及时预防和纠正企业潜在的涉税风险。出具《大企业税务风险测试评估报告》，针对性提出25条相关风险管理建议。为本市税收征管改革中，如何根据大企业跨行业、跨区域（境）的“集团”性特点，形成以风险防控为导向、集中统一管理与分级负责相结合为主要特征的市局、征管分局上下联动的扁平化大企业专业化管理模式，提供实践参考。

【大企业税务风险评估后续管理】 根据《国家税务总局大企业税收管理司关于做好部分总局定点联系企业税务风险评估后续管理工作的通知》（企便函〔2012〕14号）要求，确定24户集团企业在沪的61户主要成员企业作为税务风险评估后续管理的工作对象，进行税务风险测试验证。通过约谈、抽样测试和穿行测试等工作方式，将测试验证结果与企业原始填报信息不符的进行修改，其中验证测试问题合计3183个，其中访谈问题2817个、穿行测试问题154个、抽样测试问题212个；实地测试后需修改问题合计2551个。依据测试结果，向企业出具《税务风险管理建议书》，罗列企业在公司层面及具体业务循环层面存在的内控缺陷及改进建议，帮助企业梳理现有相关涉税风险内控制度，加强企业对自身税务风险管理的重视，提高企业的税法遵从度。

（市局纳税服务处（大企业税收管理处）供稿　黄颖洁、王兴桢执笔）

税务稽查

【概述】2012 年，税务稽查工作以严厉打击涉税违法犯罪活动、整顿规范税收秩序为目标，着力做好重大税收违法案件查处、税收专项检查和区域税收专项整治、重点税源企业检查、推进信息化稽查广泛应用、打击发票违法犯罪活动五项重点工作，各项稽查工作取得显著成绩，稽查质量和效率得到提升。

【稽查查补收入】全年税务稽查部门共完成稽查收入 81.93 亿元，当年入库 77.08 亿元，入库率 94.08%。其中，税务机关直接检查各类纳税人 7368 户，查有各类税收违法行为的 7018 户，占检查户数的 95.25%，检查查补收入 24.79 亿元，当年入库 20.08 亿元；组织 14162 户企业开展税收自查，自查收入 57.14 亿元，当年入库 57.00 亿元。

【稽查制度建设】开展税务稽查课题调研工作，规范执法行为，提升稽查工作科学化、制度化、规范化水平。3 月制发《2012 年税务稽查课题调研工作方案》，成立“2012 年税务稽查课题调研组”，负责统一组织和协调工作，将《税务稽查执行》和《税收征管改革中税务稽查的定位》列为市局级课题项目开展调研；各稽查局根据各自工作实际，自定分局级课题项目开展调研工作。4 月各分课题组根据课题项目和调研工作的职责分工，制定《分课题调研实施工作方案》和《分课题调研提纲》，完成课题立项。6 月至 10 月，各分课题组围绕调研项目，通过内联外调，对本市稽查工作的现状及相关情况进行总结回顾和分析探讨，借鉴系统内外以及国外的经验做法和先进理念，结合本市的实际情况，提出若干建设性的意见建议，撰写多篇应用型调研报告及相应的操作规范草案。11 月组织稽查局和相关专家对调研课题项目进行论证修改。12 月 5 日，组织税务稽查课题调研报告交流评比活动，汇报演示相关工作开展情况以及调研成果。经评审，《关于税务稽查执行若干问题的研究》等 8 篇调研报告获奖。市局对获奖调研报告进行通报表彰。加大对调研成果的运用。一是试用信息化选案系统。4 月组织上海市税务稽查六局试用信息化选案系统，开展建筑安装、房地产、旅游等行业的自主选案工作。二是出台试行《税务稽查案件审理工作底稿管理办法》。10 月在全市范围内对查补税款 500 万元以上重大涉税案件试行。三是制定《违法事实处理处罚所适用的法律法规依据汇编》。8 月组织相关人员对近年来税收违法案件涉及的违法行为种类和适用法律依据进行分类梳理，形成《违法事实处理处罚所适用的法律法规依据汇编》。

【稽查信息化建设】推进信息化管理企业税务稽查，探索应用数据分析库和科学选案制度，完善征管系统稽查模块，加强稽查信息化建设工作。一是推进信息化管理企业税务稽查。全年对 1281 户企业以信息化手段进行检查，约占检查总户数的 19%，实现查补收入 8.64 亿元。全市 294 个检查小组中有 263 个可以开展信息化稽查，推广面达到

89%。开展信息化稽查培训，普及培训中普查账软件366人次，12月组织73名同志参加信息化稽查骨干班深化培训。组织《业务系统数据采集技术手册》的编写工作，6月、11月两次召开信息化稽查技术推进小组交流会，12月选拔57名稽查干部参加信息化稽查抽考，对个人考试成绩和单位平均成绩进行排名通报，对成绩优秀者进行通报表彰，12月24日开展信息化稽查案例演示评比，有11篇案例获奖。二是探索应用征管数据分析库和稽查选案系统。3月组织成立征管数据分析库稽查应用组；4月邀请征管科技处介绍征管数据分析库及指标库的框架结构和功能；4月至6月试用稽查选案系统，在建筑安装、房地产、运输代理等行业选取63户企业开展检查；9月探索个性化选案模型，其中金山选案模型创造性的加入购销离散度、企业开票规模等关键指标，打击虚开发票的违法行为。三是完善综合征管软件稽查模块功能。根据税务总局发布的《税务稽查内部管理文书式样》和《税务稽查文书式样标准》，对该市部分税务稽查文书进行修订并嵌入综合征管软件中。完善稽查管理统计功能，提高稽查管理效率。

【税收专项检查】统一部署接受成品油增值税专用发票企业、资本交易项目、办理电子、服装、家具类产品出口退（免）税企业及承接出口业务的货代公司等行业的税收专项检查。税收专项检查共完成查补收入28.82亿元。其中，税务机关直接检查纳税人4456户，查补收入19.02亿元；组织11014户纳税人开展税收自查，自查补税9.81亿元。按照税务总局开展打击骗取出口退税违法犯罪专项行动的通知要求，积极联络公安、海关等部门，按照“依法办案、分工负责、紧密协作、严格保密”的工作原则，建立“打击骗取出口退税违法犯罪三方协作机制”，检查出口企业648户，查补各类收入8837.72万元。发现涉嫌骗取出口退税线索6起，骗取出口退税企业2户，追回已退税款5549.39万元；发现违规办理出口退税23户，涉及出口退税1.40亿元，不予退税6725.60万元。在成品油项目检查中，稽查人员调取征管系统中近年来接受油票数量多、金额大的企业，从公安部门调取企业自有车辆的相关数据，分析其拥有车辆数量、年销售额情况，以接受油票金额占全部销售金额比重较高的企业为重点检查对象；联合公安人员对受票企业进行突击检查，锁定指向清晰的加油站开票点，尤其是开票比例较高的单位；办案人员再直扑加油站，控制责任人员，取得相关证据；最后梳理出从该加油站获取成品油发票金额较大的企业铺开进行全面检查，共检查开具和接受成品油发票企业583户，查补收入5439.69万元。在资本交易项目检查中，与外单位协调沟通，加强第三方信息的收集与分析力度，从中国证券交易登记结算公司上海分公司获得上市公司大小非减持数据，从工商管理部门获得股权交易变更信息，从产权交易所取得产权交易情况，先期交由征管部门在所得税汇算清缴期间进行核查补税，然后经过统合梳理将部分数据转各稽查局实施检查；将资本交易项目列入税收专项检查其他行业和重点税源企业检查的必查项目，检查资本交易项目企业329户，查补收入4.18亿元。

【区域税收专项整治】查处“营改增”试点行业虚开增值税专用发票违法活动。4月通过调研式检查、发票违法案件线索和检举信件综合分析，发现一些不法犯罪分子利用试点的新税收政策，大肆虚开增值税专用发票的涉税违法行为。针对不断蔓延的趋势，稽查部门及时应对，警税联合迅即开展了代号为“春雷”“闪电”“捍卫”“亮剑”的四次货运货代行业专项整治行动，抓获犯罪嫌疑人30余名，摧毁5个犯罪团伙，涉及定性及部分定性虚开企业14户，涉嫌虚开企业近60户，发票金额共计9.79亿元，税额6600余万元。查获一批由犯罪团伙控制但尚未实施虚开的“营改增”企业名单，将犯罪消灭在萌芽状态。此次专项整治发挥税务稽查以查促管的职能，堵塞日常征收管理的漏洞，巩固税制改革成果，得到税务总局稽查局主要领导的充分肯定。

【重大涉税案件查处】 推行重大税收违法案件检查项目制管理，税务总局11起督办案件中已办结8件，市局31起督办案件办结10件。各级稽查部门加强案件查处的督导和监控，注重分析案件特征和成因，全力查处重特大税收违法案件，增值税发票类涉税违法犯罪活动总体上得到了有效遏制。成品油、服装、建材等行业虚开增值税专用发票案件呈频发、高发、涉税金额巨大、犯罪手段多样、犯罪分子团伙化的态势。对此，稽查部门立案查处超亿元的虚开增值税专用发票案件8件，涉嫌虚开发票10.79万份，案值达到80.84亿元，打掉虚开团伙22个，抓获犯罪嫌疑人96名。“4·19”特大虚开增值税专用发票案是近年来涉税金额巨大、波及省市广泛、抓捕人员较多的一起案件。稽查部门经过前期税务检查，排摸相关犯罪线索后，迅速启动警税协作机制，出动近200名警察和稽查人员，对分散在全市40个据点的犯罪嫌疑人实施集中收网行动，共抓获犯罪嫌疑人47名，捣毁开票窝点10余处，冻结涉案银行账户100余个，查扣作案工具税控机30余台、电脑50余台、作案手机100余个。该案犯罪分子通过“买壳”的方式收购处于休眠状态的增值税一般纳税人企业，使用或冒用他人身份证件注册成立多家“皮包公司”，在无经营场所、无固定人员、无固定仓储的“三无”状态下，控制本市上海恒坚贸易有限公司等46家企业，通过支付票面金额2%~3.5%手续费的方式，从河南、湖北等25个省市获取大量进项增值税发票后，再以收取票面金额6%~8%开票费的方式，向北京、河北26个省市大肆虚开增值税专用发票，牟取非法暴利。犯罪分子虚开增值税专用发票共计4.18万余份，金额20.82亿元，税款3.54亿元，涉及全国受票企业近4000户。

【重点税源企业检查】 按照“以企业自查为先导、以税务机关抽查和重点检查为保障”的方式，探索重点税源企业税收自查、检查模式，运用审计型工作底稿与信息化稽查、调研式检查相结合的方法，落实对重点税源企业自查检查工作。10户总局级重点税源企业的在沪成员企业税收自查共计补税2.42亿元。选择其中62户企业进行重点检查，运用审计型工作底稿和信息化稽查手段，查补各类收入6604.71万元。按照分级分类管理方法，统一部署对部分市局级重点税源企业自查检查工作，合计查补各类收入4.60亿元。

【打击发票违法犯罪活动】 利用全市打击发票违法犯罪活动领导小组办公室的平台，发挥组织协调、情报沟通、上传下达、督促落实等作用，建立信息采集和报告机制，对贯彻落实全国打击发票违法犯罪活动工作协调小组第五次会议纪要作出具体安排，做好卖方市场的整治、买方市场的查处、完善违法短信息监控等专项工作。全市共查处发票违法案件6494件，上海市公安机关抓获犯罪嫌疑人5314名，查获各类非法发票226万份。专项行动中，共检查企业8089户，查补税款等各类收入8.24亿元。全市公安、税务部门不断完善警税协作工作机制，形成“联合取证、同步办案”的紧密型办案模式，有效利用公安部门的侦查优势和税务部门的专业优势，使打击工作更加精准、有力、深入。共捣毁发票犯罪窝点190个，打掉职业犯罪团伙26个，缴获作案机器46台，遏制犯罪分子制售发票的猖獗势头。部署全市税务机关对发票使用情况进行检查，查处违法企业4482户，涉及非法发票18.99万份。在对药品、医疗器械生产经营单位和医疗机构发票使用情况的专项整治中，查处违法单位479户，非法发票3650份，查补各类收入3834.47万元。积极开展发票宣传，借助《中国税务报》《中国税务稽查》等刊物曝光一批典型案例，4 月在上海火车站南广场开展以“税收·发展·民生，打击发票违法犯罪行为”为主题的税法宣传活动，《解放日报》《新民晚报》、上海电视台、《中国税务报》等重要新闻媒体参加，取得良好社会反响。

【税收违法案件检举】 市、区两级税务机关共受理税收违法检举案件 2218 件，查结 1970 件，查补各类收入 2.31 亿元。查结检举计奖案件 11 件，核发检举奖励 5.73 万元。从案发地分析，中心城区的检举案件数量低于远郊城区；从所有制情况分析，反映有限责任公司和私营企业涉税违法行为的比例较高；从行业情况分析，批发和零售贸易、餐饮业高居首位；从查补税款中涉及税种分析，货物和劳务税与所得税基本持平；从检举人结构分析，非企业内部人员检举超过九成。

【案件协查工作】 全市税务稽查部门委托发出协查涉及发票共计 71758 份，增值税税额 10.17 亿元；收到回复结果 71696 份（含上年度未查结票），有问题发票 35077 份；检查后补税 541.39 万元、滞纳金 124.94 万元。受托收到协查发票共计 59050 份，增值税税额 8.03 亿元，受托累计回复 58685 份，其中回复结果为有问题的发票 24928 份；检查后补税 7231.22 万元、滞纳金 2566.20 万元。全国各地稽查部门向我市发出的海关增值税通用缴款书协查函 1250 余件，涉及海关增值税通用缴款书 12500 余份；发现 3700 份存在问题，涉及海关代征增值税 3.52 亿元，其中可以确认属于伪造的 2665 份，涉及海关代征增值税 2.27 亿元。

（市局稽查处供稿　梁丁执笔）

信息化建设

【**概述**】2012 年，本市税务系统信息化建设工作以保障税制改革、优化纳税服务、深化征管改革和提升行政管理水平等税收工作为核心任务，做好信息系统建设和应用保障工作，提高本市税务系统信息化应用水平，把“管理到位、网络畅通、数据完整、安全可控、运行平稳”作为信息化工作的长期要求，全面推进各项电子税务工作。营业税改征增值税的系统调整、内门户推广应用、金税三期工程等一系列信息化建设重点项目都有条不紊地开展并按时完成。

【**信息化工作**】完成综合征管软件（上海）、防伪税控、稽核和货运三个系统的升级和初始化工作，组织上海税务系统内系统操作师资培训和网上申报操作培训及服务单位的操作培训，确保各大应用系统于 1 月正式上线（网上申报系统于 2 月正式上线）。为解决上线后数据库主机的性能压力过大及数据库运行不稳定问题，国家税务总局下发小型机 1 台，完成总局配备下发的 IBM/P780 小型机安装调试、操作系统分区配置、数据库安装配置等工作，3 月初，将金税防伪税控、稽核系统、综合征管系统由 P595 主机成功迁至 P780，使应用系统性能瓶颈得到极大改善，确保整个系统运行平稳。在“营改增”过渡期间，加强对系统应用监控：对 1—2 月扩围纳税人防伪税控系统、货运增值税系统中开票、抄税和认证情况，以及稽核系统的发票比对情况进行监控。2 月征税期，每天下班后，根据反映的问题，研究解决方案，及时修改调整软件，从技术上保障占增值税纳税人总户数近 80% 的网上申报纳税人在增值税扩围新政策实施首个申报期纳税申报平稳有序。

【**内门户推广应用**】完成本市税务系统内门户推广应用工作。在试点基础上，年内针对全市 19 个税务分局分 5 批开展推广工作，同时完成公文处理系统的升级改建和推广应用工作，实现市局和分局之间信息互通、工作互动的应用局面。在推广过程中，开通多渠道沟通机制：包括例会制度、半月报制度和论坛，确保信息交流渠道通畅，使整个推广工作有序开展，18 家单位按时完成。浦东新区税务局因发生机构和相关人员变动，于 11 月 30 日完成。配合内门户正式启动，市局机关公文处理系统试点上线。在完成公文处理系统的软件开发及测试的基础上，2 月市局机关进行公文处理系统的试运行，系统运行平稳；3 月在原 4 家内门户试点单位中选取静安区税务局为分局试点单位进行试点；5 月完成另外 3 家试点单位（虹口、嘉定、奉贤）公文处理系统上线工作，其他 19 家单位的公文处理系统推广与内门户一并推广到位。市局与分局互通的电子邮件系统统一改版到内门户的单位邮件，5 月正式上线使用，实现市局机关内门户会议通知发布同时一并发送到分局邮箱及市区二级收发文的互通等多项功能，为上下互通打下良好的基础。

【**金税三期工程**】作为全国金税三期工

程广域网项目第二批试点单位，年内，在现有网络的基础上，通过设备更新、带宽提升、结构优化、安全防护，搭建一个上联国家税务总局并覆盖市局、区县局和税务所（协税办）三级节点的综合性内部通信网络平台。其中，骨干网部分按照国家税务总局规划设计，完成本市双中心与税务总局双中心的互联互通；省网覆盖全市所有节点，采用层次化结合扁平化的网络拓扑结构，线路类型和路由协议进行统一部署。本市金税三期工程建设。4月，完成市局机房通过中国联通线路上联总局北京数据中心，临江机房通过中国电信线路上联总局南海数据中心的线路建设工作。5月完成上海同城异地双中心上联总局两个数据中心的核心平台联调工作。截至10月，完成全市金税三期广域网线路建设工作并投入运行，共涉及总节点数303个（包件一涉及227个点、包件二涉及181个点），总线路数406条（包件一226条、包件二180条）。

【其他应用系统推行】（1）完善上海税务网站建设工作。1月10日上海税务网改建工作通过专家验收。在原有应用的基础上，加强税务网站的各项应用，实现税务部门主动信息推送、税企互动交流、在线咨询、局长在线访谈、企业个性化应用等功能，方便纳税人，提升税务部门对外服务质量和工作效率。（2）完成网上认证支持汉字防伪软件改造。先后完成企业端、税务端、OCR的修改与调试及防伪税控后台系统与高速加解密机的各项开发、测试和升级工作。截至年底，汉字防伪发票认证通过率为78.6%，识别率经过人工干预后可达到90%左右。（3）推广货运发票网上抄税、网上认证。完成货运系统前端和后台系统软件开发、测试、联调。截至年底，本市已有5157户企业申请办理货运发票网上抄税，占货运企业总户数近86%，有1181户企业办理货运发票网上认证，认证11336张货运增值税专用发票，认证通过达90%。（4）完成防伪税控数据库迁移。确保数据的稳定性，实施防伪税控、稽核协查数据库迁移，数据库由P595主机迁移到性能和稳定性更高的P780主机上。防伪税控系统自2006年数据库省级大集中至今，现行生产库中存放6年多的业务数据，占用存储空间近1TB。6月征收期结束后，即启动数据迁移工作，至7月底完成历史库的环境准备，分批导入数据。9月征收期结束之后的双休日暂停防伪税控系统对外服务，进行生产环境数据清理工作，释放约659G存储空间。（5）完善12366纳税服务系统。国家税务总局推广的12366纳税服务系统于2011年10月1日在市局上线，年内在做好技术支持的同时，继续完善12366系统的应用功能，主要包括税务网站在线咨询功能开通、12366知识库完善、大厅大屏幕监控和报表定制等应用功能。市局坐席60个、远程坐席68个，计划远程坐席将扩容到138个。12366开通房产税查询专线，开发个性化知识库内容，实现市民热线12345系统与税务12366热线系统对接。（6）完成升级改造工作。①出口退税审核系统升级。分3个阶段实施。在前期模拟测试和组织培训的基础上，按计划开始正式升级。审核系统数据库迁移、版本升级工作于12月全面完成升级，3大系统整合平台同步调整衔接到位，确保2013年1月1日新系统如期启用。②法人一证通改造和电子缴款凭证升级改造，改造包括网上电子申报、网上认证、网上抄税、出口退税网上申报、税控收款机网上抄报、税务网站，共6套系统。在确保系统兼容新旧证书的前提下，从5月开始进行系统设计、开发、测试、联调等工作，系统于8月上线。结合“法人一证通”项目，启动电子缴款凭证优化改造工作，系统于9月正式上线。③税控收款机开票系统改造。根据发票管理工作要求，本市税控器开票端于年内进行改造，功能上要求除了税控发票之外同时能开具通用机打发票，并同时采集发票汇总数据和明细数据，采用大厅或网上抄税的方式，分别导入发票数据库和税控系统后台。对业务流程和数据接口标准进行反复讨论，审定开发商的技术实施方案。保证税控系统的安全、稳定运行不受影响，落实测试环境的搭建、安装部署等前期准备工作，满足税控器发票发售、开票、抄报税、税控监控数据回写等环节的全面测试需要，并配合8家器具服务商进行网上抄税全面测试。

【数据分析利用】 建立上海税收风险分析监控系统。2月，市局搭建税收评定指标库系统；10月，搭建完成税收评定案例库；12月，适应税收风险分析监控管理要求，启动本市全市税收风险分析监控系统建设工作。该平台涵盖项目、指标、案例管理、大企业税源监控等风险分析监控业务，整合综合征管软件（上海）、增值税管理系统、税控收款机管理系统、货物运输业增值税专用发票管理系统、车辆购置税征收管理系统、出口退税管理系统等税收数据库、跨省市部门交换信息、第三方数据资源及其他采集的税源资料，集成各类数据查询系统，并对系统数据进行统一处理、分析、展现与推送，支撑数据综合分析、风险管控工作的开展。继续实施江浙沪甬税务登记信息交换。6月，本市组织召开江浙沪甬税务信息交换联动机制第五次工作会议。会议明确，将跨省的集团企业和上海“营改增”风险管理部分，尤其是差额纳税部分，纳入税务信息交换内容。会议审议并签订《税务信息交换联动机制工作规程》，明确信息交换的时间、信息保密机制和核查反馈等内容，从制度层面进行规范和固化。加强纳税人申报数据事前提示管理。7月，在上海税务网上申报企业端软件中增设财务报表预审提醒功能，依托54项校验指标，在全市范围内全面推行财务会计报表申报事前审核提醒工作。加强财务报表数据管理。5月，市局将综合征管软件中采集的23套月度财务报表和29套年度财务报表在税收数据综合分析库中进行了整合归并，将上述报表整合成1套统一的报表样式，便于后台数据分析利用。

【信息化基础设施建设】（1）根据税务总局信息安全检查、上海市测评中心检查、税务总局“三合一”评测返回结果，完成信息系统数据安全防护和网络安全整改。完成机房设备维保及技术服务，完成网络安全防护系统升级完善及安全产品技术服务项目，签订全市桌面系统安全及防病毒系统维保服务，安装保密技术防护专用系统，开展全市税务系统信息安全评测与安全检查工作。（2）改建税务二分局机房，完成临江机房配电系统更新。着力解决临江机房及市局机房长期存在的设备安装密度过大、机房温度偏高问题，前瞻性地提出并制定改造二分局机房计划，延伸临江机房的使用范围。联系物业新增专用配电电缆，新建独立UPS供电系统，增加机房专用空调，配备设备机柜，架设连接临江机房的专用光纤线路。2月中旬完成整体改造并将临江机房内的2套P570小型机、约30套PC服务器等设备搬迁至二分局机房使用，缓解了临江机房的负载压力，税务总局配给上海“营改增”试点的两套IBM小型机得以顺利安装。对临江机房供配电系统存在的安全隐患进行整改，使全市大集中各项业务应用系统的安全运行得到保障。（3）加强高清视频会议系统建设。针对全市视频会议系统全面升级改造、三楼部分会场改造讨论拟订方案及预算；9月，税务总局制定省级高清视频会议系统改建方案并配备设备；10月，完成设备的会场安装与调试；12月参与税务总局系统全网联调，系统使用正常。

（市局电子税务管理中心供稿　刘汀执笔）

税收法治

【概况】2012年，政策法规处贯彻落实全国税务系统依法行政工作会议精神，围绕本市税务工作会议和依法行政工作会议各项要求，强化法治理念，夯实制度基础，规范执法行为，推动政策落实，在整改提高依法行政工作、促进税收政策落实反馈、规范税收行政裁量权、深化税收行政审批制度改革、加强综合税政调研储备等方面取得新进展。

【召开税务系统依法行政工作会议】组织召开财税分设以来第一次全市税务系统依法行政工作会议，对上海市税务系统近年来依法行政工作开展情况进行总结回顾，对下阶段依法行政主要工作进行部署。会后多次座谈、不断推进，各分局根据上海市局会议要求，精心部署，全部制定完成本单位依法行政实施意见和工作计划，成立依法行政工作领导小组。

【税收政策落实和反馈】（1）完善政策反馈工作机制。调整反馈项目，将反馈项目从5项调整到8项，新增“项目分类”，点明选取政策的基本取向，紧扣经济社会热点问题，如“扶持中小企业类”“宏观调控类”“保障民生类”“转型发展类”“节能减排类”六大类政策。完善情况反馈报送形式，减轻基层反馈工作压力，提高反馈工作质量。根据反馈情况，撰写2011年本市落实结构性减税情况的报告，发表在《上海税务》第二期。撰写上半年落实政策情况报告，报局领导参考。（2）建立税收政策落实的促进机制。从查找问题、执法检查和整改提高三个方面入手，第一次从依法行政的高度，对本市税务系统主动查找、自我纠正落实税收政策不到位的问题做出制度性的规定，形成横向跨政策法规、执法督查、税政管理部门，纵向贯穿市局、分局乃至基层税务所的促进税收政策落实体系。（3）全面启动促进税收政策落实工作。在市局领导的指导和支持下，将风险管理的理念引入促进税收政策落实工作，借助税务二分局纳税评估分析方面的优势和特长，以信息化手段为依托，通过对征管系统信息的比对分析，对小微企业税收政策等10个政策项目的政策落实情况进行分析监控，查找存在的问题，提出执法督察、加强辅导和向上级反映完善等工作建议。

【查找纠正税收执法突出问题】听取各区县税务局、直属分局以及市局相关处室的意见，通过第三方机构、“上海税务”网站和分局互动平台三个渠道，全面开展“依法行政和落实政策”调研，对近两年来外部审计、内部巡视、12366纳税人呼声以及行政复议、诉讼案例进行研究分析，形成41项本市税务管理中存在的主要问题，4月13日下发《关于对本市税收管理若干问题进行改进的通知》（以下简称《通知》），要求对各项问题进行改进。各相关处室根据《通知》要求，开展工作，形成34条处理意见，包括制订4项制度文件、明确14项政策口径与操作办法、明确将对9项工作加强监督、加强5项调研和推动工作，以《情况通报》的形式在系统内下发，做到41个问题“件件有着落，事事有回音”。对上述情况撰写年度依法行政工作动态报告，全面总结年度税务依法行政工作，如实记录本市税务系统年度依法行政工作全貌，推进税务依法行政工作持续改善。

【税务行政审批制度改革】成立行政审批制度改革工作领导小组，下发工作实施方案及任务分解表。召开上海市行政审批标准化示范试点项目验收迎评工作暨2012年下半年税务审改工作推进会议，对审改工作进行系统化研究部署，建立领导小组例会制度，及时解决工作中产生的疑难问题。税务行政审批制度改革初显成效：（1）深化行政审批事项目录管理。法规处协同各业务处室按照目录动态管理要求，对原29项行政审批事项进行确认。共确认25项行政审批事项，其余4项行政审批事项按照工作流程报送至市审改办申请取消；（2）基本完成行政审批事项《办事指南》和《业务手册》标准化编制工作。共完成25项行政审批事项中的22项事项的《办事指南》和《业务手册》的编制工作；（3）推进税务行政审批事项网上审批工作。按照行政审批事项“外网受理、内网办理、内外网结合、平台监督”的思路和要求，25项行政审批事项中共有15项实现网上受理。实现了上海市行政审批标准化试点项目66.7%的网上预审率；（4）提高工作效能，“税务登记”事项平均缩短流程时间86.7%；（5）经上海市行政审批标准化试点项目验收会议验收，税务系统行政审批标准化试点项目验收合格；（6）市政府召开上海市行政审批制度改革工作会议，上海市税务系统作为本市首批行政审批标准化示范单位被授牌；（7）参照行政审批事项管理规定，拓展非行政审批事项管理思路，按照行政确认事项等五大类对各自非行政审批事项实施梳理，进行分类。在原有404项涉税事项的基础上，共确认非行政审批涉税事项374项，其中行政确认项目171项、行政征收项目157项、其他行政执法事项46项。为下一步落实对非行政审批事项的标准化、流程化、信息化管理打下良好基础。

【依法行政考核和依法行政示范单位创建工作】按照《国家税务总局关于全面推进依法行政工作考核的意见》（国税发〔2012〕62号）和《税务系统依法行政示范单位创建工作方案（试行）》（国税发〔2012〕63号），结合上海市依法治市领导小组办公室和上海市政府法制办下发的《关于在本市开展依法行政示范单位创建工作的通知》（沪依法治市办〔2012〕3号），对本市开展上述两项工作提出方案。起草下发《关于开展上海市税务系统依法行政工作考核和依法行政示范单位创建工作的通知》（沪国税法〔2012〕22号），初步以现有税务系统行政信用等级考核为基础，形成新的依法行政暨行政信用等级考核体系，组织实施本市的依法行政工作考核。

【税收规范性文件政策解读】根据《国家税务总局办公厅关于进一步做好税收政策解读工作的通知》（国税办发〔2012〕4号）等文件精神，结合上海市税务系统税收规范性文件制定工作实际，牵头研究制定《关于自订税收规范性文件政策解读工作要求的通知》（沪国税法〔2012〕8号，以下简称《通知》），并于4月初印发执行。《通知》明确税收政策解读的含义，界定税收政策解读的范围，调整规范性文件制定流程，规范解读稿的制作，加强政策解读工作的后续管理。《通知》印发执行后，《委托代征税款、代开发票管理暂行办法（试行）》（上海市国家税务局公告2012年第4号）等4个文件按照规定的工作要求进行了解读。根据政策解读工作的开展情况，结合法制信息化建设，以规范性文件制定管理现有系统流程设置为基础，将政策解读全面纳入规范性文件制作运转和管理维护过程，通过优化日常管理，确保政策解读的流程化、规范化。

【落实税务行政处罚裁量权制度】采取分局自查和市局抽查相结合的方式，对税务行政处罚案卷实施检查。通过检查陈述申辩、说明理由、集体审议等程序性材料是否在相关案卷中体现，裁量标准是否在审理报告等内部文书中注明，处罚决定书是否列明应有的内容要素，量罚幅度是否按照裁量基准执行等，检验《规范行政处罚裁量权实施办法（试行）》（沪国税法〔2011〕40号，以下简称《办法》）是否得到贯彻执行。各基层分局基本能够按照《办法》的规定，规范行政处罚裁量权的行使，各项工作取得成效：与上年同期相比，提出听证、行政复议和行政诉讼的比例有所下降，降低执法风险的效果逐渐显现；对部分违法行为的限期整改和首次免罚制度获得积极的社会反响，促进征纳关系；纳税人普遍反映税务机关的行政处罚裁量越来越透明、越来越规范；完善内外部监督，提升税务部门形象。年内，完成《进一步规范本市税务系统行政处罚裁量权探讨》调研课题。经广泛征求基层分局意见后，从规范文书制作、优化权限设计、注重程序合法、修订裁量基准等方面，对《办法》进行了修订完善并公开发布。

【税收政策储备研究工作】 4月初，制发《关于印发〈税收政策储备研究工作制度〉的通知》（沪国税法〔2012〕9号），明确通过开展税收政策储备研究，形成一个内容丰富、类别完整、贴近热点、实用性强的税收政策储备库，为服务科学发展和领导决策提供政策支持。年内对各处室报送的年储备研究立项项目进行汇总筛选，报局长室审批同意，明确2012年税收政策储备研究项目25项，其中：长期关注类8项，实质研究类10项，近期实施类7项。年内完成全部项目，为领导决策和政策完善提供参谋和借鉴。

【编写税务行政复议案例汇编】 为做好税收行政争议化解工作，提高行政复议机关和工作人员处理行政复议案件的能力，发挥典型性案例的指导作用，开展税务行政复议案例汇编工作。对三年来的行政复议案件进行梳理、分析，从案件类型、争议焦点、结案方式、审理结果等多方面入手，选取10个具有一定代表性的案例，编写《上海市税务行政复议案例选编（二〇一二年版）》，为税务行政复议工作提供参考。

【贯彻实施《行政强制法》】 在全市税务系统开展《行政强制法》全员考试。对各分局进行全员培训、重点考核，涵盖分局领导、科所长和科所一般干部各层面，共计有240位税务干部参加《行政强制法》闭卷、笔试形式的抽考。参考人员的合格率达到100%，平均分达到85.73分；参加税务总局、上海市政府法制办组织的《行政强制法》培训，加深对法律内容的理解和认识；做好与强制法冲突的文件清理工作；参与总局关于《行政强制法》与《税收征管法》衔接问题的研究和讨论，为行政一般法和税收特别法的衔接建言献策。

【法律救济处理】 年内，上海市局收到正式行政复议申请98件，受理92件。其中：维持分局具体行政行为的77件，撤销分局具体行政行为的1件，驳回申请人复议申请的1件，申请人主动撤回终止行政复议的3件，被申请人改变处理决定后申请人撤回的1件，当事人达成和解协议申请撤回终止行政复议的1件，尚未审结的8件。市局作为被申请人参与行政复议案件9件，目前未审结；处理因政府信息公开引发的行政诉讼案件3件，其中，1件由徐汇区人民法院一审判决“驳回当事人诉讼请求”，上海市第一中级人民法院二审判决“驳回上诉，维持原判”；另2件法院判决维持，市局胜诉。

【开展税收课题研究】 牵头开展国家税务总局“证券投资基金税收制度研究”课题工作，参与国家税务总局“离岸服务外包税收制度研究”课题工作。牵头开展市局2012年“浅议依法行政与税务风险”“完善个人住房交易环节税收制度”“文化企业税收制度研究”“进一步规范本市税务系统行政处罚裁量权探讨”“零售环节价税分离模式研究”等课题研究工作。

【为经济发展建言献策】对张江创建国家自主创新示范区、国际旅游度假区建设、促进本市社会医疗机构发展、本市两个国际医学园区建设、本市节能环保产业发展、发展战略性新兴产业、推进“两个中心”建设、支持本市自主品牌建设、扶持本市农业龙头企业发展、本市农村集体经济组织产权制度改革、本市国资国企改制工作、本市改革工作、本市科技自主创新工作、支持乡镇老工业企业改造升级政策、土地增值税清算单位确定问题、花旗银行投资所得营业税问题、贝尔公司技术转让所得涉及《立法法》适用问题、上市公司股权非交易过户所涉印花税制度、出售公有住房再购买住房契税抵扣、个人房产税试点个案批复、车船税滞纳金计算问题等有关问题进行研究并提出建议，为本市和本单位重大、复杂的综合税政问题的处理发挥作用，为领导决策提供参考。

【社会热点问题的税收政策研究】根据国家税务总局关于支持小微企业发展的要求，将浙江省扶持小微企业发展的税收措施和本市相对比，提供借鉴和参考；转发国家税务总局关于民营企业发展的税收优惠政策，选取部分政策纳入促进税收政策落实范围，和本年度系统依法行政工作进行统筹考虑、统一推进；梳理节能减排税收政策，更新“上海税务”专栏专页；开展个人房产税收政策调研。参与上海市领导牵头的个人向非营利机构捐赠房产调研，会同相关处室认真研究，拟定具体的操作办法，指导基层分局妥善解决本市青少年基金会和慈善基金会的两起个人无偿捐赠案件。青少年基金会派人专程送达感谢信到政策法规处，感谢对慈善事业的支持和帮助；结合《本市个人住房转让环节若干税收政策的建议》课题，进行研究，提出相关政策和建议。

【涉税反补贴应对制度建设和案件应对工作】参与国家税务总局《涉税反补贴应对工作规程（试行）》的起草和讨论工作。对修改后的文件提出意见和建议。文件下发后，主动联系兄弟省市局，研究贯彻落实办法，及时转发全市。妥善、按时、高质量完成3起在沪企业涉税反补贴调查应对工作。

（市局政策法规处供稿　朱雷执笔）

纪检监察

【概况】 2012年，纪检监察工作坚持“标本兼治、综合治理、惩防并举、注重预防”的方针，落实党风廉政建设责任制，推进惩防体系建设，开展内控机制建设，强化对领导干部的监督，开展政风行风建设，提升干部队伍整体素质。

【落实党风廉政建设责任制】 3月，召开全市税务系统党风廉政建设工作会议。市局党组书记庄晓玖与各区县税务局、各直属分局、各直属事业单位主要负责人，市局领导与分管的市局机关各处室主要负责人签订《2012年度党风廉政建设责任书》。印发《2012年上海市税务系统纪检监察工作要点》和《上海市税务系统2012年度党风廉政建设工作任务分解表》。4月，召开2012年度本市税务系统纪检监察、督察内审、巡视工作会议。6月，将党风廉政建设情况纳入年度税收工作重点考核指标。

【惩防体系建设检查】 4月中旬至5月下旬，成立9个检查组，在2010年、2011年完成对全系统2/3单位惩防体系建设工作检查的基础上，对尚未进行检查的浦东新区税务局、徐汇区税务局、松江区税务局、崇明县税务局、税务稽查一局、电子税务管理中心、机关服务中心、注税管理中心、票证管理中心等9个单位开展检查。本市税务系统惩防体系的基本框架初步形成。

【廉政教育】 3月，印发《关于开展“为政清廉保纯洁”廉政教育月活动的通知》，在全系统组织开展“为政清廉保纯洁”廉政主题教育活动。开展对《税收违法违纪行为处分规定》的专题学习宣传。开展理想信念教育、示范教育、警示教育和岗位廉政教育，分析干部队伍思想状况，查找并解决存在问题，进行“加强党的纯洁性建设”的讨论，开展廉政承诺、廉政宣誓以及如何“为政清廉保纯洁”谈心活动。推进廉政文化建设，运用现有网络平台，探索网上廉政文化展厅建设。依托上海市税务干部学校，建成上海市税务系统廉政教育基地。

【专项治理工作】 4月至5月，按照上海市纪委要求，在全市税务系统组织开展专项治理复查整改“回头看”工作，重点查看宣传教育开展情况、整改措施落实情况、信访举报查处情况和长效机制建立情况。11月，根据国家税务总局《关于开展税务系统治理商业贿赂专项工作的通知》，成立上海市税务系统治理商业贿赂专项工作领导小组，由市局主要负责人担任领导小组组长，市局纪检组长担任办公室主任，市局监察室及相关业务处室主要负责人均为办公室成员，对开展治理商业贿赂专项工作中涉及的相关问题统一协调部署。

【内控机制建设】 4月，对机关16个处室的部门内控机制建设材料进行梳理总结。截至4月底，共提交169个岗位的职位说明书，梳理出权力事项89项，确立廉政风险预警点107个，制定对应权力事项内控管理制度95项。承担“点上突破”任务的9个分局共完成14个科室、96个岗位、116个职数的职位说明书，梳理权力事项170项，确立廉政风险预警点192个，制定内控管理制度195条，各区县分局、直属分局内控机制制度框架初步形成。开展《运用现代信息技术，构建本市税务系统内部风险防控体系》课题研究，11月完成课题报告，为打造以信息化为依托的税务系统权力制约和监控链条提供理论支撑。运用信息技术手段，探索建立风险防控信息系统，在奉贤区税务局开展内控机制信息化建设试点，开发建立依托现有本市通用征管系统、融合综合信息查询系统和绩效考核系统的内部控制风险管控平台。

【开展税收执法监察】按照税收执法监察工作方案要求，开展2012年税收执法监察工作。加强对纳税户歇业情况的行政监察；加强对税务行政处罚裁量权的行政监察；加强对公务车辆定点管理的行政监察。8月中旬至9月底，市局对市税务稽查四局、徐汇区税务局、宝山区税务局、青浦区税务局、奉贤区税务局等5家单位组织开展税收执法监察重点检查，检查由市局监察室负责组织协调，上海市税务稽查一、四、五、六局负责具体实施。

【民主评议和述职述廉工作】推行民主评议基层税务所，公布2011年度群众满意税务所示范单位评选结果，要求各基层分局运用评议结果，持续加强落实整改。重视网上测评工作。推进向纳税人述职述廉活动，在闵行区试行网上述职述廉。通过拓展上海税务网站税务端的功能，建立网上述职述廉的专用平台，纳税人可以通过登录上海税务网的相关界面浏览被评议税务人员的照片、基本信息和述职报告，并作出相关评价。测评结果由平台自动完成分类汇总和统计。

【政风行风“热线”咨询投诉处理工作】4月和9月，市局局长顾炬、副局长许建斌分别到上海广播电台直播室，通过“政风行风热线”接受听众咨询和投诉。7月，市政风行风监督员来该局听取工作情况汇报。8月，市局纪检组长阎更耀在上海税务网站开展以“迎接政风行风评议，塑造税务良好形象”为主题的“局长在线访谈活动。完善投诉处置机制，解决纳税人反映的各种问题。

【政风行风测评工作】开展明察暗访，加大纠风力度。34名市局特邀监察员完成暗访办税服务厅、征求企业意见、入户企业调查活动。委托上海零点指标信息咨询有限公司和上海市质协用户评价中心对18个征管分局的47个（次）办税服务厅、88个税务管理所开展政风行风测评工作。11月，召开本市税务机关特邀监察员座谈会，部署相关工作，并征询纳税人对于依法行政、服务态度、办事效率、清正廉洁，以及“营改增”试点的意见和建议。

【查信办案】年内，市局监察室接收纪检监察信访举报134件次。其中，检控类100件次，申诉1件次，批评建议类2件次，业务范围外31件次。重复来信来访举报或一信多投29件次，占信访举报总数的21.6%；无集体访情况。其中本局机关接收信访举报91件次，占信访举报总数的67.9%；市纪委监察局转来信访举报39件次，占信访举报总数的29.1%；国家税务总局转来信访举报5件次，本市其他委办局转来信访举报9件次；调查核实违纪线索71件。其中，市局监察室自办信访举报8件（含初核1件、函询3件），交各区县税务局、直属分局调查核实63件。无具体线索不具备调查核实条件予以存结的15件，转其他处室办理的18件。办结75件次，办结率为89.3%。在办结信访举报件中，经调查基本属实的4件，部分属实的6件，予以组织处理7人，诫勉谈话2人，纠正问题2件，被检察机关予以取保候审3人。

【党务公开工作】7月，按照上海市纪委要求，就党务公开“回头看”工作开展自查。在系统内党的基层组织全面实行党务公开的基础上，经过半年多的深入推进和巩固完善，党务公开工作已逐步迈入长效化、规范化、科学化的轨道，在发挥党员主体地位、密切党群干群关系、强化党内监督制约方面取得一定的成效，受到广大党员群众的好评。每季度，在完成上海市局层面落实党风廉政建设情况自查的同时，组织各区县局、直属分局开展检查，并形成专题报告报市纪委。

【总局巡视组检查党风廉政建设工作】 8—9月，在市局接受税务总局巡视过程中，做好各项配合工作。起草《2008年至2012年党风廉政建设工作情况报告》。整理和准备党风廉政建设的有关材料，分别汇集整理成48个资料盒，供总局巡视组检查，得到总局巡视组的好评。

（市局监察室供稿　顾书执笔）

巡视督察内审

【概述】 2012 年，上海市税务系统巡视督察内审工作根据全国税务系统巡视督察内审工作要点，围绕“服务科学发展、共建和谐税收”的工作主题，结合上海市税务系统实际，以防范和化解税收执法风险和财务管理风险为目标，以突出监督重点为抓手，组织巡视检查，开展税收执法督察，履行内部审计职责，推进监督成果运用，逐步完善自身建设，全面完成各项工作任务。

【组织巡视检查】 按照 2012 年巡视工作计划，市局成立 5 个巡视组，先后对上海市税务二分局、崇明县税务局、松江区税务局、青浦区税务局、稽查一局党组领导班子及其成员开展巡视检查。巡视组把领导班子及其成员贯彻党的路线方针政策、执行民主集中制、党风廉政建设、作风建设和干部选拔任用工作情况作为巡视检查的重点，结合税收执法督察及内部审计检查，对被巡视单位进行考核评价。巡视检查结束后，巡视组及时汇总情况、撰写报告，召开巡视工作联席会议，审议修改巡视工作报告。经市局党组会议审定后，及时将巡视意见向被巡视单位进行反馈，要求被巡视单位针对存在的问题分析原因，制定整改措施。在 2012 年的巡视工作中，共发放民主测评表 899 份、收回 895 份，个别访谈 202 人次，召开 3 场纳税人座谈会并发放《纳税服务满意度调查表》和《纳税服务需求调查表》各 33 份，召开 5 场基层干部群众座谈会，查阅各种资料 1000 余份，向被巡视单位提出整改建议 43 条，向市局党组提出建议 3 条并得到落实。

【巡视回访检查】 按照巡视工作规定，6 月先后对金山区税务局、黄浦区税务局、闵行区税务局 2011 年巡视后的整改情况进行回访。通过听取汇报、个别访谈、召开群众座谈会、调阅相关会议记录和文件资料等方式，重点检查上述 3 家单位在 2011 年巡视检查中发现问题的整改落实情况。回访检查情况反映，被巡视单位党组领导班子高度重视巡视整改工作，围绕巡视反馈的问题和提出的建议，分析原因，研究制定有针对性的整改措施，并在一年多的实际工作中抓好落实，转变作风、完善制度、改进管理，增强创新意识，提升管理效能等。回访检查结束后形成书面报告报市局领导。

【配合税务总局做好巡视检查工作】 8 月 20 日至 9 月 15 日，税务总局巡视组对上海市税务局党组领导班子及其成员近年来的工作情况开展巡视检查。作为此项工作的牵头部门，市局巡视办事前研究制定迎接上级部门巡视检查的工作计划，配合税务总局巡视组做好民主测评、个别访谈、走访座谈、延伸检查等各项巡视检查工作，确保税务总局等上级部门对市局各项巡视检查任务有条不紊地开展，如期完成各项工作任务。

【执法督察】 落实税务总局部署的 2012 年度税收执法督察工作。根据《国家税务总局关于开展 2012 年税收执法督察工作的通知》（国税发〔2012〕34 号）和《国家税务总局督察内审司关于开展招商引资税收政策执行情况执法督察的通知》（督审便函〔2012〕62号）精神，下发《上海市税务系统2012年税收执法督察和执法监察工作方案》（沪国税督审〔2012〕4号）和《关于补充招商引资税收政策执行情况作为2012年税收执法督察内容的通知》（沪国税督便函〔2012〕1号），重点确定对出口货物退（免）税管理、结构性减税政策落实情况、税务稽查、重点行业税收管理、招商引资税收政策执行情况等内容开展全面督察，按照税务总局对自选一至三项减免税项目开展督察的工作要求，结合前期分析确定的项目，选定符合条件的小型微利企业税收优惠政策执行情况是否符合规定；残疾、孤老人员和烈属劳动所得减征个人所得税政策执行情况是否符合规定；技术转让、技术开发和与之相关的技术咨询、技术服务免征营业税政策执行是否符合规定等，与税务总局部署的其他检查项目相结合，在上海市税务系统中开展专项督察。

年内税收执法全面督察和三个减免税专项督察工作分为自查、重点检查和整改落实三个阶段。自查阶段，上海市税务系统内各单位根据市局统一要求，制定具体实施方案，开展自查，对自查发现的问题及时纠正，系统内各单位按时完成自查工作，并按时向市局报送自查工作总结和统计报表。在完成规定督察项目的同时，系统内各单位还根据本单位的工作实际，在市局统一布置的基础上，增加本单位的督察项目和内容，深入推进税收执法督察工作。8月初，制定下发《关于开展2012年税收执法督察和执法监察重点检查工作的通知》（沪国税督审〔2012〕5号），由上海市税务稽查局组成四个检查组，对奉贤区税务局等5家单位进行重点检查，检查面达到22%。8月底，对检查组成员进行查前业务培训，确保重点检查取得实效。税务系统内各单位根据自查和重点检查中发现的问题进行整改。至10月底，此项工作全面完成。

在税收执法督察工作项目中，共抽查14.5万户（次），其中发现750户（次）企业存在问题，涉及违规税额9785万元，整改620户（次），整改税额9270万元，加征滞纳金53万元，罚款50万元。

【专项税收执法督察】探索将部分专项税收执法督察项目与巡视审计工作同步实施。在对上海市税务系统内部分基层单位开展巡视检查和经济责任审计过程中，借鉴2011年专项税收执法督察工作经验，结合被检查单位税收征管特点，先后选取经重大审理补税但不加征滞纳金和罚款的税务稽查案件；注销清算政策执行情况；营业收入额较大仍然采用核定方式征收企业所得税的情况；通过内部户代码出售印花税票的情况等项目开展小范围的专项税收执法督察。督察发现个别单位在上述项目的税收征管中存在一些问题，提出整改建议，督促被检查单位加大规范力度。在专项税收执法督察中，共抽查0.79万户（次），其中共计发现97户（次）企业存在问题，涉及违规税额385万元，已整改187万元，加征滞纳金0.05万元，罚款0.1万元，向市局及相关单位提出10条改进征管方面的建议。

【税收政策落实工作】根据市局关于《促进税收政策落实工作制度》，11月中旬，对提高个体户“两税”起征点优惠政策落实情况；公租房免税优惠政策落实情况；蔬菜流通企业免征增值税优惠政策落实情况等3个项目开展专项税收执法督察。从审批依据、审批流程等方面入手，按照“筛选疑点数据、下发基层单位核查、实地检查核实”递进式、三步骤的方式，发现政策执行中存在的偏差和问题，全面掌握税收政策落实状况、分析重大税收政策效应、检验政策执行效果，为提出整改、完善建议或向上级反映、处理建议提供依据。

【专案税收执法督察】8月底，收到税务总局转办的涉及宝山区税务局税务稽查问题的重复信访件。通过调阅、分析此件前几次的调查处理情况，再次分析核实信件所反映的问题，提出具体的处理意见，形成《关于来信反映上海市宝山区税务局税务稽查问题的调查处理情况的报告》。

【落实经济责任审计规定意见】根据《国家税务总局关于印发贯彻实施党政主要领导干部和国有企业领导人员经济责任审计规定意见的通知》（国税发〔2011〕129号）精神，2月，研究下发《关于转发并贯彻执行国家税务总局关于印发〈贯彻实施党政主要领导干部和国有企业领导人员经济责任审计规定意见的通知〉的通知》（沪国税督审〔2012〕1号），设立上海市国家税务局、上海市地方税务局经济责任审计领导小组及办公室，加强组织领导，完善协调机制，明确经济责任审计的权限、对象、范围、任前考察审计及强化审计整改、加强审计结果运用等方面。

【组织实施离任经济责任审计】2月，市局组成审计组，对上海市税收科学研究所原所长实施离任审计，出具离任审计报告。审计报告送市局领导审阅后，向市税收科学研究所送达审计意见书，对审计中发现的问题要求其进行整改。上海市税收科学研究所根据审计意见书制定出相应的整改落实方案，并上报整改情况报告。

【任中经济责任审计工作】根据上海市税务系统第二轮内部审计安排，年内，继续对上海市税务局任现职时间较长的基层单位主要负责人有计划地开展任中经济责任审计。市局组成审计组，先后对上海市税务二分局、崇明县税务局、松江区税务局、青浦区税务局、税务稽查一局主要负责人开展任中经济责任审计。重点围绕基层单位“一把手”贯彻落实重大事项决策、税收执法管理、内部管理和控制、廉洁从政等方面开展检查评价，抽取减免税、研发费加计扣除、高新技术企业等税收优惠资格认定案卷，重点开展对政策落实情况的检查。根据被审计单位提供的账证资料，审计组采取查账与询问、详查与抽查相结合的方法，在对财务管理预算收支情况进行全面审计的基础上，重点对基层单位政府采购执行情况、大额资产处置情况、稽查办案等专项经费使用情况、税收业务类经费支出情况开展检查，根据检查情况对被审计领导干部进行客观评价，督促领导干部正确用权和依法履行工作职责。

【内部财务收支情况审计】在开展经济责任审计的同时，市局审计组同步对系统内所属的上海市税收科学研究所、上海市税务二分局等6家单位开展内部财务收支情况审计。在全面审计的基础上，将预算管理、固定资产管理、政府采购管理、基本建设管理、专项资金管理使用情况等多个环节和多项内容纳入重点审计范围，确保财务资金使用的规范、高效、安全、廉洁，治理和防范内部管理风险。在经济责任审计、财务收支审计中，发现被审计单位税收管理、财务管理方面问题28个，出具6份审计意见书，向市局和被审计单位提出25条加强管理的建议。

【经济责任审计工作课题调研】根据市局课题工作的安排，在总结分析近两年上海市税务系统内部审计工作实践的基础上，将《关于加强本市税务系统经济责任审计工作的思考与探索》作为2012年调研课题进行立项。8月，召开课题开题会，明确课题提纲、课题撰写单位和人员。课题组成员开展学习研究，通过理论和实践经验相结合的研究方法，分析本市税务系统经济责任审计面临的问题，提出改进建议，11月完成课题任务。

【规范内部审计文书】根据《国家税务总局关于印发国家税务局系统内部审计专业文书种类和格式的通知》（国税发〔2011〕100号）精神，结合上海市税务系统内部审计工作实际，根据上海市税务系统国税地税联合办公文书管理的有关规定，研究制定具体贯彻落实意见，对内部审计专业文书种类、内容、格式及发文流程进行规范统一，并在2012年内部审计工作中严格按照意见操作。

【档案管理】根据《全国税务机关督察

内审档案管理办法（试行）》（国税发〔2012〕35号）精神，按照督察内审工作项目进行收集、整理、立卷工作资料，并在项目结束时按照结论性材料、证明性材料、立项性材料和其他材料的类别进行整理归档，提升基础工作水平。

（市局督察内审处（巡视工作办公室）供稿　许萍执笔）

政务管理

【概述】2012 年，政务管理工作紧紧围绕市税务工作会议精神，以推进重点工作为突破口，坚持任务分解和手段创新，全面提升工作质量；以发挥部门综合职能为原则，抓好制度规范和流程优化，落实各项行政管理和改革任务，为市局改革事业发展和各项税收业务管理保驾护航。

【内门户上线】内门户建设工作于 2011 年下半年启动。年初市局下发《关于印发〈上海市税务系统单位内门户管理办法（暂行）〉的通知》（沪国税征科〔2012〕3 号），明确市局机关从 2012 年 2 月 16—29 日试运行，3 月 1 日开始正式运行；4 月 1 日，全市税务系统各单位分 5 批全面推广。在推广应用过程中，市局及时制定下发《内门户推广实施细则》，定期召开上线工作例会，针对不同分局的具体情况制定推广方案，明确推广时间节点和任务要求，年底前实现内门户在全系统的全面运用，并做到市局与区县局在网页信息上的互联互通。内门户系统覆盖原 OA 的所有功能，包括收文、发文、重点事项管理与督办、人员变动、机关内部事务管理、政府信息公开、网上提问投诉、网站信息发布等。5 月 1 日，开通市局机关与分局之间的内门户单位邮箱；7 月 1 日，将外单位联合发文也纳入内门户统一流转。为总结内门户推广中的经验和面临的问题，牵头部门分 3 批在全市各区县局召开片会，向各分局下发意见征询表，听取各单位在内门户应用以来遇到的问题，为下一步内门户功能的完善提供意见和建议。

【政务信息管理】围绕本市税制改革先行先试和税收征管改革工作，依托新平台，探索新思路，采取新方法，加大政务信息报送的深度和广度，多报、快报相关信息。依托内门户上线，形成“常态信息每日发布，重大信息即时发布”的机制，以图文并茂、首页置顶、焦点提示等方式，将以往以《税务动态》按期编发的模式改变为在内门户“市局动态”和“工作动态”栏目逐条发布的模式，信息发布及时、覆盖面更广。年内，系统内各单位、各部门报送信息 2260 条，内门户信息编发 1941 条，《税务简报》编发 40 期。加大向上级部门报送信息的力度。加大主动约稿和催稿力度。在各处室自行报送的基础上，加强主动采访或者约稿，收集稿件及时报送至税务总局、上海市委、市府或相关媒体。内容上突出百花齐放的特色。根据税务总局要求，突出市局在业务方面的工作进展和取得成绩，宣传行政服务、党工团活动和其他方面。全年向税务总局报送信息 106 篇，向市政府报道 58 篇。围绕市局重要改革推进会、重要会议落实贯彻、“营改增”试点效应分析等，分主题集中报送反映本市税务系统和基层部门改革创新的各类信息和简报。向税务总局选送部分区县局有改革新意和典型意义的简报，扩大信息报送量，突出基层改革特色。完成市委、市政府及税务总局约稿。围绕当前的“营改增”试点、房产税试点等热点内容，组织和报送相关稿件，部分稿件被国务院办公厅录用。

【公文办理】以提高工作质量为出发点，理顺公文制发流程，确保全市税收公文运转平稳，各项工作有序开展。组织开展2011年度收发文质量自查工作，对纳入OA办公系统办理的收文、各类机密件收文的拟办情况和各处室的发文核稿情况进行全面梳理，归纳总结相关问题并汇编《关于2011年度公文自查相关情况的通报》和《公文拟办规则汇编》，为公文办理提供规范操作的标准。依托内门户模块功能，明确公文办理流程。包括：推广采用公文办理模板，减少办文中人为差错的几率；修订公文审核流程，把好公文办理质量关；及时与公文主办、协办部门主动联系，有效提高公文办理的质量等。做好公文的发送登记和规范操作。做到与处室人员交换文件不拖沓延误，即送达即处理；按时接收上海市政府公务网每日动态、信息快报等并及时处理；报送文件及时，保证处室第一时间收到。遵守印章管理相关规定，对需加盖局章的文件材料严格把关，严格登记，杜绝差错。

【税收宣传常态化管理】做好第21个全国税收宣传月各项活动的组织和安排。制订税收宣传月活动方案，指导系统各单位、各部门有序开展相关税收宣传活动。举行“税务局长谈‘税收·发展·民生’”在线访谈活动暨第21个税收宣传月启动仪式。组织“上海税务之歌——第三届税收情缘”征文活动。从120篇应征稿件中评选出3个优秀组织奖和2个一等奖及其他奖项，对入围的2篇作品在系统内推广。在电台、电视台和相关媒体及时发布“税收宣传月”活动主题，向基层部门下发2500套税收宣传画，购置税收宣传折页近3万套。参加税务总局组织的各类访谈节目、阅读和征文等活动，评选系统内4个优秀项目参报税务总局特色项目评选。组织参加税务总局第八届全国税收动漫大赛，报送作品8件，其中市局1件、分局7件，并组织参与网上投票，根据税务总局动漫公益广告的制作要求，创作2个动漫作品。另外，精选近年作品9件，报送第九届全国法制动漫大赛，精选四个动漫形象制作“纳税服务税精灵”，为推进税收宣传服务。

做好日常宣传，组织开展各类税收宣传活动。开展“税收好新闻”的征集上报，共征集并向税务总局上报2011年在各类媒体发表的新闻作品17件。组织开展学习宣传典型人物先进事迹活动。制发向“全国十佳税务工作者”毛琦敏同志学习的通知，配合市局“上海市税务系统岗位标兵”评选、税务总局“我身边的好税官”评选，进行典型人物先进事迹宣传。将市局评出的38名“岗位标兵”和上报税务总局的“身边的好税官——杨红梅”先进事迹在税务网站登载。完成总局“税收宣传理论与实践征文”的组稿和报送参评工作，共报送征文稿件67篇。完成优秀法制文艺节目的征集报送工作。选送奉贤、浦东、青浦、宝山等分局制作的作品4篇（其中情景小品2篇，诗歌朗诵2篇）。组织开展“局长在线访谈”活动。全年举办活动7期（上海市局网站6期、上海市政府网站1期），先后有5位市局领导参与访谈活动，主题涵盖“居民企业所得税汇算清缴工作”“税收宣传月”“普通发票简并票种统一式样”“政风行风评议”以及“构建和谐征纳关系”等。

【政府信息公开工作】坚持信息化建设，重点抓好培训管理，确保信息公开及时到位。结合税收工作实际，印发《2012年上海市税务系统政务公开（政府信息公开）工作要点》，确定全年深化主动公开内容、提升依申请公开水平、拓展信息公开渠道、强化基础性工作等多项工作要点。推进内门户政府信息公开工作平台开发及试运行。及时拟写业务需求并提交技术部门，经过多次讨论和修改后，10月8日在市局内门户正式上线运行。组织开展政府信息公开专题讲座和业务培训工作。全年开展3场政府信息公开专题讲座，参加上海市政府组织的政府信息公开培训。配合内门户政府信息依申请公开工作平台的开发应用，全面梳理依申请公开工作流程，形成“对外受理、平台处理”的清晰格局。针对政府信息公开工作的具体情况，对本市税务系统信息公开申请答复示范文书进行部分修订。年内，全市税务机关新增全文电子化政府信息833条（市局139条、分局694条），公开服务类信息493条，向档案局报送市局主动公开的纸质、电子信息82篇（不包括联合发文），向图书馆报送纸质信息139篇。

【税务网站建设】丰富网站内容，完善网站功能，发挥税务网站税收宣传平台的重要作用，推进税收宣传、促进税企互动，营造良好税收氛围。（1）围绕市局重点工作，加大网站宣传力度。配合本市国、地税发票简并和启用新版普通发票工作，设立“普通发票简并票种统一式样”专栏，涵盖简并票种概况、政策文件、宣传资料及问答，方面纳税人集中查看。建立“跨地区汇总纳税所得税专栏”，推动《跨地区经营汇总纳税企业所得税征收管理暂行办法》的宣传实施。在“营改增试点工作”专栏中增加相关视频培训课件。（2）扩展税收服务范围，深化网站内容。新增“税收知识”“税务历史”“征期日历”等栏目，新增“欠税企业查询”“丢失被盗发票查询”“一般纳税人资格查询”“网上办理迁移注册业务申请”“个人房产税邮寄凭证查询”等查询，更新“个人住房房产税试点专栏”“个人所得税自行申报专栏”“税收宣传月专栏”“居民企业所得税汇算清缴专栏”“非营利组织专栏”“税苑风采”等栏目，对“廉政文化”“纳税人学校”等栏目进行升级改版。（3）拓展子网站运维，完成“注册税务师管理中心”改版。按照注税中心要求，设计页面、制作模板，建成由通知公告、注税法规、便民服务、行业自律等4个频道，85篇稿件的新网站，并重新开发“上海税务师事务所查询”应用。在2011年度上海市政府网站测评中，上海市税务局获优秀集体和优秀个人两个奖项，上海市税务网站被评为“上海市政府网站优秀集体”。

【开通“上海税务”官方微博】根据上海市政府关于在全市各相关委办局开通政务微博的统一部署，经过近3个月的紧张筹办，3月30日，“上海税务”官方微博在新浪网、腾讯网、东方网、新民网4个平台正式开通。主管部门在征集各分局、各处室意见的基础上，先后拟定《“上海税务”微博管理办法（试行）》《“上海税务”微博发布管理规程（试行）》《“上海税务”微博互动管理规程（试行）》及《“上海税务”微博支撑团队管理规程（试行）》，形成“一办法三规程”的微博制度体系。在此基础上，逐步建立稿件审批机制、舆情处理机制及定期汇报机制，明确稿件报送、互动处理等工作流程。建立由微博领导小组、微博工作小组、微博编辑小组、微博联络员、微博宣传员构成的微博工作体系，注重强化微博编辑小组、微博联络员、微博宣传员三级支撑团队的管理和联动，确定支撑团队人人参与、责任分局负责补量的推广原则，共同推动微博平稳运行。工作中还主动邀请新民网、新浪网微博专家开展微博业务培训，提高微博管理团队的综合素质和工作能力。为提高发布的及时性，工作日微博发布篇数由上线之初的2篇增加到现在的5篇，对分局、处室送来的紧急稿件随到随发，发布时间也由工作日扩展到双休日和节假日。不断扩展微博的覆盖面，结合税收工作重点设立税收优惠政策、“营改增”相关政策、房产税缴纳提示、简并票种等专题，增设税收文化、税收百科、税收趣闻、前沿税讯、以案说法等栏目，发布形式涵盖链接、图片、长微博、视频、表情相结合，图文并茂，宣传效果凸显。通过规范互动分类、直接回复、转办、回复等处理流程，采取转办时电话通知、办结期限前电话提醒、有疑义后续及时沟通的办法，对互动微博来件进行归集整理，建立标准答案库，对后续类似互动来件实行直接答复，有效提高互动效率，获得微博网友的好评。年底，“上海税务”微博粉丝总数达141757人，其中新浪61808人，腾讯76753人，新民2380人，东方816人。主动发布稿件895篇，这些稿件共被转发43503次、评论16362次。“上海税务”共被网友@55513次，被评论16501次，收到私信636件。回复互动来件1728件，其中：咨询1361件、举报180件、投诉136件、建议51件。在新浪微博平台上的1138家工商税务类政务微博月度排行榜中排名第2，在市政府48家委办局政务微博中传播力排名第5，活跃度排名第6。

【信访管理】落实领导责任制。加强领导办信，定期召开信访工作专题会议（含信访稳定例会），领导批阅信访工作专题报告和信件；继续在本系统两级税务机关实行领导干部每周四轮流接待群众来访制度，推行领导约访制度，其中市局领导接待群众7次，下访约谈信访人1次；针对历史积案、疑难案件、典型重复访实行领导包案，推动矛盾化解。全年，市局领导包案8件（其中集体访1件），化解2件，缓解3件（其中集体访1件），终结1件。健全信访工作制度。完成对《上海市财税系统信访工作规则（试行）》的修订。健全矛盾纠纷排查机制，做好定期排查和集中排查反复越级去京上访、非正常上访等情况，防患于未然。健全信访信息汇集分析机制，定期将信访工作重点的热点、难点问题以专报形式上报局领导、传递给相关职能部门。全年递交信访专报45份，提出改进工作的意见建议5件，其中3件被采纳。理顺信访与涉税举报受理工作，为解决市局信访、涉税举报由信访部门一头受理的问题，按照“人员统一管理、场地统一规划、业务分别指导、规程同步制定”的原则，实行一个窗口、分类受理、分别办理，规范信访和涉税举报的受理工作。规范网上信访事项办理工作，做好“市长（市委领导）信箱”快捷处理，加强信件公开内容督查，做到来信诉求明确。提高回复信件的公开比例，增加行政行为的透明度。全年收到“市长（市委领导）信箱”来信370件，按期办结率99.4%，公开率55.7%，提高市长（市委领导）信箱来信办理质量。制定《上海市税务系统信访舆情管理办法》，加强信访舆情监测，第一时间掌握批评性和负面性的舆情信息，及时研判处理，迅速核查整改，取得网络舆情主动权和主导权。年内，本市税务系统收到各类人民来信11946件，其中市局层面收件9281件，分局层面收件2665件。所有来信中，涉税举报10291件，占来信总量的86.2%，一般信访1655件，占来信总量的13.9%。信访工作按制度规范有序开展，全年市局未发生信访办理（复查）意见被撤销的情况。

【档案管理】按照档案规范化、制度化、科学化管理要求，规范本市税务系统档案业务督导，完成全年档案工作任务。优化文件管理办法，研究制定《上海市税务局办公室非OA文件管理办法》，规范非OA文件的登记、流转、保管和归档等环节，强化对办公室各类非OA文件的管理。完成各项档案管理，按规定时间完成市局机关2011年文件材料归档工作，审核把关，做到应归尽归。完成OA和非OA文件材料6389件，其中永久988件，30年3491件，10年1898件，完成整理、编目、装盒、上架入库。对2012年度形成的文件资料，做到即办即归，并做好日常管理。做好原上海市税务局房捐档案整理并移交进馆和原财税档案进馆整理，完成房捐档案705卷的整理、移交进馆工作。对财税合署办公形成的档案，永久（1991—2008年）和长期（1950—2008年）部分，共11454卷、31765件，鉴定、检查、修改、整理、著录、编目、换盒等按规定标准和要求做好进馆档案的督促和指导工作。加强天平路原财税清理鉴定和销毁工作。对属市财政局党组长期794卷（1949—1957年）、市税务局党组长期65卷（1950—1959年）、市税务局行政长期1205卷（1950—1955年）、粮款物小组164卷（1966—1969年）、华东区局文革接待站4卷（1967—1970年）有保存价值的档案2232卷，拟提升为“永久”移至机关档案室保管并等待整理移交进市档案馆，分别归入上海市财政局全宗（B104），上海市税务局全宗（B97）。对确无保存价值的档案，属财政部分经整理、编目后移交上海市财政局处理；对属税务部分，依据国家档案法和档案管理条例的规定进行处理。

【志鉴工作】完成2012版《上海税务年鉴》的组稿、编撰和出版。年鉴条目数2010版552条，2011版717条，2012版882条。条目增长率分别为29.9%和23.0%。完成《上海世博会志》税务篇章的编撰和评审。编纂《税务志》实施方案，成立编委会及编纂室，修订《税务志》篇目，并发文函报市方志办备案。开展《税务志》专业培训，组织收集、编写2006—2010年《税务志》的电子卡片。先后获得《中国税务年鉴》编辑工作先进个人称号和市方志系统先进工作者称号，并在全国税务系统年鉴工作会议上作交流发言。

【“两会”提案办理】根据人大、政协关于做好2012年意见提案工作相关意见的精神，发布《关于做好2012年度“两会”意见提案办理工作的通知》，明确规定办理要求和办理时限。及时跟踪督办所有书面意见和提案的办理情况，尤其对市局主办（合办）的意见提案，督促承办处室通过走访、座谈等形式加强与代表、委员的沟通联系，及时通报办理情况，征询办理意见。对于一些内容重要或办理难度较大的书面意见和提案，酌情提请局领导主持办理。上海市十三届人大五次会议和市政协十一届五次会议闭幕后，上海市税务局承办人大代表书面意见和政协提案共63件，总量比上年增加30%，所有意见提案均在上海市政府规定时限内以书面发文形式办复，主（合）办件均走访代表和委员，且反馈较好，无不满意件。

【新闻舆情监控】加强与新闻媒体的沟通联络，与各媒体保持交流互动，做好税务政策和重要信息的宣传。全年围绕“营改增”试点共参与组织新闻通气会2场，记者到会36人次，局领导答记者问8次。加强与税务总局、市府办公厅舆情管理部门的沟通联系，坚持“点面结合”，面上依托税务总局税收舆情网站开展舆情监测，确保重要舆情不迟报、不漏报；点上突出微博舆情监测，以微博影响力、涉税关联度、言论重要性等为标准，初步建立重点监测名单，探索建立重大舆情案例库。按照“常态涉税舆情一周一报，重大涉税舆情即时呈报”要求，及时分类编辑舆情动态、一周舆情综述和重点舆情专报，并根据局领导批示的涉税舆情处理纳入督办流程。全年编辑《近期媒体报道》96期，其中一周舆情综述、重点舆情专报43期。

【安全保密】年初，与各单位、各部门主要领导签订《上海市税务系统安全保卫责任书》，明确安全保卫工作责任。开展《上海市税务系统安全保卫工作管理规范》达标评比活动，构建安保长效机制。开展日常安全检查，特别是节假日前夕的安全隐患梳理，确保万无一失。完成税务系统第一届运动会开幕式的安全保卫工作。开展“十八大”专项保密检查，全面开展自查和抽查，确保不漏一人、一机、一盘。对发现的问题及时制发《督查整改通知书》，督促整改，及时复查，确保整改到位，检查结果获得上海市委保密委检查组的充分肯定。

【督促办理工作】研究督办现状，对原有的督办管理办法进行修改完善并发文公布，新办法明确督办件范围，设立催办制度和平行流转制度，细化督办事项定期通报要求等。加强日常督办件的管理。督办管理办法实施后，办理日常涉密督办件44件，OA系统督办件17件，向市委市政府报送督查专报13期，发送催办通知单10张，发布督办事项办理情况通报1期。做好重点事项的督办。将市局年初制定的40项工作要点和市委常委会工作要点中的2项涉税重点工作纳入内门户重点工作督办模块，由督办人员登记并下发到牵头和配合处室，并对各处室关于工作完成情况的季度汇报工作进行督办，做到各事项均按时间节点和内容要求及时上报，为领导掌握市局各项工作要点推进情况提供第一手资料。

【协调外事管理】 做好参团外事服务工作。全年为系统内2人次办理双跨团组的报批手续，为11人次办理因公出国境护照、签证等申办手续。重点做好自组团管理与服务。本年度组织实施3个考察团项目，包括赴法国和西班牙税源专业化管理和人才管理考察项目，赴加拿大、美国促进文化产业发展税收政策考察团组的考察项目和赴匈牙利、南非完善房地产税政策考察项目。完成赴英国培训团和赴阿根廷培训团组的签证护照手续办理，指导并协助翻译办理申请核销外汇、保险等其他工作。做好护照管理。按照要求做好公务护照的借还，对有效护照进行逐本编号、定期清查，确保借出的护照按期归还，并做好证照管理自查工作。

（市局办公室供稿　邹晓东执笔）

人事教育

【概况】2012年，人事教育工作围绕税务总局和上海市委市政府提出的各项目标要求，围绕市局年度工作重点，以加强班子建设为目标，以加强队伍建设为核心，以加强人才建设为抓手，以加强青年培养为重点，以加强组织建设为根本，探索实施全方位、多渠道、宽领域的分层分类干部激励机制。

税务学校围绕税收中心工作，按照“三个贴近”培训目标，“校训”“网训”“实训”相结合，加强领导干部、专业人才、一般干部“三支队伍”培训，提升干部基础能力、专业能力、岗位能力“三大能力”，为本市税务干部教育培训工作作出新贡献，提升学校培训教学能力、培训管理能力、培训保障能力，促进学校发展再上新台阶。年内举办脱产培训班222期，培训学员17074人次，培训人天50383.5。其中，税务系统培训班213期，16309人次，49681人天，包括：上海市局重点调训项目57期，5309人次，29755.5人天（处级干部培训班3期，88人次，859人天；科级干部培训班6期，214人次，3210人天；高层次专业人才培训班13期，643人次，6190人天；初任培训班4期，249人次，9391人天；中青年骨干培训班2期，79人次，1365人天；培训者培训班3期，89人次，761人天；系列专题讲座26期，3947人次，7979.5人天）；市局处室委托培训项目56期，4598人次，4644.5人天；出口退税办税员培训项目16期，811人次，3244人天；分局自主培训项目84期，5591人次，12037天。财政局委托培训项目9期，765人次，702.5人天。汇总36期市局重点培训项目的培训评估测评结果，总体满意率均值为91.85%，处于优秀水平，较上年总体满意率年度均值91.1%，上升0.75个百分点。

做好系统内大型考试的考场布置、监考、考务等工作。承担笔试5个种类、67场次、1679人次，机考3个种类、111场次、5267人次的考试任务。包括市局处室职位竞聘上岗考试（163人次）、公开选拔青年科级干部考试（946人次）、科级干部考试（1586人次）、全国税务系统企业所得税业务知识考试（80人次）、全国税务系统税务人员行政执法资格考试（250人次）、行政强制法考试（240人次）、会计二级达标考试（2184人次）、“三员”考试（1497人次）。其中，“三员”考试和会计二级达标考试均为最后一年，圆满收关。

【干部选拔任用】2012年提任处级干部45人，其中，副处级领导干部4人，调研员7人，副调研员34人。市局机关提任科级非领导职务24人，其中主任科员12人，副主任科员12人。市局层面开展的全系统公开选拔青年科级领导干部36人。

【处级后备干部选拔】根据《上海市税务系统处级后备干部管理办法（试行）》（沪国税人〔2011〕43号）和《上海市税务系统处级后备干部选拔工作实施方案》（沪国税人〔2012〕32号）文件精神，4月中旬至5

月底，经过民主推荐、各分局党组上报副处级后备考察建议人选、副处级后备差额考察、考察情况反馈、征求分局党组意见、市局党组审定等程序，本系统选拔产生正处级后备干部47人，副处级后备干部108人。

【公开选拔35岁以下青年干部】全系统共有965人报名，通过复审947人。平均每个职位26人报名。其中跨单位报名691人，占总报名人数73%。191人进入面试，72人进入差额考察。各分局党组讨论决定产生36名拟任人选。除嘉定等6家远郊单位外，其余单位推出的25个职位均为“易地交流选用”，只限非本单位符合条件的人员报名，占全部职位数的69.4%。交流选用职位的推出，加强本系统各分局间的人才交流和科级干部交流的力度，有利于消除顾虑，有利于分局党组放宽视野，用好干部，提高公选工作的参与度和公信度。

【局、处级人员任免】（1）局级人员。1月11日，中共国家税务总局党组国税党字〔2012〕3号文件：国家税务总局党组2011年9月29日决定，阎更耀同志任上海市国家税务局党组成员、纪检组组长，试用期一年。2月3日，中共上海市委沪委〔2012〕100号文件：市委决定阎更耀同志任中共上海市地方税务局党组纪检组组长，试用期一年。5月11日，国家税务局总局国税任字〔2012〕57号文件：免去周振家上海市国家税务局巡视员职务，办理退休手续。退休时间自2012年6月起计算。6月19日，中共上海市委沪委〔2012〕408号文件：同意周振家同志退休。7月5日，上海市人民政府沪府任〔2011〕43号文件：免去周振家的上海市地方税务局巡视员职务。

（2）市局机关处级人员。1月10日，上海市国家税务局、上海市地方税务局沪国税人〔2012〕2号文件：免去周宏权的上海市国家税务局、上海市地方税务局办公室调研员，上海市国家税务局、上海市地方税务局税收科学研究所所长职务，并办理退休手续。2月1日，上海市国家税务局、上海市地方税务局沪国税人〔2012〕4号文件：免去高坤风的上海市国家税务局监察室调研员、上海市地方税务局监察室调研员职务，并办理退休手续。2月16日，上海市国家税务局、上海市地方税务局沪国税人〔2012〕9号文件：经市局党组2012年2月9日讨论，决定：支勇任上海市国家税务局政策法规处处长、上海市地方税务局政策法规处处长，免去其上海市国家税务局纳税服务处（大企业税收管理处）处长、上海市地方税务局纳税服务处（大企业税收管理处）处长职务；赵明富任上海市国家税务局纳税服务处（大企业税收管理处）处长、上海市地方税务局纳税服务处（大企业税收管理处）处长，免去其上海市金山区国家税务局局长、上海市地方税务局金山区分局局长职务；龚炳生任上海市国家税务局办公室副调研员、上海市地方税务局办公室副调研员，兼任上海市国家税务局税收科学研究所副所长（主持工作）、上海市地方税务局税收科学研究所副所长（主持工作），免去其上海市崇明县国家税务局副局长、稽查局局长，上海市地方税务局崇明县分局副局长、稽查局局长职务；金健勇任上海市长宁区国家税务局副调研员、上海市地方税务局长宁区分局副调研员，免去其上海市国家税务局国际税务管理处副调研员、上海市地方税务局国际税务管理处（个人所得税处）副调研员职务。3月31日，上海市国家税务局、上海市地方税务局沪国税人〔2012〕20号文件：免去王逸夫的上海市国家税务局收入规划核算处调研员、上海市地方税务局收入规划核算处调研员职务，并办理退休手续。5月22日，上海市国家税务局、上海市地方税务局沪国税人〔2012〕42号文件：免去王永生的上海市国家税务局监察室副调研员、上海市地方税务局监察室副调研员职务，并办理退休手续。10月29日，上海市国家税务局、上海市地方税务局沪国税人〔2012〕68号文件：经市局党组2012

年10月25日讨论，决定：董理任上海市国家税务局收入规划核算处处长、上海市地方税务局收入规划核算处处长；施耀忠任上海市国家税务局财务管理处处长、上海市地方税务局财务管理处处长；唐梨萍任上海市国家税务局企业所得税处副处长、上海市地方税务局企业所得税处副处长。免去董理的上海市国家税务局财务管理处处长、上海市地方税务局财务管理处处长职务；免去施耀忠的上海市国家税务局收入规划核算处处长、上海市地方税务局收入规划核算处处长职务；免去黄靓的上海市国家税务局货物和劳务税处副处长、上海市地方税务局货物和劳务税处副处长职务；免去汪粉华的上海市国家税务局企业所得税处副处长、上海市地方税务局企业所得税处副处长职务；免去李征宇的上海市国家税务局国际税务管理处副处长、上海市地方税务局国际税务管理处（个人所得税处）副处长职务；免去水启裕的上海市地方税务局财产和行为税处副处长职务。11月7日，上海市国家税务局、上海市地方税务局沪国税人〔2012〕74号文件：经市局党组2012年11月5日讨论，决定：王君蕾任上海市国家税务局征管和科技发展处副调研员兼上海市国家税务局票证中心副主任（主持工作），上海市地方税务局征管和科技发展处副调研员兼上海市地方税务局票证管理中心副主任（主持工作）。11月7日，上海市国家税务局、上海市地方税务局沪国税人〔2012〕75号文件：市局党组2012年11月5日讨论，决定：宁亚任上海市国家税务局办公室副主任、上海市地方税务局办公室副主任；郑瑜任上海市国家税务局政策法规处副处长、上海市地方税务局政策法规处副处长；马富强任上海市国家税务局征管和科技发展处副处长、上海市地方税务局征管和科技发展处副处长。以上同志任职时间自试用期开始之日起计算。12月3日，上海市国家税务局、上海市地方税务局沪国税人〔2012〕84号文件：经市局党组2012年11月20日讨论，决定：陈国敬任上海市国家税务局办公室调研员、上海市地方税务局办公室调研员；唐莲萍任上海市国家税务局政策法规处副调研员、上海市地方税务局政策法规处副调研员；徐健任上海市国家税务局企业所得税处副调研员、上海市地方税务局企业所得税处副调研员；沈琼任上海市国家税务局财务管理处副调研员、上海市地方税务局财务管理处副调研员；石卫平任上海市国家税务局人事教育处（离退休干部处）副调研员、上海市地方税务局人事教育处副调研员。12月27日，上海市国家税务局、上海市地方税务局沪国税人〔2012〕89号文件：免去林若夫的上海市国家税务局人事教育处（离退休干部处）副调研员、上海市地方税务局人事教育处副调研员职务，并办理退休手续。

（3）直属分局、事业单位处级人员。1月10日，上海市国家税务局、上海市地方税务局沪国税人〔2012〕2号文件：免去周宏权的上海市国家税务局、上海市地方税务局办公室调研员，上海市国家税务局、上海市地方税务局税收科学研究所所长职务，并办理退休手续。2月16日，上海市国家税务局、上海市地方税务局沪国税人〔2012〕9号文件：经市局党组2012年2月9日讨论，决定：龚炳生任上海市国家税务局办公室副调研员、上海市地方税务局办公室副调研员，兼任上海市国家税务局税收科学研究所副所长（主持工作）、上海市地方税务局税收科学研究所副所长（主持工作），免去其上海市崇明县国家税务局副局长、稽查局局长，上海市地方税务局崇明县分局副局长、稽查局局长职务。2月16日，上海市国家税务局、上海市地方税务局沪国税人〔2012〕12号文件：经市局党组2012年2月9日讨论，决定：胡思弘任上海市国家税务局机关服务中心副主任，试用期一年。10月29日，上海市国家税务局、上海市地方税务局沪国税人〔2012〕68号文件：经市局党组2012年10月25日讨论，决定：刘如敏任上海市国家税务局第二税务分局副局长、上海市地方税务局第二分局副局长；水启裕任上海市国家税务局第四稽查局副局长、上海市地方税务局第四稽查局副局长；王海月任上海市国家税务局第六稽查局副局长、上海市地方税务局第六稽查局副局长。免去於培坚的上海市国家税务局第二税务分局副局长、上海市地方税务局第二分局副局长职务。10 月 29 日，中共上海市国家税务局党组、中共上海市地方税务局党组沪国税党组〔2012〕9 号文件：经市局党组 2012 年 10 月 25 日讨论，决定：刘如敏任中共上海市国家税务局第二税务分局党组成员、中共上海市地方税务局第二分局党组成员；水启裕任中共上海市国家税务局第四稽查局党组成员、中共上海市地方税务局第四稽查局党组成员；王海月任中共上海市国家税务局第六稽查局党组成员、中共上海市地方税务局第六稽查局党组成员。免去於培坚的中共上海市国家税务局第二税务分局党组成员、中共上海市地方税务局第二分局党组成员职务；免去王海月的中共上海市国家税务局第一稽查局纪检组组长、党组成员，中共上海市地方税务局第一稽查局纪检组组长、党组成员职务。11 月 7 日，上海市国家税务局、上海市地方税务局沪国税人〔2012〕74 号文件：经市局党组 2012 年 11 月 5 日讨论，决定：王君蕾任上海市国家税务局征管和科技发展处副调研员兼上海市国家税务局票证中心副主任（主持工作），上海市地方税务局征管和科技发展处副调研员兼上海市地方税务局票证管理中心副主任（主持工作）。免去王君蕾的上海市国家税务局第五稽查局副局长、上海市地方税务局第五稽查局副局长职务。11 月 7 日，上海市国家税务局、上海市地方税务局沪国税人〔2012〕75 号文件：市局党组 2012 年 11 月 5 日讨论，决定：武克友任上海市国家税务局机关服务中心主任；罗磊任上海市国家税务局第三税务分局副局长、上海市地方税务局第三分局副局长、上海市国家税务局海洋石油分局（国家税务总局海洋石油税务管理局上海分局）副局长；吴燕任上海市国家税务局税收科学研究所副所长、上海市地方税务局税收科学研究所副所长；李志轩任上海市税务干部学校副校长、上海市地方税务干部学校副校长；马熔平任上海市国家税务局机关服务中心副主任。以上同志任职时间自试用期开始之日起计算。11 月 7 日，中共上海市国家税务局党组、中共上海市地方税务局党组沪国税党组〔2012〕10 号文件：经市局党组 2012 年 11 月 5 日讨论，决定：免去王君蕾的中共上海市国家税务局第五稽查局党组成员、中共上海市地方税务局第五稽查局党组成员职务。12 月 3 日，上海市国家税务局、上海市地方税务局沪国税人〔2012〕84 号文件：经市局党组 2012 年 11 月 20 日讨论，决定：吴庆山任上海市国家税务局第三税务分局调研员、上海市地方税务局第三分局调研员、上海市国家税务局海洋石油分局（国家税务总局海洋石油税务管理局上海分局）调研员；郭建申任上海市国家税务局第六稽查局调研员、上海市地方税务局第六稽查局调研员；马苏平任上海市国家税务局第一稽查局副调研员、上海市地方税务局第一稽查局副调研员；郑子仪任上海市国家税务局第二税务分局副调研员、上海市地方税务局第二分局副调研员；张维勇任上海市国家税务局第三税务分局副调研员、上海市地方税务局第三分局副调研员、上海市国家税务局海洋石油分局（国家税务总局海洋石油税务管理局上海分局）副调研员；陈誉任上海市国家税务局第四稽查局副调研员、上海市地方税务局第四稽查局副调研员；陈国荣任上海市国家税务局第五稽查局副调研员、上海市地方税务局第五稽查局副调研员；崔惠俊任上海市国家税务局第六稽查局副调研员、上海市地方税务局第六稽查局副调研员。免去郭建申的上海市国家税务局第六稽查局副局长、上海市地方税务局第六稽查局副局长职务。12 月 4 日，中共上海市国家税务局党组、中共上海市地方税务局党组沪国税党组〔2012〕14号文件：经市局党组2012年11月20日讨论，决定：免去吴庆山的中共上海市国家税务局第三税务分局党组纪检组组长、党组成员，中共上海市地方税务局第三分局纪检组组长、党组成员，中共上海市国家税务局海洋石油分局（国家税务总局海洋石油税务管理局上海分局）纪检组组长、党组成员职务；免去郭建申的中共上海市国家税务局第六稽查局党组成员、中共上海市地方税务局第六稽查局党组成员职务。

（4）区、县局处级人员。2月1日，上海市国家税务局、上海市地方税务局沪国税人〔2012〕4号文件：免去叶国强的上海市青浦区国家税务局调研员、上海市地方税务局青浦区分局调研员职务，并办理退休手续。2月16日，上海市国家税务局、上海市地方税务局沪国税人〔2012〕8号文件：经市局党组2012年2月9日讨论，同意：陈锋任上海市浦东新区国家税务局办公室主任、上海市浦东新区地方税务局办公室主任；免去陈锋的上海市浦东新区国家税务局信息技术处处长、上海市浦东新区地方税务局信息技术处处长职务。2月16日，上海市国家税务局、上海市地方税务局沪国税人〔2012〕9号文件：经市局党组2012年2月9日讨论，决定：汪立文任上海市金山区国家税务局局长、上海市地方税务局金山区分局局长，免去其上海市浦东新区国家税务局副局长、上海市浦东新区地方税务局副局长职务；赵明富任上海市国家税务局纳税服务处（大企业税收管理处）处长、上海市地方税务局纳税服务处（大企业税收管理处）处长，免去其上海市金山区国家税务局局长、上海市地方税务局金山区分局局长职务；龚炳生任上海市国家税务局办公室副调研员、上海市地方税务局办公室副调研员，兼任上海市国家税务局税收科学研究所副所长（主持工作）、上海市地方税务局税收科学研究所副所长（主持工作），免去其上海市崇明县国家税务局副局长、稽查局局长，上海市地方税务局崇明县分局副局长、稽查局局长职务；金健勇任上海市长宁区国家税务局副调研员、上海市地方税务局长宁区分局副调研员，免去其上海市国家税务局国际税务管理处副调研员、上海市地方税务局国际税务管理处（个人所得税处）副调研员职务。2月16日，中共上海市国家税务局党组、中共上海市地方税务局党组沪国税党组〔2012〕3号文件：经市局党组2012年2月9日讨论，决定：汪立文任中共上海市金山区国家税务局党组成员、书记，中共上海市地方税务局金山区分局党组成员、书记，免去其中共上海市浦东新区国家税务局党组副书记、成员，中共上海市浦东新区地方税务局党组副书记、成员职务；免去赵明富中共上海市金山区国家税务局党组书记、成员，中共上海市地方税务局金山区分局党组书记、成员职务；免去龚炳生中共上海市崇明县国家税务局党组成员，中共上海市地方税务局崇明县分局党组成员职务。2月16日，上海市国家税务局、上海市地方税务局沪国税人〔2012〕10号文件：经市局党组2012年2月9日讨论，决定：张志刚任上海市闸北区国家税务局副局长（正处级）、上海市地方税务局闸北区分局副局长（正处级）。2月16日，中共上海市国家税务局党组、中共上海市地方税务局党组沪国税党组〔2012〕2号文件：经市局党组2012年2月9日讨论，决定：张志刚任中共上海市闸北区国家税务局党组成员、中共上海市地方税务局闸北区分局党组成员。2月16日，上海市国家税务局、上海市地方税务局沪国税人〔2012〕13号文件：经市局党组2012年2月9日讨论，决定：董庆荣任上海市浦东新区国家税务局货物和劳务税处（财产和行为税处）处长、上海市浦东新区地方税务局货物和劳务税处（财产和行为税处）处长；刘俊任上海市浦东新区国家税务局信息技术处处长、上海市浦东新区地方税务局信息技术处处长；周婉蓉任上海市浦东新区国家税务局机关党委办公室（思想政治工作办公室）主任、上海市浦东新区地方税务局机关党委办公室（思想政治工作办公室）主任。以上同志试用期一年。免去吴正言上海市浦东新区国家税务局货物和劳务税处（财产和行为税处）处长、上海市浦东新区地方税务局货物和劳务税处（财产和行为税处）处长职务。2 月 23 日，上海市国家税务局、上海市地方税务局沪国税人〔2012〕15 号文件：免去戴明荣的上海市闵行区国家税务局调研员、上海市地方税务局闵行区分局调研员职务，并办理退休手续；免去吴正言的上海市浦东新区国家税务局调研员、上海市浦东新区地方税务局调研员职务，并办理退休手续。6 月 8 日，上海市国家税务局、上海市地方税务局沪国税人〔2012〕44 号文件：经市局党组 2012 年 6 月 6 日讨论，同意：丰卫东兼任上海市崇明县国家税务局稽查局局长、上海市地方税务局崇明县分局稽查局局长。6 月 20 日，上海市国家税务局、上海市地方税务局沪国税人〔2012〕47 号文件：免去张达义的上海市浦东新区国家税务局督察内审处处长（正处级）、上海市浦东新区地方税务局督察内审处处长（正处级）职务，并办理退休手续。8 月 30 日，上海市国家税务局、上海市地方税务局沪国税人〔2012〕57 号文件：免去董超的上海市宝山区国家税务局副调研员、上海市地方税务局宝山区分局副调研员职务，并办理退休手续。9 月 14 日，上海市国家税务局、上海市地方税务局沪国税人〔2012〕59 号文件：免去费国伟的上海市杨浦区国家税务局副调研员、上海市地方税务局杨浦区分局副调研员职务，并办理退休手续。10 月 12 日，上海市国家税务局、上海市地方税务局沪国税人〔2012〕61 号文件：免去陈建平的上海市浦东新区国家税务局外高桥保税区税务分局副局长（副处级）、上海市浦东新区地方税务局外高桥保税区分局副局长（副处级）职务，并办理退休手续。10 月 12 日，上海市国家税务局、上海市地方税务局沪国税人〔2012〕62 号文件：经市局党组 2012 年 9 月 29 日讨论，决定：张勇任上海市浦东新区国家税务局副调研员、上海市浦东新区地方税务局副调研员。10 月 17 日，上海市国家税务局、上海市地方税务局沪国税人〔2012〕63 号文件：免去朱崇敬的上海市虹口区国家税务局调研员、上海市地方税务局虹口区分局调研员职务，并办理退休手续。10 月 17 日，上海市国家税务局、上海市地方税务局沪国税人〔2012〕64 号文件：免去凌正华的上海市国家税务局第四稽查局调研员、上海市地方税务局第四稽查局调研员职务，并办理退休手续。10 月 29 日，上海市国家税务局、上海市地方税务局沪国税人〔2012〕68 号文件：经市局党组 2012 年 10 月 25 日讨论，决定：胡勤根任上海市静安区国家税务局副局长、上海市地方税务局静安区分局副局长；黄靓任上海市杨浦区国家税务局副局长、上海市地方税务局杨浦区分局副局长；於培坚任上海市闵行区国家税务局副局长、上海市地方税务局闵行区分局副局长；汪粉华任上海市奉贤区国家税务局副局长、上海市地方税务局奉贤区分局副局长；杨义勤任上海市浦东新区国家税务局综合保税区税务分局局长（正处级）、上海市浦东新区地方税务局综合保税区分局局长（正处级）；陈锋任上海市浦东新区国家税务局临港税务分局局长、上海市浦东新区地方税务局临港分局局长；李征宇任上海市浦东新区国家税务局办公室主任、上海市浦东新区地方税务局办公室主任。免去胡勤根的上海市宝山区国家税务局副局长、上海市地方税务局宝山区分局副局长职务；免去陈锋的上海市浦东新区国家税务局办公室主任、上海市浦东新区地方税务局办公室主任职务；免去刘如敏的上海市闵行区国家税务局副局长、上海市地方税务局闵行区分局副局长职务；免去唐梨萍的上海市奉贤区国家税务局副局长、上海市地方税务局奉贤区分局副局长职务。杨义勤的原任职务因机构变动而自行免除。10月29日，中共上海市国家税务局党组、中共上海市地方税务局党组沪国税党组〔2012〕9号文件：经市局党组2012年10月25日讨论，决定：胡勤根任中共上海市静安区国家税务局党组成员、中共上海市地方税务局静安区分局党组成员；黄靓任中共上海市杨浦区国家税务局党组成员、中共上海市地方税务局杨浦区分局党组成员；徐晓东任中共上海市闵行区国家税务局党组成员、纪检组组长，中共上海市地方税务局闵行区分局党组成员、纪检组组长；於培坚任中共上海市闵行区国家税务局党组成员、中共上海市地方税务局闵行区分局党组成员；汪粉华任中共上海市奉贤区国家税务局党组成员、中共上海市地方税务局奉贤区分局党组成员；免去胡勤根的中共上海市宝山区国家税务局党组成员、中共上海市地方税务局宝山区分局党组成员职务；免去徐晓东的中共上海市金山区国家税务局党组成员、纪检组组长，中共上海市地方税务局金山区分局党组成员、纪检组组长职务；免去刘如敏的中共上海市闵行区国家税务局党组成员、中共上海市地方税务局闵行区分局党组成员职务；免去唐梨萍的中共上海市奉贤区国家税务局党组成员、中共上海市地方税务局奉贤区分局党组成员职务。11月7日，上海市国家税务局、上海市地方税务局沪国税人〔2012〕75号文件：市局党组2012年11月5日讨论，决定：经伟任上海市浦东新区国家税务局副局长、上海市浦东新区地方税务局副局长；洪志强任上海市徐汇区国家税务局副局长、上海市地方税务局徐汇区分局副局长；严涛任上海市普陀区国家税务局副局长、上海市地方税务局普陀区分局副局长；章志宏任上海市闵行区国家税务局副局长、上海市地方税务局闵行区分局副局长；陈晓峰任上海市宝山区国家税务局副局长、上海市地方税务局宝山区分局副局长；黄建军任上海市嘉定区国家税务局副局长、上海市地方税务局嘉定区分局副局长；郁雅芳任上海市金山区国家税务局副局长、上海市地方税务局金山区分局副局长；沈建明任上海市松江区国家税务局副局长、上海市地方税务局松江区分局副局长；陈志民任上海市松江区国家税务局副局长、上海市地方税务局松江区分局副局长；孙蕉燕任上海市青浦区国家税务局副局长、上海市地方税务局青浦区分局副局长；桂志明任上海市青浦区国家税务局副局长、上海市地方税务局青浦区分局副局长；程洁任上海市崇明县国家税务局副局长、上海市地方税务局崇明县分局副局长；吴卫港任上海市浦东新区国家税务局纳税服务处处长、上海市浦东新区地方税务局纳税服务处处长。以上同志任职时间自试用期开始之日起计算。12月3日，上海市国家税务局、上海市地方税务局沪国税人〔2012〕84号文件：经市局党组2012年11月20日讨论，决定：屠伟恩任上海市黄浦区国家税务局调研员、上海市地方税务局黄浦区分局调研员；徐仁兴任上海市嘉定区国家税务局调研员、上海市地方税务局嘉定区分局调研员；赵帅普任上海市浦东新区国家税务局调研员、上海市浦东新区地方税务局调研员；罗浩任上海市黄浦区国家税务局副调研员、上海市地方税务局黄浦区分局副调研员；杨照明任上海市徐汇区国家税务局副调研员、上海市地方税务局徐汇区分局副调研员；王晓任上海市长宁区国家税务局副调研员、上海市地方税务局长宁区分局副调研员；陈明任上海市静安区国家税务局副调研员、上海市地方税务局静安区分局副调研员；徐俊任上海市普陀区国家税务局副调研员、上海市地方税务局普陀区分局副调研员；胡松浒任上海市闸北区国家税务局副调研员、上海市地方税务局闸北区分局副调研员；黄成冲任上海市闸北区国家税务局副调研员、上海市地方税务局闸北区分局副调研员；张进发任上海市虹口区国家税务局副调研员、上海市地方税务局虹口区分局副调研员；钱爱萍任上海市杨浦区国家税务局副调研员、上海市地方税务局杨浦区分局副调研员；申光耀任上海市杨浦区国家税务局副调研员、上海市地方税务局杨浦区分局副调研员；黄立雄任上海市杨浦区国家税务局副调研员、上海市地方税务局杨浦区分局副调研员；谢芳任上海市闵行区国家税务局副调研员、上海市地方税务局闵行区分局副调研员；陈伯荣任上海市宝山区国家税务局副调研员、上海市地方税务局宝山区分局副调研员；王继龙任上海市宝山区国家税务局副调研员、上海市地方税务局宝山区分局副调研员；浦世农任上海市嘉定区国家税务局副调研员、上海市地方税务局嘉定区分局副调研员；孙水金任上海市金山区国家税务局副调研员、上海市地方税务局金山区分局副调研员；邬玉梅任上海市松江区国家税务局副调研员、上海市地方税务局松江区分局副调研员；王林元任上海市青浦区国家税务局副调研员、上海市地方税务局青浦区分局副调研员；钱文刚任上海市奉贤区国家税务局副调研员、上海市地方税务局奉贤区分局副调研员；陆卫斌任上海市崇明县国家税务局副调研员、上海市地方税务局崇明县分局副调研员；仇张平任上海市浦东新区国家税务局副调研员、上海市浦东新区地方税务局副调研员；余肇萍任上海市浦东新区国家税务局副调研员、上海市浦东新区地方税务局副调研员；杨剑任上海市浦东新区国家税务局副调研员、上海市浦东新区地方税务局副调研员；韦云炎任上海市浦东新区国家税务局副调研员、上海市浦东新区地方税务局副调研员。免去屠伟恩的上海市黄浦区国家税务局副局长、上海市地方税务局黄浦区分局副局长职务；免去徐仁兴的上海市嘉定区国家税务局副局长、上海市地方税务局嘉定区分局副局长，上海市嘉定区国家税务局稽查局局长、上海市地方税务局嘉定区分局稽查局局长职务；免去赵帅普的上海市浦东新区国家税务局监察室主任、上海市浦东新区地方税务局监察室主任职务。12 月 4 日，中共上海市国家税务局党组、中共上海市地方税务局党组沪国税党组〔2012〕14 号文件：经市局党组 2012 年 11 月 20 日讨论，决定：免去屠伟恩的中共上海市黄浦区国家税务局党组成员、中共上海市地方税务局黄浦区分局党组成员职务；免去徐仁兴的中共上海市嘉定区国家税务局党组成员、中共上海市地方税务局嘉定区分局党组成员职务。12 月 13 日，上海市国家税务局、上海市地方税务局沪国税人〔2012〕88 号文件：因陈荣旗同志工作调动，经市局党组 2012 年 10 月 29 日讨论，决定：免去陈荣旗的上海市闸北区国家税务局副局长、上海市地方税务局闸北区分局副局长职务。12 月 13 日，中共上海市国家税务局党组、中共上海市地方税务局党组沪国税党组〔2012〕14 号文件：因陈荣旗同志工作调动，经市局党组 2012 年 10 月 29 日讨论，决定：免去陈荣旗的中共上海市闸北区国家税务局党组成员、中共上海市地方税务局闸北区分局党组成员职务。

【人员录用】（1）完成公务员录用工作。年内计划录用 160 名公务员，组织面试 473 名，拟定 159 名拟录用人员。后因拟录用人员放弃录用等原因，实际录用 126 名。（2）军转安置工作。2012 年军转安置指标 50 名，其中：团职 16 名（双向选择 11 名，指令性安置 5 名），营以下 34 名（含事业单位 6 名）。实际完成安置 48 名（事业单位安置 4 人）。根据市军转办的要求，安置随军家属 1 名。（3）完成贷款道路建设费人员安置工作。根据《上海市人民政府转发市建设交通委等五部门关于做好本市取消贷款道路建设车辆通行费涉及人员安置工作指导意见的通知》（沪府办〔2012〕24 号）精神，按照下属事业单位实际情况，共有税务干部学校、税科所、注税中心、票证中心 4 个单位推出 33 个岗位供人员安置。经建交委组织报名，有 8 名同志报名。5 名同志符合报名条件。经面试和公示，安置 5 位同志到税务干部学校、注税中心、票证中心工作。（4）完成市局机关处室职位竞聘工作。根据《2012年机关处室职位竞聘工作实施方案》（沪国税人〔2012〕45号）精神，市局处室共推出12个职位开展职位竞聘工作，本次职位竞聘共有163人报名，156人参加笔试，36人进入面试，24人进入听取意见名单，择优调入市局机关11人。（5）完成人员日常调配工作。年内办理调出系统40人，办理辞职手续28人，系统内人员调动61人次（含公开选调人员调动25人次），办理机关人员借用11人，办理事业单位贷款道路建设费改革人员安置5人，办理黄浦、卢湾两区合并人员整建制调整187人，微调35人，办理2011年新录用公务员取消录用手续1人。（6）完成机关服务中心岗位设置工作。根据《上海市事业单位岗位设置管理实施办法》（沪委办发〔2009〕40号）有关精神，经国家税务总局同意（国税函〔2011〕233号），参照本市有关政策制定上海市国家税务局机关服务中心岗位设置方案，正式组织实施岗位聘用工作。

【机构职能】（1）完成市局机关内设机构（部门）职能调整工作。为适应税收工作科学化、专业化、精细化的需要，在广泛听取各处（室）意见和建议的基础上，结合各处（室）日常工作实际，对市局机关内设机构（部门）的主要职能进行全面梳理、调整和补充，合计修改职能表述27项（处）。根据职能调整的内容做好后续管理工作，核减征管科技处编制1名，核增货物与劳务税处编制1名。（2）完成黄浦、卢湾两局合并工作。3月，根据《国家税务总局关于调整上海市黄浦区国家税务局卢湾区国家税务局机构设置的批复》（国税函〔2012〕137号）和《关于同意调整上海市地方税务局黄浦区分局机构设置和人员编制的批复》（沪编〔2012〕42号）的要求，撤销上海市黄浦区国家税务局、上海市地方税务局黄浦区分局和上海市卢湾区国家税务局、上海市地方税务局卢湾区分局建制，组建新的上海市黄浦区国家税务局、上海市地方税务局黄浦区分局。4月，按照上级部门对新的上海市黄浦区国家税务局、上海市地方税务局黄浦区分局机构设置和人员编制的核定要求，对黄浦分局的派出机构进行调整，共向8个中心城区税务分局划出派出机构9个。（3）完成浦东新区税务局临港分局增设及外高桥保税区分局更名工作。6月，根据《国家税务总局关于上海市浦东新区国家税务局外高桥保税区税务分局更名的批复》（国税函〔2012〕310号）、《国家税务总局关于设立上海市浦东新区国家税务局临港税务分局的批复》（国税函〔2012〕311号）和《关于同意调整上海市浦东新区地方税务局机构设置和人员编制的批复》（沪编〔2012〕93号）的要求，成立上海市浦东新区国家税务局临港税务分局、上海市浦东新区地方税务局临港分局，增设办公室、综合业务科等2个内设机构，并将上海市浦东新区国家税务局外高桥保税区税务分局、上海市浦东新区地方税务局外高桥保税区分局分别更名为上海市浦东新区国家税务局综合保税区税务分局、上海市浦东新区地方税务局综合保税区分局，增设1个派出机构。（4）调整区县分局机构职能设置。为推进税收征管改革，优化纳税服务和强化风险管理，根据《关于本市推进税收征管改革的实施意见》（沪国税办〔2012〕27号）精神，在区县分局设立纳税服务中心、风控中心。这两个中心分别与分局的纳税服务科（处）、信息技术科（处）实行一体化运作。

【编制管理】完成系统内编制数、编制控制数的管理和调整。7月，上海市机构编制委员会对本市税务系统内各单位的行政编制和人员编制控制数进行重新调整，下发《关于同意调整本市税务系统行政编制和人员编制控制数的批复》（沪编〔2012〕239号），系统行政编制仍为10579名，其中：国税7000名，地税3579名；编制控制数由原11099名调减为11000名。重新核定各分局的编制数和编制控制数。

【考核奖惩】 根据《公务员考核规定（试行）》的规定，税务系统2012年度确定公务员考核优秀1836人，占被考核人数的17.17%。根据《行政机关公务员处分条例》的规定，税务系统2012年给予公务员开除处分3人。根据《公务员奖励规定（试行）》的规定，税务系统2012年度授予公务员奖励1836人，其中记三等功246人、嘉奖1590人。

【推荐评选先进】 1月，经国家税务总局党组审定，上海市闸北区国家税务局第一税务所副主任科员毛琦敏被评为首届“全国十佳税务工作者”。2月，上海市档案局、上海市人力资源和社会保障局、上海市公务员局授予上海市地方税务局办公室“上海市档案工作先进集体”称号。7月，上海市地方志办公室、上海市人力资源和社会保障局、上海市公务员局授予上海市地方税务局办公室张莉萍为“上海市地方志系统先进工作者”称号。

【行政信用等级管理】 上海市国家税务局、上海市地方税务局评定2012年度上海市税务系统行政信用等级A等单位12家（其中7个分局5个机关处室）、B等单位27家单位。确定行政信用等级A等单位领导班子为优秀领导班子。

A等单位

市税务二分局　长宁区税务局
宝山区税务局　虹口区税务局
青浦区税务局　市税务稽查一局
松江区税务局
货物劳务税处　办公室　人教处
征管科技处　稽查处

B等单位

市税务三分局　市税务稽查四局
市税务稽查五局　市税务稽查六局
浦东新区税务局　黄浦区税务局
徐汇区税务局　静安区税务局
普陀区税务局　闸北区税务局
杨浦区税务局　闵行区税务局
嘉定区税务局　金山区税务局
奉贤区税务局　崇明县税务局
法规处　退税处　所得税处　国际税务处
财产行为税处　规划核算处　纳税服务处
财务处　督察内审处　监察室
机关党委办公室

【税务系统岗位标兵】 4月，上海市国家税务局、上海市地方税务局授予王林等15名同志“上海市税务系统征管岗位标兵”称号、授予王泰红等10名同志“上海市税务系统稽查岗位标兵”称号、授予王蓓等13名同志“上海市税务系统服务岗位标兵”称号。

1. “上海市税务系统征管岗位标兵”名单（按姓氏笔画为序）

王　林（金山分局）　刘　虹（徐汇分局）
孙　琼（闸北分局）　李景露（黄浦分局）
杨　明（青浦分局）　杨允彤（虹口分局）
杨红梅（奉贤分局）　邹佩芳（静安分局）
沈建良（嘉定分局）　张少敏（浦东分局）
孟　清（长宁分局）　赵雪英（松江分局）
胡　宾（普陀分局）　夏　虹（浦东分局）
虞建界（宝山分局）

2. “上海市税务系统稽查岗位标兵”名单（按姓氏笔画为序）

王泰红（稽查五局）　李　睿（稽查一局）
杨　欣（稽查四局）　张伟清（浦东分局）
陈　鹏（黄浦分局）　陈嘉桢（嘉定分局）
周志刚（奉贤分局）　高勤学（长宁分局）
黄　伟（宝山分局）　薛　毅（稽查六局）

3. “上海市税务系统服务岗位标兵”名单（按姓氏笔画为序）

王　蓓（宝山分局）　毛琦敏（闸北分局）
冉　涛（徐汇分局）　匡成萍（浦东分局）
朱奕红（静安分局）　张　卫（闵行分局）
张国华（嘉定分局）　陈华萍（长宁分局）
罗之建（松江分局）　金元丽（崇明分局）
赵　祯（浦东分局）　唐　浩（奉贤分局）
蒋青凝（虹口分局）

【工资福利管理】 稳步实施事业单位退休人员补贴费改革。年内，市局根据《关于规范本市事业单位退休人员补贴的试行意见》（沪人社资发〔2012〕12 号）、《关于〈2010 年至 2012 年上海市事业单位退休人员补贴标准表〉的通知》（沪人社资发〔2012〕13 号）和《关于规范本市事业单位退休人员补贴有关问题的通知》（沪人社资发〔2012〕28 号）文件规定，平稳推进事业单位规范退休人员补贴费工作。

【离退休工作】（1）围绕“创先争优”活动，迎接党的“十八大”，开展各项活动。配合离退休干部党支部为提高块小组长的工作能力，坚持每年开展一至二次培训，加强小组长队伍建设。在各小组开展一对一联系帮扶和联络网联系活动，“冬送温暖”上门走访慰问独居、高龄和重大疾病老同志，及时了解和掌握老同志思想、生活和健康状况，及时排忧解难。坚持每季度一次小组学习组织老同志收看、收听学习辅导报告，进行学习交流。结合老同志的兴趣爱好，开展法律学习、歌唱等兴趣小组活动。鼓励老同志参加各类老年大学学习。组织做好参加“迎接党的十八大”2012 市级机关系统离退休干部书画作品展活动。在纪念建党 91 周年“七一”前夕，离退休党支部荣获市局先进党支部称号，退休干部王水根被评为先进党员。（2）满足离退休老同志需求，为老同志做好事、办实事、解难事。做好“冬送温暖、夏送清凉”工作，组织春节走访慰问活动。组织部分老领导、老同志参加上海市税务工作会议，了解掌握税务工作业绩和发展方向。组织老同志参加“看城乡变化、看经济发展、看社会进步”三看主题活动。（3）组织离退休管理工作理论研讨、调研报告工作。各单位完成 10 篇调研文稿，获国家税务局系统离退休干部工作部门调研成果二等奖、三等奖各 1 篇。

【主要领导专题培训】8 月 28—30 日和 9 月 7—22 日，年内本市税务系统各单位各部门主要领导专题培训分两个阶段分别在税务学校和中国延安干部学院进行，各单位部门主要领导 42 人参加培训。培训旨在使各单位各部门主要领导增强政治敏感性和大局意识，提高党性修养及廉洁自律的自觉性；帮助其准确地把握经济、政策发展方向，具有税收工作科学发展观，规避税务行政风险；提升干部队伍建设的能力和组织内部控制的管理能力。培训内容以进一步增强政治党性修养、人文素养，深化提高领导能力为导向，全脱产集中、分段式培训，采取专家讲座、问题研讨、实践学习等培训方法进行。根据培训课程内容的需要，培训师资方面主要聘请上海社会、高校知名专家和延安干部学院教师担任授课。学员需事先思考参加研讨的主题（税收征管改革与思考、干部管理与激励制度创新等）并携带相关基础资料数据，参与互动教学与研讨。

【中青年干部培训】年内市税务系统开展处级后备推荐人员的储备，计划用 3 年时间对选拔出的 108 名后备人员分三批进行培训。第一期中青年干部培训班于 8 月 23 日在学校举办。这是 2009 年本市财税分设后整个税务系统第一次以制度化、规范化的形式，通过层层选拔、群众推荐、组织选荐、组织考察选拔的第一批税务系统处级后备干部，也是系统举办的第一期中青年干部培训班。此次选拔体现了各级部门的建设发展要求，选拔出的 108 名处级后备干部，性别结构适当、年龄结构合理、学历结构优化、任职岗位多元化。培训目标为增强政治思想理论水平和党性修养，树立科学的世界观和大局意识，坚定社会主义理想信念；提高依法行政、依法治税的工作理念和实践能力，准确把握税收工作和政策发展方向，提升税收专业素养；培训内容侧重思想政治综合素质、依法行政及服务理念、现代管理思维和税收专业素养。培训师资主要聘请市局处室领导、上海市委党校专家、社会有关专家和学校专职教师担任授课。培训方式为全脱产集中、分两个阶段分别在税务学校和上海市委党校进行（8 月 23—30 日、9 月 28 日在学校，9 月

11—27日在上海市委党校）。根据培训课程内容需要和学员具体特点，主要有讲座讲授、案例分析、讨论交流、情景和体验教学、调研与行动性学习等培训方法。采取综合考评形式，培训表现占20%、调研报告或培训心得体会占20%、思想交流论文占30%、研讨交流占30%。

【科所长培训】 年内，税务学校培训根据不同的岗位性质与要求，设置相关的专业课程，分岗位举办管理所所长培训班、检查所正副所长培训班、管理所副所长培训班、征收所副所长培训班、综合类副科长培训班、业务类副科长培训班等培训班共6期，214人次参加培训，培训达3210人天。采取集中全脱产、连续式到学校培训的培训方式；上课方式为理论知识采用讲授法，业务知识和技能采用案例分析和讨论交流等方法。有的培训班还根据需要外出参观，进行运动性学习。考核方式为综合考评，即由培训表现、案例研讨、客观题型上机考核和提交案例分析或调研报告等组成。

【新进公务员初任培训】 8月20日—10月31日，举办2012年度本市税务系统新录用公务员初任培训班。126名学员，采取统一全脱产、集中培训形式，培训管理上实施大班培训、小班化管理，即126人组成一个班，班内分3个小组，每组42人。培训由市局人教处负责总体方案的筹划，新进公务员所在单位（分局）参与管理，税务学校负责具体实施。班级成立临时党支部和临时团支部。培训课程包括公共课程培训、军事训练与拓展训练、专业课程培训以及教育基地和实验基地参观。其中，公共课程培训由学校组织，上海市人力资源和社会保障局干部培训中心负责培训教学，全体学员参加上海市人力资源和社会保障局组织的统一考试。专业课程培训由学校负责组织、实施与管理，执法资格考试由税务总局安排统考，税收专业模块由学校自行组织培训考核，组织参观虹口税务局办税服务厅、浦东新区税务局出口退税实验基地、稽查一局稽查实验基地。培训采取多种形式综合的考核方式，学员在培训期间的学习态度、行为表现、考试成绩均纳入培训考核内容。包括军训小结或拓展训练体会、参观教育基地和实践基地体会心得、人力资源和社会保障局统考的公共课程模块考试成绩、税务总局统考的执法资格考试成绩以及学校组织的专业课程成绩等。

【军转干部培训】 2011年12月12日—2012年3月30日，税务学校举办2011年度本市税务系统军队转业干部培训班。培训班有49名学员，平均年龄32.45岁；硕士研究生9名，占总数的18.37%；本科学历38人，占总数的79.17%。培训开设《公共行政》《公共政策》《依法行政》《公共危机管理》《公文写作》《人事管理》《公共经济》等军转干部核心课程以及《税务文书写作》《会计基础实务》《税收政策知识》《行政执法知识》《征管法及实施细则》《当前税收体制改革动态》《税收征管实务概述》《税务系统组织结构设置及主要职责》《会计模拟实训》等26门课程，共480课时。其中7门核心课程参加市统考。培训邀请系统内外的专家名师授课；安排座谈会，请历届军转干部与学员进行近距离的沟通与交流，开设实训模块，包括会计模拟实训、会计电算化、税收信息化与综合征管软件操作和税务实验基地实践四个部分，促使学员掌握会计电算化流程和会计信息查询，熟悉本系统的综合征管软件；参观虹口税务局和浦东税务局实验基地，使学员尽快熟悉税务工作环境和工作流程。培训班成立班委和临时党支部，配合班主任开展班级各项日常学习、生活的管理。培训之余，组织学员参观通用汽车有限公司和海军博物馆以及乒乓球比赛等文体活动，增进学员间的了解，增强班级凝聚力。全体学员一次性通过市人保局组织的考核，高于全市95%的合格率；最高分139分（150为满分），平均成绩124.55分，比全市的平均成绩高出8.55分。有5名学员被评选为2011

年度上海市军队转业干部专业培训优秀学员。

【启动专业人才培训项目】年内，税务学校新增、修订和完善12类专业化人才培训项目三年递进式培训方案，举办13个班。包括税务稽查类、财务审计类、出口退税类、反避税类、纳税评估类、纳税服务类、信息技术类、法律类、文秘类、货劳税类、财产行为税类、所得税类的专业培训项目。各策划组通过到市局业务处室了解组织需求，召开相关专业人才库人员座谈会了解岗位需求和个人需求等方法，汇总分析确定培训课程，完成培训策划。学校专职老师和部分行政兼课教师全程参与，在第一阶段的培训实施过程中随堂听课，及时与学员沟通交流。培训还采用“走出去”“请进来”的模式，即与兄弟院校合作办班或将兄弟院校的优秀师资请到学校授课。

【网络教育工作】会同市局有关处室，开展远程教育系统开发前期的需求讨论、硬件配套方案确定等工作，推进远程教育平台上线。完成招标并做好系统招标以及与中标公司的需求讨论、洽谈工作，配合软件公司做好软件开发阶段的有关工作。提出2013年及之后本市税务系统网络教育总体设想，拟定《学分制管理办法》等，为2013年网络教育平台全系统联通、网络教育全面启动做好准备。加强网络教育培训资源建设。根据年度课件制作计划，完成《小企业会计准则解读》《小企业会计准则学习电子词典》《最新税收政策汇编与解读》（上下）、《行政强制法和税务行政强制》等5门约50课时的课件制作。开展2013年远程教育系统上线后的课件建设研究，提出课件制作及外购目录。完成年度科所长业务考试《最新税收政策汇编与解读》题库、《小企业会计准则练习》题库、《“三员”业务考试》题库、《企业所得税总局考试》练习题库的编写、整理、格式转化、审核修订、联络、下发使用等工作，全年共计完成题库超过5000题。做好税务稽查、纳税评估、反避税、税务廉政建设等各类案例的搜集整理工作，到稽查实验基地搜集大量税务稽查案例，利用税务报刊和网站搜集案例，做好学校各培训班学员携带案例的整理工作，全年新增各类税务案例超过300个。

【教学培训实验基地建设】配合市局人教处，参与对已挂牌的首批3个教学实验基地（虹口分局办税服务、浦东分局出口退税、稽查一局税务稽查）的规范化建设管理，明确功能定位、完善实训内容、优化师资配备、开发实训课件、编写实训教材。年内，3个实验基地共开展15期实训教学，包括新录用公务员、新接收安置的军转干部、科级领导干部、专业化人才和税务总局专职教师等900余人次参加，取得良好效果。择优新建第二批3个实验基地（宝山分局税源分析、松江分局反避税、二分局纳税评估），指导新实验基地搭建实验基地组织构架、建设实训场所和模拟环境、配备实训师资、开发实训课程、探索行之有效的实训方式，12月20日挂牌。上海市税务系统廉政教育基地建在学校，12月10日挂牌。学校配合上海市局人教处、监察室，在学习借鉴有关兄弟单位廉政教育基地建设经验的基础上，立足上海税务实际，按照“一室一库一园”的思路，以教学楼401室为核心展室，连同门庭和走廊，设立廉政教育室暨廉政文化展示室。在图书馆设立廉政教育资料库，设置专用资料橱架，上架廉政相关书籍230种，500余册；阅览室摆放廉政相关报纸、杂志若干。

【科研工作】学校的《税务教育培训试验基地建设研究》《“课件中心、题库中心、案例中心”建设研究》两个列入税务总局教育中心2011年度教育培训科研的课题予以结项，前者荣获三等奖。3月30日，学校召开2010—2011年科研论文交流会。之前组织科研论文评审小组认真负责的审阅和评定33篇论文，评出获奖论文22篇，5位获奖者代表在会议上进行交流发言。下半年，学校在市局人教处的指导下，成立“上海税务系统新一轮干部教育培训体系研究”“税务专业化人才培训模式研究”“税务干部培训学时学分制管理研究”3个课题（后两个课题获得税务总局教育中心2012年度教育培训科研课题的立项）。课题组成员由市局人教处、相关分局和学校共同组成。3个课题紧贴税务教育培训工作。课题组通过开展个别访谈、调查问卷、召开座谈会，调查了解国内外先进经验，分享市局分局资源，完成的课题报告对新一轮干部教育培训工作有现实指导意义。

【干部选拔任用】学校加大干部选拔任用的力度，规范干部选拔任用程序，拓宽干部晋升渠道，通过选贤任能，为学校的可持续发展提供人才保障。做好学校正副科级干部晋升的相关工作。年内，通过大会推荐、个别访谈、听取考察意见和民主测评等环节，学校选拔任用科级干部8名，其中4名由副科职晋升正科、4名一般干部晋升到副科级岗位。选拔任用工作，按照“注重品行，崇尚实干，群众公认”的要求，把握用人标准。

【制度建设】重新汇编46项规章制度，贯彻落实民主集中制，推进科学民主决策。按照“集体领导、民主集中、个别酝酿、会议决定”的要求，严格执行“三重一大”制度。发挥学校领导班子的决策和监督作用，重大问题提交党政班子集体讨论。推进部门内控机制建设、加强审计制度。建立内部岗责体系、规范工作流程、排查廉政风险点，通过建立责任追究办法、教考分离等措施防微杜渐，从源头上防止不廉洁现象的出现。修订《培训工作规程》，制定《培训项目收支预算结算管理办法》。建立物业监管制度，继续加强物业外包项目的监督管理工作。学校专门设立三个物业监管岗位，专职负责学校的物业监管事项，做到多检查、多反馈、多沟通。制定物业监督管理办法，做好新一轮物业外包前的各项准备工作。

【《税务培训》专刊信息会】为建立专刊信息员队伍，提高办刊质量，学校召开《税务培训》专刊信息工作会。会议对《税务培训》专刊的改版、栏目设置、信息员队伍建设等提出许多宝贵建议。会后，根据专刊有需求、需拓展、共促进的工作方针，成立编委会，建立通讯员制度，整合扩大专刊栏目。全年出版14期专刊。

【信息保障、后勤服务和安全保卫工作】制定信息化设备购置计划、确更新方案并组织实施，对学校的软硬件设备进行更新、升级。继续做好对办公自动化系统的完善工作，开展校园网升级项目的校内调研工作。

改善办公和教学环境，重点做好办公楼中央空调设备更新以及多个会议室的装修改造。做好物业外包项目的管理工作，加强对外包项目的监督巡检、督促整改；为教育培训以及市局在学校举办的重要会议、大型活动（如市税务工作会议，系统内新进公务员面试、军转干面试、浦东税务局科级干部竞聘面试，市局工会主办的体育赛事，市财政局高级会计师面试答辩会）等做好后勤保障工作。

贯彻落实安全工作要求，开展各类安全知识宣传和培训活动；增加消防设施，人防和“技防”相结合；加强安全检查力度，每月对校园内的消防设施进行一次全面检查和登记。全年没有发生安全责任事故。参加区公安消防支队安全信息平台的培训，加强与消防支队的联系。

（市局人事教育处供稿　张玉霖、石卫平、沈渝、石海燕、奚波君执笔

市税务干部学校供稿　田卫芳执笔）

党的建设和思想政治工作

【概述】2012年，市局党的建设和思想政治工作以推动科学发展、促进社会和谐、服务人民群众为目标，推进税务机关党建工作科学化、规范化和制度化，发挥税务机关党组织和党员干部的战斗堡垒和先锋模范作用，发挥共青团组织的生力军作用，为上海税收事业发展提供思想和组织保证。

【学习贯彻党的十八大精神】11月8日，组织全体党员干部收看十八大开幕式视频直播；根据《关于认真学习宣传贯彻党的十八大精神的通知》(沪党工〔2012〕87号)，11月20日，召开中心组（扩大）学习会，传达党的十八大会议精神，解读专题报告和辅导报告，党组书记庄晓玖就税务系统学习宣传贯彻十八大精神提出精心组织、深入研读和重在落实等要求。根据《中共国家税务总局党组关于全国税务系统认真学习贯彻党的十八大精神的通知》（沪国税党收〔2012〕15号），市局直属机关党委下发学习宣传贯彻党的十八大精神的通知，转发《中共上海市委办公厅转发〈市委组织部关于在处级以上领导干部中开展党的十八大精神学习培训的实施意见〉的通知》(沪地税党收〔2012〕96号)，结合12月的中心组学习，在税务干部学校分3批举办“上海市税务系统领导干部学习贯彻十八大精神专题研讨班”，组织184名副处级以上领导干部系统研读十八大文件。组织42名党务干部分别参加由国家税务总局、市委党校、市级机关工委组织的学习贯彻十八大会议精神培训班。根据《中共国家税务总局党组关于全国税务系统认真学习贯彻党的十八大精神的通知》（沪国税党收〔2012〕15号）和《关于全市组织系统认真学习贯彻党的十八大精神的通知》（沪地税党收〔2012〕91号），各基层党组织高度重视，结合实际，周密安排，精心组织，学习宣传，贯彻执行。

【创建学习型党组织（机关）】根据《关于进一步加强市级机关学习型党支部建设的意见》（沪党工〔2012〕09号），下发《关于开展2011—2012年度上海市学习型党组织（机关）创建考核申报工作的通知》，推进学习型党组织示范工程建设。开展以“立足岗位，提升能力”为主题的“创建学习型党支部、争当学习型党员”活动，上海市税务局机关各处室成立学习团队，通过领导导学、讨论促学等形式，提升党员干部的理论素养。根据《关于深入开展2011—2012年度上海市学习型党组织（机关）创建考评工作的通知》（沪党工〔2012〕53号），完成9个创建学习型机关、4个创建学习型组织达标单位的考核工作，完成百优学习型党支部（7个）、学习型党员（5位）的申报工作。8月10日，召开上海市税务局（部分单位）学习型组织创建工作检查考核会，上海市学习办和上海市级机关工委文明办的领导参加会议。结合“领导推荐书目”活动，为市局中心组成员和各分局的党办主任提供经济管理类、政治时事类等有关书籍近1500册。在税务青年中举办“自主开发辅助应用小软件展示赛”、热点税收政策 PPT 宣讲等比赛，配合开展征管改革实施意见调研等。

【创先争优】制定“窗口单位上半年度创先争优活动方案”，结合精神文明创建工作对窗口单位进行明察暗访。根据《关于开展民主评议党员活动的通知》（沪党工〔2012〕56 号），6 月，在市局直属机关全体党员中开展以“五带头”为主要内容的民主评议党员活动。直属机关共 91 个支部（包括离退休支部 9 个）、883 名党员参与评议。“七一”前夕，开展 2010—2012 年度“创先争优”专项表彰活动，推荐表彰 10 个“先进党支部”，22 名“优秀共产党员”（获奖名单附后）。6 月 29 日，召开创先争优活动表彰暨工作推进会。根据《关于转发〈关于做好创先争优活动总结工作的通知〉的通知》（沪地税党收〔2012〕43 号）和《关于做好创先争优活动总结工作的通知》（沪地税党收〔2012〕61 号），市直属机关各党支部听取社会评价，通过专题组织生活会、个别走访、召开座谈会、开展问卷测评、发放意见征询表等多种方式，广泛听取党员、群众和纳税人对本部门创先争优活动的意见和建议。经测评：党员评价满意率 99.6%，群众评价满意率 99.7%，纳税人评价满意率 99.2%。直属机关 82 个在职党支部共建立创先争优长效机制 102 个。

【帮困助学　城乡结对】帮困助学。与困难学生签约结对 82 名，其中因学生毕业后就业原因调整 15 名。从秋季起，每名学生根据不同年级分别增加 200 元至 500 元助学金。年度党员为结对学生捐款共 14.11 万元。城乡结对。发动基层单位为结对党支部洼港村销售桃子 2.56 万斤。利用中秋、春节重大节日，组织基层党员干部上门慰问洼港村结对困难户 20 户，送上慰问金及生活用品等共计价值 6 万余元。元旦、春节期间组织各单位党组织为困难党员和老党员帮困送温暖，慰问老党员、困难党员 239 人，送上慰问金共计 19 万余元。市局直属机关党委使用党费 2.6 万元，慰问生活特别困难和生重病的党员 26 人。在青年中开展“快乐志愿情、公益我先行”微公益大赛，组织“冬日阳光”佳节送温暖行动，举行“点亮心愿、相伴成长”活动，开展深入推进对创业青年的税务咨询结对工作等。

【文明单位（机关）创建】根据市级机关工委文明办的有关通知精神和市局精神文明建设年度工作计划要求，对本系统预申报 2011—2012 年度上海市级文明单位的，在其自查自评基础上，组织检查人员进行明察暗访和文明单位稽查考核。规范税务系统文明创建档案管理制度。完成 2011—2012 年度上海市文明单位网上申报工作，推荐申报第十六届（2011—2012 年度）上海市级文明单位 21 家，正式申报 2011—2012 年度上海市税务系统文明单位 79 家。制定《关于进一步推进市局文明机关创建的工作方案》，召开文明机关创建工作动员会和文明机关创建工作推进会，副局长胡兰芳就推进文明机关创建工作提出具体要求。建立文明处室创建工作联络员制度。拟定《上海市税务局机关文明处室评选办法》。年末以综合展板形式，在机关大楼内展示文明处室的创建工作成果，组织召开市局机关文明处室创建工作交流会，开展市局文明处室评选工作。

【税务文化建设】（1）思想教育。组织干部参观“城市新印象（2007—2012）”大型主题展，开展“科学发展在上海”图片资料图片宣传工作，组织党员干部观看《雨中的树》等专题电影（《关于转发〈中组部办公厅关于组织观看电影《雨中的树》的通知〉的通知》）（沪地税党收〔2012〕81 号），开展《李林森的故事》的发放和学习工作（《关于转发中组部办公厅〈关于做好《李林森的故事》发行和学习工作的通知〉的通知》）（沪地税党收〔2012〕53 号），发动党员干部带头参加读书思廉、文艺创作、演讲交流、知识竞赛、书画展示等文化活动。（2）“十佳”好人好事评选。在全系统展开以党支部为单位，评选推荐个人类、集体类“十佳”好人好事的活动，12月参加上海市文明办举办的上海市社会主义精神文明好人好事申报工作，推荐长宁区货物劳务税科科长黄树宏同志等先进事迹参选。（3）“税务核心价值理念”征集评选。结合“坚定理想信念”主题教育，4月起在全系统开展“税务核心价值理念”征集评选活动，7月13日开展上海市税务系统“倡导核心价值，共建和谐文化”演讲选拔赛。黄浦区税务局陆静望荣获演讲比赛一等奖，闵行区税务局赵燕华、闸北区税务局姜玲荣获演讲比赛二等奖，三分局张潇涵、静安区税务局汪戎戎、稽查五局周晓俊荣获演讲比赛三等奖。黄浦区税务局陆静望代表上海市税务局参加市级机关工委组织的市级机关系统公务员演讲大赛，并荣获演讲比赛三等奖。组织编写《上海市税务系统“倡导核心价值，共建和谐文化”演讲选拔赛资料汇编》。（4）开展关于社会主义核心价值体系的专题调研。在青年干部中打造“税务青年文化讲坛”品牌，年内举办5次讲坛活动。

【代表选举与推荐】做好党的十八大代表、上海市第十次党代会代表及市两会代表候选人推荐和选举工作。2月初在广泛征求党员意见的基础上，推荐16名同志为市级机关出席党的十八大代表候选人；4月推荐庄晓玖、林子瑜两位同志为市税务局直属机关系统出席市十届党代会代表；9月17日至26日，组织市局直属单位选举，推荐顾炬为市级机关系统市第十四届人大代表；10月26日至12月，确定庄晓玖、韩曙为上海市十二届政协委员。

【党务公开】制定机关党组织《关于党的基层组织实行党务公开的实施方案》，在内门户建立“学习园地”和“党务公开”专栏。完善公开制度，丰富公开内容，创新公开形式，提高党务公开的针对性和有效性。

【党支部分类定级】落实上海市委组织部《关于在创先争优活动中做好基层党组织分类定级工作的指导意见》，市局直属机关党委制定《市税务局直属系统党支部分类定级综合考评办法》。经各支部自评，各单位党组织复核，市局直属机关党委综合定级，91个直属基层支部中，45个支部定为“好”，占总数的50%；46个支部定为“较好”，占总数的50%。

【党员发展】按照“坚持标准、保证质量、改善结构、慎重发展”的原则，全年培训入党积极分子22名，经考核均取得良好以上成绩。发展新党员21名。

【区域化党建】市局直属机关党委与徐汇区天平街道党工委结为“文明天平同创共建联盟”。9月24日，市局直属机关党委签约参加“徐汇区区域党建促进会”。12月4日，与宛平居委党总支正式签订“共建协议”，明确每年参加社区交通文明志愿者等公益活动为市局机关党员的义务。

【民革税务支部】年内民革市委换届选举中，民革税务支部的韩曙当选为民革市委委员，并被推荐为第十二届市政协委员。民革税务支部发展1名新党员。向有关部门上报“落实好对微小企业的扶持政策关键在于优化服务”等3篇建言献策论文。

【团委工作】年内上海市税务局团委以“青春榜样”“共享青春”“唱响青春”“献礼青春”“活力青春”五个版块为主线开展“与祖国共奋进、与事业同发展”主题教育活动。开展市级青年文明号创建系列活动、“青年五四奖章”公开评审暨先进事迹宣讲会。邀请上海市税务局局长顾炬等领导与120余名团员青年面对面沟通交流。举办“超值影音·快乐随行”系列文化推广活动72期。市税务局团委荣获团市委“2011年度上海青工系统先进团组织标兵”称号，荣获团市委颁发的2011年度“上海共青团牵手行动”优秀组织单位和优秀项目奖；荣获2011—2012年度“上海青年志愿者工作优秀组织奖”，荣获2012年度“上海共青团新媒体工作特色集体”奖。上海市税务局团委组织的“上海市税务青年志愿者总队”荣获“2010—2011年度上海市志愿服务先进集体”称号，上海市税务青年志愿者服务总队、浦东新区税务局一所综合服务组、杨浦区税务局一所、奉贤区税务局青年团队、宝山区税务局第十二税务所青年文明号荣获“上海市青年五四奖章（集体）”光荣称号，上海市税务局团委“点亮心愿”网络爱心义卖活动荣获“上海青年志愿者优秀项目奖”和“上海共青团新媒体工作特色项目”奖。宝山区税务局十二所、闸北区税务局一所等10家单位被授予“青年文明号示范街城先进单位”牌匾，三分局团总支荣获2011年度“上海市五四特色团委”称号，黄浦区税务局一所团支部荣获2011年度“上海市五四红旗团支部”称号。

附件

先进党支部名单

税务稽查一局第四党支部
税务二分局第二税务所党支部
税务三分局第一税务所党支部
税务稽查四局第五党支部
税务稽查五局第五检查所党支部
税务稽查六局第五检查所党支部
税务干部学校教学党支部
市局货物劳务税处党支部
市局人事教育处党支部
市局离退休党支部

优秀共产党员名单

董伟艺　税务稽查一局工会副主席
杨　勇　税务稽查一局第一检查所科员
张圣华　税务二分局第三税务所科员
张　丽　税务二分局第四税务所所长
李长峰　税务二分局第二检查所副主任科员
沈　芬　税务三分局第七税务所科员
傅国琴　税务三分局第三税务所科员
陆洪祥　税务三分局征收管理科副主任科员
冯耀民　税务稽查四局第三检查所副主任科员
屠惠琴　税务稽查四局第七检查所副主任科员
冯　硕　税务稽查五局第六检查所科员
吴建玲　税务稽查五局案件审理科科长
朱　毅　税务稽查六局信息科科员
李　俊　税务稽查六局人事教育科科员
胡越川　税务干部学校教学与科研部教师
沈　林　税收科研所第三研究室科员
邹晓东　市局办公室副主任科员
唐莲萍　市局政策法规处主任科员
俞吉平　市局货劳处主任科员
金　亮　市局征管科技处主任科员
杨敏庸　市局稽查处副调研员
王水根　市局退休干部

（市局机关党委办公室（思想政治工作办公室）供稿　陈文馨执笔）

财务后勤

【概况】 2012 年，全市税务系统财务工作按照法治化、专业化、科学化、精细化发展要求，推进各项财务管理改革，围绕预算管理核心，努力探索“预算编制、预算执行、政府采购、资产管理、决算编报”的有效循环，提高财务管理水平。年内，后勤保障工作立足于加强机关食堂管理、机关大楼安全保卫，严格公车管理，开展后勤文化建设，为机关的安全运行提供保障。

【成立预算审核领导小组】 健全共同理财机制，贯彻厉行节约，规范经费支出，提高资金效率，从源头上完善预算管理，市局于 8 月成立本市税务系统预算审核领导小组。领导小组组长由分管财务工作的局领导担任，组员为财务处、办公室、人教处、督察内审处、征管科技处、纳税服务处等部门的主要负责人。主要职责是：在上报市局局务会议前，负责对国、地税预算编报口径进行审核；负责对国、地税上报预算进行审核。预算审核领导小组成立后，于 8、9 月先后完成制定《上海市税务系统预算审核领导小组工作规则（试行）》（草案）；拟定 2013 年全系统共性化人员经费、公用经费、项目经费编制标准、口径；审核 2013 年度国、地税部门“一上”预算（草案）和个性化项目支出预算。

【国库集中支付范围扩大】 1 月起，全市所有地税预算单位的财政性资金均按照市财政要求全部纳入国库集中支付范围；国税国库直接支付范围进一步扩大，由仅限于基本建设项目扩大到公用经费中 200 万元以上政府采购项目。国库集中支付范围的扩大，减少在途资金量，降低财政资金运行成本，提高资金的到位速度，强化预算执行的过程控制，是财务改革的一项重要措施。

【公务用车专项治理】 6 月底前，按照税务总局和本市统一部署，对超编、超标等违规车辆提出纠正处理方案并督促落实，其中：违规借车全部清退，超标车辆按程序公开拍卖，对政策内允许继续使用的超编、超标车辆按要求提出继续使用申请。7 月，根据税务总局要求，市局核定下达本市国税系统单位一般公务用车、执法执勤用车编制；8 月，根据上海市机管局和财政局要求，上海市局组织全市地税系统开展一般公务用车、执法执勤用车编制核定申请工作；12 月，本市地税系统车编核定工作全部完成并批复各单位。

【固定资产管理】 明确市局机关固定资产分类管理职责，逐步理顺管理流程，不断改善基础管理。年内先后制定印发《上海市税务系统行政单位国有资产管理暂行办法》（沪国税财〔2012〕38 号）和《上海市税务系统事业单位国有资产管理暂行办法》（沪国税财〔2012〕39 号），会商上海市建交委、财政部驻上海专员办，在 5 月底前解决历史遗留问题——将车辆购置税费改革财产由上海市城乡建设和交通委员会划转入上海市国家税务局所属的浦东（原南汇）、普陀、嘉定分局。

【基建项目监管】 从项目审批、日常控制、信息管理三方面入手，强化监管。在项目审批方面，重点审核项目建设的必要性，加强项目投资总量控制；加强项目消防、报建、报监、施工许可等手续的报批手续，重视消防部门的审核意见。在项目日常控制方面，重点清项目、清结余，对已立项的，加快项目的实施进度；对完工项目，加紧办理项目验收、结算、决算等手续。在基建信息管理方面，按照税务总局部署，于年底前完成国税网络版财务管理软件基建模块上线各项工作，包括搭建测试模拟环境及测试、对本市国税系统相关财务人员集中培训、搭建正式运行环境、项目历史数据录入等。

【国税系统基建项目管理情况专项检查】根据税务总局要求，9月中下旬财务处组织对截至8月底的国税基建项目开展专项检查。检查内容包括：立项、开工、调整的审批手续，项目执行的规范和进度情况，项目资金的管理等。检查工作采用各单位自查和市局抽查相结合的方式。市局重点抽查浦东新区国税局、宝山区国税局、杨浦区国税局3个单位6个基建项目。经检查，未发现问题。

【发票印刷服务政府采购招标】2月，市局与上海市政府采购中心密切配合，完成本市新一轮国、地税普通发票印制项目招标采购工作。通过组织公开招标，确定2012—2014年本市普通发票50个票种的印制供应商和价格，为本市2012年开展国、地税普通发票换版工作打下基础。

【金税三期政府采购活动】5月，完成金税三期工程国税系统省内广域网线路运营商的采购工作，经公开招标确定今后五年金税三期本市广域网线路运营商，也为本市金税三期工作的推进提供保障。8月，完成金税三期的地税项目网络配套及安全设备的采购工作。发挥国地税合一的组织优势，在地方财政部门紧密协调下，既配合金税三期主工程进度，又补齐税务总局配发设备存在的缺口。

【信息化项目政府采购调研】由财务处牵头，邀请上海市财政局、上海市经济信息化委员会、税收科学研究所及征管科技处、浦东分局、普陀分局共同对政府采购工作中的难点——信息化政府采购项目进行课题调研，调研历时6个月。通过对问题进行梳理，探析深层次原因，提出整体化的解决方案及改进建议，形成15000余字的调研报告。调研报告提出在以项目管理为核心的管理体系下，建立税务局软件知识库和合同管理平台，健全立项审批制度、定价估算制度、信息监理制度、竣工验收制度、绩效评价制度和合同管理制度的全新运行模式的设想。

【固定资产、政府采购、财政票据专项检查】为检验各单位固定资产、政府采购、财政票据管理情况，财务处于11月下旬至12月中旬组织对系统内全部预算单位进行专项检查。固定资产方面重点检查制度建设、专人管理、“账账、账实”一致性、配置和处置手续规范性等情况；政府采购方面重点检查制度建设、档案管理、车辆保险加油维修采购、批量集中采购、协议供货二次竞价、办税员培训政府采购、优化管理措施等情况；财政票据方面重点检查制度建设、票据购买、发放、登记、使用、保管等情况。通过检查，了解各单位对各项管理要求的落实情况，了解各项管理中的困难和薄弱环节，既作为2012年度行政信用等级考核的重要参考依据。

【财务专项培训】财务处先后组织基层财务人员参加税务总局举办的基建管理、政府采购管理和财政部上海专员办举办的综合财政管理等各类财务专项培训。其中，财政部上海专员办于10月上中旬为本市国税系统基层预算单位举办综合财政管理培训。课程包括财务会计准则、预算编制及执行、资产日常管理、国库集中支付、银行账户实务操作、“小金库”治理等。参训人员达70余人。

【机关食堂管理】采取措施控制成本。成立采购组集中采购副食品，直接降低成本超过三成。调整菜品结构，坚持每周召开菜肴供应例会，实现群众满意与成本控制的动态平衡。硬件升级改造。改造全部厨房炉灶，大修冷库，更新收费拉卡系统，推出大屏幕菜单和自动筷子消毒机。开展比厨艺、比卫生劳动竞赛。经卫生主管部门认定，卫生状况持续保持“良好”状态。年内被评为徐汇区餐饮服务食品安全示范单位。

【机关大楼安全保卫】加强日夜巡检，做到防患于未然。根据机关大楼安全应急预案要求，开展设备检查和演练，落实机关大楼全员消防逃生及扑灭明火实战演练工作。对128只摄像监控系统进行4次维护保养并更换、修复配件19处，参与上海市局重大活动保安工作7次，会务保安57次，接处红外线报警64次，开展大楼保安检查12次，接待会客登记2800余人次，日常巡查关闭应关未关门窗79次。

【公务车辆管理及节能减排】严格执行公车“三定”（定点维修、定点保险、定点加油）制度和“一车一卡”制度，按时报告单车油耗核算情况，制定并执行节假日统一管理制度，严控公车费用支出。全年车辆保养维修费用与预算持平；耗油费用、停车费用比预算略有节约。对司机加强职业道德教育，定期召开安全例会，强化安全意识。年内公务派车870余次，行车80万公里，确保无事故。响应上海市政府号召，完成用电分项计量系统一期工程的安装工作，为今后系统性落实节能减排奠定基础。

【后勤文化建设】加强培训提高技能。先后组织3批一线员工外出学习培训，提高一线员工岗位技能。7月，面向各基层分局，举办上海税务系统首期节能减排培训班，得到基层好评。文体活动凝聚团队。年内在全系统羽毛球比赛中，取得团体赛16强的好成绩。10月，在上海税务系统第一届运动会上，机关服务中心入场式方阵全部由来自一线的司机、炊事员、保安、礼仪组成，荣获入场式评比一等奖。

（市局财务处供稿　杜轩执笔

市局机关服务中心供稿　夏峥嵘执笔）

科研、学会、协会

【概况】2012 年，税收科学研究工作以健全制度筑规范、有的放矢抓重点、以人为本促和谐、党政齐抓上水平为工作重点，稳步提高科研质量，推进地方志编纂工作，完成刊物编辑出版工作。学会工作围绕成立上海市税务学会、上海市国际税收研究会，完成各项筹备工作。注册税务师管理工作围绕税务师事务所和注册税务师的管理、年检，探索行业法制建设，加强信息化水平，促进行业健康发展。

【科研课题】围绕税制改革、优化纳税服务、完善内控机制等中心工作组织开展课题研究。全年共有立项课题 8 个，非立项课题 3 个。立项课题中包括上级部门下达 4 个，招投标中标课题 2 个，市局处室委托课题 2 个，非立项课题主要是参与市局处室课题 3 个。除 3 个跨年度课题外，其他课题完成结题归档，课题质量稳步提高。

【落实上级部门下达课题】全年共承接税务总局税收科学研究所的重点课题“全球化条件下中国金融税制取向研究”、中国税务学会课题“进一步完善税收制度的研究”和“依法行政框架下的纳税服务研究”、中国国际税收研究会课题“‘走出去’企业税源监控及税收征管精细化的国际借鉴研究”4 个。经过科研人员的潜心研究和深入调研，中国税务学会的 2 个课题在全国课题交流中均被评为优秀论文，税务总局税收科学研究所重点课题也得到相关部门领导的高度评价，并在总报告及专著分工上向上海重点倾斜。

【2 个课题在课题招标中中标】年内，参加全国哲学社会科学规划办、上海市哲学社会科学规划办、市政府发展研究中心的课题招标，共有 2 个课题在上海市哲学社会科学规划办的“加快上海文化产业发展研究系列”课题中标，分别为“上海试点税制改革对文化创意产业的影响和对策研究”和“转企改制后上海文化企业提升竞争力研究”。截至年底，2 个课题按照要求完成调研和初稿。

【市志税务分卷编纂工作】按照上海市地方志办公室的要求，上海市志税务分卷的编纂工作有序推进。7 月 3 日，市局召开动员大会，副局长许建斌、胡兰芳分别在会上作动员部署，成立编委会和编纂室，正式启动编纂工作。根据市局主要领导指示精神，税收科学研究所派出副所长金亚萍等 6 名科研骨干作为主要力量参加编纂工作。第一步收集资料，制作 2006—2010 年电子卡片和资料长编。通过培训、联系、辅导、帮助相关处室，截至年底，编纂室共制作完成 2006—2010 年电子卡片 1389 张，资料长编字数 133. 58 万字，有关业务处室制作电子卡片 853 张和部分表格，资料长编字数 128. 39 万字。

【《上海税务》】全年完成 6 期《上海税务》杂志的编辑出版任务，刊出各类文章近 120 篇，总字数为 40 万字。

【《税收经济文摘》】围绕税收经济的热

点、重点和难点问题，编辑出版《税收经济文摘》12期，共摘编各类文章60篇，其中经济类33篇，税收类27篇，总字数达到16万字。

【筹备成立市税务学会和市国际税收研究会】3月9日，市局召开党组会议，决定成立上海市税务学会（以下简称“市学会”）、上海市国际税收研究会（以下简称“市研究会”）筹备工作领导小组，明确筹备组组长及相关组成人员，明确筹备市学会、上海市研究会的日常工作由上海市税收科学研究所（以下简称“税科所”）负责。3月12日，税科所召开所长办公扩大会议，成立由所主要负责人挂帅、所其他领导及相关部门负责人参加的推进工作小组。3月21日，上海市学会、市研究会筹备组召开第一次全体成员会议，就筹备申请书、章程草案和发起人建议名单等事宜进行商讨，确定上海市学会、市研究会领导人建议名单以及发起人建议名单由市局人教处提出报市局主要领导审定。4月8日，召开市学会、市研究会发起人会议。根据学会成立的程序规定和格式要求，起草完成《关于筹备成立“上海市税务学会”的申请》《关于筹备成立“上海市国际税收研究会”的申请》。按照市社会团体管理局（以下简称“市社团局”）对社团章程的要求，起草完成《上海市税务学会章程（草案）》《上海市国际税收研究会章程（草案）》。4月28日，筹备组正式向上海市社会科学界联合会（以下简称“市社联”）递交了市学会、市研究会的筹备申请书、章程草案、发起人和拟任负责人等材料。5月4日，筹备组将社团资金来源证明、场所使用权证明、挂靠单位同意证明等补充材料送交市社联。市委宣传部根据市社联的初审意见，进行审核并同意。6月4日，市社联批复同意市学会、市研究会的筹备申请，通过了市学会、市研究会的验资报告。6月12日，召开发起人扩大会议，就会员、理事推荐、发起人出资等事项进行部署。8月1日，筹备组将有关筹备申请材料报送上海市民政局（社团局）审批。9月14日，经上海市民政局（社团局）批复同意，取得《准予筹备社会团体决定书》。9月17日，按照市社联的要求，将筹备完成的申请成立所需申报材料交市社联审批。经市社联审批取得《关于同意上海市税务学会成立的批复》（沪社联〔2012〕110号）和《关于同意上海市国际税收研究会成立的批复》（沪社联〔2012〕112号）。

【召开市学会、市研究会成立大会】9月28日，市学会、市研究会成立大会暨第一届会员代表大会召开。中国税务学会会长崔俊慧，中国国际税收研究会顾问郝昭成，上海市国税局、上海市地税局局长顾炬，党组书记庄晓玖，上海市社联党组书记、专职副主席沈国明等领导出席会议。会议通过《上海市税务学会章程》《上海市国际税收研究会章程》和第一届理事会理事候选人名单，市学会、市研究会分别有117名理事当选。经选举，许建斌担任市税务学会会长，丛树海、张永祥、赵伟星担任副会长，龚炳生担任秘书长；周振家担任市国际税收研究会会长，吴立民、曹吉珍、储敏伟担任副会长，龚炳生担任秘书长。

【市局主要领导到市学会、市研究会调研指导工作】10月12日，市局局长顾炬率市局办公室、人教处、财务处、机关服务中心、税科所等部门和单位的主要负责人到市学会、市研究会调研指导工作，听取市学会会长许建斌、市研究会会长周振家的工作汇报，对市学会、市研究会的工作提出三点要求：加强学术研究，努力做到出好的研究成果；加强国内外信息的收集和上报，积极为领导决策服务；加强相关制度的建设，做好市学会、市研究会的常态管理。

【为税务师事务所颁发执业证】年内，为北京中瑞岳华税务师事务所有限公司上海分公司、北京天职税务师事务所有限公司上海分公司、北京中税网税务师事务所有限公司上海分公司、北京中税德庆税务师事务所有限公司上海分公司、上海益佳税务师事务所（普通合伙）、木兰英华税务师事务所（上海）有限公司、致同（北京）税务师事务所有限责任公司上海分所、上海君启税务师事务所有限公司、上海大公税务师事务所有限公司、上海仟一税务师事务所有限公司、安永（上海）税务师事务所有限公司、上海毕马威税务师事务所有限公司、上海昊鸿税务师事务所有限公司、上海百税税务师事务所有限公司、上海穗策税务师事务所有限责任公司颁发了执业证。截至年底，共有税务师事务所103家（包括外省市在上海设立的分所）。办理非执业转执业备案75人，办理执业转所备案61人，办理执业转籍备案46人。

【注册税务师行业发展】根据本市“营改增”试点的情况，对税务师事务所“营改增”试点总体情况及对事务所业务的影响、事务所的长远发展等方面进行专门调研，在排摸、分析的基础上向市局和相关部门提交调研报告。宣传贯彻落实总局67号公告及市局的有关规定，尝试在年初和年中对本市事务所开展涉税鉴证业务的情况进行专项统计，对本市税务机关受理鉴证报告的情况进行汇总和分析。2012年行业业务收入总额8.84亿元，比2011年增长42.43%，业务收入总额超过1000万元的事务所达到20家。

【税务师事务所及注册税务师年检】4月下旬开始，7月下旬结束。延续以往“由市局（纳税服务处）发文明确年检的工作，由税务机关、注税中心联合开展年检”的工作方式。前后分动员自查、审核检查、复审处理、总结公告四个阶段。年检内容包括事务所和执业注册税务师的执业质量、执业资格、执业行为等，特别突出执业质量、风险基金和服务收费等重点内容，发挥年检的监督引导作用。全市有87家税务师事务所及797名执业注册税务师纳入检查范围。7月30日对首批年检合格的84家税务师事务所及782名执业注册税务师通过《解放日报》《第一财经日报》、“上海税务网”、注税中心网站和办税服务厅同时向社会公告。对汇兴、国瑞、至清3家事务所做出限期两个月整改的处理，在注税中心网站上予以公告。年检工作结束后，及时办理年检后续工作，规范执业管理。

【注册税务师行业管理制度专项检查】根据《国家税务总局关于全国税务系统开展贯彻落实注册税务师行业管理制度检查的通知》（国税函〔2012〕380号）文件精神，配合市局纳税服务处、监察室开展贯彻落实注册税务师行业管理制度的专项检查。全市60家税务师事务所列为这次检查对象，占全市98家税务师事务所的61.22%。在税务师事务所自查的基础上，市局纳税服务处、监察室和注税中心一起组成专项检查小组，从列为检查对象的税务师事务所中抽取10家单位，于10月中下旬进行抽查，形成专项检查总结，上报市局和税务总局。

【子网站建设】配合市局网站改造，完成对注税中心网页进行全面改版，更新网页内容，对重要工作流程（上海市税务师事务所设立审批办理流程图、上海市税务师事务所重大事项备案办理流程图、上海市注册税务师非执业备案办理流程等）、行业法规政策、税务师事务所的状况等及时更新，实现与税务总局网站的联动与有效链接。从便民服务，公开办事程序出发，探索设立事务所网上预约登记，对注册备案中常见的问题，结合相关规定编制《常见问题答疑》，方便办事人。

【注册税务师行业法制建设】在调研的基础上，在税务总局纳税服务司、市局领导和相关职能部门的通力支持下，通过和上海德勤税务师事务所、华东政法大学合作，对国内外、相关行业的涉税中介法制建设进行总结、归纳、分析，探索建立符合中国国情的注册税务师行业的法制建设框架，夯实行业发展的理论基础。专项工作完成前期调研、资料搜集，初稿基本成型。

（上海市税科所、上海市税务学会、上海市国际税收研究会、上海市注册税务师管理中心供稿　郑伟、戚玉良执笔）

第四篇

基层税务工作

浦东新区税务局

【概述】2012年，浦东新区税务局（以下简称区局）履行为国聚财、为民收税的神圣使命，围绕服务科学发展、共建和谐税收的工作主题，坚持依法治税，全力以赴落实营业税改征增值税（以下简称“营改增”）试点和落实各项税收优惠政策，依托信息化支撑，推进税收风险管理和税源专业化管理，探索征管模式，改进和优化纳税服务，较好地完成全年工作任务。

【税收特点分析】全年完成税收收入2069亿元，同比增长6.8%。主要特点：一是第三产业占比继续提高。全年第三产业实现税收收入1372.6亿元，占全年税收收入的66.3%。二是各税种收入有增有减。其中，由于“营改增”试点，增值税增幅达22.8%，营业税则下降20.2%。三是重点企业纳税贡献较大。2012年纳税亿元以上企业305户，实现税收1088.8亿元，占新区税收总量的52.6%。新增纳税亿元以上企业多集中在商务服务业、交通运输业以及房地产业。

【营业税改征增值税试点】1月，区局细化试点工作预案和实施方案，开展政策辅导宣传，做好各项措施的落实工作。2月1日，上海市“营改增”试点企业第一张税单在区局顺利开出。区局在开展政策辅导培训基础上，面向浦东新区政府职能部门、各街镇开展税收政策宣讲，集中走访重点行业和重点税源企业，了解和掌握企业需求，帮助企业解决实际困难。加强对试点企业税负变化情况跟踪分析，做好超税负企业的扶持工作，及时办理增值税即征即退手续。加强“营改增”预警风险管理工作，对货物运输、货物运输代理等高风险行业组织开展核查工作。截至年底，共组织2.53万户企业参加试点。

【税收法治】开展以案说法宣讲系列活动，建立依法行政工作点评机制。组织开展《行政强制法》学习和宪法宣传周专项活动，增强干部学法、用法、守法的自觉性和主动性。筹建依法行政工作机构，加强对依法行政工作的组织领导。鼓励和支持企业技术创新，转型发展，全年有3778个项目享受研发费用加计扣除政策，加计扣除额达70.87亿元。落实国家重点扶持高新技术企业所得税优惠政策，为511户企业减免税40亿元。配合上海市财政局完成高新技术成果转化项目等市级财政扶持政策兑现初审工作，有213户企业享受财政扶持政策，扶持金额1.78亿元。贯彻小型微利企业减免税优惠政策，认定小型微利企业24196户，减免税0.44亿元。做好支持和促进就业有关税收优惠政策的具体实施工作，有13户企业享受该项企业所得税优惠政策，涉及金额634.33万元。做好非营利组织免税资格认定工作，有235家单位获批享有非营利组织免税资格。为非居民享受税收协定优惠待遇，及时办理审批或备案手续，减免税额16.25亿元。做好个人所得税费用扣除标准调整政策落实工作，633万人次税收负担有不同程度降低。通过落实增值税、营业税起征点的调整，个体工商户税负同比下降14.47%。贯彻落实农产品流通领域免征增值税政策，发挥税收在调节经济、改善民生方面的职能作用。贯彻落实零税率应税服务免抵退税政策，做好跨境贸易人民币结算业务出口退税试点。

【税种管理】完善税种税目核定标准，建立税种核定管理制度，提高税种核定质量，夯实征管基础。做好增值税专用发票网上认证推广工作，提高网上认证的使用率和普及率。加强出口退税审核质量管理，重点审核出口业务的真实性，结合典型案例学习，不断提高审核质量和效率。全年累计审核出口退（免）税 429.19 亿元，同比增长 4.6%，办理退税 299.72 亿元。做好 2011 年度企业所得税汇算清缴工作，全年缴纳企业所得税额 583.43 亿元，实际补（退）所得税额 127.61 亿元。加强企业所得税核定征收管理，核定征收企业数量呈现下降趋势。全年审核跨境支付 847.5 亿元，征收非居民企业税收 69.23 亿元。做好年所得 12 万元以上自行申报工作，申报人数达 23.3 万人，补缴个人所得税 5448.82 万元。认真做好专案和重点案件的查处工作，打击违法犯罪行为，维护税收秩序，全年查补税款 1.86 亿元。

【推广研发费用加计扣除操作规程】2009 年开始，区局与区科委探索联动机制，研究制定《浦东新区企业研发费用加计扣除操作规程》，进一步规范操作程序，减轻纳税人办税负担，有效推进研发费用加计扣除政策落实。9 月 13 日，上海市税务局、上海市科委联合发文，将该操作规程推广至全市。

【纳税服务】依托信息化支撑，不断完善涉税事项受理窗口设置统一、涉税业务操作规范统一、涉税事项内部流转处理程序统一工作，将大部分涉税事项转至办税服务厅集中受理，下放审批权限，从机制上推进“阳光办税”，减轻纳税人的负担。网上办税在外高桥保税区基本实现全覆盖，并推广至张江、金桥、临港等重点区域，方便纳税人办税。探索服务手段平台化，服务平台品牌化，服务品牌系列化路子。组建专职纳税服务所，从事税法宣传、纳税咨询、权益保护等专业化的纳税服务工作，形成以“劳模匡大姐”税务咨询工作室、68812366“赵祯纳税服务热线”、《浦东时报》税法专栏、浦东市民税法讲坛、浦东税务纳税人学校为一体的“五个一”服务品牌。探索实行涉税事项专业化审批，4 月，区局采取“先办后审，先批后核，核批分离”模式，对部分涉税事项实施集中审批。采取单点和多点两种审批方式，实现面上审批提速，点上审批高效。至年底，对 16 个所得税事项和 9 个发票类事项实施专业化集中审批，提高办税效率，减少纳税人办税成本。组织开展 2010—2011 年度纳税信用等级评定工作，评出 A 类纳税人 331 户，激励纳税人自觉依法纳税，共同建设社会信用体系，根据不同信用等级，实施分类管理，增强征管工

2012 年 6 月 6 日，浦东新区税务局在税收宣传月举办税务开放日活动

作的针对性。与部分企业签订税收遵从协议，规范税企双方的权利和义务，增进互信合作，提高税法遵从度，防范税务风险。

【成立“劳模匡大姐”税务咨询工作室】6月中旬，以上海市先进工作者、全国巾帼建功标兵匡成萍名字命名的“劳模匡大姐”税务咨询工作室正式启动，为纳税人提供面对面的涉税政策咨询和维权服务，至年底共接待纳税人咨询4370人次。

【税收征管】推进税收风险管理，组建专业化和实体化运作的税收风险分析监控机构，编撰工作手册，指导风险管理工作。开展增值税及增值税专用发票和出口退税风险预警，防范大案要案和恶性案件的发生，提高风险管控质量和水平。以税源分类分级为原则，对管理对象和管理职责实施科学分类，不断深化和完善税源管理组织体系建设。继续对行业特征明显的汽车、房地产、融资租赁等行业，实行专业化集中管理。围绕落实全国普通发票简并要求，区局启动为期3个月的普通发票简并工作，制定《普通发票简并工作分时间进度表》，细化分解任务，明确时间进度，加强宣传辅导。至7月底，共完成38921户企业普通发票缴销任务，完成率达99.70%。

【组织开展第21个税收宣传月活动】4月，区局组织开展第21个税收宣传月活动，邀请部分大型航运企业代表、航运研究专家、海事大学教授开展座谈，围绕税收如何促进浦东航运行业发展进行交流，该项目被市局评为“优秀创新项目奖”。会同浦东新区教育局开展“百校万人学税法”进学校活动，通过现场宣讲和青少年法制教育网校两种形式，组织学生学习税收知识。邀请浦东新区部分人大代表、政协委员、特邀监察员和企业代表，参加“税务开放日”活动，搭建起税务部门与社会各界沟通的桥梁。

【国际税收管理】夯实反避税管理基础，采取措施提高企业关联申报准确率，共有3252户企业进行关联申报。加大对1125户企业同期资料的审核力度，对10户有重大避税疑点的企业进行跟踪管理。开展反避税审核调查，对企业通过转让定价、受控外国企业或关联债权投资等形式的避税行为，进行调查审核。

【机构人员】区局承担浦东新区内企事业单位和其他经授权企业事业单位的征收管理职能。截至12月31日，区局内设副处级机构14个，即办公室（后勤管理科）、货物和劳务税处（财产行为税处）、进出口税收管理处、企业所得税处、国际税务管理处、收入规划核算处、纳税服务处、征收管理处、信息技术处、财务管理处、督查内审处、人事教育处、监察室、机关党委办公室（思想政治工作办公室），直属税务所39个。下辖稽查局（内设机构2个，税务所5个）、综合保税区分局（内设机构2个，税务所9个）、临港分局（内设机构2个，税务所6个）。区局在编干部1787名，其中副局级领导1名，正处级领导职务5名，正处级非领导职务2名，副处级领导职务15名，副处级非领导职务16名，正科级85名，主任科员75名，副科级领导134名，副主任科员407名。

【机构调整】促进临港地区产业发展，筹建临港税务分局，做好人员配备和各项工作衔接，确保工作不断不乱。根据综合保税区一体化管理的实际，做好外高桥保税区税务分局更名为综合保税区税务分局工作，调整相关税务所的机构管理体制，体现功能特征，服务“三港三区”联动发展。

【人事管理】开展科级领导干部轮岗交流，全年有79名科级领导干部进行轮岗交流，12名干部走上了正科级领导岗位，17名干部走上了副科级领导岗位，优化科级领导干部队伍结构。协助市局党组做好处级领导干部的提拔使用工作，9名干部得到提任使用。开展先进典型的宣传活动，发挥先进典型在管理中的示范和辐射效应。

【教育培训】围绕税收征管创新，推进干部队伍能力建设。委托扬州税院分两批对

2012年6月19日，浦东新区税务局“劳模匡大姐”税务咨询工作室成立，图为匡成萍同志接受纳税人的咨询

100多名处科级领导干部集中开展专项培训，不断提高处科级领导干部的专业能力、工作执行力和适应税收征管创新改革的能力。委托扬州税院对45名优秀业务骨干，进行业务技能和操作实务的培训，培养区局青年人才梯队。委托市局教育培训中心开展计算机实务操作能力培训，提高干部应用现代信息技术的水平。组织参加税务总局第三批企业所得税业务考试，提高干部业务技能，参考人员平均成绩位列全市税务系统第一名。

【纪检监察】执行中央关于改进工作作风、密切联系群众的八项规定，以良好的工作作风带动政风行风建设。抓好廉政教育，举办“为政清廉保纯洁”教育报告会，筑牢拒腐防变思想防线。开展《税收违法违纪行为处分规定》学习和自查自纠活动，加强“两权”监督，不断完善预防机制建设。加强税检联系，建立专业化预防职务犯罪合作机制。围绕提高政风行风建设水平，委托零点公司对基层税务所开展政风行风测评，覆盖全局54个税务所。测评结果显示，基层税务所政风行风建设得到社会各界的普遍认可。推进网上测评工作，依托税企互动邮箱开展“纳税人满意度网上测评”，接受纳税人监督。推行向纳税人述职述廉和公开政风行风评议情况活动，邀请纳税人代表、特邀监察员及街镇领导对基层税务所进行评议。完善政风行风建设外部监督机制，召开企业代表座谈会、受理网上投诉、定时开启举报箱、接听举报电话等，接受社会各界人士的监督，巩固政风行风建设成果。

【基层党组织建设】以学习宣传党的十八大为契机，举办专题辅导讲座，提高干部对党的重大理论问题的认识。创建学习型党支部，组织举办党支部书记培训班，提高党支部书记的履职能力。开展基层分局党总支公推直选工作，加强基层党组织建设。

【内部审计】对21个税务所组织开展巡视检查，以个别访谈、查阅学习记录、走访街镇政府和纳税人等形式，加强对基层税务所领导班子建设的监督检查，查找问题，督促整改，对上年巡视单位组织回访，强化基层组织的内部管理，提高依法行政意识。

【税务文化】区局与上海沪剧院签约共建国家非物质文化遗产（沪剧）传承基地，成立职工业余沪剧团，创作《为心服务》税务工作情景剧，宣传先进典型，推进税务文化建设。组织干部参加市税务系统首届职工运动开幕仪式，获入场仪式表演一等奖，展现区局干部良好的精神风貌。

（江青松）

黄浦区税务局

【概述】2012年，黄浦区税务局（以下简称区局）把握“服务科学发展、共建和谐税收”工作主题，融入和服务“创新驱动、转型发展”大局，抓好组织收入和依法行政“两项工作”，推进落实税制改革、完善税收征管、优化纳税服务、创新干部管理“四大重点”。面对国际金融危机以来最为严峻复杂的经济税收环境，全力组织税收收入，实现税收收入和区级财政收入预期目标。全面推进依法行政工作，构建科学高效工作运行体制，完善权力制约监督机制，将依法行政的理念及措施贯穿于各个方面、各个环节。克服“撤二建一”机构合并调整、人员减少1/4带来的较大压力，确定跨越发展规划，优化工作对接融合，抓好工作作风建设，确保“营改增”试点、税收征管改革、纳税服务工作、干部队伍建设等推进落实，兑现1+1>2的工作承诺。

【税收特点】2012年实现税收收入401.11亿元，比2011年增加31.30亿元，增长8.5%。其中区级税收137.57亿元，比2011年增加11.42亿元，增长9.1%，区级税收占到总税收的34.3%。在8个中心城区中（黄浦、徐汇、长宁、静安、杨浦、普陀、闸北、虹口），黄浦区税收总量排名第二，区级税收总量位居第一。（1）税收结构继续优化。其中：现代服务业实现税收300.22亿元，比2011年增长7.5%，占总量的74.8%。现代服务业中六个子行业：金融服务业实现税收53.15亿元，比2011年增长22.5%；专业服务业实现税收52.09亿元，比2011年下降0.6%；商贸流通业实现税收118.67亿元，比2011年增长1.6%；文化创意业实现税收43.19亿元，比2011年增长12.1%；休闲旅游业实现税收21.42亿元，比2011年增长33.8%；航运物流业实现税收11.71亿元，比2011年下降3.4%。房地产业实现税收63.73亿元，比2011年增长7.0%，占总量的15.9%。工业实现税收24.81亿元，比2011年增长20.3%，占总量的6.2%。建筑业实现税收9.95亿元，比2011年增长35.2%，占总量的2.5%。其他行业实现税收2.38亿元，比2011年下降20.4%，占总量的0.6%。（2）各税种较2011年有增减分化。其中：增值税94.91亿元，比2011年增收18.41亿元，增长24.1%；营业税54.07亿元，比2011年减收16.56亿元，下降23.4%；企业所得税123.14亿元，比2011年增收20.19亿元，增长19.6%；个人所得税69.65亿元，比2011年减收0.46亿元，下降0.7%；城建税10.61亿元，比2011年增收0.54亿元，增长5.4%；土地增值税17.35亿元，比2011年增收6.71亿元，增长63.1%；房产税16.95亿元，比2011年增收4.84亿元，增长40.0%；契税6.79亿元，比2011年减收3.61亿元，下降34.7%。（3）涉外税收增长较快，实现涉外税收202.29亿元，比2011年增加22.81亿元，增长12.7%，占税收总量的50.4%。（4）重点企业优势明显，全年税收超过500万元的企业共894户，合计缴纳税收336.87亿元，比2011年增长20.6%，占税收总量的84.0%。其中税收超亿元企业64户，比2011年增加2户，合计缴纳税收166.85亿元。（5）楼宇经济效应凸显，税收超亿元的商务楼宇57幢，合计实现税收211.65亿元，比2011年增长14.2%，占税收总量的52.8%。其中有3幢商务楼宇税收能级突破10亿元，合计实现税收51.66亿元。（6）截至2012年12月31日，区局税务登记户数38411户，纳税户数28576户，其中：内资企业15264户、港澳台投资企业1455户，外商投资企业2638户、个体经营户9219户。

【组织税收】应对经济下滑给组织税收带来的巨大压力，咬定税收增长目标不松劲，以提高组织收入管理质量为抓手，分解落实税收收入指标，抓好收入完成进度，确保税收收入“开门红”，全力实现税收“双过半”，抓紧四季度组织收入关键环节；挖掘税收增长潜力，完善协税护税网络建设，加强各税种专业化管理，抓紧房产项目土地增值税清算入库，强化房产税、印花税等地方级税种征收，加强纳税评估和开展企业税收自查，加大历史欠税压减力度；加强税收分析预测工作机制建设，剖析重点企业的经营和税收情况，测算税制改革、结构性减税、经济形势变化等对税收的影响，开展部分重点楼宇税收落地情况调查；制定重点税源企业监控管理办法，加强对重点企业税收预测、申报、入库、欠税的跟踪监控，组织部分大企业风险评估和年度税务遵从分析，抓好重点税源企业数据采集工作质量；配合落实招商、安商和留商相关工作，完善重点税源企业注销迁移预警报告机制，落实重点企业走访调研制度。

【税收法治】区局成立依法行政工作领导小组，召开内部和企业座谈会听取意见建议，梳理薄弱环节和关键环节，确定区局年度依法行政工作四大类37项具体事项，与行政信用等级管理重点项目的落实有机结合。坚持依法科学民主决策，完善区局领导班子重大决策程序，制定实施党组议事规则、决策“三重一大”议事规则等工作制度。组织《行政强制法》的培训和考核，提升全局干部法制意识和执法能力。规范税收行政裁量权，学习和实行上海市税务行政处罚裁量权实施办法及执行标准，避免随意执法、同案异罚和权力寻租等情况发生。开展年度税收执法督察和执法监察自查工作，对出口货物退（免）税管理、结构性减税政策落实情况、重点行业税收管理等进行重点检查，对纳税户歇业情况、税务行政处罚裁量权等进行行政监察，通过部门自查和区局重点抽查相结合确保督察和监察的效果。强化“两权”监督工作，对涉税事项办理的程序性和时效性、增值税专用发票管理等工作进行执法督查。

【营业税改征增值税试点】在部分现代服务业（有形动产租赁服务、鉴证咨询服务业、物流辅助服务、文化创意服务、研发和科技服务、信息技术服务业）和交通运输业实施营业税改征增值税试点，总体降低试点企业的税收负担，增强黄浦区现代服务业企业核心竞争力，支持和促进区域经济转型发展。开展税收政策宣传解读，帮助企业认识税改意义和掌握政策内容，召开部分区政协委员专题辅导会，向楼宇业主及街道经济口人员做宣传讲解，走访重点企业进行沟通，放大先行先试的政策效应。抓好资格认定、发票核定、税种核定、操作培训、系统发行、设备安装和发票发售七个重要环节，确保试点纳税人实现顺利购票、开票和申报。抓好政策效应分析跟踪，开展“营改增”试点政策效应、货代船代行业和鉴证咨询行业影响等专题调研，召开各类型企业座谈会全面了解落实效应。加强试点推进过程的情况跟踪反馈，密切关注企业纳税申报、涉税事项办理等状况，及时向市税务局和区政府汇报请示有关问题，妥善解决试点中出现的问题。做好相关政策措施的有机衔接，配合区财政局落实试点企业超税负财政扶持工作。实施征管环节的风险管理，组织纳税人参加规范使用增值税发票、提高申报正确率的培训，加强发票使用、纳税申报等情况的分析监控，严格增值税即征即退、超税负返还、出口退税、过渡性财政扶持政策等相关审核，密切关注各类异常情况，设立预警指标进行风险排序，组织开展针对性纳税评估。

【税收征管改革】围绕优化纳税服务和强化风险管理的“两轮驱动”总体要求，3月起分步推进税收征管改革工作，建立健全税收征管工作新模式。（1）按照行业、企业规模兼顾特定事项对税源进行分类分级管理，强化纳税服务和风险管理的针对性：设立重点税源管理所，及时全面掌握重点行业特点规律和重点企业经营情况，强化税源控管；及时了解重点企业发展动态，开展个性化纳税服务。设立一般税源管理所，以防控税收风险为抓手，在数据分析和纳税评估的基础上，实行差别化税源监控。设立小型税源管理所，加强个体工商户和专业市场的税源管理，完善街道协税护税网络建设。（2）加强专业化纳税服务机制建设，以征纳沟通为重点，逐步形成全员、全方位、全过程的大服务格局：组建区局纳税服务中心，设立纳税服务管理所，制定区局纳税服务工作规划和纳税服务投诉处理、税法宣传讲堂、政府信息公开、定点企业联系等工作规程，完善以纳税人需求为导向的纳税人需求采集、分析、响应、持续改进的内部循环机制。（3）突出税收风险管控的有效性，构建税收风险采集、风险分析识别、等级排序，风险任务应对推送和考核评介一体运作的税收风险管理架构：建立税收风险分析监控联席会议、风控办公室、风控中心、风险管理所、纳税评估所、税务稽查所、各管理所相互联动的税收风险闭环管理机制。（4）根据税源专业化管理运行要求，确定各职能税务所和税源管理所的工作职责和岗位设置，建立健全各项工作规程，制定风险管理、涉税审批等工作规程及各项税收业务操作标准，结合征管改革深化信息管税，完善和拓展征管信息辅助查询系统功能。改革推进过程中做好思想发动和宣传引导，使每位干部了解征管改革重大意义，正确对待权力和职责的重新划分，做到机构户管调整、人员岗位转换的平稳过渡。

【税务行政审批制度改革】将推进税务行政审批改革作为征管改革重要组成部分，下沉部分涉税审批项目权限至办税服务厅和税源管理所，简化审判流程，改进审批方式，提高审批效率，建立业务培训、日常管理、后续管理、工作纠错等配套制度。提升办税服务厅集约化办税功能，实行涉税事项办税服务厅统一受理“一站式”服务，提高当场办结率。

【税种管理】落实企业所得税汇算清缴工作，制订工作方案，细化各阶段工作内容和具体要求，抓好内外培训辅导和申报受理及审核两个关键环节，保证汇算清缴工作按时保质完成，汇算清缴面达到100%，清算补税24.92亿元，清算退税2.52亿元。抓好企业所得税汇算清缴后续管理，查处各类异常信息841件，经核实有问题449条，占到53.4%。补缴企业所得税及滞纳金合计1493.41万元。调整29户企业应纳税所得额，弥补亏损额4007.39万元。做好年所得12万元以上个人所得税自行纳税申报工作，通过短信平台、电话通知、发放宣传手册等进行广泛宣传，对申报人数多、申报数额大的企业提供上门送（收）申报表、预约申报等服务，抓紧完成进度的实时督办。截至3月底申报期结束，共有64921人申报，合计申报年所得额286.78亿元，应纳税额50.58亿元，申报补税2087.38万元。在企业所得税汇算清缴中实行个人工资薪金所得与企业工资费用支出比对检查，3650户企业通过自查补个人所得税、企业所得税及滞纳金合计743.88万元。在企业自查基础上汇总分析，对292户企业进行复核，补个人所得税、企业所得税及滞纳金合计94.37万元。加强出口退（免）税管理，梳理和完善相关管理规程和工作流程，整合统一具体操作方式。做好对出口企业的纳税服务，及时组织税收政策宣传辅导。开展预警指标异常企业评估，根据预警信息和评估指标筛选异常企业进行评估。规范出口货物异常预警函调操作程序，落实下户核查、复函处理等工作。全年共办理出口退税 178500 万元，其中，外贸企业办理出口退税 165268 万元，生产企业办理出口退税 13232 万元。

【纳税服务】 4 月，在全国税收宣传月活动中，组织“情系新黄浦，共促新发展”纳税服务品牌推介主题活动，介绍区局发展目标，揭幕税法宣传讲堂，与重点企业代表签订税收遵从协议，推介纳税服务品牌特色项目。市税务局党组书记庄晓玖，黄浦区副区长曹金喜出席活动并讲话，100 户重点税源企业代表应邀参加。通过办税服务厅、区域报刊和电视、税务网站、短信微博等载体营造税收宣传月活动氛围，通过举办座谈会、辅导会、走访调研、征集“金点子”、知识问答、摄影比赛等活动，将税收宣传引入企业、社区、学校和机关。开展纳税服务满意度调查，利用互动参与平台推送满意度调查问卷，收集纳税人对区局税法宣传、办税服务厅、纳税人学校等各种纳税服务举措和平台的意见建议。区局税收宣传月特色活动项目获市税务系统税收宣传月活动优秀组织奖。区局 4 个重点税源管理所在一季度先后在新浪网开设便民服务税务微博，税务微博兼具宣传、服务、互动的功能，成为政府信息公开的有效补充。规范微博信息发布的管理，明确信息内容、发布流程、反馈回复等环节的要求。打造税务微博的特色，开设“税务小喇叭”“税务一家人”“税务小管家”等板块。便民服务税务微博的粉丝数逐月增加，受到纳税人的欢迎。拓展税法宣传辅导的深度广度，开办税法宣传讲堂，举办 11 个专题 69 场讲课，其中 5 个周末场，共 4900 余人次参加。通过调查问卷、日常咨询、12366 咨询服务热线反馈、网上报名系统意见反馈等途径，建立讲堂受众需求数据库，使宣讲专题紧扣税收政策、贴近纳税人需求。在区局税务子网站上创立网上课堂，发布税法宣传辅导视频课件，方便纳税人下载学习，扩大税法宣传辅导的受众。加快税企互动参与平台推广应用，电子申报企业基本开通，通过宣传辅导提高企业的使用率。12366 远程咨询服务热线全年共接听咨询电话 29722 个，及时为纳税人提供税收新政、办税方式等咨询。发挥税收短信服务平台和黄浦税务子网站税收宣传作用，为纳税人提供针对性的即时税收信息。定期制作《黄浦税务专递》刊物，向纳税人提供最新的服务动态、政策解读等信息。重视纳税人的权益保障，完善纳税服务投诉管理，实行投诉处理全程跟踪，及时回应纳税人的关切。完成 17581 户纳税人 2010—2011 年度纳税信用等级评定工作，其中：A 类 149 户，B 类 14826 户，C 类 222 户，分别占总参评户数的 0.9%、84.3% 和 1.3%。无 D 类纳税人。因企业存续期不满 19 个月列入暂缓评定的纳税人有 2384 户，占总参评户数的 13.5%。

【税收风险防控管理】 在分析各类征管信息数据基础上，对企业风险点进行分类及排序，实施针对性风险应对措施：对较低风险的企业由相关税源管理所通过提醒提示帮助其消除税收风险，对中等风险疑点企业由纳税评估所开展纳税评估，对确实存在风险的企业进行实地调查核实或转由相关税务稽查分局处理。推行纳税风险提醒提示，通过发送涉税情况告知书、告知短信等方式提醒提示纳税人依法履行纳税义务。提高纳税评估专业化管理水平，制定纳税评估工作规程，拟定百货零售行业、基金公司等区域特色行业的纳税评估指南，充实纳税评估案例库。组织开展行业性日常评估、风险疑点企业应对评估、增值税发票风险应对和“营改增”风险防范评估等，共对 353 户企业进行了纳税评估，补税及滞纳金合计 4124.19 万元，调减增值税留抵税额 36.43 万元，调减企业亏损额3429.06万元，在评估中注重针对性税法宣传和政策讲解，帮助纳税人化解降低涉税风险。开展大企业税务风险管理工作，做好部分税务总局定点联系企业在沪主要成员企业税务风险评估后续管理工作，试点大企业税源监控定期分析制度。组织开展企业税收自查工作，有的放矢确定自查重点企业名单，开展自查企业政策咨询辅导，督促企业自查自纠各类涉税问题，通过企业自查合计补税31374万元。

【税收征管】落实纳税人跨区迁移税务登记集中管理工作，加强并联审批、联合年检、注销审批等工作的过程控管。做好非正常户认定、监控和公告等管理工作，定期向区工商管理部门通报信息，加强信息互通。落实发票“简并票种、统一式样”工作，完成包括“营改增”纳税人在内的全部旧版发票清理。加强申报准期率管理和催报催缴工作，做好“营改增”纳税人申报管理。加大清缴欠税力度，全面掌握欠税企业生产经营、资金运用、财务状况等情况，敦促其制订清欠计划，落实清欠责任。加强征管状况监控分析工作，围绕全面提升区局税收征管质效的目标，依托信息管税手段抓好各项征管质量指标落实，每月抽取相关数据进行分析评介，及时通报并落实整改，实行征管质量定期讲评会制度，加强对各税务所的分类指导。将税收征管状况监控分析与税源管理、征管基础、税收预警、纳税评估等有机结合，建立健全一体运作的工作机制。区局征管质量考评名列上海市税务系统前茅。

【信息化建设】整合完善安全保障、工作监督、管理服务、预警应急等制度，全面清点各类信息设备设施。落实征管改革、涉税事项审批权限下沉、内门户上线等工作的信息化配套措施，做好设备配置、网络调试、数据应用等工作。根据各业务条线的需求，设计管理和监控指标方案，编写实用的应用软件，做好数据抽取和综合应用。确保各办公地之间专用网络的顺畅，完成金税三期工程网络项目广域网线路建设。落实各项信息安全防护措施，组织信息系统应急演练和安全检查。提高二级运维管理质量，健全审核、通报、联动工作机制。

【机构调整】3月20日上海市税务局下发《关于调整上海市黄浦区国家税务局、上海市地方税务局黄浦区分局职能及机构设置和行政编制的批复》（沪国税人〔2012〕19号），调整区局职能及内设机构、派出机构和行政编制：撤销原上海市黄浦区国家税务局、上海市地方税务局黄浦区分局和原上海市卢湾区国家税务局、上海市地方税务局卢湾区分局建制，组建新的上海市黄浦区国家税务局、上海市地方税务局黄浦区分局，原黄浦区税务局和原卢湾区税务局职能由新组建的黄浦区税务局承担；内设机构为10个：办公室、货物和劳务税科、所得税科、收入核算科、纳税服务科、征收管理科、信息技术科、财务管理科、人事教育科、监察室，按有关规定设置机关党委办公室；派出机构在9个税务所人员整建制划出的基础上，从27个调减为18个；调整后行政编制核定为570名。4月，区局实施税收征管改革，确定18个派出机构（税务所）的职能：第一税务所负责税收征收。12个税源管理所，其中：4个重点税源管理所负责管理四级重点企业（第二税务所主管商贸业、制造业等，第三税务所主管金融业、餐饮业等，第四税务所主管房地产业等，第五税务所主管服务业等）；7个一般税源管理所负责管理非重点企业（第五税务所~第十二税务所）；1个小型税源管理所（第十三税务所）负责管理个体工商户等。5个专职功能税务所，其中：1个纳税服务管理所（第十四税务所）负责宣传辅导咨询等；1个风险管理所（第十五税务所）负责排摸税收风险点等；2个纳税评估管理所（第十七税务所和第十八税务所）负责纳税评估工作；1个税务稽核管理所（第十六税务所）负责涉税举报件处理等。12月，根据市税务局要求，区局设立纳税服务

2012 年 3 月 20 日，黄浦区税务局召开 2012 年党风廉政建设工作会议

和风险监控联席会议，下设纳服中心（与纳税服务科合署办公）和风控中心（与信息技术科合署办公）。先后调整机关党委、工会和团委的组织设置，2 月 10 日召开党员代表大会选举产生区局机关党委第一届委员会，6 月 19 日召开工会会员代表大会选举产生区局机关工会第一届委员会，9 月 26 日召开团员大会选举产生区局团委第一届委员会。

【人事管理】 做好部分干部调转及税务所和相关人员调整工作，做好干部选拔晋升工作，落实处级后备干部民主推荐、处级非领导职务晋升、系统青年科级领导干部公选、区局科级领导干部选拔和非领导职务晋升等工作，提任调研员 1 人、副调研员 1 人、正科级领导职务 1 人、副科级领导职务 5 人、正科级非领导职务 7 人、副科级非领导职务 14 人。573 人参加 2012 年度公务员考核，91 人评为优秀等级，其中 8 人记三等功。

【教育培训】 广泛征询各条线教育培训需求，确定区局年度教育培训计划。推动教育培训工作规范化、制度化，制定教育培训奖惩办法，建立兼职师资队伍，启动区局人才库建设。根据业务工作重点及不同层次、不同年龄干部的特点，采取“请进来、走出去”的办学手段，通过集中培训、个人自学和网络学习等形式，不断提升教育培训的质效。组织参加市税务局组织的科所长、后备干部、新任科级干部等培训班及市税务系统科级干部考统一试等，开展出口退税业务、会计二级达标、土地增值税政策、房产税业务等多层面自主培训项目。年内，处级干部培训 111 人次，科级及以下干部培训 9631 人次，年度人均培训天数 12.20 天。

【政务管理】 在“撤二建一”后，梳理整合各项规章制度，制定区局工作规则、督办检查、行政信用考核、人事管理、财务管理等一系列规章制度，注重整合提升，理顺职责分工，加强工作衔接，优化工作流程，健全工作规范。狠抓机关行政效能管理，搭建与征管改革相配套的行政运行快速反应平台，以任务下达、过程控制、目标评价、责任考核、后续问效等关键环节为切入点，建立健全专题工作例会、业务工作讲评会、区局领导听取基层呼声、加强科所工作联动等制度机制，细化工作责任和目标要求，开展督办检查，落实目标考核。加强信访工作管理，规范信访件处理流程，提高信访件处理效率。启动内门户网站推广应用工作，制定区局上线工作方案，9 月正式上线运行。围绕税收中心工作开展课题调研工作，共完成课题调研 27 篇。加强区局档案管理，建立档案管理网络，开展年度档案资料归档工作，完成税收资料档案化管理整合工作。加强安全保密防范，制定区局安全保卫工作管理规范，签订内部安全保卫责任书。做好后勤保障服务，职工食堂于 10 月开张运行，制定办公场所整合方案，落实办税服务厅装修项目。

【财务管理】 加强经费预决算管理，分析上年度经费收入支出情况，编制本年度全口径经费预算，统筹各类资金支出比例，优化国地税预算结构，抓好预算执行进度，严格“三公”经费支出审核。抓好财务制度的完善和落实，根据两局合并后的实际情况，修订经费支出审批、政府采购管理、固定资产管理、基建财务管理等制度，进一步明确工作职责、规范管理。稳步推进公务卡改革，完善公务卡报销办法。加强基建管理基础工作，财务科全程参与基建工程管理，抓好资金到位、项目验收、结算决算等工作，对财会人员加强基建会计核算的实务培训。落实政府采购工作，严格执行国、地税政府采购目录，根据预算完成年度政府采购项目。盘点资金资产家底，做好部分计算机设备调拨和固定资产报废处置工作。

【纪检监察】 贯彻十七届中央纪委七次全会和市纪委、区纪委、市局党风廉政建设会议精神，明确区局全年党风廉政建设工作任务和要求，召开风廉政建设工作会议进行动员部署。落实区局党风廉政建设工作领导责任和部门责任分工，进行党风廉政和政风行风建设责任书签约，履行“第一责任人”和“一岗双责”的要求，全年组织党风廉政建设责任制落实情况自查。加强廉政勤政教育，开展春节期间廉洁自律和厉行节约教育，3 月组织“为政清廉保纯洁”廉政教育月活动，落实每月的廉政教育内容。推进部门内控机制建设，完成基层税务所内控机制建设，梳理权力事项 366 项，排查廉政风险预警点 385 个，填写权力运行情况表 367 项，绘制权力事项工作流程图 374 幅，制定部门权力事项内部控制制度 20 项，做好内控机制建设制度汇编工作，参加市税务系统内控机制建设信息化推进课题研究。制定区局年度政风行风建设实施意见，明确工作目标，提出迎评措施。根据上年上海税务系统政风行风测评反映的突出问题并结合区局实际情况，围绕改进服务态度，提升服务质量、提高办事效率等进行整改和优化。主动接受社会监督，区局领导带队走访区纠风部门和各街道，各税务所派员深入重点企业进行沟通，组织特邀监察员进行明察暗访，通过多途径开展问卷调查，委托社会专业调查机构对基层税务所进行民主评议，近万户次纳税人通过电子申报平台对区局工作进行“网上评价”，网上述职述廉工作在税务所全面开展。纠正损害纳税人利益的行为，开展利用中介机构谋取不正当利益问题专项治理、违规收送礼金礼券购物卡复查整改“回头看”、解决信息技术运维和服务中增加纳税人不合理负担等问题。

【税务文化】 组织学习贯彻党的十八大精神，在全局开展以“新黄浦、新作风、新形象”为主题的作风建设年活动，建立健全创先争优活动的长效机制，深化共产党员“讲党性、重品行、做表率”主题教育，组织团员青年为推进税收征管改革提建议，参加辅助应用软件创新创意展示赛等岗位建功活动。推进精神文明创建工作，开展文明创建工作指标分析自查，做好部门争创文明单位申报工作。开展“立足岗位，提升能力”为主题的“创建学习型党支部、争当学习型党员”活动，重点发挥党支部在学习型党组织建设中的作用。关心职工生活，办好医疗保险、体育健身、疗休养等实事项目。组织参加市税务局第一届职工运动会及乒乓球、羽毛球、网球、棋牌等赛事，开展瑜伽、足球、篮球等专项文体活动。

（葛　荣）

徐汇区税务局

【概况】2012年，徐汇区税务局（以下简称区局）以科学发展观为指导，以组织收入为中心，以推进征管改革工作为着力点，有序推进“营改增”试点，努力提升征管质效，强化政策落地见效，全面做好纳税服务工作，实现区域税收收入的持续、稳定增长。

【税收收入】2012年，全区有各类纳税户29873户，其中企业纳税户19555户，个体工商户3123户。全年完成税收收入286亿元、区级财政收入109.08亿元，分别比2011年增长9.32%和9.01%。其中增值税完成75.82亿元，比2011年增长58.07%；营业税完成41.61亿元，比2011年减少23.88%；内、外资企业所得税完成73.48亿元，比2011年增长5.5%；个人所得税完成53.80亿元，比2011年增长2.54%；房产税完成8.03亿元，比2011年增长16.86%；土地增值税完成13.23亿元，比2011年增长15.21%。

【税收特点】2012年区局税收收入和区级收入完成全年任务，从总量上看，税收收入创下新高，突破285亿元，月均收入接近24亿元；从增幅上看，税收收入累计增幅达9.32%，呈现出前低后高、先抑后扬的V形走势。从税种收入分析，流转税增速领先所得税，地方各税增幅高于主体税种。增值税受“营改增”和免抵调库的影响，增幅达到58.07%，营业税持续负增长，同比下降23.88%；所得税增速稳定在较低水平，增幅落后流转税10.1个百分点。从行业收入分析，各行业平稳发展，主要行业税收领跑。占税收总量90.18%的现代服务业、制造业、商业和房地产业等四大行业保持稳步增长，现代服务业和制造业在税收收入中的地位提升，两个行业合计完成税收150.27亿元，占税收总额的52.54%，较2011年全年占比提高0.97个百分点，对全年税收增长的贡献率从2011年的51.37%跃升到2012年的81.73%。

【组织收入】区局细化年度收入计划，根据市、区下达的计划指标，了解、分析徐汇区经济发展状况，改年度指标为单月指标，测算后分解细化，每月初下发至各管理所，开展部门的组织收入工作。在定期月度、年度预测的基础上，适时加入分季度预报及徐汇区税收总量前100位企业预测分析管理制度，增强计划预测的敏感度和灵活性，掌握税源发展变动趋势、及时发现税源成长中各种情况的目的。制定《2012年收入计划执行考核办法》，从月度预报和税收收入滚动计划、年度预测、年度计划指标完成情况和年终关账四个方面全面加强各税务所税收预测能力。以税源调查为基础，月均收入预报5次，第一次至第五次的允许误差率分别为±10%、±8%、±5%、±4%、±3%。定期进行月度预报、年度预测，强化税收计划的执行力度，及时把握税源的增减收因素，掌握经济对税收的影响，税收征管、税收政策变动以及其他因素对组织收入工作的影响，

2012 年 2 月 7 日，市局副局长刘新利到徐汇区税务局调研“营改增”试点工作

增强计划预测的敏感度和灵活性，缩小收入预测的允许误差率。

【税收征管改革】 将优化纳税服务和强化风险管理作为税收征管改革的“两轮驱动”，建立以纳税服务为前提，以风险管理为导向，以征收、管理、评估、监控为链条的联动机制，成立纳税服务中心和风险分析监控中心，初步形成现代化税收征管体系。纳税服务中心统筹协调、组织实施区局的税法宣传、纳税咨询、办税服务、权益保护、指导管理、社会协作以及大企业管理服务等工作，对涉及全局的服务企业工作进行统一安排调配，风险分析监控中心负责风险识别、指标开发、等级排序、组织应对、绩效评价等工作，对不同税收风险等级的纳税人实施差异化和递进式的风险管理策略。

【营业税改征增值税试点】 徐汇区共有 5433 户企业经确认后纳入试点范围，其中一般纳税人 2076 户，小规模纳税人 3357 户；试点交通运输企业 324 户，现代服务企业 5109 户。区局建立区“营改增”试点工作联席会议制度，部署和协调试点工作；在信息数据处理中心设立试点企业重点户税负变化预警平台，及时跟踪分析试点企业税收收入、税负变动情况、税源发展及对税收收入的影响；做好过渡优惠政策推送，开展纳税人辅导培训，确保企业正确理解、用好用足政策、依法开具发票、准确按时申报、税款足额入库；坚持与试点企业的沟通联系，深入企业听反馈、跟踪政策问成效；配合财政落实过渡性的财政扶持政策，年内累计有 8 批次 114 户次企业申请享受财政扶持返还政策，共计申请返还 2357.74 万元。

【落实政策】 用好用足税收优惠政策，坚持减免税合议执行制度，落实税收优惠政策，促进区域经济转型提质。加大优惠政策“落地率”，做好各类政策的减免备案工作。鼓励科技企业发展，对技术开发转让收入免征增值税 11003.68 万元；支持服务外包，离岸外包收入免征增值税 5722.69 万元；企业改制重组免征契税 1432.88 万元。加快退税进度，做好各类政策退税审核工作。软件产品增值税即征即退审核金额 32606.33 万元，完成民福企业增值税即征即退、企业或个人政策性契税退税和个人住房房产税退税等工作。开展国家级宣传文化单位和市级 2011 年度高转项目财政扶持资金兑现的初审工作，扶持资金分别达到 2556.55 万元和 3540.1 万元。落实软件集成电路生产企业优惠政策和研发费加计扣除政策等各项企业所得税优惠政策，有 3930 户次企业单位享受各类企业所得税减免优惠政策，减免企业所得税额 47.43 亿元。落实具有自主知识产权的软件和集成电路设计人员奖励金免征个人所得税优惠政策，相关人员发一次性奖励金 2.89 亿元可享受免征个人所得税的优惠。

【税种管理】年内，内外资企业上年度所得税汇算清缴工作涉及企业17927户，退、补税相抵后合计入库1.64亿元。开展个人所得税清算，个人独资企业和合伙企业中有106户盈利，273户亏损，盈利企业的平均税负为20.18%；个体工商户29户盈利，41户亏损，盈利个体的平均税负为33.72%。抓好年所得12万元以上个人所得税自行申报，受理申报59384人，比上年增长22.56%，申报补税252人，补税额1936万元，比上年增长105.5%。区局组织开展出口企业退免税工作，及时办理出口退税审核、退税和出口企业函调工作。做好生产企业和外贸企业的分月出口退税申报审核工作，全年完成出口免抵退税总额23.52亿元。推进个人住房房产税认定征收工作，完成上年度个人住房房产税征收261.95万元。全年受理二手住房成交套数3531套，其中普通住房2798套，非普通住房733套，成交面积为28.4万平方米，税款金额17312万元。

【纳税服务】年内，区局创新纳税人学校办学模式，开展局、所两级办学，自行办学与委托授课相结合。开展办税员培训、新办企业培训等常规培训和“营改增”培训、小企业会计实务培训等各类培训共71期，报名参加人数18000余人。服务区域经济，与区街镇招商部门协作，以例会形式宣传税法，做好引进企业的前期服务，加强开发园区、招商园区定点跟踪企业的后续服务。在广电园区、聚科生物园区、街道招商部门等处举办5次增值税及个人所得税政策、高新技术企业相关税收政策、“营改增”政策等内容的培训辅导，与区商务委在对全区28个创意园区、都市工业园区调研的基础上，开展有针对性的税收宣传服务。在局本部更新办税大厅排队等候椅和新增灯光指示牌，做到标识标牌统一规范和指示明确。推广自助办税ARM机使用，办税大厅安装ARM机7组，各办税厅派出专人负责指导纳税人现场操作，方便纳税人自助办税，全年ARM机打印各类凭证38000多份，认证发票2万多份。坚持领导接待日制度，实行局长室以及各窗口部门负责人接待制度，坚持每月不少于一次定时接待纳税人。借助现代化税收宣传手段，通过《徐税快讯》宣传月刊、12366热线咨询平台、“徐汇税务”微博等多种渠道，全方位提供纳税咨询服务。全年编辑《徐税快讯》16期，免费向区内纳税人发放；“12366”热线咨询共呼入电话58341条，直接解答纳税人关心的政策热点问题；开通完善“徐汇税务”微博，做好税收宣传和与纳税人互动，及时答复纳税人留言，各种宣传咨询方式全面覆盖纳税人。

【税收宣传月】4月，区局围绕“税收·发展·民生”主题，在龙华街道、上海交大、天华科技园区开展现场宣传活动，实现

2012年4月14日下午，徐汇区税务局举办“政策服务民生，共建和谐税收”税收宣传走进社区活动

税法宣传进社区，进校区，进园区。同时，借助现代传媒优势，创新宣传手段，构建立体宣传格局，利用港汇广场、太平洋百货、东方商厦大型户外广告屏幕，滚动播放税收公益广告短片，发挥辐射效应，集中宣传；开展“税收信息随手读”税收短信群发活动，通过短信平台向企业财务负责人、办税人员告知税收宣传月主题、标语口号及重点活动项目安排；开展纳税人税法遵从协议签订活动，与纳税人签订税法遵从协议，引导纳税人依法诚信纳税。年内，区局税收宣传月活动获市局税收宣传月活动优秀组织奖、优秀创新项目奖，被推荐上报税务总局参加评比表彰。

【税收征管】做好税收非正常户、证件失效户认定及后续追踪管理工作，非正常户认定前落实实地走访制度，事中做好同一法人在综合征管软件中数据校对和联络工作，事后加强证件失效的认定及有票、欠税的非正常户后续管理，准确认定非正常户，确保应收税款不流失。加强清理欠税管理，加强对正常户、重点税源户税收收入下降情况监控，强化对未入库、逾期入库纳税人的催缴工作，尤其加强对重点税源户的催缴，保证税款及时足额入库。有序推进票种简并工作，配合做好本市普通发票换版改革，开展对纳税人的前期宣传，辅导770余家原使用冠名发票的企业按市局文件精神使用统一发票；分批安排纳税人进行验旧缴销，全年空白发票缴销工作涉及企业21500余户，空白发票数量达1362.24万本（份）；另进行普通发票协查33户，涉及发票199份；出口退税函调68户，涉及发票579份，有效推进发票换版改革，规范发票使用管理。

【纳税评估】制定《徐汇区税务局纳税评估工作规程》，建立税源监控、分析、评估、约谈（核查）一整套规范流程，明确各部门的职责，建立全局性深化税源监控的保障体制。强化专业评估作用，探索建立纳税人评估体系。专职评估所以风险管理为导向，负责重点税源户和按行业、按风险评估，建立评估指标体系；管理所负责对一般企业的日常纳税评估和税务约谈。全年，开展评估项目25个，评估约谈企业453户，组织税款入库1.61亿元。

【大企业税收管理】重新规范重点税源监控企业选户标准，经甄选，区局纳入2012年总局级重点税源监控企业278户，市局级308户，分局级216户，税务所级1223户，“营改增”重点税源企业共计1943户。区局以四级重点税源监控企业管理及预测分析工作为主要切入点，加强对规模企业的逐户分析、预测及调研，及时跟踪分析重点企业在组织税收收入工作中发生的特殊因素和重大情况，有效掌握税源动态。

【税务检查】完善检查制度，制定适合区局实际的《徐汇区税务局日常税务检查操作细则》，细化日常税务检查范围和文书使用规范，完善各类检查的审批权限、滞纳金加收办法、案件的移送及归档要求。制定年度常规检查计划，开展常规税务检查工作，完成企业税收自查工作，查补税款入库2.33亿元，超额完成市局布置的1.7亿元的自查任务；做好各类发票核查工作，全年收到各类发票核查2787份，涉及户数1499户；落实涉税举报检查的各项管理制度，提高举报案件的受理、处理、转办和督办工作质量和效率，全年收到涉税举报事项505份，结案365份。以大要案查处为突破口，与公安机关密切协作，发挥职能作用，打击发票违法犯罪活动。年内与公安机关联手开展10余次打击发票违法犯罪专项整治行动，查处具有违法行为的企业77户，涉及非法发票25159份；打击整治虚假发票“买方市场”和“卖方市场”，查处违法企业27户，查获有问题发票159份；打击印制、贩卖假发票的犯罪团伙22个，捣毁犯罪窝点50个，缴获假发票25000份。

【信息化建设】开发完善分局数据平台内分析决策模块，汇总重点数据情况。年内，新增注销迁移企业税收完成情况、上年新办企业本年税收完成情况、重点楼宇完成情况汇总表、亿元企业分户完成情况及100万元以上企业税收完成情况汇总表等各项查询分析功能。做好基础数据采集工作，完成各项税收数据调查统计，共采集12559家会计决算报表有效数据，通过校验、审核、归类和汇总，将企业基础数据统一纳入征管系统定期更新管理；做好徐汇区楼宇信息的数据采集工作，共采集100幢楼宇入驻企业基本信息，按月定期更新和比对；做好区招商数据的采集，自动进行税收情况对比、排名和统计情况汇总。全年完成25716户企业减免税统计调查、300户企业所得税调查。

【机构人员】全局行政编制477人，其中机关编制80人。截至年底，在编公务员478人，其中处级领导干部5人，科级领导干部71人，领导干部占总人数的15.9%。男性233人，女性245人，男女比例1:1.05。平均年龄44.72岁，35周岁以下干部74人，占总人数的15.48%。本科以上学历277人，占总人数的57.95%。取得经济师、会计师、统计师中级职称125人，高级会计师1人，占总人数的26.36%。取得注册税务师35人，注册会计师5人，律师4人，占总人数的9.2%。

【人事管理】年内，区局执行《党政领导干部选拔任用工作条例》，建立公正公平的用人机制，坚持公平、公正、透明、择优的原则，推进干部竞争上岗和干部晋升。配合市局公开选拔青年科级干部、副处级非领导干部选拔、副科级领导、非领导职务干部竞争上岗、正科级非领导干部晋升、正科级后备人才选拔工作，共有35名干部竞争上岗或获得职务提升。推进各项人事管理制度，加强对各部门工作质量和数量上的检查、考核，在重点考核工作实绩的同时强化对工作人员工作作风和工作、劳动纪律情况的考核。

【教育培训】开展教育培训工作，提高干部队伍综合素质。选送97名干部分期分批参加市局八大类培训项目，180余人次报名参加双休日讲座，安排100余人次参加税收专题知识讲座，强化干部服务税收发展意识。

【纪检监察】年内，区局签订二级《党风廉政建设责任书》，修订完善《落实党风廉政责任制考核办法》，以责任制的形式抓好党风廉政建设责任制的落实。召开2012年度党风廉政建设工作会议，开展以“执法为民，廉洁从税”为主题的廉政教育月活动。强化执行，推进分局党风廉政制度建设和制度创新；加强监督，严肃领导干部责任问责与责任追究；纠建并举，开展专项治理工作。推进党风廉政内控机制建设，形成一套规范的职位说明书，工作规则、权力运行情况表，构建完善的分权制衡、流程制约、风险监控、有效预警的部门内控机制。

【税务文化】年内，区局开展“恪尽职守、提升能力、敢于突破，甘于奉献”为主题的创先争优活动，提升机关党组织和党员服务税收中心工作的能力和水平。继续推进党务公开，通过党支部定位升级工作，加强基层组织建设。加强学习型党组织建设，提高全体党员干部的思想理论和政治素质。全局干部职工踊跃参加市税务系统举办的各项比赛，获得第一届市税务系统运动会开幕式入场式评比一等奖及精神文明评比优胜单位。

（张　帆）

静安区税务局

【概述】2012年，静安区税务局（以下简称区局）围绕“服务科学发展，共建和谐税收”的工作主题，坚持依法治税和科学化、精细化管理，立足区域经济发展大局，组织收入，落实税收政策，优化纳税服务，深化信息管税，推进税收征管改革；坚持内强素质，外树形象，全面落实党风廉政建设责任制，开展学习型机关创建活动。实现税收总收入227.6亿元，比2011年增长3.3%；实现区级税收收入75.3亿元，比2011年增长4.9%，完成全年各项税收工作任务。年内有5000余户次企业享受包括文化转制企业减免所得税、非营利组织减免营业收入、研发费加计扣除、残疾人就业、医疗服务免征营业税、增值税即征即退等各项税收优惠政策，共计减免金额近15亿元。

【税收收入】年内，区局强化税收计划管理，层层分解落实收入计划指标，强化收入措施责任考核，加强收入分析测算，完善重点税源监控，掌控收入进度，保持收入平稳增势。全年实现税收总收入227.6亿元，比2011年增长3.3%，增收7.3亿元，实现区级税收收入75.3亿元，比2011年增长4.9%，增收3.5亿元。

【税收特点】年内，静安区涉外经济实现税收总额137.2亿元，同比增长4.5%，增收5.9亿元，占总收入比重逾六成。商贸流通、专业服务、房地产、金融、旅游生活服务、文化创意六大重点产业合计实现税收219.2亿元，同比增长6.8%，占税收总收入的96.3%。其中，商贸流通业实现税收85.8亿元，同比增长14.9%，增收11.1亿元，税收占六大行业比重为39.1%，居各行业之首。全年，全区100幢重点楼宇实现税收136.3亿元，占全区税收总额的59.9%，比2011年增长2.5%，增收3.3亿元。有21幢楼宇税收超亿元，有3幢楼宇为“月亿楼”，分别为恒隆广场、中信泰富广场和越洋广场，其中恒隆广场月均税收达2.6亿元。

【税收法治】年内，区局学习贯彻全国税务系统和上海市税务系统依法行政工作会议精神，坚持“合法行政、合理行政、程序正当、高效便民、诚实守信、权责统一”的依法行政基本要求，加强税收法制建设。整合现有人力资源，发挥市局人才库的功能，选择“税收执法类”和“法律类”的人才，及综合素质高、业务能力强、工作经验丰富的人组成依法行政专业工作小组，负责在行政强制、行政复议、涉税争议处理等工作中，发挥专业作用，提升行政决策、行政行为的合法性水平。全年，依法行政工作小组召开四次专题会议，对阶段性的依法行政工作进行交流、探讨和总结。利用12366咨询热线、“纳税人呼声采集”、纳税人投诉信访查办等外部反馈渠道，对一些有复信复访倾向的人民来信以及涉税争议处理等问题进行分析和研判，依法行政工作小组提前介入，提供法律意见，降低法律风险。针对涉税行政争议，按照市局《关于试点建立涉税争议前置处理机制的意见》，及时判断、处置和化解，纠正不当涉税行为，年内，区局受理并处理一起涉税争议前置处理事项。年内，区局办理行政处罚案件104件，罚款55.66万元，受理行政许可564件，完成非许可行政审批11750件，没有发生行政复议和行政诉讼案件。

【税种管理】根据“从严、收紧”的指导思想，开展所得税征收方式调查，经核查，区局核定征收企业从2011年度的890户下降到771户，下降比例达8.8%。完成8466余户企业年度汇算清缴工作，清缴率达100%，入库税款11.81亿元，应退税款6852万元。开展企业所得税汇算清缴纳税评估，核查417户，调整应纳税所得额2.1亿元，补缴税款1820.6万元。抓好年所得12万元以上个人自行纳税申报工作，共受理自行申报34906名，申报补税1778万元。完成年度个人工资薪金所得与企业工资费用支出的比对自查及专项检查工作，自查补税1665.97万元，查补税款及滞纳金221.26万元。完成345户企业增值税一般纳税人资格认定，其中新办企业315户，年销售额超过财政部、国家税务总局规定的小规模纳税人标准的30户。加强土地增值税清算工作的常态化、项目化管理，对68个项目实施“项目登记、项目开发、项目清算”的税源监控机制，完成23个房地产开发项目的清算工作，清缴土地增值税3.3亿元。落实个人住房房产税试点征收工作，对1530套房产发放认定通知书，其中应税住房455套，年应税税额350.68万元。推进契税征管职能划转和房产涉税流程整合工作，完善房产交易涉税业务“一窗通办”机制，共受理3652套房产交易，其中全额征收契税1899套，已纳税额2.02亿元；部分减免契税659套，纳税额1479万元；不予征收契税1094套。

【“营改增”试点】推出三大试点工作专项措施。一是成立试点工作领导小组、试点工作办公室及部门工作推进小组，加强试点工作组织领导；二是制定试点工作具体实施办法和五个配套子方案，细化职能分工，确保执行到位；三是建立试点工作联席工作会议制度，加强信息沟通，推动部门协同，形成工作合力。依托十大载体广泛宣传新政。通过《静税之窗》增刊、静安区纳税人学校、走访调研、行业重点企业政策宣讲会、税务所财务例会、12366咨询热线、办税服务厅、税企互动平台、短信平台、税务网站等平台，实现户管企业宣传全覆盖。分行业为静安区龙头企业先后召开政策宣讲会，通过政策讲解、摸拟申报和问题解析，实施差异化宣传咨询和培训辅导，帮助试点企业掌握政策内涵和办税流程。对五大环节进行实时流程监控。针对试点企业数据变化频繁等情况，核对排疑，分析问题，分解工作方案，跟进监控培训、发票核定、金税专用设备发行、企业开票设备安装和发票发售五大环节，做到每个环节有预案、有跟踪、有分析。突出三类典型抓好调研分析。年内，区局上下组织走访“鉴证咨询”“文化创意”等典型行业和部分龙头企业100余户次，宣传改革意义，听取企业反响，关注经营动态，梳理征管和政策执行中的疑难问题，研究形成加强管理、完善政策的意见和建议。落实每月近1000户试点企业税负变化申报工作，突出抓好试点企业中“纳税百强”“市政府重点关注企业”以及“存在‘三碰头’现象”三大类263户典型企业的税负情况跟踪分析。聚焦两大行业强化风险管控。对交通运输业和货运代理行业集中开展风险管理。对外，组织50户试点企业开展专题培训，增强企业风险防范意识。对内，健全联动机制，开展数据调查，分析关键指标，锁定异常对象，完成31户试点企业的专项评估工作，经风险识别排序，未发现存在虚开、代开发票等重大涉税问题。截至年底，静安区共有“营改增”试点企业2897户，其中应税服务年销售额500万元以上增值税一般纳税人1058户。“营改增”企业应税服务增值税约15亿元，其中一般纳税人约14.42亿元，占应税服务增值税的96%，有300余户次企业申请财政扶持。减轻试点企业和原增值税一般纳税人税收负担。

静安区税务局积极办好“静税讲坛——暨静安区纳税人学校”

【纳税服务】区局继续扩大“一窗多能”受理范围，全面受理包括税务登记、纳税申报、发票认证等近150项涉税事项。加强12366咨询热线远程坐席管理，月均接听率超过81%，满意率达99%。扩大税企互动平台推广范围，推广企业5600户，推送信息近1.9万条。短信平台集中发送政策提醒类短信13批次，13万条。办税服务厅自助办税终端累计使用5300余户次，月平均受理480件，减轻纳税人办税负担，缓解办税窗口人工受理压力。完善纳税服务“需求采集、需求分析、需求处理、持续改进”四位一体工作机制。落实定点联系企业走访计划，局长室、相关科所带队走访四级定点联系企业109户。按月编发“纳税人之声”“纳税服务动态”，采集并转办各类呼声59件，刊登经验交流、工作动态等内容75条。健全电话回访工作制度，全年电话回访1300户，回访对象对回访工作的认可度达100%。继续完善社区税法宣传长效工作机制，会同五个街道自办社区报联合刊发税收政策宣传专版，月发行量达12.5万份，全区近1/3的居民受益。继续办好“静税讲坛”，年内开设课程12期，累计听课人数1158人，听课满意率达90%以上。围绕“税收·发展·民生”主题，成功举办第21个全国税收宣传月活动，开展“建国际静安，促和谐税收——我与楼宇白领携手”系列宣传活动。通过举办税企楼模拼装户外赛，搭建百米税收宣传长廊，制作播放原创宣传动漫，营造征纳和谐、税企互动的良好氛围。将纳税信用等级评定工作与静安区商委“南京西路商业诚信体系”构建工作相结合，将纳税信用等级评定结果融入南京西路诚信商业企业的评价指标，分别按照ABCD四级设定对应的分值，配合区商委进行评分评级，推进纳税信用等级融入到整个社会诚信体系建设之中，最终评定A类纳税人71户。根据税务总局《纳税服务投诉管理办法》规定，年内通过电话回访、基层呼声采集、信访转办等渠道共受理纳税人诉求90件，其中纳税人意见建议65件、咨询政策21件、服务投诉4件，全部按照“有理、有解、有复、有纠”的要求按期处理完毕。

【税收征管】根据市局征管改革相关文件精神，结合分局实际，制定下发区局征管改革实施意见及配套办法，组建风险分析监控中心，下设数据管理、监控管理、综合管理三个工作小组，统一开展区局数据质量管理、风险识别排序、相关需求分析等工作，全面实现分局税收风险分析监控的集约化、统筹化管理。定期召开纳税评估风险指标研究工作例会，研究探讨分行业、分税种预警指标和评估模型建立。针对“投资方税务登记发生变更”“资产损失所得税税前扣除清单申报”以及“房地产开发”等企业建立了4类风险特征指标，并采取指标组合、阈值设定、统计推论、人机结合等方式，开展识别排序，实施分级应对，有效降低税收流失率和征纳成本。组织落实总局级批发零售业企业涉税风险识别应对工作，对60户企业的所得税，实缴税金、应缴税金进行专项评估。对旅游业、会展业和奢侈品零售行业三大重点行业集中开展风险管理工作，经识别排序，分类实施检查督导、评估实证和纳税提醒，初步建立静安区奢侈品行业指标体系。全年发起并完成各级各类评估235户，评估补税近4900万元。扎实推进“简并票种、统一式样”工作，制定区局发票管理工作办法，加强宣传引导，实现新老发票平稳过渡。细化落实内外仓管理、窗口岗位管理、代征点发票管理工作要求，规范发票管理工作流程。推进新老税控设备的衔接，压缩手工发票开具，提高机打发票数量。年内，对2368户纳税人实施旧版普通发票的清理缴销（其中涉及“营改增”企业2146户，清缴率达100%），完成3500户企业的新版发票核定工作。

【大企业税收管理】年内，区局选择四户通过纳税满意度调查、内控调查或税务风险评估测试的户管企业，结合市局下发的税务遵从评价参考指标，对企业2011年度的纳税情况进行综合评价，完成试点企业2011年度税务遵从评价报告。选取一户企业运用“国家税务总局税务风险管理平台软件”开展风险评估测试工作，将税务总局测评结果汇总成最符合企业实际情况的风险提示19个，对企业进行风险提示。根据市局《关于开展部分税务总局定点联系企业在沪主要成员企业税务风险评估后续管理工作的通知》要求，对所辖光大股份下属三家公司开展税务风险评估后续管理专项工作。对市局定点联系企业辉瑞投资有限公司进行2011年度税源监控分析，以上门服务企业的方式，实地和企业进行沟通、分析、探讨和核实。

【国际税收管理】年内，区局作为全市反避税专家小组组长单位，牵头完成“连锁卖场企业的特许权使用费对利润贡献度的计量研究”课题调研，先后参与全市5个反避税疑难案件的立案、结案和调查讨论工作，补征税款近亿元。完成对63户企业年度同期资料的自查审定工作，自查面达81%。完成3份国际税收专项情报的调查工作，查补税款29.8万元，加处罚款和滞纳金32.9万元。

【税务稽查】开展税收专项检查、涉税举报检查，继续开展打击发票违法犯罪专项整治行动，整顿税收秩序。年内，歇业检查查补税款5.4万元，企业自查入库收入5.3亿元，超额完成市局下达的检查指标。

【信息化建设】深化区局内网络应用，完成OA办公系统的数据迁移，内部邮箱的过渡，各板块职能的重新划分，通知流程的变化，所级子板块的停用等。根据国税总局金税三期网络建设的部署及市局的工作要求，按时完成区局本部、房产交易中心及五个街道征收组的网络建设工作，完成金税三期的网络切割工作。根据市局的统一安排，完成综合数据分析应用平台、税收评定指标库系统、网络发票综合运用平台三大核心系统的上线。根据税源管理的要求，完成网络版重点税源分析平台，对四级重点户进行及时、准确的数据采集、校验及分析运用。做好网络与信息系统安全状况监控，全年组织开展3次信息化设备安全检查工作，1次信息安全应急演练。

【机构人员】截至12月31日，区局共有内设机构10个，并按规定设置机关党委办公室，级别正科级，干部人数91人；派出机构14个，级别正科级，干部人数265人。

【机构调整】年内，区局增设第十四税务所，正、副科级领导职数从69名增加到72名。

【人事管理】年内，区局招录新进公务员1人，退休13人，调出7人，辞职3人，调入25人；参加考核351人，优秀57人，称职293人，未定等次1人；提任副科级领导职务1人，科级非领导职务7人。

【教育培训】坚持开展每周四政治业务学习、每月一次中心组学习、每月两次干部网上学习考试。按照市局重点调训、区局自主培训、个人按需择训三个层面，全年组织干部参与各级各类培训68项，参训人员达

2818人次，其中：处级培训11人次，91人天，科级及以下培训2807人次，4022人天。组织落实总局所得税抽考、科级领导干部业务统考、行政强制法抽考、会计二级考试、三员岗位人员备考工作，在全局范围内举办岗位业务技能统考。

【政务管理】年内，区局主动公开信息15条，其中全文电子化的主动公开信息15条；公文类信息100条，不予公开12条，非《政府信息公开条例》所指政府信息88条，无依申请公开的政府信息。全年向市局报送政务信息77篇，录用69篇；《中国税务报》发表新闻稿2篇（《楼宇、总部、文化创意三轮驱动促转型——上海静安外税总量跃居中心城区首位》《静安区税务局搭建税收宣传长廊》）；《静安时报》发表新闻稿2篇（《静安区税务局成功举办“楼宇经济助力税收发展——税企楼模拼装户外赛”》《优化纳税服务，规范税收执法》）。制定《静安区税务局2012年保密工作计划》，保密工作分管领导与静安区委保密委员会签订“保密工作责任书”，各部门负责人作为第一责任人与局长室签订“静安区税务局保密责任书”，全年开展4次保密工作自查，2次保密宣传教育，没有违反保密法律和规章制度，没有发生泄密事件。建立健全信访工作机制，制定信访工作规程和贯彻落实十八大期间信访维稳工作实施方案，落实“三个一定”工作机制、应急管理制度和重大事项报告制度等。年内，受理来信、来访、来电318件，其中来信204件，来访18人次，来电96人次。办结272件，办结率为85.5%，按期办结率达99%。局领导接待约谈信访群众及涉税举报群众至少每人1次，亲自包案化解矛盾。严格按照市局规定落实档案收集、整理、立卷、移交、保管、借阅、鉴定、销毁等工作要求，按时、保质做好文书档案、会计档案、声像档案、电子档案等门类档案，归档文件材料符合要求。

【财务管理】按时完成2011年度国税、地税、区财政三项经费的决算报表编制工作以及决算报表编制情况分析。分析2012年预算预计执行情况，坚持开门编预算、坚持科室会审、坚持预算编制与政府采购相结合，按时上报2013年的国地税及区财政预算编制报告。坚持一年一次的固定资产全面检查，夯实固定资产基础管理工作，在全面检查的基础上，对需报废的固定资产进行统计、集中和上报，完成固定资产报废处置工作。坚持季度政府采购工作例会制度，通报上季度政府采购计划的执行情况，评估工作成效，下达本季度政府采购计划，明确任务要求，听取工作意见和建议，解决难点问题，加强对政府采购工作的指导、规范和制约。推广公务卡工作，扩大公务卡办卡人员范围，全年新增加51人，全面实施国地税公务卡强制结算目录，从严控制，强化公务卡报销的严肃性和规范性。完成年度“三代”手续费拨付工作，涉及企业5600余户，拨付资金约9000万元。

【内部审计】年内，区局对企业研发费税前扣除项目、个人住房税收减免管理情况

静安区税务局税收宣传进社区

进行督察，对一线税务干部征管质量履职情况开展内审，涵盖基础征管资料、注销登记、发票管理等9项内容的检查，强化对重点岗位和关键环节的内审监督。

【纪检监察】制定落实《2012年静安区税务局领导班子党风廉政建设和反腐败工作责任分工》，完善领导班子党风廉政建设责任制。开展以“为政清廉保纯洁”为主题的廉政教育月活动，增强税务干部规范执法、纳税服务和廉洁自律意识。继续开展专项治理违规收送礼金礼券购物卡复查整改“回头看”工作，形成长效监管，强化源头治理。依托“制度+科技”，继续推进基层税务所内控机制建设，全局12个税务所初步查找出134个履职风险点和113个廉政风险点，对此实施预警监控，确保权力规范运行。探索网上述职述廉，选择各所所长和2～3名专管员代表在网上开展述职述廉。继续开展基层税务所干部向纳税人述职述廉工作，向户管纳税人公开一年来履行职责、依法行政、纳税服务、清正廉洁等情况，对本部门政风行风工作的具体做法、取得的成绩、存在问题和整改情况等作通报。政风行风网上测评成绩在全区8个执法部门中名列前茅。

【后勤管理】全年开展4次安全隐患排查工作，聘请专业消防人员进行一次消防知识培训和大规模的实战演练，增强消防意识。开展以“节水护水、节能低碳、绿色发展”为主题的节能宣传周以及“低碳体验日”活动。对办公大楼内3部电梯的使用方法重新进行规定，仅留一部电梯供内部人员乘用，且仅停靠4、5楼层。公务车辆按牌号尾数每周少开一天，每月进行油耗使用情况考核。实施办公垃圾分类管理，设置废旧电池回收箱。发放单面打印纸回收篮，鼓励回收重复打印。食堂执行卫生防疫规定，油烟气、废水、废弃食用油脂等均能按照规定处理排放；在用餐过程中，提倡珍惜粮食，节约饮食，不使用一次性杯子、饭盒。

【税收科研】年内，区局参加市局课题的调研工作，参与完成《完善跨地区汇总纳税企业所得税征收管理探讨》《连锁卖场企业的特许权使用费对利润贡献度的计量研究》《税收征管改革要求下人力资源管理的若干思考》《浅议依法行政与税务风险防范》《促进文化产业发展税收政策体系研究》《新媒体时代提高税务新闻执政能力的研究》六篇课题的讨论、撰写、组稿等工作。区局税务学会组织完成各类调研报告30篇，内容涵盖依法行政、组织收入、税收征管、风险管控、纳税服务、队伍建设等方面。

【税务文化】举办“双关爱、双营造”“促依法行政，创和谐税收”年度劳动竞赛、“议行为规范、树税务形象、促队伍建设”大讨论、职工书画摄影作品展、读书荐书、新进公务员座谈会、青年工作思想研讨会、主题团日户外实践等活动。组织干部参加市税务系统第一届职工运动会，荣获排舞比赛优胜奖、太极拳项目第五名、跳长绳项目第七名，鼓士气、提精神，增强税务干部爱岗敬业集体荣誉感，营造开拓奋进、敢为人先、追求卓越、争创一流的工作氛围。

【各种奖项】年内，机关党委被授予“静安区学习型党组织”荣誉称号；团委被授予“静安区红旗团委”荣誉称号；区局荣获静安区地方志年度工作突出贡献奖；第一税务所荣获第十六届上海市文明单位荣誉称号；第十税务所出口退税小组荣获“市巾帼文明岗”称号；区局选送的税收宣传动漫短剧《七侠镇税改风云录》荣获全国税收宣传动漫比赛优秀奖；2名干部被分别评选为市税务系统“征管标兵”和“服务标兵”；1名干部荣获市税务系统青年五四奖章荣誉；在区总工会组织的静安区职工演讲比赛和上海《机关动态》组织的“党和人民心连心”征文活动中，区局干部分获二等奖；在市局举办的“倡导核心价值，共建和谐文化”演讲比赛中，区局干部获三等奖。

（陈佳雯　张早鸣）

长宁区税务局

【概述】2012 年，长宁区税务局（以下简称区局）围绕市局提出的税收工作要求和长宁区政府确定的税收增长目标，以科学发展观统领税收工作全局，以组织税收收入为中心，严格依法行政，强化征收管理，优化纳税服务，持续推进征管改革，落实各项组织收入的措施，提升征管质效和服务水平，推进“营业税改征增值税”试点，加强干部队伍的思想建设和作风建设，完成各项税收征管和纳税服务工作，年度重点工作卓有成效：“营改增”试点工作推进扎实有效，管理精准到位，企业减负效果明显；征管改革持续推进，重点企业申报数据质量管理水平持续领先，重点行业税收管理进一步细化规范；建立纳税服务年报制度，创新服务形式；纳税评估成效显著。连续 2 年被评为上海市税务系统行政信用等级 A 等单位。

【税收收入】2012 年，区局创新组织收入方法，按税源、税种和项目将收入指标分别落实到管理所、业务科室及评估所，形成科所联动、分工协同的组织收入工作机制。加强对重点税源的预测分析，提前了解税源变动情况，提高组织收入的主动性，税收收入持续平稳增长，与区域经济发展实现良性互动，完成市、区两级收入任务。全年共完成税收收入 243.48 亿元，比 2011 年增收 26.22 亿元，增长 12.07%，其中：区级税收收入 94.48 亿元，比 2011 年增收 9.89 亿元，增长 11.70%，增速位列中心城区第一。

【税收特点】（1）税收收入增速稳中趋缓。2012 年税收收入比 2011 年增长 12.07%，处于近年较低水平，比 2011 年同期增速回落 2.8 个百分点，税收增幅略高于市区两级 GDP 增幅，与相关经济指标基本保持协调。

（2）流转税收入和个人所得税收入增速回落明显。剔除免抵调增的不可比因素后，全年增值税、营业税合计增长 1.01%，增收 0.92 亿元，消费税增长 0.4%，增收 0.01 亿元，比 2011 年同期增速分别回落 15.68 个和 22.66 个百分点，凸显经济低迷，整体需求疲软。个人所得税增长 5.43%，增速回落 17.01 个百分点。

（3）与房地产销售相关的税收收入大幅度下降。剔除土地增值税清算力度加强和房产企业销售收入的及时准确结转等不可比因素后，房地产业税收实际比 2011 年下降 16.12%，其中契税、房地产营业税分别下降 17.25% 和 20.4%，房屋转让的个人所得税收入下降 69%。

【税收法治】执行《行政强制法》《税务行政处罚裁量权实施办法》及其标准，做到各项处罚、强制等措施均有法可依、操作规范，避免随意执法、同案异罚和权力寻租等不良行为。完善重大涉税事项集体合议机制，依法合规地处置各类涉税争议，确保征管行为有章可循，纳税人合法权益得到有效保障。组织对规范税务行政处罚裁量权工作实施自查和复查，重点对税务行政处罚案卷实施检查，通过检查陈述申辩、说明理由、集体审议等程序性材料是否在相关案卷中体现，裁量标准是否在审理报告等内部文书中注明，处罚决定书是否列明应有的内容要素，量罚幅度是否按照裁量基准执行等，推动依法行政。办理政协提案5件，走访组织提案单位，沟通提案办理意见，获得提案委员的认同。办理法院强制清算案2件，核对相关数据并提交债权申报，优先扣缴税款人民币69.73万元，由代保管资金划转税款。参加长宁区依法治区办组织的年度依法治区优秀案例征评活动，被录用2篇。

【税种管理】“营改增”试点。成立试点推进工作小组，制定工作预案，每周召开工作例会，把握总体进度。确定纳入“营改增”试点范围纳税人4887户；对外辅导纳税人9000余人次，试点企业按期申报率达100%；走访试点企业400余户次，及时掌握政策落地情况，定向解决纳税人的个性问题；联合长宁区科委、商务委、发改委、侨联等部门召开8场专题交流会，分行业、类型解读“营改增”政策，发挥试点政策在长宁的先发优势。全年累计受理审核327户次企业的财政扶持申请，扶持金额达4320万元；执行融资租赁企业超3%即征即退政策，受理完成融资租赁企业退库1.14亿元；制定实施《零税率应税服务（国际运输）单证申报及单证备案管理办法》，审批“春秋航空”等企业出口应税服务退税8860万元。“营改增”试点企业直接税负下降2.6亿元、政策退税免税减负2.6亿元，初步达到调整税收结构的目的，促进企业发展和地区经济的转型增长。

企业所得税汇算清缴。完成12637户企业所得税汇算清缴，净补税额17.33亿元，比2011年增长4.54亿元，增幅达35.5%。在汇算清缴工作中注重细化指标，升级考核办法，采用互动培训模式，确保培训效果；前置预警提高汇缴申报质量，建立4大类12个风险预警指标，下达4000余条异常信息，纠正错误申报1000余户次；加强汇算清缴后续管理，确认异常指标861条，其中：市级异常指标412条，自行确定区级异常指标449条，最终核实为“有问题”的异常信息642条，占全部信息的74.4%，有问题率比2011年提高一倍。全年汇算清缴共调整应纳税所得额21896.5万元，补税439万元，加收滞纳金5万元。

个人所得税管理。累计受理年所得12万元以上纳税人自行申报人数达39509人，增幅达40.62%，增幅位列全市第二，共计补税1340万元；运用多平台、多渠道广泛宣传相关税收政策，确保辅导面达100%；以重点行业作为工作突破口，采取主动走访企业、上门现场受理申报等服务举措，确保申报进度；充分利用信息技术，增设“12万申报进度完成情况查询”模块，方便查询、统计及催报，提高工作质效；开展个人工资薪金比对工作，制定工作推进进度表，明确时间节点，实施行业针对性核查，重点检查外籍人员补贴发放及备案情况等风险点。全年完成3175户企业自查和284户企业的专项检查，增长13.75%，发现有问题企业299户次，合计补税1126.29万元，较2011年增加233.19万元，增幅达26.11%，位列全市第二；调增应纳税所得额3427.79万元，比2011年增加2208.17万元，增幅达181.05%。补税及调增应纳税所得额均创历年之最。

小税种管理。开展房产税与营业税、土地使用税等税种间的勾稽关系比对，房产税基础登记数据与申报数据的比对，以及将综合征管软件房产登记模块计税收入与申报数比对、应申报数据与未申报数据比对、房产税应税收入与营业税、土地使用税、印花税等比对，追征税款300多万元。全年印花税入库1.77亿元，同比略有增长；房产税入库8.5亿元，同比增收2.15亿元，增幅达33.79%。

【纳税服务】税法宣传。组织开展第21个税收宣传月活动，举行大企业纳税服务工作会议、中小企业服务合作座谈会，开展税收宣传进社区活动，制作动漫说法电视访谈节目，开展主题摄影比赛，举行歌词征集活动，扩大税法宣传受众面，促进税法宣传的常态化建设，获市局2012年税收宣传月活动组织奖。“引导税收遵从，实现征纳共赢”服务企业系列活动获市局“优秀创新项目奖”，参加国家税务总局“优秀创新项目奖”评比表彰。区局制作的税宣动漫《布拉拉升职记——结构性减税》，获第8届全国税收动漫大赛系列剧三等奖。全年开展纳税人课堂294期，23302人次参与课堂学习；互动参与平台累计向纳税人推送信息886批，共计推送248753户次。

提升办税大厅服务效能。制定《办税大厅服务行为规范》，整合窗口功能，完善办税流程。全年办税服务厅累计受理业务39.31万户次，月均达3.28万户次，日均达1489户次；对接企业开通绿色通道和优质服务，累计受理预约服务1807户次，比2011年增长42%；降低ARM机使用门槛，提高ARM机使用率，设立引导员提供ARM机服务指导，全年ARM机共受理业务10.6万户次，其中发票认证100169份，位列全市中心城区ARM机增值税发票认证总量第三名。房产交易中心税务窗口优化“一窗式综合受理”服务模式，完善大厅值班长制度，实现房屋档案电子化管理，窗口服务质量不断提升。

专业化纳税服务。创设纳税服务年报制度，全年发放年报12600份，向全区企业公开报告区局25项纳税服务项目、212项涉税事项的执行情况；与四级重点税源企业签订《税收遵从协议》，向企业发送遵从度评价报告，对纳税遵从度100分的160户大企业发放纳税遵从度“优秀单位”证书，并开展分类服务，该做法被《中国税务报》专题报道；修订完善《办税指南》，全年累计更新《办税指南》21次，通过税务子网站对外公布218项涉税事项及130多种“税务电子表单”，为纳税人办理涉税事项提供参考和依据。

纳税人权益保护。建立“前台接听—现场监控—后台转办—跟踪管理—考核评价”的12366运转机制，全年接待电话咨询、涉税诉求36242次，平均接通率在全市排名前三，被评为长宁区机关“十佳服务品牌”；完善纳税人诉求“一口式”受理和涉税争议前置协调机制；制定《长宁区税务局涉税证明操作管理办法（试行）》，明确操作流程和管理办法；共受理各类诉求739件，其中：诉求咨询295件，涉税证明268件，涉税举报176件，注重纳税诉求针对性、个性化的协调化解，构建和谐征纳环境。

【税收征管】登记管理。根据市局《关于开展纳税人组织机构代码等信息专项清理工作的通知》要求，依托数据分析所全面清理纠正各种不匹配信息，错误信息清理工作列入每月日常工作；统一安排制定户管调整方案，分别于3月和7月进行所别征收管理职能调整，涉及企业近4000户；参与组织2012年度外商投资企业联合年检，帮助企业解决年检中各类实际问题，年检应参检户2639户，实际参检2513户，参检率达95.22%。按规定对外国企业、非本市户管企业就户设置内部户，规范非户管代码使用，要求按户申报且税款及时足额入库，加强内部户清理，将过时效的内部户及时注销。全年共办结税务登记注销（迁移）1378户，其中：注销1132户，迁移246户；办结解除非正常户34户，其中：非正常14户，证件失效20户，迁移审批均在规定时间完成。3月1日市局调整迁移流程后，共完成298户次纳税人的场地核查。制定《关于加强外建项目登记注销管理的通知》，完善外建登记项目注销管理制度。

纳税评估。全年对238户企业进行纳税评估，合计补税达4273.56万元；针对连续两年税收收入变化较大企业、增值税专用发票风险应对、个人股权转让、房产税等实施专项评估，分别补税403.17万元、67万元、4.27万元、26.89万元；对律师行业、高科技企业、会展企业、重点税源企业实施行业评估，发现税收征管中存在的薄弱环节与风

长宁区税务局积极推进中小企业服务共建合作

险点，依托管评联动完善征管措施，加强政策宣传辅导，提高征管质量，实现“以评促管”；加强纳税评估的案头分析及回顾总结，区局上报《“投资回报率”在纳税评估分析中的应用——以逆向思维方式进行分析评估》，获上海市税务系统纳税评估优秀案例三等奖。

发票管理。根据市局“简并票种，统一式样”工作部署，制定详细计划，明确部门职责，编制《告纳税人书》和《新旧发票种类对照表》深化对内培训，加强对外宣传辅导，建立考核指标。截至11月，根据市局下发的未缴销旧版发票数据，清理11140户企业共31392条发票库存记录，除3条记录因被法院、公安经侦查封无法清理外，其余全部清理完毕，清票完成率达到100%。

欠税管理。以“明确清欠目标，制定清欠计划，落实清欠责任，加强欠税考核”为抓手，深化欠税管理的相应制度。建立重点欠税户专人负责制和要求欠税企业主动报告大额资产行为，通过征管基础数据比对实时监控欠税户申报情况，管控结合将纳税申报不实、有稽查案件、时有税款逾期入库等情况的有“欠税苗头”企业列入预警名单，监控其发票领用、开具和申报纳税情况；通过实地走访掌握企业经营动态和资金状况，组织税款足额按期入库，预防新欠产生。所属期2012年1月1日至11月30日，分局新增欠税2097.3万元，因房产行业不景气造成的某户房产企业7月产生欠税1559.3万元，占分局全年新增欠税总额的74.4%，其余欠税538万元，其中房产税欠税487.4 万元，占比90.6%，比例很大。扣除房产行业欠税因素后，全年其余新增欠税仅50.6万元，比上年新欠减少89.6%。

风险预警和应对。建立管理类、发票类、申报类、财务报表类日常风险指标共计61个，全年发出风险预警数据9.3万多条，“申报质量预警”指标预警数下降33%，重点户财务报表申报率达到100%，重点户财务报表准确率全市排名第3，整体财务报表准确率全市排名第4。按照计划管理、风险识别、等级排序、组织应对、绩效评价的风险管理流程实施一体化、闭环式风险管理，通过数据抽取，开展识别排序，分类别进行风险应对：对低风险企业通过提示提醒和纳税辅导等方式，提高纳税遵从度；对一般风险企业采取评估约谈与实地核查的方式处理；对高风险企业则移交稽查，将有限的征管资源用于高风险事项和纳税人，提高风险管理成效。

【大企业税收管理】 年内区局纳税户管总数为21513户，其中：内资企业13233户，外资企业4679户，个体工商户3601户。年税收50万元以上重点税源企业2479户，占户管总数的11.52%，产出的税收占税收总收入的86.41%，其中：200户总局级重点户税收占56.05%，339户市税务局级重点户税收占12.56%，456户分局级重点户税收占

10%，1484 户税务所级重点户税收占 7.8%。行业主要分布在工业、商业、服务业、交通运输业、金融业、房地产业等，六大行业累计实现税收 224.51 亿元，占长宁区税收收入总量的 92.21%。以房地产企业土地增值税清算为抓手，落实企业税款入库。全年土地增值税清算入库金额达 20 亿元，比 2011 年增收 8.4 亿元，增幅为 51.67%；重点关注房产企业销售收入结转，挖掘税源潜力，开展企业一对一政策辅导，敦促 10 户房地产企业按照规定结转收入成本，合计缴纳企业所得税 4 亿元，对资金入库困难的企业督促资金落实到位；注重对纳税人存量房产、土地转让项目的清算审核，全年企业存量房产销售涉及土地增值税征收共计 3.5 亿元，其中经调整审价或扣除项目的房产比率达 45%，共计调增土地增值税 6530 万元。

【国际税收管理】反避税工作。制定《反避税工作操作规程》，建立管理、服务、调查三位一体、统一规范的反避税防控体系；成立初审、复审两个工作小组，建立精细化双重审核制度，有重点地开展同期资料自查工作；通过运用关联申报审核、同期资料检查等基础管理成果，挖掘和筛选避税嫌疑户，首次将同期资料披露的“企业利润水平低于可比企业利润率中位值”设定为避税风险监控指标，对 4 户企业进行案头审计和反避税约谈；对 1 户避税嫌疑企业进行企业功能风险分析和境内外关联采购利润水平的测算评估，促使该企业主动调整定价政策，缴纳企业所得税 2681.32 万元。

情报交换。对非贸出证金额较大且不予征收企业所得税核定事项进行抽查，通过与扣缴企业约谈，对未能排除的疑点启动专项情报交换。2011 年该项情报获日本国税厅专项表彰，2012 年该项工作入库企业所得税 1000 余万元。落实处理来自日本、波兰、挪威专项情报核查案件 4 件，其中，1 户案件补缴个人所得税及滞纳金 23.06 万元，成为区局首例通过国际税收协作手段实现补税案件。向缔约国提供自动情报信息 50 条，其中加拿大自动情报信息为首次上报。

非居民税收管理。实施非居民企业集中专业管理，建立非贸出证专业审批机制，将非贸出证业务进行集中审批；制定《实务操作指引》，规范操作流程，制作书证模板，并根据“营业税改征增值税”中非贸出证相关条款修订签报模板、明确换算公式，规范审核标准。全年共开具服务贸易等项目对外支付税务证明 2152 份，比 2011 年增加 548 份，增幅为 34.17%，合计缴纳税款 5.87 亿元，增幅达 31.62%；对 912 户非居民企业开展企业所得税汇算清缴审核，其中核定征收 831 户，实际缴纳所得税额 1.01 亿元；加强非居民企业房产税、土地使用税管理，全年查补并入库非居民企业房产税和土地使用税 3500 万元。

【税务稽查】（1）日常检查。全年完成歇业检查 599 户次，有问题 2 户，补税金额 20024 元；金税协查完成增值税专票协查 214 户次，发票 1212 份，有问题 20 户次，补税款 2522094.86 元，留抵税款 22604.67 元；普票协查 43 户次，协查普票 168 份，发现有问题 9 户次，假发票 42 份，涉及金额近 300 万元。全年受理涉税举报案件 263 件，其中：市局网上人民来信转办单 139 份，市局稽查处转办 5 份，外区、外省市转办 9 份，区局纳税服务渠道转办 101 份，直接受理 9 份；区局下达税务稽查任务通知单 185 件，经查实偷税案件 4 件移送稽查四局调查处理，转外区处理调查案件 28 件。全年完成税收自查户 398 户，完成税收自查入库 22456 万元，完成计划入库数的 159%。全年收到出口函调 158 份，涉及 784 张增值税专用发票，均按规定回复且无一份逾期；收到稽查四局委托执行单共计 140 户，涉及税款 25149 万元，滞纳金 6841 万元，罚款 233 万元，行政处罚 1 万元，进项转出 9 万元，企业所得税亏损调减 191 万元。

（2）打击发票犯罪。3—9 月底前，开展对本区纳税人发票使用情况的检查。对金融、保险、广告、建筑安装等行业及分局级重点企业开展发票使用情况的重点检查工作，各管理所在所管辖户管内对上述范围企业自选5户进行发票使用情况重点检查，有问题率为100%。日常征管检查中，发现涉嫌违法线索及时移送公安经侦部门，全年共移送涉嫌虚开增值税发票、使用假发票线索4件，涉及税款38.68万元。对区公安部门在专项整治工作中涉及发票违法案件要求鉴定发票真伪的，依法及时提供支持和帮助，共计鉴定假发票17261份，出具《发票真伪鉴定证明》55份。区局被国家税务总局评为2011年度发票打假先进单位，2012年度上海市长宁区打击发票违法犯罪活动工作协调小组工作会议上，分管区长及市局稽查处领导对区局打击发票违法犯罪活动工作给予高度肯定。

【信息化建设】网络和信息安全。加强对网络环境、服务器与终端环境的安全监控、提高异常处置的效率，完成桌面安全管理系统（VRV）升级，完善瑞星防病毒、入侵检测、漏洞扫描以及桌面监控等防护体系系统建设和运行，初步建成多方位的网络信息安全防护屏障。完成金税三期工程网络项目广域网部署，做好金税三期工程网络项目分局及现有下属节点情况实地复查工作，区局上联市局网络于9月5日顺利割接，自建老线路次月也完成注销，完成20条链路安装调试和网御神州防火墙的安装调试工作、金税三期工程安全防护体系子项目的部署。按照区局网络安全管理需要，对外网资源进行整合、对外网终端部分设备进行更新。

信息化资产管理。提高信息化资产标准化维护管理水平，制定维护单位各项标准化操作制度，提高设备故障的解决速度，提升维护水平。深化以信息化手段管理IT资产，提高资产使用信息的准确性，为资产采购与处置提供有效信息。完成2012年度信息化资产核查及2004年前信息化资产报废工作，完成2005年前信息化资产报废工作核对工作。完成2012年信息化设备采购申请，以适度超前的技术标准合理运用信息化专项资金，做好2013年信息化预算安排。完善《信息化设备竞争性询价采购制度》，实施自行分散采购由监察室介入开标、监标过程。

综合征管系统运维。做好业务部门对综合征管系统新业务模块培训，做好区局级的日常维护和深化应用，好征管系统升级、涉税受理流程调整、防伪税控升级、市级数据下发整理导入等工作。配合市局进行12366纳税服务热线推广应用、税务网站网上办事、互动交流等网上应用工作。

内门户上线。配合软件公司做好硬件环境和软件环境准备，按照市局要求及时完成《机构人员信息表》《单位首页面配置》《部门主页配置》等相关表格报送。分阶段展开对内门户的测试，对运行过程中发现的问题，及时和市局以及软件公司进行沟通联系、协调解决。对内门户网站培训做到全覆盖，对原OA系统收发文数据进行整理及对照并导入内门户工作。区局新旧办公系统顺利衔接，内门户网站于10月中旬成功上线。

信息和应用服务。加强对区局枢纽式信息平台和税企沟通平台系统数据库和应用层服务器监控和管理，确保系统平稳运行。配合业务科室和数据处理所做好各项业务工作技术层面分析和配套软件开发，配合业务部门完善减免税管理子系统、遵从度评价模块。配好综合科室做好分局行风测评、绩效考核数据抽取、内门户单位邮箱启用及老邮箱数据备份等工作。

【机构人员】区局内设机构10个，按规定设置机关党委办公室；税务所18个，其中：第一税务所为征收所、第十七税务所为房产交易所；第二、三、五、六、七、八、九、十三、十四、十五、十八税务所为管理所；第十一、十二、十六税务所为纳税评估所；第四税务所为数据所；第十税务所为涉税事项审批所。人员配置：局长1名，副局长4名，纪检组长1名；副处调研员4名；

正科级27名，副科级42名；主任科员44名，副主任科员83名，科以下干部234名。

【机构调整】 年内新增第十八税务所、纳税服务科（纳服中心）和信息技术科（风控中心）3个机构。第十八税务所工作职能为：外国企业常驻代表机构的税务管理，服务贸易对外支付的税务管理，外省市来沪建筑企业税务管理，中国内地或本市无机构的外国公司税务管理，港澳台和境外个人的房产税务管理，以及反避税。纳税服务科（纳服中心）工作职能为：负责分局税法宣传、纳税咨询、办税服务、权益保护、信用管理、社会协作以及大企业管理服务等工作。信息技术科（风控中心）工作职能为：负责信息技术科原有的工作职能和税收风险分析监控工作。

【人事管理】 年内录用大学生1名、安置军转干部1名，提任科级干部2名、副科级干部6名。按照新修订的《长宁区税务局绩效考评管理办法》对公务员进行考核。全年办理112项干部任免事项。

【教育培训】 年内3人次参加税务总局培训、84人次参加市局培训，组织参加市局各类讲座共16讲156人次，安排26名市局人才库成员参加高层次专业培训。组织61位科（所）长参加科级干部考试，61人参加会计二级达标考试，66人参加“三员”考试。开展按需自主培训项目，委托共康税校举办税收分析专题培训班，共40人参加；委托江西税校举办纳税评估专题培训班，分两批开展，共106人参加；组织会计准则培训班，对20位业务骨干进行培训。

【政务管理】 落实重点督办工作，做好综合协调，每月通过局务会议对区局重点工作、市局专项工作以及局长室在重要会议上布置的工作进行督办，每季度组织各科室进行重点工作讲评，全年共进行月度重点工作督办8次、季度讲评3次、年度讲评1次。全年编辑《长宁税务》116期，刊发文章640余篇，其中：被《中国税务报》录用2篇，被市局录用简报1篇、动态125篇，位列全市税务系统前茅；被区委区府录用54篇，得到区委区府主要领导批示6次；编发10期《长宁税务图片新闻》，合计57个图片信息专版、641张新闻图片，13张图片被总局级、市局级、区级刊物录用。全年处理公文737件，其中，收文件598件，发文件139件，清退2011年机要文件123件。以税务学会为平台，完成2011年度税务学会调研课题的整理、汇编工作，完成年度税务学会年检工作，完成市国际税收研究会（筹）、市税务学会（筹）布置的相关工作，做好税务学会四届三次会员大会及四届八、九、十次理事会议议题工作，根据《2012年中国税官论税制改革》征文通知，上报征文2篇。

【财务管理】 加强公用经费预算和支出管理，落实部门预算责任，严格执行“三项经费”支出规定，压缩三公经费支出，努力打造节约型税务机关。抓好预算编制工作，测算各项预算项目需求，完善和细化预算项目，提高预算编制的科学性、规范性和合理性。规范各类经费使用操作流程，加强经费使用审批，年初根据市局批复分局的全口径预算控制数，拟定各类业务经费预算计划，核定各部门年度预算经费支出额度，加强沟通与协调，稳步推进各项经费支出的均衡性、科学性、合规性，全年预算执行率为95.16%。编制政府采购预算和政府采购计划，年内政府采购预算金额372.92万元，其中：按照资金来源分类，属于国税资金负担的政府采购预算165.14万元，属于地税资金负担的政府采购预算207.78万元；按照采购项目类别，属于信息化设备类259.70万元、非信息化货物5.95万元，属于车辆采购56万元，属于车辆保险、维修、加油等服务类51.27万元。按照“应采尽采”和“厉行节约”的原则，通过政府采购节约资金78.91万元，特别是国税实行批量采购台式计算机，节约财政资金达65.43万元。规范公务卡执行及报销制度，建立公务卡管理制度，完善

2012年10月28日，长宁区税务局召开2012年政风行风建设工作会议暨“创新社会管理 服务区域经济”推进会

公务卡的管理使用。抓好固定资产的日常管理，每月完成固定资产信息变动更改工作，每季度做好资产核对工作，确保分定资产账账相符、账实相符。

【内部审计】全年税收执法督察完成2917户次的核查，其中：对出口货物退（免）税管理核查1252户次，占符合条件企业总数的10%；对小微企业享受企业所得税优惠政策执行情况核查1458户次，占符合条件企业总数的7.7%；对残疾、孤老人员和烈属劳动所得减征个人所得税政策执行情况核查50户次，占符合条件企业总数的20%；对技术转让、技术开发和与之相关的技术咨询、技术服务免征营业税政策执行情况核查110户次，占符合条件企业总数的9.24%；对于金融保险业的核查，选择3个行业龙头企业作为核查对象，占整个行业总数的10%；对于地产企业，选择3个规模较大的企业作为核查对象，占整个行业总数的10%；同时，离岸服务外包业务免征营业税政策执行情况作为自选核查项目，总计完成41个符合条件企业的全覆盖核查。

【纪检监察】建立廉政平台工作机制。搭建责任承廉平台，部门领导签订党风廉政建设目标责任书，干部签订廉政承诺书，及时发现和查找苗头性、倾向性违纪违规问题，做到关口前移，实现廉政预警。搭建学习知廉平台，开展廉政专题教育月“十个一”教育活动，每周组织学习党风廉政方面的法律法规和相关文件材料，提升防腐拒变的意识与能力。搭建监督促廉平台，与2450户企业签订《税企共建廉政建设倡议书》，告知税务干部廉洁从政的各项规定，聘请10位党风廉政特邀监督员、5位政风行风特邀监督员，加强社会监督。搭建人人参廉平台，参加区纪委组织的廉政文化电子作品创意大赛，上报16张廉政图片、2份廉政屏保，其中4份作品获得优秀创意奖。

建立“四评一回访”工作机制。开展企业网上测评，全年共10374户企业参与网上测评，其中四级重点户占25%左右，总体满意度分值在91分以上。开展窗口满意度测评，聘请社会中介机构对180位前来办税的纳税人进行窗口满意度随访，涵盖全局3个服务窗口，内容涉及6个项目共计29项指标，综合服务质量公众满意度分值在89分以上。开展评估工作测评，对158家被纳税评估的企业进行满意度问卷调查；开展科室工作满意度测评，全年共有490人次对科室工作进行评价。开展纳税人回访，全年对纳税人诉求处理情况进行回访共计61人次，维护纳税人的合法权益。区局“四评一回访”工作机制，被《中国税务报》报道。

【后勤管理】完善后勤保障管理，加强对车辆成本的控制，加强对复印机、空调以及各类办公物资、办公用品的全过程管理。食堂管理坚持以人为本，不断加强对职工食堂的成本、环境、卫生等方面的监控与管理。

完成区局办公大楼综合改造工程，对工程资金使用情况、审价、总价控制由市局指派的造价咨询公司负责，工程中的变动和使用材料品牌及价格的确定，坚持先报投资监理单位，按程序审批后予以实施，并要求投资监理单位出具《工作月报》及时报送财务科。做好安全保卫工作，坚持每日巡查制度，对照人防、技防、物防措施进行自查；落实24小时“双人值班”制度，加强保安巡逻；加强对分局中心机房、交换机房等核心网络设备巡检工作；加强资料室、档案室管理，全面检查分局所有消防器材；加强对固定资产的使用、管理及废品处理的规定；加强对空调、电梯、电话等公共设施的使用管理，倡导节能减排；对分局所有摄像头、监视器作了全面的检查与维修，增加监视探头、消灭死角，以防突发事件发生；加强房门钥匙管理、重申涉密文件处理须知以及安全员工作职责。

【税收科研】完成《律师、税务师、会计师、资产评估和房地产估价等事务所税收征收管理情况》调研课题，代表上海参加国税总局专题研讨会；撰写信息化论文获总局电子税务管理中心优胜奖；参与撰写《税收征管改革中税务稽查的定位》调研报告并获上海市局2012年税务稽查课题调研报告特别贡献奖；代表市局执笔起草国税总局《软件企业税收优惠管理办法》，参与市局专业政策书籍的编写校对；完成12366大联动机制调研课题、《鉴证咨询服务“营改增”相关税收问题探究》专题调研、《构建办税服务厅质效管理机制可行性研究》报告。

【税务文化】区局机关党委被评为“长宁区机关先进基层党组织”，作为“创建服务型机关先进单位”参加区机关党的建设成果展；区局团委被评为“上海市税务系统2011年度红旗团组织”；一所荣获“上海市巾帼文明岗”“长宁区巾帼文明岗”；一所票证管理窗口、综合受理口等称号，十七所房交中心税务窗口荣获区“优质服务示范岗”；十五所荣获区“工人先锋号”荣誉称号。周传飞荣获“上海市税务系统青年五四奖章”；一所、五所以及3名个人入选市局《“营改增”先进事迹集》。获上海市税务系统第一届运动会入场式二等奖，广播操及排舞均获得第3名，太极拳获得优胜奖。

【“双结对、大联动”工作机制】区局以“创新社会管理，服务区域经济”为主题，采用“点上突破、面上推广”的方法，首先在虹桥街道开展试点，签署共建协议，并分街镇制定“双结对、大联动”工作实施方案，向长宁区各街镇全面推广。依托社区平台实施综合联动，将服务区域经济、政风行风监督、地区党建等有效结合，形成各管理所与对口街镇的定期沟通的长效机制。开展“税务茶座”“税法宣传进楼宇”“政策咨询进社区”等活动，拓宽服务平台，增强监督的力度，延伸服务触角，改进工作作风，促进政风行风建设，拉近税企之间的距离，促进企业发展和税收增长。

（杨　震　戴　莹）

普陀区税务局

【概述】2012年，普陀区税务局（以下简称区局）在组织税收收入的同时，落实营业税改征增值税试点，推进税收征管模式改革，围绕坚持依法行政、强化税收管理、优化纳税服务、推进党风廉政、提升队伍素质等工作主线，完善制度、创新方法、确保落实，全面完成各项税收工作。

【税收收入】全年累计完成税收收入211.01亿元，比上一年增长9.39%，增收18.11亿元。其中，完成中央级收入106.2亿元，比上一年增长9.53%，增收9.24亿元；完成市级收入42.31亿元，比上一年增长11.96%，增收4.52亿元；完成区级收入62.5亿元，增长7.48%，增收4.35亿元。

【税收特点】全年税收收入呈现如下特征：（1）税收收入总体实现平稳增长。全年税收比上一年增长9.39%。其中，上半年税收总量同比增长8.24%，区级收入比上一年增长0.12%，下半年税收总量比上一年增长11.11%，区级收入比上一年增长20.02%。税收上下半年的增长幅度差距较大。（2）主要行业税收增收增幅不均。房地产、商业和制造业税收实现不同程度的增长。其中，房地产业税收增速明显放缓，比上一年增长3.7%，制造业税收增长最快，比上一年增长16.9%，商业税收比上一年增长7.93%，而现代服务业税收增长较快，比上一年增长14.73%。（3）主体税种收入差异明显。流转税实现较快增长。其中，增值税实现较快增长，比上一年增长21.87%，营业税实现小幅度增长，比上一年增长2.28%。所得税有升有降，其中：企业所得税快速增长，比上一年增长16.14%；个人所得税小幅度下降，比上一年减少1.93%。

【税收法治】区局坚持依法组织收入，处理好依法行政与服务经济发展关系。4月，召开依法行政工作会议，提高干部对依法行政重要性的认识。6月，成立依法行政工作领导小组，制定《推进依法行政工作规划》，为依法行政工作开展提供组织保障。7月，开展《行政强制法》学习，通过全员和重点执法岗位两个层面培训，推进行政强制法的贯彻执行。9月，开展依法行政和落实税收政策情况问卷调查，掌握工作实情，切实保障各项税收政策落实到位。通过业务例会，加强政策法规的学习解读，提升干部依法行政能力。通过自查和重点检查相结合，开展税收执法自由裁量权执行情况检查，统一执行处罚标准，规范检查文书使用和税收执法行为。

【营业税改征增值税试点】推进营业税改征增值税（以下简称“营改增”）试点工作，成立相关领导小组和工作办公室，制定、细化工作方案，点、面结合开展业务培训，覆盖面为100%。分层次走访试点企业，听取对试点工作的意见建议，有针对性地解决问题。开设手工申报和电子申报专窗、申报辅导室、“点对点”发票开具辅导及技术服务等一系列措施，帮助企业完成申报和购票。制定《关于加强营业税改征增值税相关风险防范与应对的工作方案》，加强试点企业发票核定和使用管理。通过风险提示、纳税评估、强化税收管理员日常监控意识与职责三个方面实施风险管控，确定疑点企业，对指标靶向准确性进行印证，对取数口径、预警范围进行修正。逐月对试点纳税人户数变化、税款入库、税负增减的变化情况进行效应分析，完善税负情况变化表填报，提升“营改增”效应分析工作质量。截至 12 月 31 日，全区共 3833 户企业（其中 81.5% 为现代服务业企业）纳入试点范围，全年为试点企业和原增值税一般纳税人合计减税 8953 万元。

【税收征管改革】根据阶段性改革任务，在两个管理所试点完成涉税事项审批的剥离，成立重点税源管理组、一般税源管理组和内勤组。数据处理中心以风险管理为导向，加强数据分析与利用，开展“营改增”风险识别工作，初步建立风险管理体系框架。税收征管改革推进工作小组通过实地走访、专题讨论等形式，对征管现状进行摸底，重新认识和设计税收管理的对象、流程和职责，制定《关于我局设立涉税事项审批所及部分户管调整的专题方案》以及《普陀区税务局 2012 年度税收征管改革具体实施方案（讨论稿）》。12 月，以完善征管改革机构设置为目标，搭建机构框架，成立税收风险分析监控中心和纳税服务中心，第十四税务所职能由纳税服务调整为纳税评估，按工作岗位和工作量配置人员，细化岗位职责，探索纳税服务和风险管理“两轮驱动”的新模式。

【税种管理】强化税种管理与税收政策落实相结合，完成 33 个房地产开发项目的土地增值税清算，补缴土地增值税 6.46 亿元。开展房地产开发企业契税核查工作，对 2004 年以后在普陀区获得土地产权证的企业以及项目尚未开发完毕的企业进行契税统计核查，补缴契税 1.55 亿元，并以此为契机，建立常态化核查、备查机制。开展个人所得税工资薪金比对检查，自查户数 3521 户，专项检查户数 291 户，合计补税 254.81 万元。受理年所得 12 万元以上个人所得税自行纳税申报 17797 人次，比上一年增长 17.5%，完成目标人数 101.30%。结合“营改增”试点做好增值税零税率应税服务免抵退税政策落实工作，根据出口退税政策的调整，明确对出口退税货物的各项要求，形成相应操作办法。

【纳税服务】（1）纳税咨询。定期组织 12366 咨询热线坐席员业务培训，提升人员知识储备和服务技能，建立远程坐席督办机制，由专人定期审查督导，确保咨询回复质量和准确率，2012 年远程坐席电话接听量累计 22436 件，接通率为 86.63%。在全区推广税企互动平台，做到服务范围全覆盖，向企业免费发放《互动参与平台操作手册》2 万份，方便纳税人掌握平台应用。（2）办税服务。制定《关于落实市局加强办税服务厅管理意见的通知》，完善办税服务制度管理。通过实地巡查，促进落实值班、预约、应急预案等制度。建立办税服务厅工作纳税服务绩效评价体系，明确考核要求，利用数据统计功能，合理配置窗口资源，为工作考评提供依据。（3）权益保护。“咨询·举报”接待室全年受理纳税人来电、来访 2450 次，接待或转办各类调查 400 起。（4）纳税人学校。5 月，纳税人学校正式揭牌成立，以业务骨干为主要师资，免费为纳税人提供咨询辅导服务，全年组织平台应用操作培训 3 场、税收政策业务培训 122 期，参与培训人员达 2 万余人次。

【税收宣传月】4 月 21 日，围绕“税收·发展·民生”宣传主题，在 M50 创意产业园区露天广场启动“税收牵手文化　发展造福民生”第 21 个税收宣传月主题活动，区委常委、副区长裴崎及区局领导参加活动，部分文化企业代表、M50 园区代表参与，活动由税企共建签约、赠送税收宣传书籍和创意 T 恤、税收宣传涂鸦板揭幕和税收宣传图片展四部分组成。到场领导向 6 户文化企业代表赠送税收宣传书籍，区局税收宣传志愿者与 M50 创意产业园签署共建协议，增进税企互动沟通。税收宣传月期间，组织开展

3场特色座谈、2次“快闪行动”和1次百米长卷签名活动；各基层税务所实地走访企业，宣传政策，讲解税法，回答热点，听取反馈；在办税大厅以及各街道、社区、学校宣传栏张贴税收宣传画；在主要街道、商业中心、社区悬挂税收宣传横幅，扩大宣传效果。

【税收征管】 （1）登记管理。与工商等部门密切协作，开展相关企业税务登记管理和设立并联审批推广工作，并联审批受理量占全部申请的70%以上。3月，贯彻落实注销迁移由市局统一受理、各区县局办理的规定，制定区局操作规定，对迁出企业场地核查等工作的时间节点提出明确要求，依托信息化支撑，在征管辅助系统中增加相关查询模块，保证迁移工作按时办结；依据《注销税务登记管理办法》，结合税收执法督察工作的要求，明确注销签报格式、应审核的内容及应提供的书证材料，对签报完成质量提出要求。（2）申报管理。根据2011年及2012年年初征管质量状况，寻找薄弱环节，确定“税务登记”“零负申报”“欠税管理”为管理重心，以自查为基础，具体问题具体分析，细化操作要求和考核要点，制定整改计划，从税务登记、发票管理、申报管理、欠税管理、风险管理、内部监督等环节入手，加强日常监管，加大责任追究力度。做好电子申报及网上认证推广工作，配合法人一证通推广，在阳光大厦二楼设置专项受理点，当场办理数字CA证书及其相关事宜。开展税库银横向联网电子缴税系统推广工作，按照推广要求，经与中国人民银行上海分行、上海银行、上海农商银行协商，自10月1日起，试点横向联网定期定额户批量扣款业务。10月组织部分双定户签订扣款协议，于11月申报期内进行电子扣税。（3）发票管理。开展“营改增”试点企业旧发票清理缴销工作，截至4月1日，完成2000余户企业旧发票的清理缴销。开展简并票种统一式样工作，“点对点”辅导纳税人选择新票种，开通“试点企业旧发票结存”辅助查询，加强新发票管理，杜绝混开票，保证纳税人正常经营活动需要，推广防伪税控主机共享开票系统，杜绝乱开票。新增长寿、长征地区2个共享开票点，为小企业提供开票服务。开展发票明细数据采集试点，做好“防伪税控系统应用等职能”调整移交工作，提高发票管理水平。

【大企业税收管理】 试点开展大企业风险评估，对照《大企业涉税风险管理手册》，通过案头分析、约谈、实地核查等方式，对15户局级定点联系企业进行风险评估，对企业的基本情况、纳税变动、内控制度建设、重大涉税事项等进行了解。选取2户企业开展税源监控试点，每季度抽取财务数据，计算相关指标，与行业预警值进行比较，实时税源监控，事中控制风险，减少企业涉税风险。召开大企业座谈会，了解企业诉求，解答企业困惑，签订遵从度协议书。

【税务稽查】 每月对总局级和市局级重点税源企业的申报及入库数据进行监控，发现异常及时排摸，对纳税高风险企业进行专项评估，

2012年1月18日，普陀区税务局领导班子在区局会议室述职述廉

降低重点税源企业的税收风险。组织稽查所对享受加计扣除、股权转让、资产报损的企业进行专项检查，查补税款。对各类涉税举报案件仔细分析举报情况，结合案件特点，对所查内容以《税务建议书》形式实现信息反馈，使管理员能够及时掌握企业情况，针对不同问题采取有效征管措施，保证税收足额入库。

【信息化建设】做好风险控制的数据支撑、数据质量和风险评估。完善现有辅助查询系统各项功能，开发使用减免税调查、在办涉税事项查询、房产交易中心办税流程兼并及政策法规查询等软件模块，整合节点，提高效率。增设财务报表系统导入功能，减轻手工录入工作量。开展四级重点税源企业报表的采集和校验，采集率和准确率达到100%。落实一般税源企业的电子申报推广，并辅以人工录入方式，督促纳税人在申报环节进行报表校验。通过专业化数据中心的数据分析、指标梳理与整合，应对“营改增”试点风险，开展若干项风险识别与应对工作，对相关企业实施二、三级风险应对，查补税款，调减增值税留抵税额。

【机构人员】截至12月31日，共有正式干部职工436人，其中，大专以上学历人员比重达94.04%，本科学历230人，研究生以上学历31人；中共党员218人，民主党派6人。

【机构调整】4月，黄浦、卢湾“撤二建一”成立第十四税务所。截至12月，内设机构10个，并设有机关党委办公室；下辖14个税务所。11月26日，根据市局《关于本市推进税收征管改革的实施意见》（沪国税办〔2012〕27号）的相关要求，经区局党组讨论，成立“两个中心”，即成立税收风险分析监控中心，挂靠信息技术科，成立纳税服务中心，挂靠纳税服务科。

【人事管理】修订、完善《普陀区税务局目标管理考核办法》和《普陀区税务局公务员考核实施办法》。建立公务员考核测评系统，依托信息技术，对公务员考核、测评进行计算机管理，实现上级、平级和下级不同角度的在线评价。年内晋升正科级领导干部3名、副科级领导干部8名、副主任科员11名，2人通过市局处室公开竞聘调入市局工作，2人通过公选交流到兄弟分局担任副科级领导干部，1人当选上海市税务系统征管标兵，4人进入处级后备，1人晋升副调研员。

【教育培训】制定《普陀区税务局2012年教育培训工作计划》，明确培训任务，细化培训项目，强化措施保障。开展窗口人员服务规范化培训，对118名窗口征收人员分5批进行专题业务培训，获市局好评。开展科级领导干部考试和企业所得税业务考试应考人员的培训工作。年内，区局科级领导干部考试平均成绩在全市各个分局中排名第三，获市局通报表扬。在全市税务系统中率先开展一般干部岗位通识业务考试，考前辅导，考后总结，形成抓业务、学技能的良好氛围。

【财务管理】细化公务卡日常支付、报销流程，制定并下发《普陀区税务局公务卡使用管理办法（试行）》，明确管理人及持卡人职责，保障公务卡的规范使用。全年公务用车的定点加油和维修实行政府采购全覆盖，按规定与定点加油、维修点签订协议，为相关人员配置公务卡并提升相应信用额度，完全通过公务卡进行结算。

【内部审计】制定《普陀区税务局2012年税收执法督察和执法监察工作实施方案》。在年度执法督察和执法监察工作中增加“国家重点扶持高新技术企业享受优惠税率”和“‘营改增’试点纳税人发票使用和缴销管理”政策执行情况检查两项重点内容，每季组织执法类签报抽查，全年抽查签报163份。

【纪检监察】（1）做好党风廉政建设制度落实。制定并下发《普陀区税务局局贯彻落实〈关于实行党风廉政建设责任制的规定〉实施意见》，形成联席会议、专题研究等长效机制；组织各部门主要负责人签署《党风廉政建设责任书》；制定《普陀区税务局2012年党风、政风、行风工作任务实施分

2012 年 4 月 26 日，普陀区税务局组织举办“税收·发展·民生”税收宣传月主题活动

解表》，明确 114 项具体工作措施的牵头部门、配合部门和完成时间。（2）认真受理信访举报。在查处信访件过程中，坚持有投诉就查，有问题就纠。对受理案件当事人进行组织谈话，做好干部的思想政治工作，及时向举报、投诉人沟通反馈、回复意见。（3）切实开展政风行风测评。召开 4 次政风行风工作会议，落实实施意见和分解表，政风行风测评在全区八个执法部门中名列第二。5 月，组织特邀监察员对 270 户企业和 4 个办税服务厅进行明察暗访，合计收集企业征询意见建议 27 条。8—10 月，委托零点调查公司开展民主评议基层税务所工作，实现民主评议全覆盖。（4）持续开展廉政教育。组织 5 名处级领导干部和 54 名科级领导干部进行述职述廉，接受民主测评。开展“为政清廉保纯洁”教育月活动，推行“基层税务人员廉政承诺制度”。开设廉政网页专栏，刊载先进事迹和征文 30 余篇。组织参观廉政教育基地。组织征集教育月专题征文作品 27 篇。在电子申报平台开通“廉政教育月专题意见征询”，征集意见建议 6 条，表扬 19 条。截至 12 月，完成岗位职责说明书 13 份，梳理权力事项 118 项，排查风险点 97 个，建立和整理内控制度 15 个。

【税收科研】根据区委书记张国洪在区第九次党代会上提出的“努力建设上海西部新兴商贸科技区”要求，围绕区域经济发展的现状和特点深入开展调研，形成《大力发展我区现代商贸业，促进普陀商贸科技区建设》的调研报告，荣获区政府 2012 年度优秀调研报告评比一等奖，调研报告《“营改增”试点改革对我区区域经济的影响》获三等奖。

【税务文化】（1）落实精神文明创建，开展岗位评优。评选出 2011 年度窗口“星级服务明星”21 名；第一税务所党支部被评为普陀区争先创优群众满意窗口，机关第一党支部荣获普陀区先进基层党组织称号，1 人荣获普陀区优秀党务工作者荣誉称号，2 人荣获普陀区优秀共产党员荣誉称号。（2）开展文化活动，搭建职工兴趣交流平台。成立摄影、乒乓球、篮球、读书等多个兴趣小组，筹办两期税务干部摄影作品展，举办普陀区局 2012 年扑克牌“大怪路子”比赛、第七届乒乓球比赛和冬锻比赛，举办“家和万事兴”主题春节联欢会，参与市局、区府组织的广播操、排舞、太极拳等多项比赛活动；架设青年岗位成才平台，对现有志愿者资源进行整合并成立区局纳税服务志愿者队，开展“纳税服务青年志愿者风采展示”主题竞赛活动，发挥青年潜力，与曹杨街道阳光之家结对，把爱心传递给每一位特殊儿童；引导职工积极投身社会公益，在爱心月活动中，领导、党员齐带头，在“一日捐”活动中踊跃捐款。

（徐　凌）

闸北区税务局

【概况】2012 年，闸北区税务局（以下简称区局）全面落实市税务工作会议精神，以组织收入为中心，坚持风险管理和纳税服务“双轮驱动”，坚持依法行政，推进征管改革，发挥税收职能，服务区域经济发展，完善纳税服务，加强干部队伍和政风行风建设，强化内部行政管理，全面完成年度各项工作任务。

【税收收入】2012 年税收收入情况见下表。

2012 年闸北区分级次、分税种税收情况表　　单位：亿元

项目名称		税收收入	同比增减额	同比增减（%）
级次	中央级	66.7661	14.8979	28.72
	市　级	32.8337	3.6222	12.40
	区　级	62.0207	3.9592	6.82
税种	增值税	40.8292	11.3787	38.64
	消费税	0.4482	0.0471	11.75
	营业税	24.1837	-8.1231	-25.14
	企业所得税	45.1754	16.4581	57.31
	个人所得税	20.4043	0.9062	4.65

【服务区域经济】加强同街镇、区经济部门的联系、合作、沟通，定期编制并报送税收专报和税务简报，年内为区委、区府及相关部门提供各类资料、数据 60 批次，提出工作建议 15 项，为街镇经济发展、区域产业结构调整提供导向参考，为区委、区府领导提供决策支撑，发挥税收的职能作用，服务闸北“南高中繁北产业”的发展战略。

【税收法治】成立区局依法行政工作领导小组，年内召开 5 次专题会议，梳理区局依法行政工作中的薄弱环节。开展专项问卷调查，对反馈的问题分析原因并研究、落实整改措施。通过制度清理，梳理出有效制度 96 项、新修订制度 18 项。将依法行政贯穿税收征管、税制改革、纳税服务以及内部行政管理全过程，规范税务行政执法行为，分 7 大类 33 项逐项细化执行（法）标准，统一执行（法）口径，加强对执行（法）情况的跟踪监督，对执行（法）过程中发现的问题及时分析并完善措施，提升行政裁量的合法性和合理性。对照市局下发的 41 项税收征管改进问题，查找薄弱环节，分析原因，及时改进。

【税收征管改革】（1）完善组织机制。根据市局征管改革实施意见，区局成立纳税服务中心和税收风险分析监控中心，建立联席会议制度，同步配套完善联动机制和机构职能，落实工作人员，为2013年全面推进征管改革，实现“两个提高”“两个降低”（提高纳税人满意度和税法遵从度，降低征纳成本和税款流失率）目标，提供保障。（2）实现“三个集聚”。重点行业集聚，对649户房地产开发、中介、物业和二手房交易企业实行“一条龙”专业化管理；将市场公司集聚征管，形成43个专业市场及进场个体工商户“一门式”管理格局；对金融、类金融和人力资源等行业集中管理，提升对重点行业的专业化管理水平。重点企业集聚，明确重点税源管理岗，对454户重点税源户实行集聚管理。特定业务集聚（特定部门办理），实现新办企业涉税事项集中办理，统一场地核查；符合标准的注销税务登记企业集中清税、清票审核；出口退税业务集中审核。通过分步调整，初步集聚户管、税源、行业、特定业务，为下一步实施专业化管理作必要的准备。（3）梳理税务受理审批流程。根据市局282项工作事项，结合区局实际，逐项分析，形成区局涉税审批事项目录，并明确各项目的受理条件、审批流程、审批权限及办理时限等要素，为后续调整、简化审批流程、适时组建专业化审批所（部门）奠定基础。

【税收风险分析监控】区局组建税收风险分析监控中心、数据分析所和风险监控所。在市局风险监控指标的基础上，结合区局实际，设计区局二级指标，包括：43项税收分析类指标、72项风险管理类指标以及52项质量监控类指标。定期抽取相关数据，定期分析，实施税收风险分析监控。落实市局风险应对工作要求，以信息采集、比对、分析为基础，有计划有针对性地开展纳税评估工作。年内，对建筑安装、金属批发和餐饮3类行业65户企业进行行业评估，补税122万元。开展营业税改征增值税、增值税专用发票、微观税收流失、批发零售业、房产税、出口退税等专项评估，被评估企业118户，补税约273万元。通过纳税评估，发现征管工作中存在的薄弱环节，采取措施，强化税收管理。

【营业税改征增值税试点】年内，营业税改征增值税（以下简称“营改增”）试点启动，区局组织对外（纳税人）培训13场（1857人），覆盖全区纳入试点的七大行业相关人员，培训内容包括试点政策解读、试点补充政策及申报口径，对结构性减税内涵和增值税链条原理作重点解读，按季度组织对新办试点企业相关人员业务培训。对“营改增”试点过程中因新老税制转换而实际增加税负的试点企业，配合财政部门实施过渡性财政扶持政策，助推

闸北区税务局试点重点企业、重点行业、特定业务“三个集聚”。图为该局召开房地产企业专业化管理专题会议

企业抓住机遇加快发展。完成对税负增加额较大的76户试点企业，约5036万元财政扶持资金的预拨付审核工作。全年区内3600余户试点单位减税约1.6亿元。做好试点企业申报数据的分析工作，从基础申报数据着手，分析“营改增”试点后对区税收收入、行业税负、户管数量等方面的影响，形成《试点推进情况专题报告》供区政府参阅。向市局报送《试点效应分析报告》，为市局总分析报告提供参考。参与市局《上海市营业税改征增值税试点效应研究》课题小组，对在“营改增”试点工作中涉及具体操作中的各类问题进行分析并提出合理化建议。联合区财政做好“营改增”试点放大效应专题调研工作，调研115户企业，对被调研企业进行数据填报辅导，为扩大试点范围做好预案准备。对7类有特殊申报情况的试点企业进行电脑监控，设立预警指标。对接受客运业务、6%应税服务所取得的增值税进项发票进行专项核查，共检查企业63户，发票8700份，查有问题企业13户，涉及不符合抵扣要求进项发票115份，进项税额约43万元。召开“营改增”风险应对专题会议，对货运、货代、广告业企业“营改增”税收政策及涉税风险点进行详细解读，货运、交运及广告业三大行业的全体试点企业代表出席会议。

【税种管理】落实各项结构性减税政策（如：“营改增”试点，高新技术、新办软件企业减免所得税，研发费加计扣除，个人所得税工薪费用扣除标准提高，个体工商户起征点提高，小微企业所得额标准变化，普通商品房标准提高等），为区内企业、个人减轻税负9.4亿元。全年认定出口退税企业647户，出口退税额6.8亿元。推进企业所得税汇算清缴及后续管理，举行专场培训4次，培训企业464户。以发放告知书、互动平台推送信息等方式，提示各类风险信息及注意事项。抓好工作进度，按月、分税务所公布申报率、入（退）库率。完成企业所得税汇算清缴15544户，完成（申报）率为100%，补（退）税合计11.8亿元，较上年度增加5.3亿元，与上年相比增幅为81.7%。加强所得税汇算清缴后续管理，利用计算机辅助管理平台筛选数据，并下发指标46项，异常记录707条，涉及企业629户，通过核实共发现问题企业430户，调整应纳税所得额2332万元，补征企业所得税、滞纳金491万元。

【纳税服务】优化办税服务大厅设置，按照标准化要求改造导向标识、灯光系统、政策宣传栏、ARM（自助办税终端）机自助服务区，拓展服务功能。提升电话咨询热线服务质量，全年共接听咨询电话2.7万个，结合“营改增”、发票简并等工作，收集热点、难点问题，明确解答口径，提高回复咨询电话的准确性。推广运用税企互动平台，年内新增用户1.1万户，累计用户1.3万户，推广率达65%；向企业推送各类信息32万余条。开展“百人团队服务百家企业”活动，局领导及科所长走访企业311户，引导4户企业建立税务风险管理体系和内部风险控制体系，做好风险分析、提示、防范工作；完成2户定点联系企业的指标评价。以“两个减负”为目标，梳理办税流程，下放37项审批权至税务所（窗口），缩减流程，缩短时间，提高效率。推广网上办税，分9批对3500余户纳税人进行网上办税的培训和推广，累计实现网上发票认证6500余户。推进“一窗多能”，新增7个“一窗多能”窗口，提高窗口的综合业务受理能力。对新办企业的14项业务实施集中办理，实现新办企业“一站式”服务，减少纳税人往返奔波。试行“免填单”服务，在房产交易中心窗口，推出契税、个人住房房产税等项目的“免填单”服务，简化办税手续，推进“两个减负”。

【税收征管】落实发票简并工作，按照市局统一部署，完成2.2万户企业的旧版发票清缴、换版和新版发票的核定、供应工作。加强发票日常管理，分析比对企业开票、申报、税负率等数据；对“增值税开票限额十万元以上的企业”组织用票自查；对高风险

2012年4月19日，闸北区税务局开展税收宣传月主题日活动，现场接受纳税人咨询

企业开展税务约谈和实地核查；控制风险企业的发票领用数量和开票限额。打击发票违法犯罪活动，年内配合公安等部门查处制售假发票案件396起，涉案假发票30多万份，查补税款、滞纳金、罚款53万余元。规范征管资料管理，理清征管资料的归档类别、项目和主管科室，统计存量资料的种类、数量、存放地点，确定新增资料的保管期限。对原存征管资料进行整理、装箱、编号、登记，制作清册。对过期不适用的各类表、证、单、书及宣传资料按规定销毁。制定区局征管资料档案管理制度，明确采集、归档、存放、借阅、保密、销毁等办法。实施征管资料“一门式”管理，启动电子化管理平台。

【信息化建设】结合金税三期工程，增配交换机，将电信、联通光纤接入主机房，实现核心网络带宽从10兆升至50兆；为各部门配备投影仪等演示设备，提升区局信息化硬件水平。对金税、税控、征管系统数据以及市局综合分析库进行整合利用，拓展辅助平台功能，先后开发税收分析模块、任务管理模块等软件系统功能44项，充分发挥信息化对各项工作的推动促进作用。提高数据运用质量，梳理企业会计报表报送现状，制定监督办法，利用辅助平台实现指标校验，督促企业财务人员规范财务制度，正确履行申报义务，提高会计报表申报的正确率。强化系统安全管理，建立双重预警监控系统，加强内外网病毒防范，每日对全局计算机进行后台病毒扫描，加强终端桌面的日常监控管理。

【机构人员】区局内设机构31个，其中机关科室11个，税务管理所20个。在职公务员454名，其中处级9名（正处级领导2名，副处级领导3名，副调研员4名）；科级77名（正科级27名，副科级50名）。机关科室72名，税务管理所373名。

【人事管理】召开专题会议研究分析中层干部状况，掌握各科、所班子结构特点，为轮岗、调整、充实做必要准备。年内，按规定程序，选拔处级非领导干部2名，副科级领导干部（竞争上岗）10名（其中2名为市税务系统公选产生）。根据“以德为先、业绩突出、群众认可”的标准，选拔科级非领导职务干部8名。通过调查分析，掌握区局干部的思想状况、工作能力等情况。对新进干部，通过传、帮、带、实习基地工作锻炼等形式，搭建平台，促进成才。

【教育培训】制定区局干部年度学习计划，定期发布学习资料，开设学习专栏，落实每周学习制度，全年开展各类培训50项，考试及劳动竞赛4项，参加税务总局、市局组织的各类考试5项，其中，在企业所得税考试中，名列市税务系统集体第五、个人第一；在行政强制法考试中，名列市税务系统第三；在科级干部考试中，名列市税务系统第九，较上年明显提升。

【政务管理】全年处理5人以上来访4起，主要涉及发票印制、涉税举报等事宜，通过领导接访、信访包案等机制，第一时间化解矛盾。做好日常信访管理。坚持解决问题与教育疏导相结合、预防与化解相结合的原则，妥善处理信访、举报案件，保护纳税人合法权益。全年受理信访20件，均及时办结；受理涉税举报577件，办结557件，办结率为97%。应对微博舆情。落实市局微博管理办法，及时处理、答复微博互动事项5件；建立微博事项后续跟踪机制以及快速办理机制，延伸微博应对工作，解决实际问题，减少负面影响。

【财务管理】做好固定资产盘点及清理，确保账实相符；摸清各部门固定资产的分配情况及使用状态，按标准调整优化固定资产配置和管理。严格预算资金执行管理，加强预算执行情况的动态分析监控，对历年资金结余及当年资金使用情况进行全面盘点，提高预算执行率，增强预算执行的及时性和均衡性。坚持依法、依预算、依计划、依目录、依政策实施政府采购，运用公开招标、邀请招标、竞争性谈判等多种方式，规范完成各项采购任务。对全局机动车辆实行集中统一管理、调度，提高车辆使用效率，有效节约公车经费。

【内部审计】根据市局统一部署，对“出口货物退（免）税”“纳税户歇业”等11项规定项目开展税收执法督察和执法监察；组织实施一般纳税人认定、增值税发票升级审核、个体户定期定额核定、企业歇业办理、所得税后续管理等5项区局自选项目的执法督察，全年共抽查签报2363份，其中，发现有瑕疵的签报24份，提出建议16条，有效防范、化解潜在税收执法风险。

【纪检监察】落实党风廉政责任，明确党风廉政建设6大类24项工作任务，逐项分解到部门，形成“一级抓一级、一级带一级、一级对一级负责”的责任体系。开展廉政教育，组织廉政教育月等各类教育活动27项，开展《税收违法违纪处分规定》专题学习，通过“九个一”（一次专题文件学习、一次“税务精神”专题讨论、一次廉政风险分析会、一次廉政宣誓活动、一场专题报告会、一次向纳税人勤廉告知和征询意见活动、一次“廉政警句格言”征集评选活动、一次参观活动、一份“党风廉政责任书”）等活动载体，增强干部廉洁自律意识及风险防范意识，营造“勤政是根本，廉政是底线”氛围。深化内控机制建设，从岗责、权限、流程、制度等方面着手，建立和完善“征、管、查、评”四系列的内控机制框架。开展职务风险、廉政风险排查分析工作，落实对应防范措施，推进由被动接受监督向主动防控转变。分析去年政风行风测评中反映的6方面22个问题，查问题症结，抓问题整改，举一反三，落实6项整改措施。通过办税服务窗口、税企互动平台等渠道，向纳税人发放近万份勤廉告知书，主动廉政告知，公开廉政承诺，接受外部监督。局领导带队，深入全区八街一镇，广泛宣传“转作风、促政风、优行风”的具体举措，主动沟通，加强宣传，先后召开座谈会、沟通会11场，走访81人次，主动听取意见。向5000多户纳税人发放意见征询表，收到反馈意见12条；发放调查问卷770份，回收713份。开展办税服务场所巡查，发现问题及时督促相关部门整改；组织特邀监察员开展明察暗访，走访企业130户。年内，区局在区政风行风测评排名第三，在基层站所测评排名第二，在区“万人百企评机关”测评排名第三。

【后勤保障】解决新增部门、人员办公场所问题，通过调整布局，扩展办公面积近700平方米；租借办公用房面积近1400平方米；有序完成17个部门办公场所的装修改造；打通办公楼消防通道，安装疏导标识，增配消防器具，增加门禁、视频监控等安保设施，更换老旧照明、弱电等线路及配套设备，全面消除安全隐患。围绕区局纳税服务中心、税收风险分析监控中心等重要建设规划，实施配套改造，增设会议室、专用接待室、资料室等共14间，全年完成各类工程20余项，累计装修面积达5500平方米，占全局总面积的2/5以上，有效改善办公办税环境。

【税务文化】 围绕创先争优，组织“四评议、四服务”（基层党组织向党员报告工作并接受党员评议、群众评议党员、基层党组织向上级党组织述职并接受上级党组织考评、基层评议市局机关，服务大局、服务基层、服务群众、服务党员），支部、党员“公开承诺”等主题实践活动。区局23个支部分别与10个居民社区开展结对共建活动，融入社区、服务居民。推进文明创建，精神文明建设与税收工作同部署、同落实、同检查、同奖惩。年内获市局系统和区以上集体荣誉1项、个人荣誉11项；推荐1个税务所参加市文明单位评选、2个税务所参加市局文明单位评选，均通过初选。

（林寿荣）

虹口区税务局

【概述】2012 年，虹口区税务局（以下简称区局）围绕全年工作目标，坚持依法行政、大力组织收入、推进各项改革、强化干部队伍建设，发挥税收职能作用，促进区域经济转型发展，完成市、区两级税收任务。年内，在上海市税务系统年度行政信用等级评定中被评为 A 等单位；获得市级、区级荣誉 17 项。

【税收收入】2012 年，区局加强税收预测、计划和执行管理，强化重点税源管控，税收收入持续平稳增长，与区域经济发展实现良性互动。全年完成税收总收入 134.32 亿元，比 2011 年增长 8.7%；其中区级税收收入 54.13 亿元，比 2011 年增长 5.9%。围绕加强组织收入工作，制定《关于加强税收预测和计划编制工作的指导性意见》，明确预测分析的工作程序、基本要素和具体要求，规范和指导税务所的组织收入工作；定期组织税源调查，密切关注宏观经济、政策调整、征管措施以及经济发展方式转变等对税收收入的影响；编制全年税收计划，分解下达分所、分月、分税种税收计划，落实税收计划预报考核管理，强化计划的执行控制，保持税收持续平稳增长。

【税收特点】年内，批发零售业完成税收收入 34.67 亿元，比 2011 年增长 31.3%，其税收增收额和增幅，在各主要行业中均居于首位；交通运输业税收完成 14.07 亿元，比 2011 年增长 8.0%；建筑业税收完成 6.71 亿元，比 2011 年增长 7.9%；房地产业税收完成 29.83 亿元，比 2011 年增长 8.2%；金融业税收完成 5.18 亿元，比 2011 年增长 4.1%；制造业税收完成 5.56 亿元，比 2011 年下降 1.5%；租赁和商务服务业税收完成 9.93 亿元，比 2011 年下降 4.3%。从主要税种来看，增值税完成 29.87 亿元，比 2011 年增长 52.3%，其中：一般增值税 22.86 亿元，比 2011 年增收 3.25 亿元，增长 16.6%，主要是批发零售企业由于业务规模扩大、销售增加而增收，改征增值税 7.01 亿元，营业税完成 24.66 亿元，比 2011 年下降 17.2%，剔除营业税改征增值税试点因素，比 2011 年增长 6.3%，主要是房地产企业存量房销售，增加营业税相应增收；企业所得税完成 39.63 亿元，比 2011 年增长 16.2%；个人所得税完成 15.05 亿元，比 2011 年下降 1.7%，主要是个人所得税税前扣减额提高因素减收；地方各税完成 24.51 亿元，比 2011 年增长 1.3%。

【扶持区域经济发展】每月编发《虹口税收快报》《“营改增”效应分析》，每季度撰写经济运行情况分析报告，为区委、区府决策提供服务。健全与虹口区各经济管理部门的协作机制，配合有关部门做好招商引资服务工作。加强税务登记管理，根据上海市税务登记迁移集中受理等新政策要求，立足税收属地化管理，向区委、区府及有关部门建言献策。结合税制改革和政策落实，配合科委、商务委、街道、创意园区等部门，举办高新技术企业座谈会、小微企业座谈会和招商部门政策辅导会，宣传税收政策、征管要点和纳税服务举措，扶持区域重点行业、重点企业发展。

2012 年虹口区税收收入统计表

单位：万元

项　目	2012 年	2011 年	增减额	增减（%）
税收合计	1343213	1235684	107529	8.7
流转税	551267	499476	51790	10.4
其中：增值税	228610	196128	32481	16.6
营业税	316663	297923	18740	6.3
消费税	5994	5425	569	10.5
所得税	546844	494358	52487	10.6
其中：企业所得税	396344	341198	55146	16.2
个人所得税	150500	153160	-2659	-1.7
地方税	245103	241850	3252	1.3
其中：房产税	46986	26341	20645	78.4
车船税	8177	3774	4403	116.7
印花税	11852	9237	2615	28.3
土地使用税	3816	3582	234	6.5
土地增值税	79652	106003	-26351	-24.9
城市维护建设税	39646	34308	5339	15.6
契税	54972	58605	-3633	-6.2

注：2011 年契税包括原财政收取的部分（17111 万元）。

【税收法治】 制定依法行政“十二五”规划，成立依法行政工作领导小组，明确年内法制建设重点工作。组织全员开展《行政强制法》培训和考核，在市局统一抽考中名列第七。执行税务行政裁量权实施办法和执行标准，有效防范随意执法、同案异罚和权力寻租等情况的发生。制定《重大税务事项合议试行工作规程》，通过事前认真审核、事中集体审议、事后有效监控，实现对税收执法权的内部监督和制约。全面启用综合征管软件税务法制模块，规范对外执法文书的使用，实现对涉税违法违章行为处理的过程管理和系统控制。完善税务听证机制和税务行政复议机制，提升依法行政水平。

【营业税改征增值税试点】 通过税企互动平台、税务子网站、专题辅导会等 10 多个渠道，做好营业税改征增值税试点（以下简称“营改增”）政策宣传工作。制定专项工作方案，形成领导小组统筹、工作小组协调、管理所落实的三级工作机制，保证试点企业正确开票、及时认证，正常申报、税款足额入库。撰写货运代理行业调研报告和典型案例，汇总上报 15 个问题和建议，帮助企业解决试点初期问题。建立“营改增”数据台账，每月形成效应分析报表和专报。对 9 批次 63 户次试点纳税人，审核拨付财政扶持资金 1454 万元，基本解决“营改增”部分企业税负增加的问题。确定六大评估指标，对153

户企业开展“营改增”专项评估，其中91户有问题，查补税款471.23万元，对评估中发现的问题制定有针对性的防范措施。全年，全区“营改增”试点纳税人共计7108户，其中：一般纳税人3425户，占48.19%；小规模纳税人3683户，占51.81%。年内新增试点企业1907户，其中：一般纳税人350户，小规模纳税人1557户。1—12月，全区“营改增”试点服务企业总体税负呈现逐月下降的趋势，总体税负从年初的1.7%，降到年末的0.76%，降幅为55.29%。全区试点企业缴纳应税服务增值税和营业税8.67亿元，同比减少0.97亿元，减幅达10.06%。

【税种管理】运用信息化、专业化手段做好企业所得税汇算清缴工作，通过制作视频辅导光盘、设立机审指标等创新做法，有效提高汇算清缴和后续管理工作质效，共完成17387户企业所得税汇算清缴，汇算清缴面达到100%，净补税额10.4亿元。完善个人住房房产税征收管理流程，探索房地产交易税收一体化管理模式，全年缴纳个人住房房产税的住房860套，累计征收个人房产税320万元。全年累计受理年所得12万元以上个人所得税自行申报16845人，申报人数较上年增长20%，高于目标人数1%，共计补税655万元。加强企业工资薪金与个人所得税比对工作，通过企业自查和专项核查，补税1266万元，比上年增长238万元，增幅达23%。贯彻“防外控内”工作要求，落实出口退税管理制度，开展出口退税登记清理工作，实施出口退税专业化评估，加强出口退税审核管理，提高出口退税风险防范水平。优化出口退税服务，加快出口退税办理进度，全年累计完成出口退税9.89亿元，同比增长11%。落实支持高新技术企业、环保节能服务产业、促进残疾人就业等各项税收优惠政策，约有6049户次企业享受到减免税政策（涉及税额约4.2亿元），税收政策服务于区域经济发展的作用进一步体现；建立政策效应跟踪分析台账系统，将各项税收政策执行数据纳入信息化管理，提高政策效应分析的准确性和便捷度。

【纳税服务】成立微博宣传员队伍，参与“上海税务”政务微博建设。强化12366咨询服务热线的运行管理，充实坐席人员力量、明确日常工作职责、启用“虹税声讯”语音电话，提高电话咨询服务的质量与效率，全年共接听电话34313个，接听率为94.16%，满意度调查率77%，满意率为99.82%。提供短信群发服务，共发送62批次53.8余万条短信，使纳税人第一时间掌握会议通知、催报催缴和重要事项提示等信息。全户管开通互动参与平台，编辑制作常用操作问答，开发应用所得税后续管理、代扣代收代征手续费、发票核定三个新模块，提升税企互动的实效性和便捷性。编辑12期《虹口税务信息专递》，发放约23万户次；印制1万册纳税服务宣传手册，便于企业办理涉税事项。围绕“税收·发展·民生”主题，全方位、多渠道、针对性地开展全国第21个

2012年4月18日，虹口区税务局第一税务所代表上海市税务系统参加全国创先争优视频会议并作交流发言

税收宣传月活动，获得市局“优秀组织奖”。期间，区局深入市级创意园区“花园坊”举办政策专递“微”直播活动，市局领导阎更耀莅临观摩和指导。成为社会各界参与、对话、交流的一次媒体式宣传活动，依托区局青年团员志愿者创立的微博进行直播，重点推介“上海税务”政务微博，形成线上线下互动与联动，获得市局“创新项目奖”。围绕保障纳税人合法权益，走访企业3664户次，上门听取纳税人的意见和建议，实现纳税人需求采集模式由被动向主动转变。编辑《纳税服务一线快报》12期，为日常税收和纳税服务工作提供借鉴。参与市局“四位一体”课题调研，撰写系统设计概要和业务需求，畅通需求采集渠道，全面采集纳税人的合理诉求。开设诉求救济室，妥善受理和处理43个纳税人诉求，维护纳税人的合法权益。推进“涉税争议前置处理机制”试点，明确实施办法，设置电子化流程，受理处理涉税争议2个。

【优化窗口服务】按照办税服务厅标准化建设要求，统一3个办税服务厅的功能区域、标牌设置、窗口设置。拓展自助办税终端功能，新增税额申报、扩大自助发票销售范围、涉税事项打印等业务，减轻窗口工作负荷。在设置办税服务厅服务评价器基础上，开发试点统计分析和短信捆绑功能，便于对纳税人的服务评价及时进行统计分析，改进服务水平。建立办税服务厅应急处理机制，通过采取“一窗多能快选法”、搭建纳税人客户端认证平台、开辟“临时升版自助开票室”等措施，缓解窗口排队拥堵现象。加强“上海市税务系统办税服务培训实验基地”建设，制订相关管理办法，共接待系统内外各级领导及新进公务员来访交流13批次共367人次。

【税收征管改革】按照“以强化促转化”的总体工作思路，加大税源专业化改革探索、实践和推进力度。上半年，先后成立涉税审批所，充实纳税服务科力量，组建数据处理中心，强化纳税评估工作，对部分税源管理所的职能进行调整。下半年，按照年中全市税务工作会议和有关文件精神，推进涉税事项集中审核审批、探索零散税源委托征管运作方式、强化对事务性工作的职责定位和分类指导，组建税收风险分析监控中心和纳税服务中心，推动风险管理和纳税服务职能专业化。

【税收征管】深化涉税事项集中审核（批）工作，制定《涉税事项集中审核审批分步推进方案》，全面梳理依纳税人申请涉税事项，简化审批流程，实现“一个环节受理、一个环节审批、一个环节事后监督”。截至年底，有389项涉税事项在办税服务厅、集中审批所、房产交易所集中办理，集中办理率达88.21%，210项审批权限下放至所级“终审”，减少505个流转环节。结合分局税收风险分析监控中心成立，配套制定《税收风险分析监控项目运行管理办法》，调整建立2个纳税评估所，初步形成风险管理运作新模式。推进风险指标体系建设，建立涵盖税源监控和纳税评估两个大类309个指标的“税收风险管理指标体系”。开展营业税改征增值税试点、房产税、个人所得税等专项纳税评估，完成各类评估、核查、风险提示等6069户次，办结5978户，累计补税3.06亿元。落实普通发票简并票种、统一票样工作，完成对14942户纳税人库存旧版发票的清理，共缴销发票3949万份，注销税控设备1215户，完成新版普通发票核定和供票10288户。

【大企业税收管理】探索建立税务遵从评价体系，与2户企业签订了税收遵从协议，明确大企业客户联络员，撰写定点联系企业税务遵从年度报告。开发大企业税源监控分析软件，根据大企业季度税源监控的要求，细化指标体系，实现对大企业税源监控指标计算的全覆盖。修订《2011版大企业行业涉税风险特征库》，为企业的税务风险防控和基层税务所的纳税评估提供指导。扩大四级重点税源监控范围，将营业税改征增值税一般纳税人纳入重点户管理。开发“TRAS数据辅助应用平台”，提高数据抽取质量和效率。全年1649户四级重点户完成税收104.25亿元，占全局税收总量的77.61%。

【税务检查】 开展各类日常税务检查工作，查办各类涉税案件（含稽查局执行）907户次，查补税款近2.1亿元，同比增幅达223%。成立打击发票违法犯罪活动工作协调小组，开展部分行业普通发票专项检查，提高以票控税质效，查处违法受票企业149户、违法发票1016份，涉及金额5532万元，查补税款罚款140.51万元。受到国家税务总局通报表彰。

【信息化建设】 制定《网上办税推广应用工作方案》，明确全年工作内容及目标。配合市局，做好货物运输增值税专用发票网上报税等3项网上办税项目的试点工作。加大网上认证推广力度，全年推广8358户，网上认证开通率达到92.27%，方便纳税人办税，有效应对发票认证高峰。完成“内门户”网站上线试点任务，优化栏目设置、丰富栏目内容，在原“政务信息网”数据整体迁移的基础上，逐步推广应用电子邮件、公告通知、公文办理等功能，实现从OA系统向“内门户”的平稳过渡。稳步推进金税三期网络建设，完成局域网IP地址调整工作。克服主电缆铺设、机房承重加固等技术难点，完成UPS机房搬迁改造，确保紧急供电设施长期安全稳定运行。初步建立起基于市局下发数据库、虹口区第三方数据信息和纳税人补充数据的电子数据利用平台，数据源质量有所提高。推进数据分析利用平台数据维护和后台数据抽取工作，在平台中添加62类数据，完成数据抽取业务需求243项，提升税收工作的集约化、信息化水平。开发“税收调查系统集中处理平台”“减免税调查系统”等10个软件项目，实现数据自动抽取和调查统计集中性完成，减轻管理员和纳税人的工作负担，提高工作效率。

【机构人员】 内设10个科室，分别为办公室、货物和劳务税科、所得税科、收入核算科、纳税服务科、征收管理科、信息技术科、财务管理科、人事教育科、监察室，并按规定设置机关党委办公室；辖属19个税务所，从第一至第十九税务所；设立纳税服务中心、税收风险分析监控中心。截至12月31日，共有在职国家公务员450人，其中局长1名、副局长4名、副调研员2名、科所长72名、其他人员371名。

【机构调整】 4月6日，根据上级部门关于黄浦区税务局机构职能编制调整的意见，以及市局关于黄浦区税务局部分人员调整的有关精神，市局发文同意，增设上海市虹口区国家税务局第十九税务所、上海市地方税务局虹口区分局第十九税务所。12月18日，根据市局《关于本市推进税收征管改革的实施意见》有关要求，经局党组2012年12月12日讨论决定：设立纳税服务中心。纳税服务科与纳税服务中心一体化运作，统筹协调、指导管理、组织实施本单位的税法宣传、纳税咨询、办税服务、权益保护、信用管理、社会协作以及大企业管理服务等工作；设立税收风险分析监控中心（简称风控中心）。信息技术科与风控中心一体化运作，在保留现有信息技术科职能的基础上，增加风险分析监控管理职能。

【人事管理】 提任科级干部15人，其中：主任科员4人、副主任科员11人。跨区局公开选拔青年科级领导干部1人。录用公务员2名（应届毕业生）；接收安置2011年团职军转干部1名。因黄浦、卢湾两局“撤二建一”，根据市局关于黄浦区税务局部分人员调整的有关精神，4月1日，接收原黄浦区税务局24名调整划转人员。全年，系统内调出6人，其中：确有实际困难微调5人、市局机关处室职位竞聘调出1人；系统外调出3人。制定《综合考核暂行管理办法》，建立行政信用评定、目标管理考核、党风廉政考核、重点事项督办“四位一体”的考核框架，通过优化考核流程、改进评分方法、实施分层分类考核、抓好阶段性检查通报、

2012 年 7 月 4 日，虹口区税务局在局报告厅举办“为政清廉保纯洁”廉政主题辩论赛

强化考核结果运用等举措，发挥以考核明优劣、促工作、提效能的作用。根据《公务员考核规定（试行）》的规定，2012 年度确定公务员优秀 91 人，其中：记三等功 13 人，嘉奖 78 人。

【教育培训】完成市局重点调训，全年安排市局培训 65 期，参与 262 人次。组织开展各类自主培训，开展脱产培训、网络教育、读书讲座等形式的培训 17 期，参训 924 人次。加强基础性培训，每月汇总公布政治理论和业务政策学习要点，全年发布学习要点 255 项。每月组织全局性网上练习，开展“营改增”、所得税汇算清缴等专题网络练习 21 次，参与 3844 人次；抓好各类考试，其中会计二级达标考试以及三员考试在全市名列前茅；鼓励干部按需择训，帮助干部做好注册会计师、注册税务师等职业资格和公务员双休日讲座的报名复习工作，落实奖励激励措施。

【政务管理】按规定程序和要求，做好政府信息依申请公开工作，改进方法、强化宣传，避免因政府信息依申请公开引起的复议诉讼案件。执行《上海市税务系统信访工作规程》，落实局领导接待日制度和局领导包案制，对待重大、疑难信访案件，使多起信访矛盾和纠纷得到化解或缓解。全年共立案各类信访案件 400 件，其中：涉税违法举报案件 370 件，非涉税案件 30 件，按时结案率达 100%；直接协调处理未立案案件 1228 件。

【财务管理】加强预算管理，合理编制年度预算，建立国、地税经费使用情况月度分析机制，优化支出结构，监控预算执行进度及“三公”经费开支情况。加强公务卡管理，把控经费报销的审批权限及报销方式。规范政府采购流程，完善政府采购内控制度，完成多个项目的采购工作。加强资产日常管理，全面开展固定资产清查工作，确保资产账账相符、账实相符。

【内部审计】完成市局税收执法督察和执法监察工作部署，在市局规定的六项自查项目基础上，自定 6 类执法督察和 8 类执法监察项目，对二手房税收政策及契税征收执行情况、“营改增”试点工作开展情况等进行检查。试行抽查标准统一化和抽查结果集体分析研究制度，探索规范化、常态化监督检查模式。组织开展了上半年行政信用执法抽查工作，对提升纳税服务水平、税收计划及欠税管理等八个项目的落实情况进行监督检查。开展违规收送礼金礼券购物卡专项治理复查整改“回头看”自查工作。

【基层党建】领导班子带头学习、中层干部重点研讨、全体党员专题培训，深刻领会“十八大”报告精神和习近平同志讲话要求，推动税收工作加强学习型党组织建设，以中心组学习、“三会一课”、党建远程教育、辅导讲座等形式，提高干部履职尽责能力，区局表彰 7 个“学习型党支部”、12 名“学习型党员”，第一税务所党支部获上海市“学习型党支部”称号。围绕税收中心工作深化“创先争优”活动，组织开展公开承诺、党员示范岗和责任区建设、民主评议支部党员等工作，党员先锋模范作用和党支部战斗堡垒作用得到进一步发挥，先后得到国家公务员局、国家税务总局、市局和区委领导的充分肯定。按照制度要求，组织机关党委和各党支部换届改选。

【纪检监察】 落实党风廉政责任制，完善"四书"承诺制度，坚持定期召开党风廉政建设工作会议，做到党风廉政建设和税收工作同部署、同落实、同检查、同考核。根据市局要求，全面总结近五年区局惩防体系建设推进成果，查找问题确定努力方向。多形式、分层面推进贯彻《税收违纪违法行为处分规定》，做到领导干部带头学习、一般干部普遍熟知、纪检干部全面掌握。组织召开税检联席会议，加强与检察院有关预防职务犯罪的情况交流沟通和政策业务研讨。围绕"内控五要素"，完善和健全内控机制运行相关配套制度和办法。在"为政清廉保纯洁"廉政主题教育月期间，组织特邀监察员座谈、税检联席会议、主题征文和辩论赛等8项活动。结合日常工作创新开展主题实践，坚持每月编辑《虹税惩防学习文选》、每季度发布《以案说法》，定期制作税务文化宣传展板、发布廉政教育网络课件，拓宽和丰富廉政教育形式。落实民主评议基层税务所工作，7个税务所接受区纪委、政风行风监督员的民主评议。建立意见征询长效机制，通过信函发放、明察暗访、电话问询等方式广泛听取纳税人呼声，接受外界监督，查漏补缺。开展8个项目的政风行风巡察，对15个问题提出意见和建议。开展公开述职述廉工作，7个税务所通过税企互动平台和座谈会等形式公开进行述职述廉，扩大公开范围，拓展公开渠道，延伸结果应用。召开政风行风沟通会议和特邀监察员会议，加强与外部监督力量的协作。年内，区局政风行风网上测评在全区8个执法部门中排名第二；在市局委托社会专业调查机构对税务系统的政风行风测评中，基层管理所总体得分全市第一；第十八税务所在市局纳税服务处牵头开展的房产交易中心办税窗口暗访中得到上级部门和领导的表扬。全年收到17封表扬信。

【后勤管理】 开展以"节水护水、节能低碳、绿色发展"为主题的节能宣传周、低碳体验日活动，倡导节能理念，培育节能意识，宣传和普及节能小常识、小习惯，营造"节能减排，从我做起"的良好氛围。制定《节能减排工作实施方案》，采取"管理节能、技术节能"等措施，全年水电煤支出比上年下降3.2%。

【税收科研】 制定出台《税收调研工作管理办法》等系列制度。参与完成12个市局及上级课题调研（包括国家税务总局协作课题《"走出去"企业税源监控及税收监管精细化的国际借鉴研究》）、8个分局级和25个科所级调研课题项目的研究；完成个人税收论文130篇，超过计划数28.71%，形成一批有价值、有分量的重要研究成果。学会报送的分局级课题《关于推进税源专业化管理工作的思考与做法》和参与的协作课题《深入落实集约化联动机制的研究》在中国税务学会第六次税收学术研究评选中获奖。本会会员撰写的《非居民企业股权转让纳税评估》等文章在《税收经济研究》等全国性杂志发表刊登。

【税务文化】 按照"创新驱动、转型发展"要求，围绕"为国聚财、为民执法"税务工作主线，打造学习型、和谐型、责任型、廉洁型、效能型税务机关。年内，区局第一税务所、第七税务所获2011—2012年度上海市税务系统文明单位称号，第二税务所、第三税务所、第九税务所获2011—2012年度虹口区文明单位称号，区局团委获2012年度"上海市五四特色团委""上海市税务系统2012年度五四红旗团组织"称号，第一税务所"一窗多能"组被共青团上海市委命名为2011—2012年度上海市青年文明号。组织"金点子"征集和第五届"虹税杯"业务擂台赛，开展"五个青春"系列活动，成立青年突击队和志愿者队伍，发挥工会、团委桥梁纽带作用。举办形体训练、广播体操、太极拳等各类培训班，组织“书香溢虹税、悦读润心灵”读书撰评、摄影讲座等文体活动，培育和谐向上的税务文化。参加上海市税务系统、虹口区各类文体比赛，展示“我运动、我快乐”的昂扬风采，获上海市税务系统第一届运动会太极拳比赛团体第三名、2012 年上海市虹口区市民运动会飞镖比赛女子团体第一名等佳绩。开展“爱心一日捐”“1 +1 +1”慈善基金募捐活动，营造“快乐志愿，随手公益”良好氛围。落实帮困走访、食堂改造、干部体检等工作，为职工办好事、办实事，增强干部归属感和组织凝聚力。

（余雪迎）

杨浦区税务局

【概述】2012 年，杨浦区税务局（以下简称区局）以组织税收收入为中心，坚持依法治税，落实税收优惠政策，促进企业发展和区域经济增长；深化税收征管改革，夯实征管基础，加强纳税服务与风险管理；推进政风行风建设，完善党风廉政建设机制；提升干部队伍素质，加强税务文化建设，完成全年各项税收任务。

【税收收入】2012 年，区局完成税收收入 745 亿元，比 2011 年同期增长 15.7%；财税两局完成区级财政收入 71 亿元，比 2011 年同期增长 10%。

【税收特点】一是烟草制造业税收增幅高。上海烟草集团有限责任公司 2012 年完成税收 581 亿元，同比增长 20.1%，增收 97 亿元，税收总量占全局税收总量的比重为 78%。二是主体税种增减不一。五大主体税种“三增二减”。增值税、消费税与企业所得税主要受上海烟草集团有限责任公司带动，分别增长 17.3%、19.9% 与 19.4%；营业税受房地产调整与营业税改征增值税试点影响，下跌 16.8%；个人所得税受起征点提高、股息红利类个人所得税减收等因素影响，下跌 7.6%。三是重点税源支撑强劲。区局三级重点税源监控企业完成税收收入 705.9 亿元，占全局税收总量的 94.7%，对区局税收增长的贡献度达 96.5%。

【税收法治】一是推进营业税改征增值税试点工作。开展增值税纳税申报表培训辅导，落实申报相关举措，解答有关政策和纳税申报表填报口径，保持政策上传下达渠道畅通，确保纳税申报工作有条不紊。做好营业税改征增值税政策落实情况的分析总结，跟踪纳税人政策落实情况，尤其是税负变化较明显的企业情况，为市局决策提供信息。二是继续推进个人房产税征收试点工作。对 2011 年度尚未缴纳个人房产税的纳税人开展催报催缴工作。加大宣传力度，提升纳税人税法遵从度。按市局统一要求和步骤，开展 2012 年度个人房产税征收和催报催缴工作。三是推进部分娱乐业营业税纳税人税率下调及新车船法实施工作。对外通过子网站、12366 远程坐席、短信平台等多种渠道加大宣传力度，确保相关纳税人及时知晓并借此逐步规范相关涉税行为；对内及时调整系统信息，强化对相关人员的辅导，保证纳税申报顺利开展。

【税种管理】一是加强土地增值税管理。做好相应信息采集等基础性工作，强化土地增值税预清算和清算，加强对新符合条件房产企业的宣传力度。规范土地增值税清算程序，对重大问题形成集体讨论机制。二是加强出口退（免）税管理。将单证审核与企业纳税信用及税法遵从度相结合，在风险可控的前提下，适当简化退税单证申报审核程序，提高依法退税效率和质量。加强对出口货物退（免）税纳税评估，对重点企业开展专业化评估。三是加强增值税管理。强化对营业税改征增值税一般纳税人的认定、简易征收和后续管理，对原差额征收营业税的增值税一般纳税人和小规模纳税人进行常规性数据分析，堵塞管理中的漏洞。四是加强企业所得税管理。做好2011年度所得税汇算清缴工作，完成20538户企业年度申报和税款多退少补，申报入库净额1.86亿元。开展企业所得税预申报核查工作，预申报比例达到年度收入的97.37%。加强企业所得税征收方式管理，规范所得税征收方式鉴定，确保核定征收比例稳步下降的目标。五是加强个人所得税管理。完成420户个人所得税查账征收的个体工商户、个人独资合伙企业个人所得税清算工作。做好年所得12万元以上个人所得税自行纳税申报和后续管理工作，补征个人所得税315.18万元。

【纳税服务】 成立区局纳税服务中心，完善纳税服务体系。通过纳税人学校平台，开办各类税收知识培训，对各项税收法律、法规和政策及时进行解读；宣传征纳双方的权责关系，使纳税人全面、准确地了解其享有的权利和应尽的义务；宣传各类涉税事项的办理程序以及相关要求，方便纳税人办理相关涉税事项。提供包括面谈、电话、网络等咨询手段；通过税务咨询室现场受理；通过12366纳税服务热线，及时解答纳税人的各类涉税咨询；通过上海税务网站纳税咨询专栏或互动平台，收集和答复纳税人提出的各类涉税咨询。开展税收宣传月活动。4月25日，在中国创业者公共实训基地举行YBC杨浦区税务局服务站揭牌仪式，建立杨浦YBC与税务之间的合作机制，以座谈会、辅导会、结对共建等形式，搭建杨税青年志愿者与杨浦青年创业者之间的沟通联系桥梁，为杨浦创业青年提供常态化税务咨询和服务。举办税收政策宣传会。结合营业税改征增值税试点、所得税汇算清缴等工作，分行业、分批次对企业进行税收政策讲解和宣传。

【税收征管】 及时处理市局下发的各类预警指标。继续分局原来征管手段上的一些好的做法：对一个月中超两次（重点户除外）购买增值税发票的企业进行及时核查，对增值税发票开票金额超过1000万元、运输发票开票金额超过500万的企业进行事后核查，结合企业所得税汇算清缴，对房产业、建筑业、混凝土企业2011年入账的10万元以上的普通发票进行专项核查等。探索研究适合杨浦特点的预警指标和风险点。针对钢材交易所落户杨浦，大量钢材企业入驻的情况，结合实际，对近两年来引进的、无自有办公场所、开具万元版及以上增值税专用发票的钢材企业进行重点监控。

2012年3月15日，杨浦区税务局在沪东工人文化宫开展2011年度企业所得税汇算清缴政策辅导

【大企业税收管理】 选择西门子（中国）有限公司上海分公司等5户市局定点联系企业进行税务风险管理指引试点，帮助5户企业率先建立税务风险内部控制机制。举行《税收遵从协议》签订仪式，与上海复旦微电子集团股份有限公司等2户企业签订《税收遵从协议》，

明确各自权利义务，促进涉税信息交流共享，建立相互信任、合作的税企关系。

【国际税收管理】开展国际税收情报交换工作。通过对涉外征管信息的分析、甄别、整理，制作2012年自动税收情报资料。完成转让定价的调查。完成一例市局重点案件，经跟踪调查、收集资料、多次谈判后，与企业就调整方法达成一致，补征企业所得税3793.10万元，加收利息347.40万元，合计补征税款、利息4140.50万元。关注非居民股权转让税收调查，否定一例非居民享受税收协定，补征企业所得税124万元。

【信息化建设】做好信息化支撑业务工作。完成辅助系统3.0的平台升级工作，修改辅助系统相关应用，以适应新的征管模式。加强区局信息安全体系建设。更新门禁系统，做好互联网双网并联改造，落实总局金税三期广域网改造，配置、更新信息化安全设备，提高区局安全防护能力。加强巡查工作，强化信息安全检查。

【机构人员】根据税收征管改革要求，对各部门的岗位职责、机构职能重新定位，合理配置人力资源，征收所兼涉税受理所共有干部55人；4个重点税源管理所干部53人；7个纳税评估所干部104人；4个涉税审批所干部118人。

【机构调整】按照税收征管改革要求，将原来的管理所调整为4个涉税审批税务所、7个专职纳税评估所和4个重点税源管理所，形成专业化管理、专业化审批和专业化评估相结合的税收征管模式。在纳税服务科的基础上组建纳税服务中心，部门名称为纳税服务科（纳税服务中心）。纳税服务科与纳税服务中心一体化运作，统筹协调、指导管理、组织实施本单位的税法宣传、纳税咨询、办税服务、权益保护、信用管理、社会协作以及大企业管理服务等工作。纳税服务科长兼任纳税服务中心主任，配备2名副科长，增加5名干部。在保留现有信息技术科职能的基础上，增加风险分析监控管理职能，信息技术科更名为信息技术科（风控中心）。信息技术科长兼任风控中心主任，配备2名副科长，增加4名干部。进行机关党委和工会的改选，通过无记名投票选举产生中共上海市杨浦区国家税务局（地方税务分局）机关委员会和杨浦区工会第三届委员会、经费审查委员会。

【人事管理】开展科级领导职务与非领导职务的晋升工作。全年共晋升科级领导职务19人，科级非领导职务22人。选拔培养年轻干部，按照《副科级领导干部竞争上岗实施方案》，组织76人参加笔试，41人参加测评，30人参加面试，对20人进行组织考察，提拔任用10名副科级领导干部。按照市局统一部署，做好35岁以下青年科级领导干部公开选拔工作。严格程序，做好报名、资格审查、资历评价、组织考察等工作，组织60名干部报名参加笔试，10名干部参加面试，对4名干部进行组织考察，提拔任用2名副科级领导干部。

【教育培训】全年组织72名干部参加市局组织的科级干部和各类人才库培训；分期分批组织161名干部参加会计二级和“三员”远程网络培训及考核；开展自主培训，举办所得税汇算清缴、营业税改增值税、房产企业土地增值税等政策培训和PPT操作技能培训及成果展示活动，提高干部业务能力，促进税收工作。

【政务管理】利用信息化手段，在局域网上刊登最新文件专栏，及时公布近期国税总局和市局下发的文件。每日发布《情况通报》，登载全局重要工作进展情况、各部门落实区分局中心工作情况；选登各部门干部的工作体会、学习心得，为干部提供交流学习的平台；报道分局干部在工作中的业绩，营造爱岗敬业、乐于奉献的氛围。年内编报《情况通报》228期，《杨税之声》12期，《杨浦税务》系列丛书2册。

【财务管理】加强预算管理。做好预算编制和上报工作。在预算实施过程中，按照预算批复的项目和用途使用资金，统筹安排，强化预算执行过程监督，做好预算支出执行分析，加强用款的计划性和科学性。推广使用公务卡。做好动员宣传，统一思想。加强和规范公务支出管理，发挥公务卡制度优势，提高公务卡使用率。完善资产管理。进行固定资产盘点清查，确保财务账与固定资产明细账、实物账相符。对纳入政府采购范围内的项目做到“应采尽采”，严格目录、程序、政策约束，做到加强监管、职责明确、规范操作。

【内部审计】 围绕区局重点工作，深化“两权”监督，组织开展税收执法督察和执法监察工作。成立由局长任组长，分管局长任副组长，监察室牵头协调，相关职能科室负责人为组员的领导小组，制定《杨浦区税务局关于开展2012年税收执法督察和执法监察工作的实施意见》，围绕税务行政处罚、出口货物退（免）税、纳税评估等方面的业务工作，采取相关科室、税务所自查和纳税评估所抽查相结合的方式，从日常管理、具体涉税事项的受理、签报审批三方面进行督查。

【纪检监察】 加强干部廉政教育，构筑思想道德防线。召开2012年党风廉政建设工作会议，传达中央纪委、市纪委、区纪委会议精神以及市局党风廉政建设工作会议精神，部署2012年党风廉政建设主要工作；组织开展以“为政清廉保纯洁”为主题的廉政教育月活动，制定区局的贯彻实施意见，开展廉政宣誓主题团活动；深化“讲党性、重品行、作表率”主题教育活动，组织全体党员干部观看电影《忠诚与背叛》；创办廉洁从政教育双月刊，在内门户网站上专设“廉政教育”专栏，对干部开展示范教育、警示教育；组织干部集中学习《税收违法违纪行为处分规定》，把握税收违法违纪行为的构成。遵循“事实清楚、证据确凿、定性准确、处理恰当、手续完备、程序合法”的办信原则，依纪依法抓好办信查案工作，对所有来访信件按照“事事有回音、件件有着落”的要求办好、办结。纠建并举、以评促建，推进政风行风建设。制定实施意见，强化组织领导，开展学习讨论，落实整改措施，定期向区纠风办报告政风建设工作情况，主动接受社会监督。

【后勤管理】 按照《上海市税务系统基本建设管理办法》的要求，按程序操作，加强各环节管理，重点抓住招标关、质量关、安全关，完成立项、初步设计、概算审批、施工招标、开工审批、工程施工、投资控制、竣工验收等工作，完成办税服务厅和自助办税厅的改造工作。

【税务文化】 组织开展建团90周年纪念活动。组织团员青年开展“廉政宣誓”“影视体验”“局领导上团课”等主题团日活动，参观爱国主义教育基地、重温入团誓词、开展素质拓展，提升团组织的向心力和凝聚力。举行庆祝中国共产党成立91周年大会和庆祝“八一”建军节座谈会。通过朗诵、歌曲联唱、小组唱等文艺表演形式，展现区局干部良好的精神风貌和对祖国蓬勃发展的美好祝愿。关心干部群众生活。做好离退休干部和家庭困难的在职干部的上门慰问、送温暖工作。开展元旦、春节期间的帮困助学送温暖活动。

（郭呈华）

宝山区税务局

【概述】2012年，宝山区税务局（以下简称区局）贯彻市第十次党代会，全市经济工作会议和市税务工作会议精神，在上海市局和区委、区政府的正确领导下，坚持科学发展观，依法行政，立足“两轮驱动”，创新税收征管，深化税制改革，强化队伍建设，奋发有为，奋力争先，发挥税收在促发展、调结构、惠民生等方面的作用。

【税收收入】2012年，宝山区税务局完成税收收入253.2亿元，其中区级收入87.0亿元，区级收入同比增长7.4亿元，增幅9.3%。区局采取各项措施促进收入平稳增长。针对热点政策，开展“营改增”效应跟踪分析、房产税收趋势变动分析、钢贸物流业形势展望分析等，全年完成50余篇分析报告。把握经济环境，税收政策变化等对税收收入趋势的影响，提高组织收入科学性和主导性。针对各街镇园区收入差距，开展2007—2011年各街镇园区区级税收收入分析，从占比、增减、分行业等纬度展开剖析，发现各街镇园区在税源结构上存在的优势与不足，为区级税收收入协调稳步增长提供参考。落实税源监控。针对重点税源，通过科学选户、优化数据查询、开展季度税源分析、创新预测平台，强化区局重点税源的管理与监控。针对重点行业，通过不断深化一体化管理平台，落实房产建筑行业的监控。全年导入涉税第三方信息1509条，备案管理94个房地产开发项目，上报稽查风险疑点70个，监控申报55个房产开发项目。

【税收法制】依法行政，促进法治环境优化。规范税务行政处罚裁量，按照市税务局《规范税务行政处罚裁量权实施办法（试行）》有关工作要求，在行政处罚案卷自查的基础上，召开专题会议布置落实。年内区局参与市局《进一步规范本市税务系统行政处罚裁量权》调研课题。贯彻落实《行政强制法》，强化税收法制观念。在市局组织的《行政强制法》专题抽考中，区局以91.3分的平均成绩列市税务系统第二名，5名干部的成绩列市税务系统一般干部前20名。

【纳税服务】（1）开展纳税百强企业走访。局长室分别带队，实地走访百强企业，了解重点税源行业、重点税源企业、重点项目的生产经营情况，倾听企业诉求，听取纳税人对税收征管、政策落实、纳税服务以及政风行风、廉政建设等方面的意见建议，提供个性化纳税服务。对走访企业提出的问题，力求现场解决，不能解决的，走访结束后在规定时限内作出反馈。（2）实现办税服务厅“三并一”工程。将第一税务所、第十二税务所、第十四税务所三个办税服务厅合并，结合罗南综合办公大楼启用，对办税服务厅进行整合，改变区局办税服务资源分散的局面，促进全区通办，加强办税服务标准水平的一体化建设，实现“零投诉”的目标，减少工作流转环节，简化办事程序，提高工作质效。（3）推广运用税企互动平台。年内，开通税企互动平台的电子申报户达到37659户，开通率为83.08%。信息推送总数超过40

万户次。通过互动平台发布调查问卷4次，共计1272人次参与回答。税企互动平台的应用，为纳税人提供了快速、便捷的税企沟通渠道和服务。（4）试行签订税收遵从协议。区局与上海宝冶集团有限公司、宝钢化工有限公司、大华（集团）有限公司、东芝电梯（中国）有限公司四家企业签订税收遵从协议。在协议中双方承诺各自的权利义务。通过契约形式规范税企双方行为，实现企业自我约束和管理，和谐税企关系。（5）抓好税收宣传月活动。年内重点聚焦"营改增"政策热点，面向社会，开展宣传，举办5期针对特定纳税人、3期针对区招商办、区物流协会等特定单位的政策培训专场。会同区招商办举行区内开发区招商人员"营改增"知识竞赛。发挥政务微博作用。年内，上海市局和区政府相继开通政务微博，成为税务部门强化社会宣传、回应社会关注、接受社会监督的重要平台。围绕微博工作，区局制定相关管理办法，建立区局层面的微博支撑队伍，明确运作机制，有序开展微博稿件报送、微博互动处理、微博查看和评论等一系列工作。全年报送微博稿件54篇，处理互动7起，受到上级部门和纳税人认可。

2012年4月10日，宝山区税务局举行"营改增"及相关税收政策辅导会

【税收征管】年内，根据上海市局《关于本市推进税收征管改革的实施意见》，制定《宝山区税务局税收征管改革二期方案》。深化税源分类分级。确立"集团优先，重点行业与特定业务企业集中"的工作原则，筹建完成大企业管理所、房产建筑业管理所、特定业务企业管理所、园区管理所等专业化税源管理所，优化税源分布格局。强化风险管理。筹建区局层面数据中心，明确业务部门风险管理职责，借助集约化联动工作机制，实现以数据中心为中枢的风险管理体系建设。以数据中心为雏形，成立税收风险监控中心，完善风险管理架构，开展项目型风险管理工作。突出纳税评估核心内容。年内新设1个纳税评估所，使区局2个纳税评估所配备到位，壮大纳税评估力量，发挥专职评估部门的效能。编撰《宝山区税务局纳税评估工作实施细则（试行）》等文件，下发7个批次风险管理工作，对458户风险企业实施风险识别和应对；承担全市货运、钢贸行业纳税评估指南撰写工作；承接市局关于建立纳税评估行业指标体系中部分行业指标的建设工作。规范涉税审批。成立专业涉税审批所，逐步剥离税收管理员工作事项，将171项审批事项移至审批所。通过成立和运作专业审批机构，优化简化审批工作，缩短审批时间，提升审批工作集中化、专业化水平。规范因动拆迁购房的房产税征收管理。与区房管局联合印发因动拆迁购房有关房产税征免问题的操作办法，明确各部门工作职责和流程，推动个人房屋拆迁补偿安置工作有序开展。开展兼并票种、统一式样工作。分阶段推进全局发票验旧供新

工作，完成约14000户旧版发票清缴，开展发票管理专项检查，进行“回头看”，确保无严重发票违规事项发生。制作“数据检查”模块，将发票清理工作纳入考核，增强缴销工作主动性。完成发票简并工作，新版发票使用状态平稳。加强纳税人户籍管理和对招商人员的培训、宣传，引导其吸收优质税源，筛选风险企业；组织管理所开展户管清查，对长期不经营户、潜在风险户，实施劝其注销、收缴发票等措施，防范征管风险。全年，共有2000余户企业进行税务登记注销，1800户企业纳入非正常户、证件失效户管理，户管质量明显提升。

【“营改增”试点】推行营业税改征增值税试点工作。开展政策宣传解读，强化纳税申报辅导，做好政策执行情况调研和效应分析，重点关注实行差额纳税、增值税专用发票开具以及进项抵扣凭证等方面存在的风险问题。年内，全区试点企业整体减轻税负约2.12亿元，12月试点企业申报7411户，其中6148户税负减少，占试点纳税人申报户数的82%，861户税负增加，占试点纳税人申报户数的12%，402户税负持平，占试点纳税人申报户数的6%。

【落实税收优惠政策】落实优惠政策。与区科委共同拟定加计扣除管理操作办法，组织研发费加计扣除政策执行情况调研，确保税收优惠政策落实到位。年内通过各类优惠政策减免企业所得税4.42亿元，减计收入1.27亿元，抵免税额4400万元。享受研发费加计扣除企业134户，审核备案项目2351个，加计扣除金额31.59亿元，享受安置残疾人工资加计扣除政策企业152户，加计扣除额5797万元。通过正确执行税收优惠政策，发挥税收政策促进企业技术创新、区域产业结构调整和改善民生的作用。

【税务稽查】全年组织稽查727户，稽查补税2.28亿元。(1)探索税务稽查管理新模式。区局应用以“集约化稽查”为中心的稽查新模式，发起代号为“春雷行动”“夏季风暴行动”的打击虚开“营改增”增值税发票系列专案，为全市范围内开展货运货代行业系列专项整治提供有效的稽查方法，获得市局领导高度评价，作为本市唯一单位在国家税务总局稽查局召开的“营改增”试点地区稽查专题工作会议上进行汇报交流。(2)稽查软件破解推进信息化稽查。在应用中普软件的基础上，在全市率先尝试使用“税务专业检索备份工具”，为案件突破取得关键性的证据材料。年内，区局不断深化稽查信息化推广应用，采取信息化稽查手段查处148户企业，采集电子账套数据110户，查补税款2200万元。(3)工作积累出成果。区局总结稽查工作经验，选送的《上下联动查票案　行业指标显成效》案例，荣获“上海市税务稽查典型案例一等奖”，被市税务局作为上海市稽查典型案例上报税务总局。选送的《取证软件解难关　调研分析查新题》案例，荣获“上海市税务信息化稽查典型案例优胜奖”。

【信息化建设】完成金税三期网络改造工作。金税三期网络改造工程时间跨度9个月，涉及众多设备的安装配置和调试，变更项目多、技术复杂。区局作为上海市税务局的试点单位之一，全面做好各项准备工作，包括：新线路准备、机房环境准备、网络环境准备、网络设备准备、各部门人员准备。整体网络架构在9月全部搭建完成，网络线路顺利切换，入侵检测系统、防火墙全部安装到位。

【机构人员】截至12月31日，区局内设10个职能科室和机关党委办公室，10个科室为：办公室（政策法规科）、人事教育科、监察室、收入核算科、所得税科、货物和劳务税科、征收管理科、信息技术科（税收风险分析监控中心）、纳税服务科（纳税服务中心）和财务管理科；设置1个副处级非全职能稽查局，稽查局内设机构为综合科（涉税举报中心）和案件审理科；下设基层税务所21个，其中15个征收管理所，3个检查所，2个纳税评估所，1个涉税事项审批所。共有税务干部582名，其中局领导6名，副处级调研员3名，科所长82名，主任科员38名，副主任科员90名，科员363名。

【人事管理】（1）完善实施等级税务员管理办法。修订完善等级税务员评定和管理办法，使评定工作细化量化、具有操作性，评定因素结合工作实绩表现与考核结果，将考核结果与职务晋升、重点岗位准入等挂钩。经评定，50人被评定为一级税务员，135人被评定为二级税务员。（2）建立人岗匹配轮岗机制。立足征管改革，实施“适配性”交流。根据市局要求和岗位适配，区局对内设机构职能及人员做了较大调整。立足岗位锻炼，实施“培养性”交流。年内有10名青年大学生通过机关职位竞岗等形式调到职能科室、有7名青年大学生调到稽查局和管理所。推进干部选拔任用工作。全年，区局有2人晋升为副处级非领导职务，4人晋升为正科级领导职务，3人通过市局公选晋升为副科级领导职务，2名青年干部通过公开竞争选拔被上海市财政局录用，5人被推荐为市局处级后备干部，4人晋升为正科级非领导职务。

【教育培训】落实市局各项培训计划，做好区局自主培训。结合市局业务考试要求和区局队伍实际状况，通过委托税校开展脱产培训、考试内容精讲、封闭式复习等多种途径做好复习迎考；全年共有881人次参加区局的各类自主培训。在市税务系统科级干部业务考试中，区局以146.96分的平均成绩列全市第一名，其中28人取得150分的满分成绩，满分比例列市局第一名。健全专业化税收人才培养机制。开展区局第一届“岗位能手、服务明星”评选工作。经部门推荐、职能科室综合评审、局长室审议，评选出“岗位能手、服务明星”20人，岗位示范岗20人，其中有3人被评为上海市税务系统“岗位标兵”。

【纪检监察】（1）建立健全制约机制。落实“提高个体工商户两税起征点”等三项政策的专项执法督察，接受市局重点检查并得到好评；协调开展惩防体系建设工作，依照相关部门职能，对惩防体系建设工作进行分工，做到“三明确”，即明确工作事项、明确工作要求、明确责任部门和协办部门；推进部门内控机制建设，初步建立与权力事项配套的科室内控制度。（2）完善监控网络。通过街镇联建，探索廉政勤政文明共建；通过税检税纪“三联小组”（联络、联建、联防）联合预防职务犯罪，组织特邀监督员全年巡察基层税务所和各办税服务场所，加强区局的内外部监控，形成具有宝山特色的监督网络。（3）改进政风行风，落实迎评工作。通过税务所政务工作手册，将政风行风建设纳入项目管理。实时关注网络舆情，特别是纳税人提出的意

2012年12月20日，宝山区税务局召开学习贯彻党的十八大精神动员报告会

见和建议，及时进行联系，加以解决，防止矛盾激化。召开政风行风建设沟通会，向各街镇、外部监督员和社会各界介绍税务工作和政风行风建设情况，倾听社会各界意见，做好沟通解释，增进社会各界对税务机关的支持理解。（4）查处违纪案件。有信必查，执行信访案件查办要求和程序，加大初核力度，查处干部违纪违规问题。提高信访工作的属实率、化解率、办结率，确保查信办案工作的时效、质量和效果。坚持实行信访案例分析点评，发挥案例警示震慑作用。全年未发生重大违法违纪案件。

【创先争优】坚持把“服务科学发展、共建和谐税收”作为推进创先争优的重要平台，营造人人学习先进、个个争当先进、事事争创先进的氛围和团队精神。在“七一”表彰活动中，被评出的5个先进党支部、8名优秀党员受到区委表彰；区局开展的“为民服务创先争优”活动受到市局肯定并汇编成册下发各单位学习借鉴。

【税务文化】（1）积极参与文体活动。组织全体干部参加市局第一届职工运动会开幕式，荣获精神文明奖第一名和拔河比赛第一名；在“和谐奉税杯”乒乓球比赛中挺进八强；参加“徐税杯”网球比赛，获得四个前八名；在“羽动嘉税杯”羽毛球团体赛中获得第四名；在区总工会举办的第一届职工艺术之星比赛和区级机关工会“激情工作、精彩生活”歌唱比赛中，取得好成绩。（2）举办第二届“智慧杯”竞赛。共收到建议79条，覆盖了所有部门，展现了人人关注集体建设、个个为集体兴旺尽心的“主人翁”责任感，不仅体现了群众的首创精神，也为改进工作启发了思路。（3）开展建团90周年纪念月活动。举行“激情飞扬五月，青春奉献事业”宝税青年工作会议，邀请青年代表畅谈团员青年在工作、生活、学习中的感悟。组织参加团市委举办的青春诗歌征集活动，其中1名团员青年的作品获得三等奖。利用微博开展“我心中最美的团员”心语征集活动，评选出10条优秀心语并刊登。

（陈熙明）

闵行区税务局

【概述】 2012 年，闵行区税务局（以下简称区局）聚焦重点税源、重点行业、重要园区，结合企业横向比较与行业纵向分析，以 7 个方面、22 项举措强化组织收入，全年共实现税收 471.33 亿元；“营改增”试点、审批专业化、风险管理框架、纳税服务体系等征管改革任务推进平稳、落实到位；贯彻依法行政敦促政策落实、夯实基础提升征管效能、规范执法维护经济秩序，促进各项工作。

【税收收入】 2012 年，区局实现税收 471.33 亿元，比上年增长 12.22%。其中中央级收入 247.86 亿元，比上年增长 17.07%；市级收入 81.68 亿元，比上年增长 8.21%；区级收入 141.78 亿元，比上年增长 6.76%。第二产业税收 258.35 亿元，比上年增长 23.46%；第三产业 212.87 亿元，比上年增长 1.02%。增值税 199.09 亿元，比上年增长 37.38%；消费税 1.14 亿元，比上年下降 11.71%；营业税 50.79 亿元，比上年下降 13.76%；企业所得税 123.00 亿元，比上年增长 2.68%；个人所得税 46.66 亿元，比上年增长 3.22%。

表 1　　2012 年闵行区税收收入分税种统计表　　单位：万元

项　　目		合　　计
增值税		1990947.95
消费税		11351.62
营业税		507864.62
企业所得税	内资企业	518360.84
	外资企业	711591.45
个人所得税		466617.53
城市维护建设税		118599.57
房产税		34236.67
印花税		30326.84
城镇土地使用税		38994.32
土地增值税		126163.42
车辆购置税		73.22
车船税		8319.35
耕地占用税		6.33

注：数据摘自 2012 年闵行区税务局税收会统计年报表。

表 2　　2012 年闵行区税收收入分行业统计表　　单位：万元

项　　目	合　　计
一、第一产业	1155.89
二、第二产业	2583452.15
三、第三产业	2128692.52
（一）批发和零售业	655850.67
1. 批发业	517322.47
2. 零售业	138528.20
（二）交通运输、仓储和邮政业	52813.27
1. 交通运输业	43355.17
2. 仓储业	8153.59
3. 邮政业	1304.51
（三）住宿和餐饮业	34289.56
1. 住宿业	7778.67
2. 餐饮业	26510.89
（四）信息传输、软件和信息技术服务业	77793.29
（五）金融业	20265.02
（六）房地产业	747272.18
（七）租赁和商务服务业	299129.96
（八）科学研究和技术服务业	120803.19
（九）居民服务、修理和其他服务业	84846.76
（十）教育	11612.35
（十一）卫生和社会工作	2589.95
（十二）文化、体育和娱乐业	12132.83
（十三）公共管理、社会保障和社会组织	6850.99
（十四）其他行业	2442.52

注：数据摘自 2012 年闵行区税务局税收会统计年报表。

表 3　　**2012 年闵行区税收收入分企业类型统计表**　　单位：万元

项目		合计
内资企业	小计	2225738.34
	国有企业	24724.48
	集体企业	17278.01
	股份合作企业	22589.46
	联营企业	2426.40
	其中：国有控股	1229.55
	有限责任公司	966608.77
	其中：国有控股	426376.46
	股份有限公司	166832.17
	其中：国有控股	44930.77
	私营企业	839861.80
	其他企业	185417.24
港澳台投资企业		501546.73
其中：国有控股		29620.00
外商投资企业		1901347.84
其中：国有控股		139878.45
个体经营		84667.65

注：数据摘自 2012 年闵行区税务局税收会统计年报表。

【税收特点分析】 闵行区税收呈现第二产业和第三产业并举，各占总收入的约一半；第三产业中批发零售和房地产居主导地位，占第三产业总量的 65.91%；外资和私营经济活跃，税收收入占全部经济类型税收总和的 36.16%。

【税收法治】 制定区局依法行政工作实施意见和年度工作计划。召开领导小组会议、科室领导和“三证”人员（律师、注册税务师、注册会计师）座谈会，开展《行政强制法》师资培训和行政诉讼案例讲座，实施《规范税务行政处罚裁量权实施办法（试行）》等；在第 21 个税收宣传月，开展“小微企业帮扶”“九星发票普法”“税法进社区”三项主题活动；课题《浅议行政强制法和税收征管法的竞合与衔接》入围市民主法治建设立项；全年未发生复议、诉讼、赔偿等救济案件，未发生处罚听证、司法建议、检察建议、监察建议等情况。

【税种管理】 年内，按时间节点完成各类基础信息核定，完成“营改增”试点申报、发票发售、认证抵扣等系统测试工作，确保试点各项工作在改革初期顺利对接；将试点一般纳税人全部纳入监控范围，对基础信息、申报数据、发票使用抵扣等重要内容进行分级审核，综合比对数据的完整性和准确性，多层面梳理风险点，配合财政部门及时兑现有关扶持政策，累计完成 9 个批次、367 户次企业的扶持。“营改增”试点取得预期效果，呈现“三升一降”的良好势头：试点企业的户数大幅度增加；试点企业营业收入明显增加；试点企业税收收入持续上升；试点企业税负明显下降。“营改增”入围企业 12864 家，其中一般纳税 3559 家，小规模纳税人9305家。推进房地产税收信息一体化建设，率先在房地产交易环节实现核定、申报、开票的一体化试点；寻求区域内动拆迁安置补偿政策与个人住房房产税政策的契合点，完善个人住房房产税的办税流程；强化数据开发利用，试行部分房地产征管信息的跨部门流转、利用，完成房产评估核价系统的测试工作；规范执行高新技术企业、研发费用加计扣除等优惠政策，及新出口退税管理办法、部分农产品核定抵扣、政策性搬迁等新出台政策；在企业所得税汇算清缴中，减免税总额18.34亿元，其中高新技术企业减免10.38亿元，“两免三减半”等过渡期政策减免6.66亿元，享受小型微利政策的企业6620户共减免1695万元。

【纳税服务】制定《闵行区纳税人学校推进方案》，纳税人课堂确保每月一专题，根据纳税人需求开设不同课程，参加企业1500家次。各基层税务所通过多场培训会，对“营改增”相关政策、汇算清缴等重点政策开展宣传辅导，利用税企互动平台加强与纳税人的沟通交流，互动平台开通率为100%，使用率为1.9%，信息推送批次311批，推送总数504227户次；开展2010—2011年度纳税信用等级评定工作，完成全区54573户企业的信用等级评定，评定A类纳税人99户。制定出台《闵行区税务局涉税争议前置处理办法(试行)》，引导符合前置处理机制受理范围的一些涉税争议当事人通过该机制进行协调解决争议；全年收到基层所上报的纳税人呼声170个，基层呼声69个，处理完成162个和63个，办结率达到95.29%和91.3%；编制刊发《纳税人呼声信息反馈汇编》6期，刊登纳税人呼声44则，《聚焦一线》1期，刊登16个基层问题及相应科室回复意见，对相关涉税事项处理要求进行明确，促进基层纳税服务质量的提升；全年收到纳税人投诉8例，按照总局《纳税服务投诉管理办法》要求调查核实处理，对核实成立的投诉出具《纳税服务投诉责令改正通知书》，督促相关部门及时整改，维护纳税人的合法权益。

【税收征管】梳理修订涉税操作指南、新办企业办税指南、注销清算和注销检查工作流程等，对各类流程进行简并和优化；完成普通发票简并工作，在全市率先开展专业市场及私房出租代征代开；组建专职审批所，实施审批专业化管理；依托数据信息，尝试专业化风险管理，在印花税预警、所得税后续管理、增值税零负申报以及出口退税等项目上实践风险管理，组建风险控制中心；“三清”（土地增值税清算、所得税汇算清缴、漏征漏管户清理）“三查”（税务稽查、评估核查、企业自查）等专项工作落到实处，完成土地增值税清算初审项目34个，复审项目14个，补征土地增值税7.26亿元；完成48140户企业的所得税汇算清缴及后续管理，合计补缴税款24.11亿元；完成七宝、莘庄、虹桥、梅陇四镇96幢主要楼宇的调研分析；完成390家企业的稽查，查补收入1.04亿元；完成1096家企业的评估，查补收入2.03亿元；完成270户企业的自查，查补收入3.02亿元。

【大企业税收管理】完成对3户税务总局定点联系企业的税务遵从管理年度报告的编写工作；选取区局5户大企业开展税收遵从度评分，撰写年度税收遵从报告，与其中3户企业签订《税收遵从协议》；对3户定点联系企业的税务风险测试验证工作，依据测试结果向企业出具税务风险管理意见书，督促企业加强税务风险管理；对市局定点联系企业光明乳业以及区局自行选取的5户大企业根据风险指标开展税源监控分析工作，通过案头分析、税企沟通、实地走访等方式，帮助企业排查涉税风险，提高税法遵从度。

【国际税收管理】以非贸出证为主要抓手，强化非居民税收的流程管理。年内对外支付1514笔，扣缴企业所得税6.89亿元，审批非居民享受税收协定待遇50件，减免税额7319万元；完成50份自动税收情况交换资料，其中日本17份、韩国6份、美国18

份、澳大利亚5份、加拿大4份；2011年度同期资料检查覆盖面达100%，超额完成市局明确的重点区局自查面不低于80%的指标；有3户已立案未结案企业接受转让定价调查，其中1户企业调整后，2006—2010年合计补征企业所得税2656.27万元；2户企业2010年度跟踪管理期的税款于年初入库，共计企业所得税5992.30万元，特别纳税调整利息248.82万元。

【税务稽查】 年内，区局检查企业390户，其中查有问题企业386户，稽查选案准确率达99%，查补收入10219万元，其中税款8457万元，加收滞纳金354万元，没收非法所得158万元，罚款1408万元。组织企业自查补税共入库税款30267万元。其中对90户企业开展信息化稽查，查补税款1350万元，罚款409万元，滞纳金111万元，采集财务数据63份，业务数据18份，文档性文件35份。对包括涉嫌虚开增值税专用发票的“营改增”企业和涉嫌骗取出口退税的外贸企业等一批涉嫌重大税收违法的企业安排检查，立案稽查“营改增”货运企业3户、广告企业2户，涉嫌出口骗税企业67户，查补收入285万元，其中补税74万元，追回已退税款165万元，滞纳金3万元，罚款43万元；安排专项检查企业240户，其中接受成品油增值税专用发票的企业54户，办理电子、服装、家具类产品出口退（免）税的企业及承接出口货物业务的货代公司80户，房地产及建筑安装业4户，区域税收专项整治（风险预警值畸高的钢贸企业及“营改增”企业）32户，医药及医疗器材经销企业21户，其他行业49户。查有问题220户，查补收入合计4268万元，其中增值税1013万元，营业税6万元，企业所得税717万元，个人所得税67万元，其他各税1155万元，加收滞纳金255万元，罚款1055万元。冲减增值税留抵税金87万元，调减亏损企业申报亏损额27万元。

按照区局《税收违法行为举报管理办法》，实施检举案件分类处理，区局举报中心共接到各类来电668件，来信338件，来访27件，传真件22件，网络件11件，合计1066件。其中，对于涉税举报及发票举报中有立案稽查价值的420件，由举报中心受理，要求举报人提供详细线索的164件；发票举报及部分其他事宜提供信访办电话或转信访处理的129件；咨询及其他转给12366处理的42件；自行答复的271件；直接告知相关事项的30件；转其他部门处理的10件。在举报中心受理的420件中，立案由检查所查处的51件，作并案处理的26件，转征管处理的277件，线索移送公安经侦的4件，转其他区县税务机关处理的15件，暂存待查的47件。受理检举纳税人税收违法行为奖励申请2件，颁发检举奖金109167元。8月，由闵行区政府发文正式成立闵行区打击发票违法犯罪活动工作协调小组；结合税

2012年11月15日，闵行区A类纳税人授牌仪式

收专项检查、区域税收专项整治、重点税源企业检查，开展虚假发票“买方市场”整治工作，联合公安部门开展假发票“卖方市场”的打击整治工作，查处违法企业516户次，查实违法发票100643份，捣毁制假贩假窝点30个，抓获犯罪嫌疑人151名，查补税款2059万元，加收滞纳金220万元，罚款952万元。

【信息化建设】做好金税三期广域网工程建设工作：对区局中心机房和外围14个网络节点的机房环境进行逐一检查，对不符合要求的及时整改，为线路接入打好基础；完成区局IP地址的调整工作，共涉及网络网段28个，IP地址1078个，路由表项1532条；协调与配合运营商线路接入和联调，在光纤线路的介入方面，主动协调中国电信、中国联通、闵广科技等多家运营商进行线路接入与调试；至9月底，基本完成金税三期网络的切换与上线工作。利用市局开放的综合数据分析库系统，编写数据抽取程序，安排抽取策略，学习数据分析库表结构和逻辑关系，提高数据运用能力；根据业务科室涉税事项内容的调整变化，及时修改、新增涉税指南600余项；完成审批事项查询功能开发，通过辅助管理平台实现管理员桌面推送功能；对办税服务厅预约办税管理系统、个人房产交易税收管理应用软件等自行开发软件进行模块升级，对征管状况明细数据查询系统等系统进行功能拓展完善。

【机构人员】闵行区税务局外挂“上海市闵行区国家税务局、上海市地方税务局闵行区分局”两块牌子，内部设一套机构，实行合署办公。年底，内设办公室、货物和劳务税科、所得税科、收入核算科、纳税服务科、征收管理科、信息技术科、财务管理科、人事教育科、监察室10个科室（按规定设置机关党委办公室）；下设稽查局（非全职能局）内设综合科（举报中心）、案件审理科2个科室；派出机构共20个税务所，其中1个征收所、12个管理所、4个专职所、下设稽查局派出3个检查所。全局共有行政编制576名，其中机关行政编制90名。

【机构调整】根据征管改革调整部门设置，3月完成一所和原十六所两个征收所的归并，重组建第十六税务所，主要职责为依照审批权限负责纳税人发起的各类涉税事项审核审批工作；11月，落实《关于本市推进税收征管改革的实施意见》，在信息技术科基础上，成立区局风控中心，调整配备工作人员；开展干部轮岗交流工作，13名科级领导、97名一般干部进行轮岗。

【人事管理】年内提任2名正科级领导、通过竞争上岗选拔4名副科级领导，对工会副主席、团委书记人选按照规定程序进行任前组织考察；落实税务系统青年科级干部公选工作，选拔任用1名副科级领导；对2名正科级领导、6名副科级领导进行任职试用期考核；6名同志晋升主任科员，13名同志晋升副主任科员；完成对第十五税务所、第三检查所科级领导班子和领导干部综合考评；组织开展“岗位标兵”评选活动，1名同志被市局评为“服务岗位标兵”。

【教育培训】二季度分两批组织开展为期7天的科级领导干部培训班，共有77名科级干部参加；委托培训中心举办为期5天的业务骨干（兼职师资）培训班，37名税务干部参加培训；组织44名稽查人员分两批至江苏省税务干部学校参加培训；先后组织85名重点税源管理员以及纳税评估人员岗位至江苏省税务干部学校参加培训；举办会计中级实务知识学习培训班，共110人参加；开展对2009—2010年新录用的28名税务干部公务员后续教育培训工作；各职能科室围绕开展企业所得税汇算清缴、后续管理，最新税收政策解读、重点税源管理、纳税评估案例分析、信息化稽查、依法行政、党风廉政等内容开展培训，共2250人次参加培训；各基层所开展每年不少于6天的业务知识专题培训；76名科级干部参加科级领导干部业务考试，其中，23人取得150分的优异成绩；组织一般干部会计二级达标考试和三员考试，参加人数分别为130人和77人；组织公务员职业道德培训学习考试，共有559人参加，合格率为100%；依托网络平台，组织380名同志参加区局企业所得税业务学习测试，经过选拔，5名同志代表区局参加总局组织的全国企业所得税业务知识考试。

【政务管理】完成内门户网站上线工作。听取反馈意见，汇总修改，根据工作需求做好后续开发调研和准备，并对网站信息质量组织自查和检查。提高对外宣传质效，培养微博宣传员队伍，将微博工作细化落实到部门，丰富报送市局税务微博的各类素材；启动信息员例会制度，拓宽信息来源，提升信息报送的时效性和采用率。特别是提高税务子网站、党务公开等对外信息的宣传效果；召开《闵行税务》编辑部会议，拓展报纸影响力。全年受理信访件255件，应结案191件、实结案184件，结案率96%。做好十八大前后的维稳工作，落实信访维稳一级预案的各项要求，全面排摸重点维稳对象以及各部门不安定因素，做到心里有底，工作有序，确保安全稳定。

【财务管理】根据“先有预算，后有支出”的原则，按2012年市局、区财政预算批复，按规定程序做好政府采购工作。牵头做好三所、六所办公场所维修工程以及信息化设备、其他办公设备的采购。国税预算中政府采购项目25个，地税预算政府采购项目21个，预算金额488.31万元，区财政预算政府采购项目6个，预算金额207.32万元，上述属于政府采购目录范围的便携式计算机、路由器等信息化设备、信息安全产品，A3、A4复印纸以及各类办公家具等项目的采购工作全部完成。根据《上海专员办关于开展中央基层预算单位资产自查的通知》（财驻沪监〔2012〕162号）要求，做好上海市国税资产自查工作。年内清理拟报废资产636件，账面价值258.37万元，其中：国税资产144件，账面价值75.17万元，地税资产492件，账面价值183.20万元。根据《闵行区税务局经费支出审批办法细则（试行）》，结合区局实际，对区局招待费、会议费、培训费、基本建设等有关经费支出的审批权限作进一步完善修订和补充。

【内部审计】根据市局、区纪委要求，落实“专项治理违规收送礼金礼券购物卡复查整改‘回头看’工作，督促和指导各部门搞好动员，做好自查自纠。此次复查整改“回头看”自查单位共33个，经统计，从2011年9月21日至2012年4月30日，有36人主动上交礼金礼券购物卡，折合人民币4.375万元；局班子专题研究2次，组织宣传教育15人次，科级以下专题研究107次，组织宣传教育人次1928人次；无信访举报查处情况。协助党组做好市局巡视组第二轮巡视检查反馈意见的整改落实工作，督促相关部门做好整改落实工作；落实有关执法督察和执法监察工作要求，对出口货物退（免）税管理、结构性减税政策落实情况、税务稽查等项目组织开展执法督察自查，对歇业注销的审核审批、税务行政处罚裁量权的执行、公务车辆定点管理组织开展行政监察，对检查反馈问题进行督促整改。结合市局巡视审计情况，对预算内、外资金的管理和使用情况、固定资产的管理和使用情况、政府采购情况，从会计凭证、预算实施、资金运作、资产管理、报表核算等方面进行较全面梳理。

【纪检监察】开展多形式廉政教育：组织全体干部学习《关于对违规收送礼金、礼券、购物卡行为的处理办法》等廉政规定；给中层以上领导和非领导职务干部共计219人发送节日廉政短信，提醒过节不忘守廉。节日期间各部门共组织廉政教育53批603人次，个别谈心106人次，网上廉政宣传文章70余篇，组织开展近三年来新任科级领导干部“廉内助”活动；结合廉政教育的形势和任务，开设每季一期的廉政教育课堂，邀请有关领导、专家进行授课；发挥内门户在反腐倡廉建设中的作用，共转载、发布各类廉政文章231篇，点击率达25219人次。推进惩防体系建设：抓好区局惩治和预防腐败体系2008—2012年工作规划推进工作，组织各部门对落实惩防体系建设情况开展自查，对10个税务所开展专项检查，对检查情况予以全局通报；落实“制度加科技”的廉政风险防控要求，规范权力运行，推进内控机制建设，完成各部门内控机制编制工作；探索试行基层税务人员网上述职述廉活动。区局网上述职述廉平台于10月23日投入试运行。平台依托上海税务网，面向全区纳税人，创新了公职人员向管理、服务对象进行述职述廉、主动接受群众监督的新模式，为在全市税务系统推行做准备。推进政风行风建设：加强与市局监察室、区纠风办沟通联系，把握政风行风网上实时测评动态；加强与区工商、公安等单位的协同配合，落实全年政风行风网上测评工作；完成新任特邀监察员聘任工作，组织特邀监察员开展明察暗访工作，听取特邀监察员的意见建议，发挥特邀监察员的监督作用；严肃查处各类举报投诉案件，收到人民来信举报件6件，其中反映党风廉政类3件，经查部分属实1件，不实2件；通过政风行风投诉热线和纠风在线反映办事效率和服务态度类的8件，经查部分属实3件，不实5件，结案率为100%；年内配合区检察院反贪局查处六所、十三所2名干部的违法案件，案件情况在全局进行通报，对相关责任人依党风廉政责任制要求予以责任追究。

【后勤管理】配合征管改革完成审批所成立、办税服务厅改造、风控中心、纳服中心建设等保障工作。完成机关食堂改造及早餐供应。完成全年的施工、设计、招投标等工作，食堂年度考核满意率为56%，较满意率94%。制订区局安保工作管理办法，多次组织检查，确保十八大前后的安全。开展食堂卫生安全检查，对检查出的问题逐一督促整改，为区局大楼各房间配备逃生指示牌。开展安全保卫教育以及消防安全演练。

【税收科研】区税务学会召开第六次会员代表大会，完成换届选举，首次发展税务系统外单位会员。完成年度重点调研课题39项。其中，《闵行区农村集体经济组织产权制度改革若干涉税事务探讨》《服务贸易等项目对外支付中的税务风险与管理对策》入选《2013年中国税官论税制改革》文集；《新虹街道村级集体经济组织产权制度改革中的税收问题》《外籍人员个人所得税政策与征管问题》入选市税务学会科研成果评审。

【税务文化】推进“创建学习型党组织，争当学习型党员”活动，树立终身学习的理念。梳理区局三年的学习、培训案例、课题和各项制度，完成学习型机关创建三年来的总结报告，被区级机关党工委授予“学习型党组织示范单位”称号；开展“税务核心价值观”和“我与闵行共同成长”等征文活动，结合近年来区局开展的荐书、赠书等活动，各支部党员积极撰写征文和好书读后感，结合工作实际畅谈税务人生，展现改革开放的成绩。在市局机关党委组织的“倡导核心价值，共建和谐文化”的演讲比赛中，赵燕华的《身边的榜样，心中的力量》演讲获得二等奖。组织参加为期半年的闵行区区级机关职工运动会，在拔河、乒乓球、羽毛球、广播体操、跳绳、太极拳等比赛中，获得优异成绩；精心挑选人员组成入场方队、太极拳队、女子排舞队、广播体操队和趣味项目队等5支参赛队伍，参加上海市税务系统首届职工运动会，夺得拔河比赛亚军和跳绳比赛第五名、太极拳比赛优胜奖，排舞队以9.28分的好成绩，在全市26支参赛队伍中名列第四，参加11月17日上海市第一届市民运动会闭幕仪式表演；参加“见证辉煌、奉献闵行”职工才艺评比活动，获得一、二、三等奖各两名的好成绩；参加“芳华尽显二十载，我与闵行共精彩”蹬高展望活动，获得第二、第七和第九名；参加区级机关工会举办的“诚信在我心，责任伴我行”职工演讲活动，获得最佳风采奖。

（李爱宝、诸　赟）

嘉定区税务局

【概述】2012 年，嘉定区税务局（以下简称区局）围绕“服务科学发展、共建和谐税收”的主题，以组织收入工作为中心，全面推进依法行政，深化征管改革，提升征管质效，优化纳税服务，强化信息管税，积极开展“营改增”试点工作，认真落实各类税收优惠政策，推进经济创新驱动、转型发展。

【税收收入】2012 年，累计完成税收收入 550.08 亿元，同比增长 12.0%；区级地方收入完成 115.17 亿元，同比增长 13.0%，完成收入目标。

【税收特点】按产业结构来分，第二产业税收完成 352.14 亿元，增长 20.4%，增收 59.64 亿元。其中制造业完成税收 336.64 亿元，增长 21.4%，增收 59.45 亿元。制造业中的支柱产业汽车制造业，实现税收 229.35 亿元，增长 27.3%，增收 49.12 亿元。第三产业税收完成 197.94 亿元，微跌 0.4%，减收 0.83 亿元。按税种分，由于“营改增”试点工作运行，增值税完成 205.95 亿元，增长 18.5%，增收 32.14 亿元；营业税完成 39.12 亿元，下降 25.7%，减收 13.54 亿元；所得税完成 203.30 亿元，增长 15.2%，增收 26.77 亿元，其中企业所得税完成 167.87 亿元，增长 17.4%，增收 24.92 亿元，个人所得税完成 35.43 亿元，增长 5.5%，增收 1.85 亿元。

【税收法治】推进依法行政工作。营造学法氛围，组织参加各级各类专题法律培训。组织汇编《〈中华人民共和国行政强制法〉宣传 50 问》，举办专题考试，参考干部达标率为 100%。9 月，在全市税务系统《行政强制法》考试中，取得分局平均分第一名的好成绩。规范执法行为，依法履行征收管理权、检查权，规范税收征管行为，加强内外部监督制约，防范税收执法风险。执行市局 1 月实行的规范税收行政处罚裁量权办法及基准制度，梳理细分常见的涉税违法行为、处罚种类及幅度等，实现税务行政处罚的标准化、精细化。保护纳税人合法权益，慎重对待每一起行政复议、处罚听证，对待信访处理和维稳工作，确保法律救济途径畅通，解决行政争议，提升服务质量。区局的法制工作作为典型，在 2012 年嘉定区“五五”普法工作成果展中展出，并做交流发言。

【税种管理】做好营业税改征增值税试点工作。1 月 1 日，“营改增”试点工作在上海正式运行，区局多措并举确保改革试点进展顺利。截至年底，共有状态正常的“营改增”试点纳税人 23447 户，其中，一般纳税人 5447 户，占 23.2%；小规模纳税人 18000 户，占 76.8%。配合市财政局对税负增加超过 3 万元的企业进行财政扶持，共计扶持财政资金 1.02 亿元。跟踪管理所有“营改增”一般纳税人，选取代表性企业建立区局税改企业案例库。据测算，因“营改增”政策实施，全年减税 4.60 亿元。加强小税种管理。开展印花税专题辅导并组织自查及检查，共补税 7563.82 万元。加强耕地占用税清缴力度，共入库耕地占用税 1.80 亿元。制定《嘉定区房地产开发企业税收征管工作联席会议制度》，力求妥善解决部分涉税金额大、征管难度高的房地产开发项目的疑难问题。做好企业所得税汇算清缴工作，全区共有89337户企业参加2011年度汇算清缴，汇缴率达到100%。共受理资产损失税前扣除专项申报363项，申报扣除金额合计3.85亿元，清单申报523项，申报扣除金额合计2.09亿元；高新技术企业147户次；研发费项目登记242户次；境内企业利润分配216户次；其他各类涉税受理260户次。加强汇算清缴后续分析管理，规范核定征收管理，落实小型微利企业预缴政策。加强出口退税管理。贯彻落实新的出口退税管理办法，对2011年度出口的货物进行清算，对2011年未申报出口退税及单证未收齐的26233条记录进行清算，对2790.5万元的出口销售收入进行免税，补征增值税13052.8万元。对原来因审核期未满而未得到退税的企业进行退税，共惠及104户出口企业，共计退税6519万元。开展银制品出口退税核查工作。

【纳税服务】提升税法宣传品质。在全国第21个税收宣传月中，实行“走出去”战略，开展税收宣传进街道、进社区、进市场、进地铁站、进办证中心等一系列活动；主动走近纳税人，通过召开行业座谈会、深入企业走访等形式与纳税人交流互动。创新税收宣传模式，由青年干部自主创作税宣漫画扑克牌、税收宣传真人四格漫画，用生动形象的方式宣传税法。创作的税收动漫作品《考勤机与计算器》选送第八届全国税收动漫大赛，并在嘉定电视台、各办税服务厅、区局子网站以及“上海税务”微博上陆续刊播，税收宣传效果良好。利用“三个一”项目——一本画册《海纳百川服为先，聚税为国务为本——嘉定区税务局2011年工作回顾》、一副税宣漫画扑克、一本《纳税服务速递》树立区局透明、优质、高效的服务品牌形象。深化办税服务厅建设，加强对办税场所工作人员的教育与培训，整合办税窗口资源，所有办税服务厅均实现“一窗多能”办理税收业务；拓展办税渠道，推广使用自助办税终端（ARM机）。加强12366服务热线建设，强化坐席人员培训、管理和考核，提高咨询电话的接通率和咨询解答的及时性、准确性；全年12366咨询接听总量达到31195个，接通率由上半年的80.49%上升为下半年的90%以上。加强税企互动平台建设，利用税企互动平台向纳税人推送税收政策、涉税信息和友情提示等，推广开通4.6万余户企业。

【税收征管】推进征管改革工作。成立征管改革领导小组和工作小组，建立健全改革方案和工作制度，先后制发《嘉定区税务局税收征管2012—2014年改革规划》等系列方案和制度。年内，申报、认证、报税类事项以及两个重点税源行业专职税务所的所有涉税事项均实现全区通办。强化发票管理工作。分步推进“简并票种、统一式样”工作，部署各阶段发票缴销、核定、发售等环节工作，完善相关保障措施，于7月底完成前两个阶段的工作，合计缴销各类老版发票逾472万份，缴销率达99.48%。规范税务机关代开发票行为，贯彻落实小型微型企业免收发票工本费有关要求，试点推广普通发票全明细采集工作。做好征管基础工作，加强户籍管理，实现税务登记并联审批，规范注销迁移过程，完善“非正常户”管理。夯实申报征收管理工作，开发“一窗式票表自动比对软件”，将申报期内出现的票表比对异常在申报期内处理完毕，有效控制风险。开展纳税评估。市局层面，对240户企业实施纳税评估，将市局下发的风险监控管理指标逐条细化，形成货物运输、货物代理、差额征收等多个行业79项指标。区局层面，选择技能培训与教育辅助、其他食品制造、有色金属压延加工、房地产行业和汽车整车及零部件制造等行业纳入行业评估，8户企业发现问题，补税318.9万元，调增企业所得税应纳税所得额51.0万元。加强“营改增”风险管理，总结出6大类共计19项风险指标。区局行业评估案例在市局纳税评估优秀案例评选活动中获得第四名。

【大企业税收管理】加强重点行业税源管理。深化税收收入分析和预测，加强调研，走访重点税源企业和行业代表企业，掌握收入变动情况。2062户四级重点税源户全年共完成税收收入396.70亿元，同比增长8.6%，占税收收入总额（不含免抵调库）的74.2%。建立亿元企业跟踪档案，亿元企业由2011年的26户增长到2012年的36户，共完成税收252.99亿元，占税收收入总额（不含免抵调库）的47.3%，户均产税达7.03亿元。推进大企业税务风险管理与服务。对大企业开展税务风险评估测试、疑点分析、税源监控、上门提醒，帮助12家企业建立税务风险的内控机制；与三家大企业签订税收遵从协议等活动，帮助和引导企业从源头上防范、控制税务风险，增进税企互信、理解、互动与合作，为大企业提供高效、专业、优质的纳税服务。

【国际税收管理】开展反避税工作。完成对飞利浦亚明照明有限公司转让定价审计结案工作，补征企业所得税1536.23万元，跟踪年度企业所得税入库4985.95万元，对利用向境外支付特许权使用费和劳务费的方式来转移利润的现象起到威慑作用。监控富士通将军（上海）有限公司2011年度的预约定价执行情况，作出将企业2011年度利润补偿调整至中位值，补缴税款4330.93万元的决定。对安亭澳丽间接股权转让事项进行一般反避税调整，追补企业所得税479万元，实现区局一般反避税调整零的突破，维护本国的税收权益。加强非居民企业所得税税收管理。重点关注非居民企业来华提供劳务的持续时间，加强受益所有人的核实和判定，减少税收协定滥用现象。对非居民享受协定待遇的执行情况进行跟踪监控，基本实现全覆盖管理。加强对外支付出证管理，完善非贸出证的流程。全年共出证2169次，支付金额约187.88亿元，征收企业所得税约14.91亿元。与上年同期相比，非居民企业所得税收入呈现大幅度增长态势。

【开展税务稽查】年内稽查局共发户检查563户企业，发现问题534户，查补总额1.3亿元，入库总额1.3亿元，查补和入库金额均超过上年。5月，区局成品油专项检查打响本市第一枪，查实4家虚开增值税专用发票的加油站、112户恶意受票企业，协助公安部门抓捕犯罪嫌疑人120人，查补收入总额2305.5万元。《中国税务报》《中国税务稽查》先后报道此次专项行动，成品油案例在市局典型案例评审中荣获特别案例奖。股权交易专项检查圆满收官，最终确定27户企业存在股息红利分配或股权转让所得未扣缴个人所得税的情况，查补3271万元，还有8户企业自行申报税款2701万元。股权交易相关案例在市局典型案例评审中荣获二等奖。开展协查，关注举报案件，忙而不乱开展专案检查。全年打击假发票6691份，涉及295户企业，查补收入5867万元。开展无锡“5·06专案”、常熟“盛世专案”、泰州“2·21专案”“4·19”专案等专案检查。接受协查案件341起，检查企业750户，涉及发票8436份，查补收入3314万元，打击和有效遏制发票违法犯罪活动的势头。受理各类举报案件733件，其中，处理涉及偷逃税违法行为的88个案件，查补税款1976万元，滞纳金192万元，罚款1219万元，共计3387万元。信息化稽查实现突破，全年共开展信息化稽查65户，查补合计2214万元。稽查员信息化稽查水平日益提升，3名稽查员在市局信息化稽查考试中荣获团体第二。信息化案例的质量明显提高，2个信息化案例在市局演示评审中分获二、三等奖。

【信息化建设】区局“统一规划、统一建设、统一监管”，开展金税三期广域网项目网络节点建设相关工作，完成金税三期网络切换。加强税收数据建设，全面规划数据库建设，初步建立中间层数据库和应用层数据库。做好重点企业财务报表审核工作，开发财务报表审核系统，各项指标均排名全市前列。优化辅助查询系统数据应用模块，梳

2012年1月18日，嘉定区税务局与本区内三家企业签订税收遵从协议

理数据检查项目下共132条监控指标，增加数据监控展示方式、一户式信息的数据检查功能，专门研发通用数据查询模块，推动数据质量提高。

【落实各项减免税政策】 年内审核软件产品即征即退、民政福利企业先征后退、技术开发、转让免征增值税等各项流转税减免共计2.4亿元，耕地占用税、土地使用税、土地增值税等地方税减免共计0.6亿元。企业所得税减免主要包括：高新技术企业优惠减免所得税8.7亿元，外资企业过渡优惠减免所得税7.4亿元，小型微利企业优惠减免所得税0.3亿元，研发费加计扣除24.3亿元，企业所得税免税收入28.6亿元。

【机构人员】 区局共设10个内设机构：办公室、货物和劳务税科、所得税科、收入核算科、纳税服务科（纳税服务中心）、征收管理科、信息技术科（风险分析监控中心）、财务管理科、人事教育科和监察室。另设机关党委办公室。设嘉定区稽查局为直属机构。嘉定区稽查局设综合科（举报中心）和案件审理科。派出机构设置为17个税务所（第一税务所至第十七税务所）、3个检查所（第一检查所至第三检查所）。截至年底，区局在册人员556人。

【机构调整】 平稳实施机构调整，成立集约化联动办公室，筹建并成立区局纳服中心和风控中心，调整部分税务所职能，成立两个专职纳税评估所，成立房地产和汽车两大重点税源行业专职税务所。

【人事管理】 加强干部队伍建设，组织实施12名副科级领导职务竞争上岗，探索实施交流轮岗；完善科级非领导职务晋升机制，年内晋升主任科员8人，副主任科员20人；选拔培养10名正科级后备干部和20名副科级后备干部，探索建立区局人才库，完善区局绩效考核体系。

【教育培训】 制定《嘉定区税务局2012年教育培训计划》，完善三级培训体系。围绕税源专业化管理的要求，以岗位专业培训为基础，从税收政策、税收征管、税务稽查、纳税服务、信息技术等方面重点加强对科级领导干部、中青年业务骨干和高层次、复合型人才的培养与培训。全年共安排7名干部参加总局业务培训，140名干部参加市局重点调训，196名干部参加各类讲座。加大专业化培训力度，围绕税收业务工作阶段性重点内容，多次组织实施全员业务季度考试，召开各类执业资格考试通过人员经验交流会。

【政务管理】 做好采集信息工作，全年向上海市局上报99条信息，编发44期《嘉定税务》，及时反映区局重点和热点工作。有数篇优秀稿件被选登在《中国税务报》《上海税务》等报刊杂志上。制定《嘉定税务局内门户网站管理办法》，开展内门户建设，明确内门户的权限设置、资料报送、考核要求等内容。做好“上海税务”微博维护工作。制定《嘉定区税务局微博管理若干规定》，各单位配备微博宣传员，定期供稿，积极转发，区局上报稿件及录用稿件量居全市第二。完善信访工作模式，制定区局《信访工作管理办法》，加强初信初访办理，抓好督办工作，落实做好领导接访日工作，定期开展信访工作分析和突出矛盾排查。全年受理信访件（纯信访）共计30件，做到时限内办结率、署名信访答复率两个100%。

【财务管理】 完成2013年度国税、财政“一上”“二上”预算。控制“三项”费用零增长，确保目标任务完成。完成国地税银行账户年检，按月编制国税预算执行情况报表及分析，每季编制政府采购计划、资产、能耗统计，政府采购执行情况表。完成2013年政府采购资金计划安排工作和2012年度政府采购项目采购工作。完成2012年度固定资产管理情况检查，重点检查固定资产的账账、账实情况。制定《嘉定区税务局政府采购管理办法（试行）》，规范政府采购行为，加强内部管理，健全监督机制。

【内部审计】 对税收执法督察的内容、时间安排、工作要求及方式方法，作出明确规定，完成涉及出口货物退（免）税管理、部分结构性减税政策落实、税务稽查和重点行业税收管理4项税收执法督察自查工作。遵循“三重一大”工作制度，加强对人员录用调配、三公经费管理、基本建设、政府采购、固定资产处置、公务接待等重点环节的监督。

【纪检监察】 落实党风廉政建设制度。制定《嘉定区税务局党组工作规则》等，补充、修改和完善党风廉政建设目标责任书的内容。成立党风廉政责任制领导小组并印发《2012年区局领导班子成员党风廉政建设和反腐败工作责任分工》，分解党风廉政建设和反腐败工作任务并逐一落实到部门。推进廉政文化建设，拓展“多元化”渠道，丰富廉政文化建设内涵。参加嘉定区“勤廉之歌”演讲团到各街镇巡回演讲等一系列廉政文化活动。开展“政风行风测评”活动，践行政风行风建设公开承诺。建立干部廉政档案，实行一人一档动态管理。推进“制度加科技”的廉政建设，推进部门内控机制建设。

【后勤管理】 做好基建工作，争取和整合资源，协调平衡基建资金，应对办公用房紧缺的局面。做好区局固定资产处置工作。做好后勤保障工作。完成2012年度车辆新增和更新工作、固定资产清理和考核工作。完成区局绿化、保安、保洁招投标工作。有序开展食堂、后勤服务中心及驾驶班等工作。

【税收科研】 区局全年编发15篇调研文章，为区局重点工作的有效开展提供了良好的调研素材。其中就占区级收入比重较大的城建税、城镇土地使用税、房产税、土地增值税、印花税等小税种开展调研工作，形成《地方税征管现状及税源情况分析汇报》及《嘉定区税务局关于加强部分地方税征管的报告》等调研报告，挖掘小税种潜力，提升征管效率。

【税务文化】 加强精神文明建设，发动9个基层税务所筹备2011—2012年度的市级和区级文明单位的预申报工作，参加2012—2013年度市级青年文明号的申报工作，第四、七税务所获评上海市青年文明号。开展区局劳动竞赛；开展嘉定税务精神大讨论活动，提炼出“尽责、奉献、创新、和谐”的嘉定税务精神。与来沪务工人员子弟学校——民办华武小学签订结对协议；在团市委组织的青年风尚节活动中，区局的志愿者活动受到东方卫视、《申江服务导报》《新青年》多家媒体的采访和报道。筹备并积极备战在嘉定区举行的上海市税务系统2012年“羽动嘉税杯”羽毛球（混合）团体比赛；举办“税缘杯”羽毛球团体比赛、“税跃杯”乒乓球团体比赛；积极备战市税务系统第一届职工运动会，入场式获一等奖

【党组织建设】 建设学习型党组织，通过中心组扩大会议、各部门会议等平台，学习领会十八大精神，深入基层倾听群众意见和建议。举行学习型党组织和学习型党员的评选活动。在内门户上开辟“学习十八大、岗位建新功”和“党建天地”专页专栏，丰富网上学习交流。

（鲁文杰）

金山区税务局

【概述】2012 年，金山区税务局（以下简称区局）面对特大型企业税收大幅减少、注册型经济税源不稳定的经济形势，完成全口径税收收入 200.23 亿元。通过依法组织税收收入、落实税收政策、支持区域经济发展，基本体现了结构性减税效果。全年各项基础性税收征管工作有序推进，税收征管改革如期启动。完成机构职能调整、人员安排及制度建立。在深化信息技术和数据应用方面，从减负增效和风险防范两方面入手，基本完成“需求采集、需求分析、需求响应、持续改进”的平台建设。以重点税源评估为主线，信息化稽查评估取得成效。强化干部队伍廉政教育、作风建设，加大干部培训力度，干部队伍素质明显提高。

【税收收入】2012 年区局原口径累计实现税收收入 128.17 亿元，较 2011 年同期的 116.09 亿元，增长 10.4%，增收 12.08 亿元，其中，完成区级税收收入 36.94 亿元，比上年同期的 35.18 亿元，增长 5.0%。全口径累计完成税收收入 200.23 亿元，较上年同期的 212.86 亿元，下降 5.9%，减收 12.63 亿元。

【税收特点】全年走势前低后平，区域税收稳健增长；产业税收协调发展，行业税收高低互现。全区六大重点行业完成税收 122.01 亿元，占比 95.2%；主体税种增减不一，增值税同比增长 32.5%；占原口径税收半壁江山的注册型企业，完成税收 61.18 亿元；镇区发展不平衡，经济税收有待优化；下放企业大幅减收，属地征管企业上海石化股份公司实现税收 63.77 亿元，同比下降 27.3%，减收 23.98 亿元，直接造成区全口径税收同比下降 5.9%。

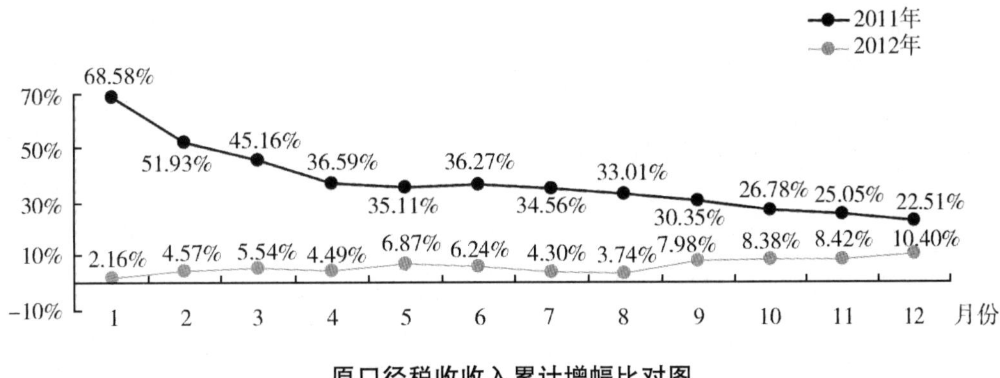

原口径税收收入累计增幅比对图

【税收法治】年内成立依法行政工作领导小组，推进组织税收收入、落实税收政策、规范税收征管和纳税服务、开展税务稽查和案件审理等工作。组织开展依法行政系列专题培训、对法制文书进行检查并通报。对市局下发的自由裁量权标准进行细化检查。工作中重视常见法律规章的引用、裁量权的运用、处罚文书的书写、信息的主动公开等方面。

【税种管理】个人所得税征管：通过网络、报纸、各办税服务厅公告栏、电视台等多种形式加强宣传，加强对重点行业和特定高收入行业、重点税源企业高级管理人员，以及各镇、工业区、经济小区相关负责人等强化宣传。加强科所沟通，通过实地调研掌握基层情况，掌握申报动态，督促符合条件的人员及时申报；优化服务，对重点企业和申报人数多的企业主动上门做好宣传辅导工作，为全区申报进度的完成提供保障。至2012年底，区局共完成申报7155人，完成市局布置任务的123.36%。企业所得税汇算清缴。针对年内新办企业多，规模小，户管质量较差，汇缴户管激增、查账户翻番的状况，选取代表性税务所加强申报管理，就如何加强核定征收管理、开展汇缴后续管理等事项开展交流，寻求突破。2011年度实际应纳所得税额26.98亿元，预缴所得税27.68亿元，预缴率为102.59%，汇缴补税2.28亿元，退税2.98亿元，净退税0.70亿元。开展汇缴评估后续管理，建立后续管理异常信息的核查情况跟踪机制，并按10%的比例随机抽取核查结果，对无问题的后续管理文书进行复核。

【纳税服务】建立“五个一”纳税服务体系（一个办税服务厅、一门热线电话、一个互动平台、一支纳税服务志愿队、一座金税课堂）推进办税服务厅标准化建设，制定《区局办税服务厅突发事件应急处理预案的实施意见》，开展办税服务场所弹性工作制度试点调研，探索实施免填单，推进一窗多能服务机制，提高ARM机自助终端使用率。发挥12366热线“听得见的纳税服务”作用。建立12366远程坐席督办机制，建立区局级12366咨询资料库；建立区局级12366远程坐席青年干部培训基地。加强税企互动参与平台的推广使用，完善网站功能，畅通反馈渠道，提高为纳税人服务的及时性和交互性。实现网上税法宣传和纳税咨询。发挥金山税务子网站的宣传作用。纳税服务志愿者队伍参与税法宣传，走进企业、社区，解读政策、解答咨询，宣传纳税人权益保障。定期编发《税收政策要点汇编》，电子版免费向纳税人发送。4月，金税课堂成立，开讲7课，听课人数逾600人次，纳税人对课程内容、形式、师资的满意度近80%。制定《金山区税务局涉税事项全区通办方案》，于6月1日起在全区正式开展部分涉税事项的通办业务，方便纳税人就近办理涉税事项，对即时办结、不需要资料流转的事项实行全区通办。具体项目为发票发售、纳税申报、税控报税、发票认证、涉税事项五大类25个小类事项。对突发情况作出必要调整，推行应急措施，研究扩大全区通办事项的受理范围。

【税收征管】制定《营业税改征增值税申报工作方（预）案》，并选择九大类型397户纳税人，在2月初提前完成纳税申报。安排397户企业先行申报。截止到2月底，区局“营改增”试点纳税人应申报7285户，实际申报户数7285户，申报率为100%。5月下旬选取货物运输业、货运代理业共计464户一般纳税人，设置发票使用量、红字发票、进项税额、销售额、减除项目等相关指标，下发税务所逐户审核。对纳税人购票数大量增加、废票率、红票率大幅升高、销售额大、销售额减除项目增长过快以及进项变动特别大等进行核查，及时发现风险疑点，将风险管理控制在萌芽状态。共对70户企业的单张最高开票限额予以降级，对158户企业的月购票限量予以核减，查补税金111.48万元。

与工商、技监部门加强工作交流，开展

税务登记并联审批测试。年初区行政审批中心决定，将金山纳入税务登记并联审批范围，碰到问题共同研究解决。并联审批工作实行后，税务登记岗位的文字录入工作量和录入差错量大幅减少，办理税务登记的效率大幅提高。

年内，区局取得经济委员会引进外资项目信息、房管局房地产开发信息、建交委建筑工程中标项目信息、工商局股权转让信息、发改委立项信息、财政局预算单位出租出让预算收入等6个部门的涉税信息，通过信息核实，促进税收征管。

纳税评估以重点税源评估为主线，以风险应对、行业评估、专项评估为辅线，通过动态监控、全面排摸、双管齐下，建立重点税源户电子档案，做到以评促管、以评促收。"营改增"风险监控、个人独资企业涉税疑点、研发费用加计扣除专项核查等专项评估工作全面完成。全年评估332户，评补入库税额4310.65万元，同比增长44.27%。

【大企业税收管理】 一是大企业纳税服务专业化。在各所确定1名重点税源管理员作为大企业的客户联络员，协调处理快速响应；选择4户定点联系企业签订"税收遵从协议"；建立"金山区税务局涉税争议前置处理工作机制"。二是大企业风险管理专业化。根据要求选择1户市局级定点联系企业重点开展税务风险评估测试工作，完成税务风险评估测试报告。三是大企业税源监控专业化工作。探索完善区局大企业税源监控指标体系。对涉税风险点，按季及时制发书面《涉税风险提醒函》送达企业，并自查核查。年内四级重点税源企业从上年的2423家，增加到2700家，2600户"营改增"一般纳税人纳入重点户管理。开展对税务所TRAS（重点户数据采集系统）操作人员的辅导培训工作，提高初次数据采集上报质量。在市局下发的原有审核公式基础上，结合区局实际，通过企业产能、税收情况对相关指标进行合理性审核，促进数据质量提高、数据指标优化、数据审核效率。开展1406户区局级以上重点税源企业调研走访，分层次全面掌握重点税源经营状况，完成《金山区税务局重点企业走访调研报告》，得到区委主要领导肯定。

【国际税收管理】 抽取相关企业汇缴申报中关联交易数据下发各所，做好相关企业同期资料收集、审核、补充工作。通过初审、复查、限期整改、再审等阶段，全区同期资料整体质量较上年有明显提升。规范非居民企业所得税源泉扣缴管理和服务贸易等项目对外支付出具税务证明管理，强化税源监控，健全《扣缴企业所得税管理台账》《服务贸易等项目对外支付出具〈税务证明〉台账》，非贸出证签报的审批质量提高。根据对2011年度非贸出证资料分析，从中梳理筛选、制作完成50份自发情报上报市局。核查总局转发的2户日本国税厅提供的自发情报。按照反避税"管理、服务、调查"三位一体的工作思路，参与市局组织的立案论证会、案情分析会、结案论证会及各类反避税业务培训，加强避税嫌疑企业的跟踪管理。选案分析、案情研究能力、现场谈判水平和文稿制作水平进一步提高。

【税务稽查】 年内查处各类案件664户，查补税款1.02亿元，入库税款9356万元，入库率为91.58%，完成2011年入库任务的121.46%。稽查与征管协作，开发税务稽查建议书模块。将稽查课题调研与选案软件并举，创新模式开发"虚开增值税专用发票风险监控模型"。市局主要领导对"金山选案模型"给予关注和肯定。《海量数据巧利用，虚开发票现轨迹——"金山选案模型"的探索》，获得市局信息化稽查案例特别创新奖（特等奖）。《创新信息化选案系统　有效防范虚开增值税专用发票风险》，获市局稽查课题评比一等奖。成功侦破利用卖场、百货公司收银条以及加油站加油卡管理漏洞大肆虚开增值税专用发票的团伙案件，该案件刊登于《中国税务报》，以该案件为素材撰写的《深挖线索现手法　巧破重案显声威》，获得市局典型案例三等奖。

【信息化建设】从减负增效和风险防范两方面入手，开发减免税调查数据抽取软件、出口退税信息化管理软件、汇算清缴工作完成进度查询模块、企业基础信息维护模块等基础软件。基础资料的录入工作减轻、准确率提高，查询、分析、比对与管理功能进一步完善。开展内门户网站推广应用工作，梳理现有网站功能和原OA签报和机关内部事务流程；完成服务器安装调试，提出业务需求，与软件公司进行沟通，完成网页开发及后台管理软件开发，做好原OA流程的导入和配置。8月1日，内门户网站正式上线，各项应用正常启用。加强安全日常监控，开展信息安全检查，确保系统安全稳定。金税三期网络项目是市局重点项目之一，区局被确定为全市金税三期网络项目第一个试点单位。与市局项目组沟通交流，主动和电信、联通运营商联系，处理好调试中出现的问题，总结存在问题和工作经验，形成书面文字材料上报市局。8月底，区局率先完成网络切换，金税三期网络正常运转，为市局面全推广提供经验。

【机构人员】区局机关内设行政机构（办公室、货物和劳务税科、所得税科、收入核算科、纳税服务科、征收管理科、信息技术科、财务管理科、人事教育科、监察室）、稽查局1个（综合科、审理科）、税务所19个（其中：管理所9个、检查所3个、征收所3个、征管所4个）。年底根据税收工作的需要成立“金山区税务局纳税服务中心”“金山区税务局风险分析监控中心”与纳税服务科、信息技术科合署办公。截至12月31日，税务干部共495人，其中正处级1人、副处级3人、副处级调研员3人、正科级31人、副科级49人、主任科员48人、副主任科员108人、科员243人、新进公务员未定级9人。

【机构调整】年内成立“金山区税务局纳税服务中心”“金山区税务局风险分析监控中心”。同时，成立“金山区税务局税收风险分析监控管理联席会议”和“金山区税务局纳税服务联席会议”，协调、统领征管改革在各部门、各环节的全面推进。“两个中心”主任安排到位，其他相关人员按照要求陆续到位，机构职能调整基本完成。结合金山区域经济发展和征管实际情况，制定纳税服务工作计划和税收风险分析监控工作计划，明确风控中心着力防范大案要案发生，纳服中心要着力减轻基层和纳税人负担，理清现有机构与两个中心的关系。

2012年4月15日，全国第二十一个税法宣传月活动，路边行人为金山税务宣传板报评比贴红五星贴

【人事管理】2012年度招录9名公务员，完成政审、签约、报到、档案接收、户口受理、区局内部培训和其他相关手续办理工作。对

2011年度8位新进人员进行考察，听取群众意见，完成公务员试用期转正手续。结合行政信用等级管理要求，年初建立健全目标管理考核机制。完善局长室考核科室、科室考核税务所的两级考核模式，构建评优法和扣分法相结合的考核手段，完善目标管理考核的激励功能。将考核结果与干部的评优、职务晋升、奖金分配等相挂钩。组织开展科级非领导职务晋升工作，提任主任科员12名、副主任科员12名。配合市局组织开展市局处室职位竞聘及青年干部公选工作，1名干部通过竞聘调入市局，2名干部通过青年干部公选提任为副所长职务；组织开展副科级领导干部竞争上岗工作，提任6名副科级领导干部。

【教育培训】利用外部优质教学资源，探索“走出去”的培训模式，委托市税务干部学校及外省市著名高校分别对240名基层一线干部及74名科级领导进行更新知识培训。将外部优质师资“请进来”。与市内高等院校建立合作关系，每个季度邀请专家作专题性高层次讲座，内部挖潜，打造一支师资队伍。组建专业人才兼职师资团，负责解读最新政策、编写自测题库、开设业务讲座、录制教学视频等工作。搭建教育平台。根据各阶段重点工作，开设政治理论、纳税服务、企业所得税汇算清缴、“营改增”等学习专栏，发挥网上教育平台作用。

【政务管理】政务信息正确及时反映区局整体及专项工作，宣传报道区局税收政策落实、纳服征管、干部队伍管理和财税文化建设的开展情况。年内，《中国税务报》刊发简报1篇，市局录用税务简报2篇、税务动态报送86篇，金山报头版刊发报道8篇（其中头版头条4篇）。完成《金山区税务局2011年度光荣册》的策划、主编、审稿、编印等工作。

信访工作件件落实。对电话举报案件和来人来访做到不厌其烦，详细记录，下发检查。截至12月31日共计接到原口径信访案件232件（不含举报中心受理案件），新口径信访件8件。信访案件以纳税服务方面为多，涉税举报案件的内容依然多为投诉企业不开发票的行为。根据不同阶段对信访工作的不同要求，及时调整信访工作重点。

【财务管理】对照年度人员经费、公用经费、项目经费预算和执行情况，在规定时间内，按时完成国税、地税财务决算工作，预算执行率达99.35%。按照人员支出按实、公用支出按照单项定额、综合定额的预算标准，按预算科目编制预算，完善细化项目预算编制标准，科学拆分国、地税公用经费承担比例，合理安排国、地税公用经费支出，严格项目经费支出范围，做好国税与地税预算编制口径衔接。合理区分中央财政、市级财政和区级财政安排，在规定时间内，国税预算通过国税预算管理系统、市级地税通过市预算管理系统、区级财政通过区财政局预算管理平台，分别上报预算主管部门。在上年制定《金山区税务局公务卡使用报销管理办法（试行）》的基础上，从1月起，完善使用公务卡报销相关配套工作，优化报销流程。根据公务卡实行强制结算目录管理的要求，继续加大公务卡的应用范围和使用量，以使用公务卡为常态。做好2012年度国税信息化设备处置相关财务工作，对批复报废固定资产再次进行清理和盘点，按照国家和本市的有关规定办理具体处置事宜。对涉及处置的资产，及时调整行政和固定资产管理软件中涉及的相关账目和资产。

【内部审计】落实基层所内控机制建设，6月底各基层所形成一套职位说明书、权力事项登记表、廉政和职务风险预警点排查表、权力运行情况表、权力事项流程图和权力事项内部控制管理制度。7月，区局对各基层税务所上报的内控机制建设材料进行整理汇编，形成《金山区税务局基层所内控机制材料汇编》。使全局干部增强防控意识，为区局惩防体系建设提供支撑。

【纪检监察】把制度执行与党风廉政建

设责任制相结合，把优化办税服务、改善服务态度与廉政建设工作相结合，把廉政教育和廉政文化建设相结合。各部门领导岗位落实“一岗双责”，分层次签订廉洁自律承诺书。执行党风廉政建设责任制，加大对制度执行情况的监督检查和问责力度，结合各项业务工作的开展，通过组织分析讲评、进行联系走访、开展座谈汇报，强化干部队伍作风建设。发挥特邀监察员的外部监督作用，召开特邀监察员会议，进行暗访检查。

【税务文化】落实谈心制度，组织开展领导班子与干部职工谈心活动，协调解决干部工作和生活上的困难，了解掌握干部思想动态，关心干部职工个人、家庭的特殊困难。对干部个人、家属因病住院、死亡或发生重大情况的，要求各级领导亲自过问，上门慰问，帮助协处有关问题。年内与专业健康管理咨询机构合作，分别在石化和朱泾地区建立健康服务站，每周三、四安排专职健康服务师，为区局干部职工提供多样化的健康服务。

区局海派光影秀《路》年初获上海市“五一文化奖”最佳创作节目奖。4 月，改编成光影秀《把爱留住》应邀参加“上海市庆祝五一国际劳动节文艺晚会”演出。获得各级领导和劳模代表及广大观众的高度评价。上海市总工会还为此特别发来感谢信，授予区局“优秀演出奖”奖牌。开展职工羽毛球比赛、职工趣味运动会、剪纸培训、普及心理健康知识，无偿献血、帮困助学等系列活动。

（郑秋芳）

松江区税务局

【概述】2012 年，松江区税务局（以下简称区局）探索开展信息化税源分析预测，落实营业税改征增值税等税制改革任务，发挥税收政策在区域经济转型发展中的助力作用。聚焦“优化纳税服务和强化风险管理”两方面工作，重点推进“三个中心、两个试点、一个统一”，即成立了税源预测分析、风险监控、纳税服务三个中心，深化征管改革和纳税宣传辅导专业化两项试点工作，成立一个专职所统一涉税事项审批。提倡“责任、诚信、敬业、廉洁”的价值观，加强党风廉政和干部队伍建设，完成税收工作和其他各项工作。

【税收收入】区局全年完成计划口径税收收入 266. 10 亿元，同比增长 8. 39%，增收 20. 60 亿元。从重点行业看，工业、商业、房地产业三大行业共完成税收 226. 20 亿元，占税收总量的 85. 00%，同比增长 6. 14%，增收 13. 08 亿元，对税收增长的贡献率为 63. 51%。工业完成收入 138. 55 亿元，占税收总量的 52. 06%，同比增长 22. 91%，增收 25. 83 亿元。商业完成 36. 73 亿元，占税收总量的 13. 80%，同比增长 3. 03%，增收 1. 08 亿元。房地产业完成 50. 93 亿元，占税收总量的 19. 14%，同比下降 21. 35%，减收 13. 82 亿元。从主要税种看，增值税、营业税、企业所得税和个人所得税四大税种共完成 236. 91 亿元，占税收总量的 89. 03%。增值税完成收入 112. 17 亿元，占税收总量的 42. 16%，同比增长 34. 24%，增收 28. 61 亿元。营业税完成收入 34. 37 亿元，占税收总量的 12. 92%，同比下降 10. 15%，减收 3. 88 亿元。企业所得税完成 72. 26 亿元，占税收总量的 27. 16%，同比增长 2. 46%，增收 1. 73 亿元。个人所得税完成收入 18. 11 亿元，占税收总量的 6. 81%，同比下降 15. 15%，减收 3. 23 亿元。

【税收特点分析】（1）税收增长总体平稳，税收规模再上台阶。2012 年税收增速与 2011 年 8. 39% 的增速持平，全年税收规模首次踏上 260 亿元的台阶，比“十一五”初（2006 年）的 123. 53 亿元翻了一番。（2）税收增速前低后高，税收增长略快于经济。各季末税收增速分别为 - 6. 31%、4. 29%、5. 82% 和 8. 39%。税收收入总体与经济走势基本一致，但税收增速略快于经济增长，主要原因：一是优化纳税服务、加强税收征管，通过加强税务稽查、反避税管理、税收自查、增加免抵调库等组织收入措施促进税收增长；二是“营改增”等税收政策的实行，增强了企业的竞争力，促进相关行业税收的增长。（3）产业税收结构有所调整，行业税收占比更趋合理。三次产业分别完成税收 0. 26 亿元、151. 29 亿元和 114. 55 亿元，比重结构为 0. 10∶56. 85∶43. 05，第二产业税收比重同比提高 6. 59 个百分点，第三产业税收比重同比下降 6. 58 个百分点。虽然第三产业税收比重有所下降，但主要是房地产业税收大幅下降的原因，第三产业中各行业税收结构更趋优化，批发零售业税收占第三产业税收比重为

32.06%，同比提升2.80个百分点，房地产业税收占比44.45%，同比下降8.69个百分点，租赁和商务服务业税收占比8.70%，同比提升1.77个百分点，居民服务和其他服务业税收占比3.56%，同比提升1.37个百分点。（4）主体税种增减参半，地方税种有增有减。主体税种中增值税、企业所得税分别同比增长34.24%和2.46%，营业税和个人所得税分别同比下降10.15%和15.15%。地方税种中部分税种增长较快，房产税由于个人房产税增加同比增长21.11%，印花税由于企业自查收入增加同比增长44.38%，城镇土地使用税在开展专项检查工作的促进下同比增长30.38%。与房地产市场关系较为密切的地方税种则减收，土地增值税、耕地占用税、契税分别同比下降5.20%、8.79%和32.45%。（5）各级次收入全面增长，中央级收入增速领先。中央级收入完成137.05亿元，同比增长15.11%，增收17.98亿元；市级收入完成47.65亿元，同比增长3.67%，增收1.69亿元；区级收入完成81.41亿元，同比增长1.15%，增收0.92亿元。中央级收入增速分别领先市级、区级收入增速11.44个和13.96个百分点。（6）私营、涉外税收占据主导，增速一快一慢。私营税收完成96.35亿元，同比增长6.53%，增收5.91亿元，占全区税收总量的36.21%。涉外税收完成105.91亿元，同比增长21.20%，增收18.53亿元，占全区税收总量的39.80%。私营、涉外收入比重合计达到76.01%，占据税收主导地位。涉外税收在免抵调库大幅增长的促进下增速较快，如剔除调库因素，涉外税收增速为5.06%，与私营税收增速较为接近。

【税收执法检查和督察】6月，成立税收执法督察、监察小组，对出口货物退（免）税管理、结构性减税政策落实情况、税务稽查、重点行业税收管理等方面的工作开展执法督察，对纳税户歇业情况、税务行政处罚裁量权、公务车辆定点管理开展执法监察，对营业税改征增值税、普通发票简并、落实企业所得税优惠政策等重点工作开展专项税收执法督察，共检查3261户次，促进税收执法行为的规范。

【行政强制法培训竞赛】7月10日，区局组织开展行政强制法培训，各部门分管领导和2名业务骨干参加，结合PPT演示，对《行政强制法》内容逐条进行解释，对重点条款结合税务实际进行解读。7月31日组织开展网上测试，包括科级领导干部在内的全局税务干部均参加考试，合格率为100%。9月18日，参加区法制办组织的《行政强制法》考试。9月23日，参加市局组织的《行政强制法》考试，取得团体第六名的成绩，2人进入市局排名前20。

【营业税改征增值税试点】1月1日，营业税改征增值税试点工作正式开始。区局对10622户企业先后开展了45批次的培训，实地走访调研重点企业468家，做好“营改增”开票、申报、发票后期监控等工作，研究开发“营改增”效应分析模块，开展效应分析及试点放大效应专题调研，对从事货运代理及货运、广告、会展、鉴证咨询等332户试点企业可能潜在的税收风险情况开展专项评估，加强风险监控，全年共有6692户企业纳入试点改革范围，试点企业和原增值税一般纳税人整体减轻税负约1.79亿元，政策效应显著。对“营改增”试点税负增加明显的99户企业进行财政扶持，企业享受财政扶持资金716万元。

【成立税源预测分析管理中心】8月10日，成立税源预测分析管理中心，制定税源预测分析管理联席会议制度，下设重点税源、财务指标分析小组、税收、经济指标、政策变量因素分析小组、重点税源征管指标分析小组、重点税源预测直报互动平台开发推进小组和信息技术开发应用小组5个实施小组，分别开展税收、财务、经济、征管四大类数据指标的分析，探索建立税收预测与税收分析的指标框架体系，搭建数学模型对月度、季度、年度税收收入进行科学预测分析。开发税源预测分析信息化平台，实现四级重点税源企业税源预测和分析全覆盖。

【成立税收风险分析监控中心】 11月25日，在信息科基础上组建税收风险分析监控中心，信息技术科更名为信息技术科（风控中心）。制定税收风险分析监控联席会议制度，下设数据管理组、监控管理组和综合管理组3个工作小组，信息技术科长兼任风控中心主任。对涉税信息进行分析比对，识别可能存在税收流失风险的纳税人，开展风险监控及应对。

【成立纳税服务中心】 12月15日，在纳税服务科基础上组建纳税服务中心，部门名称为纳税服务科（纳税服务中心），纳税服务科与纳税服务中心一体化运作。制定纳税服务联席会议制度，下设纳服中心设宣传咨询组、大企业服务与管理组、权益保护组、综合管理组4个小组及12366咨询岗、网络宣传岗、大企业税务风险管理岗等27个岗位，统筹协调、指导管理、组织实施税法宣传、纳税咨询、办税服务、权益保护、信用管理、社会协作以及大企业管理服务等工作。纳税服务科长兼任纳税服务中心主任。

【成立专职涉税事项审批所】 9月4日，成立第十七税务所，即专业涉税事项审批所，依照审批管理权限，负责全区范围内户管纳税人的各类涉税事项审核审批等工作，分解税收管理员职能，实现涉税审批事项全区三个大厅（南中北）窗口集中受理，后台统一审批。

【城镇土地使用税专项检查】 5月8日，召开专题会议对城镇土地使用税专项检查工作进行部署。组织集中学习明确政策口径，开展征管数据比对分析，对土地使用税征收情况进行全面清理，核实确认未进行财产登记、土地使用税未申报疑点信息，逐户完善城镇土地使用税税源信息档案。6月14日，组织召开管理工作协调会，请各街镇协助做好城镇土地使用税信息采集工作。共排查企业2593户，对其中已经失效或错误的财产登记信息进行修改，累计清理税款入库金额8523.2万元。

【出口退税管理模式调整】 3月14日，启动部分出口退税企业户管迁移属地化管理工作，将原三所、十二所的贸易型企业（除三所工业区企业）、生产型内资企业（除三所工业区内资企业及个体工商户）和2008年后新办生产型外资企业（除三所工业区企业）的企业进行回迁。制定工作方案，摸清户管情况，明确工作职责，回迁工作分2个阶段进行，先期选取第九税务所作为试点所，5月1日启动回迁工作，5月31日前完成164户企业的回迁。7月10日启动全面回迁工作，召开动员会进行专题部署，明确迁移步骤和时间节点，7月底前完成898户企业的回迁工作。

【企业所得税汇算清缴】 汇缴前期开展

2012年8月23日，松江区税务局工会第四次代表大会换届投票

基础数据清理工作，排摸汇缴税源户情况，包括管户数量、企业所得税的征收方式和涉及减免税等审批备案企业的情况等。召开沟通会听取工作建议。整理和归集近年汇缴问题，统一编印汇算清缴辅导材料，制作辅导专用PPT，累计举办近30场汇算清缴辅导会，发放宣传资料3万多份，培训企业财会人员2万多人次。对减免税、退税、资产报损等各类涉税事项规程、征管系统流程等进行梳理，设计修正涉税事项备案签报表、小型微利企业审核表等表式样张，整理归集汇缴退税签报等常用审批、备案事项的填报要求等。优化汇缴申报辅助查询系统，增设减免税优惠等申报数据与征管系统文书比对等功能，发现并纠正申报差错，提高汇缴工作质量。年内所得税汇算清缴共计有51658户企业参加，汇缴面达到100%，实际应纳所得税额63.36亿元，基本与上年持平，其中预缴所得税额45.69亿元，预缴率达72.12%，汇缴应补（退）所得税净额17.67亿元（其中：应补所得税额19.51亿元，应退所得税额1.84亿元）。

【纳税宣传辅导专业化试点】1月，在第十二税务所开展的纳税宣传辅导专业化试点进入第二阶段，对试点所税务干部开展全员培训，建立疑难问题处理制度，向纳税人全面宣传推广使用综合平台。4月至9月是试点第三阶段，试点所和综合平台开展双向挂职轮岗协调咨询辅导工作，保留执行税收管理员首问责任制以保证平稳过渡，建立问题反馈制度做好追踪反馈。10月进入第四阶段，综合平台全面承担试点所的纳税咨询辅导工作，基本剥离税收管理员的此项职能，实现试点所纳税宣传辅导专业化。

【搭建纳税服务综合平台】搭建上海税务互动平台、区局税务子网站及纳税人网上学校、邮箱和短信平台、12366纳税服务远程热线的“四位一体”服务综合平台。全年共开通平台用户企业58896户，推送信息440685条，税企互动52673次，企业登录数34014次；在税务子网站发布答疑精华54期，包含纳税人关心的250多个问题；使用短信平台发送信息30余万条；12366接线人员共接听纳税人咨询电话31554个。

【第二十一个税收宣传月活动】联合松江区工商联、司法局、经委、招商办、区委党校等部门，针对松江区重点骨干企业、律师事务所、经济园区负责人、各街镇招商工作管理人员等不同行业、不同层面的纳税人开展7场“营改增”政策辅导培训。4月17日，组成税收宣传队，进上海施惠特综合经济区开展“纳税服务进园区”活动，与上海施惠特综合经济区的工作人员进行业务交流、问题探讨、意见互换。4月19日，在泖港小学、洞泾中学播放税收宣传广播，在课堂上讲解税收政策，向学校老师发放税收宣传品。在松江区叶榭镇双高广场举行税收宣传活动，摆放宣传展板、发放税收宣传资料，现场解答纳税人咨询，开展有奖问答，向纳税人宣传农林牧渔业、廉租房和经济适用房的优惠政策。宣传月期间，在《松江报》刊登新闻报道3篇，分两期刊登“营改增”宣传资料，通告松江区2011年税收前200强民营企业。组织税务干部参加总局举办的税收动漫大赛、税收宣传短信征集等赛事，共征集税收动漫脚本6个。参加市局组织的“上海税务之歌——第三届税收情缘”征文活动，共征集歌词10篇。

【纳税信用等级评定】7月下旬至9月中旬，区局对57021户企业开展2010—2011年度纳税信用等级评定。评定A类纳税人56户、B类纳税人42002户、C类纳税人421户以及存续时间不足19个月（截至1月1日）暂缓评定的纳税人14542户。其中，纳税信用等级A类纳税人占会计信用等级A类企业总户数比重为80%，占参评总户数比重为0.9‰。

【涉税争议处理】制定涉税争议前置处理试行办法，成立涉税事项争议处理中心，争议处理中心办公室设在纳税服务科，负责对纳税人在作出具体行政行为之前，因征纳双方对可能作出的具体行政行为所依据的事实、税收法律、政策或流程有分歧而提出的争议。

2012 年 12 月 2 日，松江税务局开展税务干部业务考试

【税源管理专业化试点】 7 月 16 日前，理清工作事项，将工作划分为纳税服务、税收风险管理、涉税事项审批、数据联动管理四类，设置纳税服务组、税收风险管理组、联动管理组和涉税审批组 4 个管理小组及户籍管理岗、日常联络岗、日常事务岗、重点税源管理岗、申报监控岗、发票监控岗、日常检查岗、涉税审批岗、数据联动岗 9 个工作岗位并形成相关配套措施。召开动员大会，组织学习培训，开展对外宣传，8 月 15 日，在第十一税务所正式启动深化专业化试点工作。

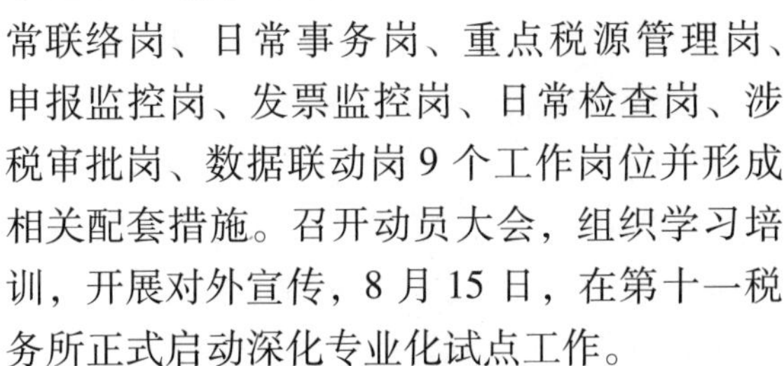

【税务所岗位设置】 4 月 20 日布置各基层管理所进行岗位调整，设置“一组三岗”，即重点税源管理组、户籍管理岗、纳税服务岗和日常检查岗，5 月底前人员全部到位。11 月 28 日，对基层管理所“一组三岗”的设置和部分职责的调整予以明确，取消纳税服务岗，增设纳税评估岗，调整基层管理所涉税事项审批、税源预测分析、纳税服务和数据质量管理职责。

【数据管理】 共梳理出 9 大类 278 种报表，设置 3 大类 80 余项数据校验指标，开展校验比对，规范数据录入。拓展与重点税源企业基础信息相关的 5 类校验指标，拟定纳税人财务报表清理意见，细化考核办法，定期发布校验报告落实修改。根据市局数据质量通报，所有企业财务报表准确率为 99.42%，拓展指标校验准确率为 99.45%，财务报表质量在市局通报中名列前茅。

【普通发票简并】 在局、所分别成立发票简并工作推进小组，各所指定专人负责所内问题收集并向区局反馈。开展发票简并票种统一式样具体工作内容培训和专题动员会。区局制订统一方案，各税务所结合实际制定工作计划，定期通报换票进度。制定工作应急预案应对突发情况。整个工作从 2 月 1 日至 6 月 30 日分四个阶段进行。第一阶段为 2 月 1 日至 2 月 29 日，1077 户“营改增”纳税人（一般纳税人）发票清缴；第二阶段为 3 月 20 日至 3 月 31 日，2802 户“营改增”纳税人（小规模纳税人及部分一般纳税人）简并；第三阶段为 4 月 1 日至 6 月 15 日，31161 户非“营改增”纳税人简并。4 月 1 日，各征收所发票窗口对旧版手工版发票实施限量供应。各管理所对 2875 户仅仅涉及国税、地税通用机打或定额发票的纳税人（个体工商户除外）开展清理旧票、换新票工作。5 月 1 日，全面启动其余纳税人的换票及换版工作。6 月 1 日起全面停止发售旧版发票；第四阶段为 6 月 16 日至 6 月 30 日，开展代开收据、代开发票和内部户清理工作。13400 余户纳税人（其中个体工商户 5500 户）按时完成新发票换用，14700 余户纳税人进行发票换版。

【增值税防伪税控系统应用调整】 11月1日，区局增值税防伪税控系统应用等工作职能由征管科调整至货劳科。为做好此次职能调整工作，区局成立工作领导小组，召开多次专题会议，全面梳理现有防伪税控系统相关工作内容，确定增值税运维类和增值税发票日常管理工作职能共58项，制定职能调整工作时间表，拟定“一库两用”发票仓库管理制度，更新相关人员的系统权限，查验并签收增值税相关发票，清点税控设备，实现职能调整的平稳过渡。

【大企业管理】 8月2日，举办大企业税务风险管理专题讲座，由上海德勤税务师事务所资深税务专家主讲，100余名税务干部接受培训。制定大企业税收专业化管理试点工作方案，2月23日，召开大企业税收专业化管理试点工作会议并举行税收遵从协议签约仪式，分别与青岛啤酒上海松江有限公司和柯马（上海）工程有限公司签订税收遵从协议，从税收风险内部防控、涉税诉求、税款缴纳与退还、企业重大事项处置、税务机关对企业实施税务稽查的条件、税企沟通渠道等方面规定税务机关和企业的权利、义务，探索建立税务遵从评价体系和季度税源监控分析。

【建立稽查案件三级审理制度】 在现有重大案件由区局重大案件审理委员会集体审理和一般性案件由案件审理科负责审理的制度下，制定稽查局复杂疑难案件的集体审理制度，实行税务稽查案件三级审理，细化各级审理的权限，规范审理工作规则和审理程序，强化税收执法监督制约。

【制定规范稽查工作程序】 按照程序与实体并重的原则，细化和明确选案、检查、审理、执行、案卷管理、送达等方面的要求，规范税务稽查各环节工作程序，维护纳税人、扣缴义务人及其他税务行政相对人的合法权益。

【组建打击发票违法犯罪活动协调组】 6月25日，请示松江区政府，建议组建区打击发票违法犯罪活动工作协调小组，由区政府分管领导任组长，协调小组成员由税务局、区综治办、区公安局等有关部门和单位组成，负责组织和协调各相关部门在全区范围内对发票违法犯罪活动、发送发票违法信息等进行综合治理。8月9日，上海市松江区打击发票违法犯罪活动工作协调小组正式成立。

【涉税举报案件查处】 掌握实据，做好保密工作，履行稽查程序，采取信息化稽查手段，调查核实与被举报企业有关联的企业。全年共受理涉税违法检举案件545件（重复举报72件），转其他单位查处23件，实际受理应查450件。共结案482件（其中2011年受理查结171件），实际有问题的162件。查补税款1075.55万元、加收滞纳金231.99万元、罚款377.16万元，合计1684.70万元。

【党员轮训】 围绕“责任、诚信、敬业、廉洁”的主题，6月下旬至7月上旬，分三批赴嘉兴市委党校开展党员集中轮训，259人参加（含2012年入党发展对象），轮训采取理论授课和现场教育相结合的形式，听取党校老师《加强党性修养　弘扬优良作风》的专题讲座，在“一大”纪念馆进行现场教学。

【干部管理】 配合市局做好干部选拔晋升工作，开展科级领导职务竞争上岗及科级非领导职务晋升工作，全年共提任1名副处级调研员，10名副科级领导干部，晋升11名主任科员和6名副主任科员。制定中青年干部培养使用规划。

【培训考试】 9月23—25日，举办行业组长（业务骨干）培训班，到江苏税校开展以所得税为主要内容的培训，47名税务干部参加。11月3日，参加总局第三批企业所得税业务知识考试，选送6名干部参与市局集中强化培训，从中选拔5名干部参加总局考试，平均成绩名列全市第2，有3名干部个人考试成绩名列全市前20位，获得市局通报表彰。

【廉政教育月】3 月开展以“为政清廉保纯洁”为主题的廉政教育月活动。分 3 个阶段进行：3 月 1—5 日为动员布置阶段，制定廉政教育月活动实施意见，召开全局会议动员布置；3 月 6—25 日为组织实施阶段，开展“五个一”活动，即一次专题学习、一次正反面典型的示范和警示教育、一次廉政谈话（包括区局主要领导与基层税务所领导班子开展一次集体廉政谈话；区局班子成员同分管部门主要负责人开展一次廉政谈话；各部门主要负责人同本部门其他成员开展一次廉政谈话）、一次廉政实践活动、一次讨论，把廉政教育渗透到税收工作的各个方面；3 月 26—31 日为总结提高阶段，总结回顾，通报各部门开展情况，促进经验交流。

【政风行风建设】成立课题组，对近 3 年政风行风建设的做法和经验进行梳理总结，对税务干部的职业素养进行分析评估，探索建立税务部门政风行风职业化建设的标准体系。聘任第六届特邀监察员，召开特邀监察员恳谈会，委托社会调查机构，对分局 16 个基层税务所、311 名一线税务干部和 91 个窗口的履职情况、办事效率、服务质量和廉洁自律情况开展 2 次满意度测评。开展基层税务干部向纳税人述职述廉活动，10 个管理所 32 名所长，137 名一般税务干部向户管企业述职述廉。借助博天电子申报平台，开展网上测评工作。开展民主评基层税务所活动，2011 年参加民主评议的 10 个管理所开展“回头看”活动，未参加评议的 4 个征收所、3 个检查所、2 个纳税评估所接受街镇的民主评议，民主评议基层税务所的覆盖面达到 100%。在市纠风办组织的网上测评中，区局在松江 9 个执法单位中名列第 2。

【内门户系统上线】区局作为内门户系统上线第二批单位，5 月 1 日开始内门户系统上线工作。5 月上旬按时提交推广领导小组名单、工作小组名单和推广小组名单报上海市税务局备案，组织到前期内门户系统推广试点单位进行学习，梳理排摸现有局域网系统、OA 系统以及各业务操作系统在用模块，征集新栏目设置需求，召开内门户系统网站栏目设置讨论会，确定内门户系统首页一级目录 23 个，二级目录 79 个，完成首页的设计排版。拟定上线实施方案，梳理“收文人员的权限”“收文配置”“发文配置”和机关内部事务流程，并形成配置文件供软件公司进行功能部署。做好组织准备、环境准备、数据准备等各阶段工作，8 月 1 日，内门户系统正式上线试运行。

（杨瑞梅）

青浦区税务局

【概述】2012年，青浦区税务局（以下简称区局）全面落实全国、上海市税务工作会议精神，按照完善“四个体系”（现代征管体系、纳税服务体系、税务稽查体系和税务文化体系）建设的目标要求，围绕2012年度重点工作，执行上级重大决策部署，组织税收收入，抓好税收风险管理、政策落实、依法行政和纳税服务等核心环节。发挥干部队伍的凝聚力和创造力。全年完成全口径税收收入231.73亿元，比上年增长11.9%，其中，区级税收收入69.05亿元，比上年增长11.2%。

【税收特点】开展日常的税收分析和经济运行分析，按季召开税收收入分析会，分析税收增减变化原因，及时、全面掌握影响税收收入的各种因素，做好月、季、年度税收预测，提高组织收入主动权；摸清重点企业、纳税大户税收变动情况及新增税源情况，准确掌握税源变动趋势；开展行业层面和各类企业专项专题分析，了解政策变动对相关税种、行业税收收入的影响，为政策效应反馈、推进行业专业化管理评估工作奠定基础。关注1月1日起在本市交通运输业和部分现代服务业试点实行的“营业税改征增值税”（以下简称“营改增”）结构性减税政策，对试点企业户管动态、生产经营、纳税申报及税负的变化全程跟踪，分析试点政策对行业、企业发展和税收收入的影响，发挥好试点政策导向作用及反馈效应，支持和促进有关行业发展以及区域经济动态转型。

【税收法治】按照总局和市局关于推进2012年依法行政工作的要求，成立依法行政工作领导小组，指导、督促检查全局依法行政工作。下设工作小组，协调、具体实施依法行政工作。开展《行政强制法》学习、培训活动，组织全员在线考试，提高基层干部执法能力，提升区局依法治税水平。通过互动参与平台以及实地走访等方式，开展依法行政和落实税收政策情况问卷调查。贯彻落实市局《税务行政处罚执行标准（试行）》，规范税务行政处罚自由裁量权的运用，有效防范税收执法风险。

【税种管理】（1）规范二手房交易评估核价机制，加强房地产交易税收一体化管理。年内核价评估房产3920套，调整计税价格368套，调整率为9.4%，调增计税价格3692万元。规范房产经纪活动，加大对不法房产中介的打击，整合房产税和契税窗口，完善与区其他职能部门的联动机制。全年，受理个人房产税登记5826件，发放《认定通知书》5826件，应征收房产税516万元。征收入库契税53554万元，减免1917万元。（2）加强土地增值税预征及清算管理，年内，预征土地增值税33189万元，完成20个项目的清算，应纳土地增值税68685万元，清算补征56146万元。（3）加强企业所得税汇算清缴管理，汇缴户数54191户，其中查账征收企业33253户，核定征收企业20938户，补税企业11659户，应补4.95亿元，退税4540户，应退2.69亿元。强化后续管理，共计调整应纳税所得额2.26亿元，查补税款1197万元，161

户企业调整以前年度可弥补亏损。推进反避税案件调查，完善案头审计及跟踪管理，共补缴企业所得税1006万元。加强对年所得12万元以上高收入者的申报管理，将非居民股权转让项目列入风险管理。（4）建立企业采集上报、试点纳税人税负变动申报、老设备租赁简易征收等工作机制，开展典型纳税人调查走访及后续调研工作，加强试点政策效应分析，发挥试点政策导向作用。针对税务代开专用发票以及销售额差额计算、即征即退优惠政策等八个方面的政策风险点，完成381户“营改增”企业调查核实工作，补征增值税197万元。做好“营改增”过渡性财政扶持，共有238户次试点企业获财政扶持资金4300万元。

【营业税改征增值税试点】 年内，共有“营改增”试点纳税人11488户，其中，交通运输业494户，现代服务业10994户；增值税一般纳税人3756户，小规模纳税人7732户。新办企业有1725户，其中从外省市迁入的29户。试点纳税人税负减少共计18536万元，其中，交通运输业税负增加2205万元，现代服务业税负减少20741万元。

【纳税服务】 围绕“税收·发展·民生”主题，组织第21个全国税收宣传月活动，以“营改增”政策为宣传重点，举办大型咨询会、税务论坛，配合形式多样的基层税务所税收宣传活动，增进税企交流，引导全社会纳税遵从。区局团员青年创作的动漫作品“开票记”入围市税务局8个选送作品，参加全国税务系统第八届动漫大赛。区税务局税收宣传月系列活动在23个分局中排名第五，受到市税务局表彰，获得组织奖，其中“服务科学发展，共建和谐税收”论坛获“优秀创新项目奖”。

1月1日起，实施初始辅导专业化管理，统一标准，规范流程，简化审批。推广办税服务厅POS机刷卡缴税，试点开展“一窗多能”，方便纳税人。拓展办税服务卡和自助办税终端（ARM机）功能，引导纳税人应用自助终端办理相关事项，减轻窗口压力。12366远程坐席咨询量呈现倍数增长态势，全年呼入量50976次，受理咨询39301次，咨询回复量位列全市第五。为提升12366服务热线的质量，充实调整人员配备和场地设置，选调优秀青年业务骨干到12366热线远程坐席岗位进行锻炼，双月的第一个工作日确定为“12366领导接待日”，由各职能科室主要负责人接受纳税人的咨询，咨询接通率为82.4%，平均通话时长2分34秒，平均小结时长39秒，满意率达100%，完成市局各项工作指标。优化12366运行制度，事项处理力求“快”，12366远程坐席参与区内各项工作的学习会、培训会和协调会，第一时间把握政策动态和操作要点，统一答复口径，向纳税人传递最新资讯。知识储备力求“全”。依托市局税务网站和12366系统知识库，12366远程坐席学习各类政策法规，提升知识储备和服务技能，为纳税人提供规范、专业、细致的服务。

【税收征管】 成立区局税收征管改革领导小组，统筹决策区局征管改革工作。召开征管改革专题会议，开展征管改革大讨论，统一全局干部思想认识，凝聚团队力量。从实际出发，制定完善区局《税收征管模式改革试行意见》《税收风险分析监控管理试行办法》，明确方向、目标、任务和措施。以“两轮驱动”（优化纳税服务、强化风险管理）为工作核心，把内部工作职责划分为纳税服务、风险管控两大体系，建立纳税服务中心（简称“纳服中心”）和风险分析监控中心（简称“风控中心”），建立纳税服务和风险分析监控联席会议制度，指导、监督、考核全局的纳税服务和风险分析监控工作。加强纳税评估力量，组织开展纳税评估专业人才培训。对行业和专项评估指标、方法进行探索和总结，初步建立石材加工行业、外贸出口企业、批发零售行业的评估指南和模型。构建批发零售行业纳税评估指标体系，形成涵盖批发零售企业6大类13项常见涉税问题的22项指标体系。参与上海市税务局年度批发零售行业风险识别与风险应对工作，完善指标体系和等级排序标准，验证指标体系设计的有效性。根据石材加工企业的生产经营特点及评估需求通过运用石材加工行业模型各项参考值，测算出企业问题值，提高行业评估成效和质量。在实际评估分析中，依据贸易型出口企业的经营特性，整合税收征管评估指标及退税评估指标，构建贸易型出口企业“征、退综合评估指标体系”模型和评估指标体系。区局选送的《注重信息采集　巧用评估模型　提高评估质量——上海某石材制品有限公司评估案例》获第三届上海市税务系统纳税评估优秀案例评选一等奖。年内，实施纳税评估329户，评估补税、加收滞纳金合计4845万元，调增应纳税所得额11594万元。

【大企业税收管理】根据《上海市关于转发〈国家税务总局关于下发2012年重点税源监控报表制度的通知〉的通知》（沪税规内〔2012〕2号）关于重点税源企业的选户标准，结合青浦区征管改革有关要求，重点税源户选户有较大变动，确定2012年度四级重点税源企业1788户，其中总局级162户，市局级211户，区局级867户，税务所级548户。年初，对2011年度重点税源企业进行走访调查，全面了解掌握重点企业生产经营变动、投资项目增减、税收政策落实、企业发展面临的困难及中长期税收指标预测情况，把握重点税源发展趋势。采集大量一手数据和信息资料，形成13篇调研报告和13篇行业、企业专题分析。在此基础上，区局归纳形成《2012年度重点税源企业走访调查报告》，上报区委、区政府，为上级领导掌握情况、正确决策提供依据。组织重点税源管理员进行调查与分析系统培训会，增强理论基础水平和业务实践操作性。根据青浦户管特点及税源风险特征，对管理对象进行科学分类，对管理职责进行合理分工，对管理资源进行优化配置，制订并完善区局税源分类分级办法，按规模、行业、企业性质等将纳税人分为重点企业、中小企业、小微企业、个体工商户四类。理顺管理所内部岗位职责，明确各岗位工作职责和工作内容。将纳税评估职能调整到专职纳税评估所，实施专业化管理。制定《风控联席会议工作办法》，按照风险管理流程的分析识别、等级排序、应对处理、绩效评估四个工作环节，梳理风控中心、各业务科室、风险应对部门在风险管理各环节的工作职责。对重点税源、“营改增”、非居民境外股权转让、外贸出口企业风险管理等项目进行立项，以项目组形式推进税收风险管理工作。

2012年2月29日，青浦区税务人员走访重点税源户

【国际税收管理】加强反避税人才梯队建设，通过参加各类市局专题培训及区局自行组

织专项培训，建立老中青、AB两岗的反避税人才梯队，充实反避税专业队伍。探索建立区局反避税嫌疑企业数据库，加强企业关联交易管理，深化特别纳税调整工作，抽取多年度企业经营数据，对企业按照嫌疑等级进行分类，对不同等级企业采取不同管理措施，改革同期资料管理方式，由评估所专职工作组对同期资料进行审核，采取一户一分的专项评测，按同期资料名单，纳入反避税企业数据库进行管理，对得分极低的个别企业，试行采取回退制度。年内，选定1户企业为反避税调查对象并报税务总局立案。经过多次季度会议汇报，结合专家组对该案件的指导性意见，税企双方进行数轮沟通和交流，最终双方就调整方案达成一致，共调增应纳税所得额4666.27万元，将获利年度提前到2004年，应补缴企业所得税926.55万元。

结合日常征管及非贸出证信息情况，筛选并制作区局管辖企业2011年度向美国、日本、韩国等国税收居民支付的服务贸易等项目自动税收情报50份。根据税务总局文件要求，对3户企业开展专项情报核查，1户补缴税款4.91万元，加收滞纳金、罚款6.04万元，2户根据来函要求收集相关情报并按时上报市局。

根据税源专业化管理的总体要求，选取非居民日常管理中管理难度较高、信息掌握滞后片面的非居民股权转让项目作为风险管理项目。通过与区外经委进行工作联络，获取2011年及2012上半年度青浦区外商投资企业股权变更信息，通过与非贸数据的比对梳理出核查对象。共计核查71户次，经核实，查补税款企业14户次，共计查补税款3644.60万元，其中企业所得税3632.29万元，个人所得税12.31万元。此举是信息共享机制在非居民税收管理中的运用，拓宽信息资源渠道，掌握非居民股权转让尤其是“两头在外”的情况。

【税务稽查】依法查处重大税收违法案件，根据征管部门移送、金税网络协查的线索，查处多个购买假海关缴款书、虚开增值税专用发票违法案件。加大打击发票违法犯罪活动力度，联合公安经侦部门打击“卖方市场”，做好线索移送、疑票真伪鉴定、协查取证等工作。开展重点税源企业检查和税收专项检查工作，选取石材专业市场开展税收专项整治工作。年内，实施稽查423户，查补各类税款8852万元，选案准确率为93.73%。受理涉税举报375件，协查各类函件1370件，涉及发票2467份。推进“五统一”（统一税务稽查底稿填制、统一税务文书使用、统一税务案件处罚规定、统一税务案件工作时限、统一案件卷宗归档管理）税务检查，梳理汇集相关规定，制订《税务稽查工作底稿填制规范》《青浦区税务局稽查案卷档案管理办法（试行）》等五个方面的税务检查工作规范，形成“五统一”税务检查工作标准汇编，对“五统一”标准的内容和要求及其必要性作出详尽说明，方便检查人员参照执行。执行分级审理制度，实行集体会议、公开审理与重大案件审理委员会集体审理三级审理制度，减少执法随意性。规范行政处罚裁量权的行使，严格执行统一、公平的处罚尺度，指导和约束检查人员合法合理行使处罚裁量权。年内，接受财政部特派办审计、税收执法督察、行政信用等级考核等检查。按“五统一”要求组卷的稽查案卷得到上级检查单位的好评，在市局行政信用等级考核中名列前茅。

【信息化建设】年内，开发税源监控管理平台及后台数据库系统，构建基于风险监控、风险管理的一体化软件平台。调整、完善辅助管理平台功能，开发汇算清缴进度统计、补税入库、税收优惠等21个统计查询模块；根据“营改增”工作需求，对辅助平台20多个业务模块的相关数据表、生成代码作相应调整；开发企业报表审核查询模块，使四级重点税源企业的基础信息、会计报表准确率达99%以上，在全市排名第二。按照总局“简并票种、统一式样、建立平台、网络开具”的要求，开展全区31262户企业普通发票的清理收缴和新版发票开具工作。

【机构人员】区局内设机构11个，办公室、货物和劳务税科、所得税科、收入核算科、纳税服务科、征收管理科、信息技术科、财务管理科、人事教育科、监察室、机关党委办公室。派出机构17个，第一至十七税务所。直属机构1个，上海市青浦区国家税务局稽查局、上海市地方税务局青浦区分局稽查局（简称青浦区税务局稽查局），为副处级非全职能局，内设综合科和案件审理科，派出机构3个，第一至第三检查所，为正科级单位。至年底实有公务员502人。

【机构调整】9月26日，成立区局依法行政工作领导小组，依法行政工作领导小组办公室设在区局办公室，领导小组成员如有工作变动，由其接任人员自然替补。12月24日，成立“纳税服务中心”和“税收风险监控中心”，同时撤销原税源监控管理中心。纳税服务科与纳税服务中心一体化运作，统筹协调、指导管理、组织实施本单位的税法宣传、纳税咨询、办税服务、权益保护、信用管理、社会协作以及大企业管理服务等工作。信息技术科与风险分析监控中心一体化运作，除原有职能外，增加风险分析监控管理职能。年内有65名干部进行轮岗交流（其中科级干部12人，一般干部53人）。

【人事管理】年内，录用公务员19人，其中应届毕业生14人，社会人员5人。区税务局开展处级后备干部推荐、副处级非领导职务推荐、科级领导干部试用期转正、副科级领导干部公选与提拔，以及科级非领导职务的晋升、公务员录用等工作。有5人入围处级后备干部名单；1人晋升为处级非领导职务；4人晋升为副科级领导干部；18人经考核合格试用期转正（其中正科级4人，副科级14人）；晋升主任科员13人，副主任科员15人；根据市局下发的评选标准和组织程序，开展“岗位标兵”评比推荐工作，入围市局考察对象3人，1人被评为市税务系统“征管标兵”。

【教育培训】落实年度教育培训工作计划，双向推进市局重点参训项目和区局自主培训项目，增强教育培训的针对性、有效性和实用性。组织参加市局重点参训项目42期102人次，组织区局自主培训项目31期2003人次，组织会计二级达标考试、科级干部业务考试和“三员”（征收员、管理员、稽查员）考试，组织参加各类专题讲座，拓宽视野。组织稽查干部开展典型案例撰写、税收违法检举案件查处要求及技巧、稽查案头分析、专项检查指令性项目检查方法、稽查文书使用规范等专题培训，提高岗位胜任能力。

【政务管理】规范行政管理、提高行政效率。强化发文内容、行文信息等审核，加强对科所公文业务的指导，确保文种、格式使用正确，提高行文质量。严格按照拟办意见，落实主办责任，加强督促催办，提高公文流转效率，公文按时办结率要求100%。根据市局有关文书档案管理要求，规范文书档案管理工作，完成2012年文书档案文件归档，共10年期564件、30年474件、永久205件、资料1002件。落实十八大期间信访维稳工作，召开信访维稳专题会议，认真排摸、分析不稳定因素，掌握信息，发现隐患，化解矛盾。做好信访案件的受理、督促督办和答复等各环节工作，共收到信访件60件，办结60件，办结率为100%，落实保密工作责任制，签订《保密安全承诺书》，消除泄密隐患。

【财务管理】对预算经费执行情况，国税按月进行分析，地税定期进行分析，由相关科室做出预算执行计划，尤其是政府采购项目。做好“三项经费”的管理控制工作，按月编制“三项经费支出控制进度表”，凡有项目超进度的，及时分析原因，必要时向区局领导汇报，确保“三项经费”支出不超出控制额度，确保全年支出在市局批复的控制数范围内。

推进国库单一账户及公务卡改革，按照

市财政及市局关于实施国库单一账户体系和公务卡制度的改革要求以及上海市财政局《关于做好2012、2013年度公务车辆定点加油、定点维修工作的通知》（沪财库〔2011〕76号）和市局《关于贯彻落实财政部关于实施中央财政预算单位公务卡强制结算目录的通知》（沪国税财〔2011〕74号）要求，下发《关于贯彻落实公务卡强制结算目录有关事项的通知》，明确公务卡结算的内容以及报销的规定等，要求区局各单位对发生的公务支出，尽可能采用转账支付方式，无法转账的，采用公务卡结算，控制现金报销范围，减少现金使用量。结合区局实际，下发《公务卡使用报销管理暂行办法》，规范个人公务支出的管理。

按照年初批复的政府采购预算执行，应采尽采。一是对于国税台式计算机采购，与信息技术科沟通后，编制批量采购计划上报税务总局，由税务总局统一采购；二是对纳入国税协议供货目录的货物做好国税政府采购计划的编制与上报，在政府采购小组会议通过相关采购审核后通过国税协议供货平台实施采购，并于每季度末编制上报国税政府采购计划执行情况表，做到计划与执行一致；三是对纳入地税电子集市采购平台的货物等，在政府采购小组会议通过相关采购审核后通过电子集市进行网上议价采购；四是对车辆维修、车辆加油、车辆保险、复印纸等实行定点采购。对于分散采购，按照《上海市政府采购管理办法》的规定，与相关科室紧密配合，妥善做好法定程序和内部操作层面的有效衔接，采用竞争性谈判等方式实施采购，在保证质量的前提下，降低采购成本，提高资金使用效益。

【内部审计】根据市局下发的《关于本市税务系统开展2012年税收执法督察和执法监察工作方案的通知》文件精神，结合实际，制定区局实施方案。明确指导思想及总体要求、税收执法督察和执法监察重点内容、时间安排、工作要求。召开税收执法督察和税收监察工作落实会，统一思想、明确责任，有序推进税收执法督察工作。接受上海财瑞会计师事务所对第五、第七、第八、第十、第十二、第十三税务所以及沈巷仓库、大盈仓库、机关食堂等维修项目的财务决算审计，根据其出具的基建竣工财务决算审计报告，进行财务结转及交付使用资产。

【纪检监察】针对政风行风测评反映的问题，进行自查自纠。制定《机关作风迎评实施意见》《政风行风建设工作实施意见》，细化措施，明确责任。2012年政风行风网上测评结果：青浦区经2709人次的网上测评，区税务局综合满意度85.13分，比上海市局平均分值83.07分高出2.06分。在青浦区8个执法部门中排序第二，较去年第三名上升

2012年4月25日，纳税人向青浦区税务局第一税务所赠送锦旗

一位。其中依法履职、办事效率、公开透明、收费罚款规范、服务态度和清正廉洁六项指标分值均高于市局平均分值。

年内区纠风办采用社会评价、评议组评议、窗口（机关风貌）测评、投诉测评和实例调查五种方式进行评议。全区36家A类部门总评分为88.66分，区局总评分为90.68分，名列第四，较去年第五名上升一位。全区112家基层站所参评，区局10个参评税务所总评分位居第二（其中有3个税务所在所在街镇排位第一）。

推进基层税务人员向纳税人述职述廉工作，开展“为政清廉保纯洁”廉政教育月活动，组织中层以上领导干部参观“中国共产党反腐倡廉历程展”，召开党风廉政建设工作会议，签订党风廉政责任书。推进部门内控机制建设，开展执法督察和执法监察工作，开展专项治理违规收送礼金礼券购物卡的复查整改工作，坚持自查与抽查相结合，执行廉洁自律各项规定。

【后勤管理】完善《车辆管理办法》，明确职责，确保安全行车及车容车貌整洁。完善车辆维修保养制度，做到一车一卡，分类登记台账，确保车辆使用安全，节约支出；车辆定点加油，采取区局集中加油，分类登记每辆车的耗油情况，做好耗油情况分析，积累资料摸索百公里耗油考核制度，做到车辆费用开支公开化、规范化、制度化。遵守市场运行规律，加强合约管理，根据麦金地公司上一年运行情况分析，从管理职责、人员配置等方面入手，在优化的基础上续签2012年餐饮服务协议。完成纳税服务科初始化管理区域的维修改造，完成六所阅览室、西大厅、票库及扩建3间休息室的维修改造工作，完成九所、十一所市级房屋修缮项目。

【税收科研】参与国家税务总局税收科学研究所和中国税制改革与发展编辑部联合主办的《2012年中国税官论税制改革》有奖征文活动，共有7篇调研论文被《中国税官论税制改革》文集录用。其中，《营业税改征增值税试点改革对区域经济的影响及对策思考》获二等奖，《开拓创新　积极构建以风险管理为导向的税源专业化管理新格局》获三等奖。组织课题调研，全年编发《青浦税务研究》17篇。其中2篇论文分别在《上海税务》第1期，第4期上发表；《青浦区现代服务业发展和税收管理研究》获中国税务学会“第六次全国税收学书研究优秀成果评选活动）三等奖和青浦区2012年优秀科技论文一等奖；《信息管税与征管创新》获“税务信息化优秀论文评选暨全国税务信息化建设论坛”二等奖。

【税务文化】召开思想政治工作暨税务文化建设推进会，形成区局“诚信、规范、进取”核心价值取向，制定税务文化建设构架和实施计划，推进税务文化体系建设。开展文明单位创建。开展主题读书活动，区局主要领导向全局干部职工推荐《工作重在尽职》一书，上报区级机关党工委9篇读书征文，获得组织奖和优秀征文奖。围绕“我运动、我健康、我快乐”主题，组织干部职工参加区级、市局级各类文体赛事，参加第一届上海市税务系统职工运动会，被评为精神文明单位，入场式获二等奖，跳绳获第一名，太极拳获第二名，女子排舞获第五名，足球射门获第六名，女子排舞队参加上海市市民运动会闭幕式表演。

区局团委为团员青年搭建展示自我才华的青春舞台。参加市局辅助应用软件创新创意展示赛，上报参赛作品8个，其中团体1个，个人7个。经过初赛角逐，8个作品有4个入围决赛，约占22个决赛项目的20%。《税务变更流程的标准化设计》获创意组一等奖；《EXCEL－VBA办公应用开发》获创新组二等奖；《青税餐饮管理辅助系统》获创新组三等奖；《“营改增”工作辅助应用系统》（信息科团队）获创新组鼓励奖，局团委获优秀组织奖。

（俞锦林）

奉贤区税务局

【概述】奉贤区税务局（以下简称区局）全年完成税收收入180.96亿元，比上年增长10.2%，增收16.81亿元，其中区级税收55.12亿元，比上年增长10.9%，增收5.42亿元。全年稽查查结案件780件，合计查补收入3.29亿元，查补收入名列全市税务系统第一名。税收征管改革探索起步，初步形成具有奉贤征管特色的税收管理运行体系。围绕奉贤区产业结构调整和经济发展趋势，加强对“营改增”企业、房地产企业、“6+8”产业、重点税源企业的调研，掌握国家政策和产业调整对企业产生的影响。撰写有关区内企业会计报表质量、餐饮行业税收、新办企业质量分析、生活性服务业、中小企业税收优惠、加强第三方涉税信息的共享应用、构建我区税收征收保障体系的报告等专题调研报告11篇，发挥税收参谋助手作用。完成12366远程坐席设置和推广应用市局互动参与平台，全年服务人工咨询来电3.14万人次，比上年增长125.26%。推介50617户企业参与网上税企互动。完成纳税人学校各类专题培训15期，参加人数1600余人。选择2户定点联系企业签订税务遵从协议。开通网上预约办税、在线表单填报及受理等功能，探索网上办税服务厅建设内容。加强网络购票工作，年内有4121户次纳税人通过网络领购发票257.58万份，购票份数比上年增长6.40%，纳税人“足不出户”办税的覆盖面进一步扩大。正式启动干部能级管理工作，完成区局346名税务干部的能级初始评定工作。在部门内控机制工作推行经验的基础上，组织开展基层税务所内控机制及信息化建设，“内部风险监控平台”形成初步框架并运行。

【税收收入】全年完成税收收入180.96亿元，比上年增长10.2%。其中区级税收55.12亿元，比上年增长10.9%。增值税、消费税、营业税、企业所得税、个人所得税五大税种实现税收164.71亿元，占税收总量的91.0%。

2012年奉贤区主要税种收入情况表 单位：亿元

税种	2012年	2011年	同比增减（%）
增值税	78.50	63.39	23.8
消费税	1.18	0.95	24.0
营业税	28.90	27.35	5.6
企业所得税	41.21	41.47	-0.6
个人所得税	14.63	18.29	-18.4
其他各税	16.54	12.70	30.2
合　计	180.96	164.15	10.2

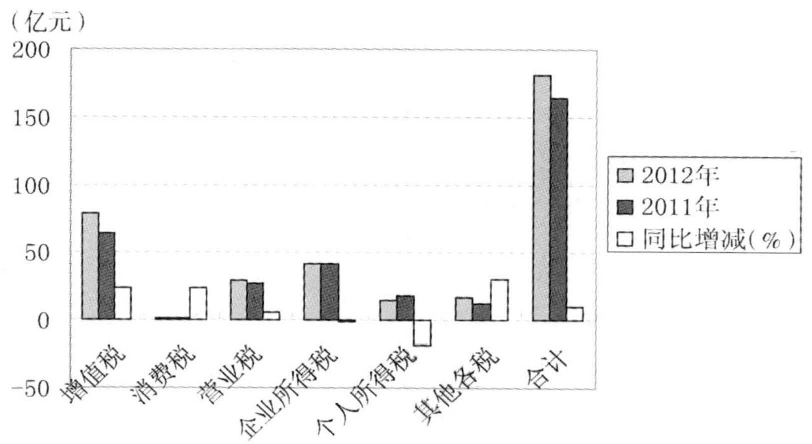

【税收特点】年内，税收收入呈现税收增幅中间低两头高、地方小税种增幅高于主体税种的增幅、流转税保持增长、所得税同比下降的特点。

【税收法治】7月，区局与奉贤区人民法院召开税法联席会议，就双方关心的问题进行交流探讨，并签订《关于建立信息移送交换制度的意见》，形成规范长效的信息移送交换制度。年内，结合市局《关于对规范税务行政处罚裁量权工作实施检查的通知》，开展行政处罚工作自查工作，落实季度政策执行情况反馈工作。全年发生2起行政复议，区局均保持原行政处罚决定。12月，在奉贤区机关干部法律知识竞赛中，区局代表队荣获一等奖。

【税种管理】年内，做好营业税改征增值税试点工作效应分析和风险防范。“营改增”试点纳税人总户数达到10326户，同比新增试点纳税人3322户，全年涉及试点服务的应纳增值税税款5.05亿元，完成各类调研分析报告和简报76篇。按照区局《营业税改征增值税后续风险监控管理方案》及市局分工要求，细化拟定“销售额减除项目、抵减税额、进项税额的管理”部分的预警指标41个，做好“营改增”风险防范工作。落实“营改增”过渡性财政扶持政策，128户次试点纳税人享受财政扶持，补助金额1632.06万元。做好个人住房房产税试点工作，受理个人住房房产税认定8178套，其中2595套应纳税额354.86万元；受理个人住房房产税申报2111例，征收个人住房房产税249.23万元，分别较上年增长120.8%和158.78%。完成2011年度企业所得税汇算清缴工作，5.31万户企业参加汇算清缴，同比户数增长14.98%，汇算清缴面达100%。补缴企业所得税5.81亿元，比上年减少25.23%；退库企业所得税1.36亿元，比上年增长21.43%。在企业所得税后续管理工作中，核查企业2756户，调增应纳税所得额2.9亿元，补缴企业所得税1644.92万元，加收滞纳金55.58万元。全区2011年度年所得12万元以上个人所得税自行申报11432人，申报年所得48.03亿元，应纳税所得额43.47亿元，应纳税额9.32亿元，扣缴税额9.25亿元，抵扣税额0.32万元，补缴税额663.17万元。申报人数比上年增长27.87%，补缴个人所得税比上年增加194.29万元，增长41.44%。

【税收优惠政策】年内，福利企业享受残疾人集中就业税收优惠政策企业154户，安置残疾人数3757人，享受增值税即征即退政策累计退税额9014.07万元，分别比上年下降4.35%、2.49%、18.05%。对36户软件产品企业即征即退增值税2440.77万元，退库增值税比上年增长21.71%。对38户符合技术转让、技术开发收入免征营业税条件的单位予以备案，比上年增长2.7%。享受离岸服务外包业务收入免税政策企业1户，减免增值税税额78.33万元，比上年增长

1308.81%。享受合同能源管理企业税收政策企业4户，减免增值税11万元。享受研究开发费用加计扣除优惠政策企业179户，研究开发费用加计扣除额6.25亿元，分别比上年增长20.13%、74.74%。享受企业所得税优惠政策的小型微利企业14387户，减免税额2645.85万元，分别比上年增长31.97%、15.37%。享受企业所得税优惠政策的高新技术企业150户，减免税额3.12亿元，分别比上年增长32.74%、27.69%。生产性外商投资企业享受优惠的企业127户，减免税额4.27亿元，比上年减少32.62%；农、林、牧、渔业项目的所得减免有109户，减免税所得3.35亿元，比上年增加18户，减少3202.06万元。

【纳税服务】年内，开展第21个全国税收宣传月活动，继续开展“一日税官”品牌活动，新增“一日纳税人”体验活动。编发《奉贤税务》报纸11期，《奉税稽查》报纸3期及基层所的所刊、所报等，新创办《征纳心连心》季刊。与上海商学院签订税校共建协议，将税务机关的实践优势和学院教学优势融合，共同开展“税法进校园”和“大学生社会实践”等系列宣传活动。年内，坚持“透明、优质、高效”服务品牌，创新纳税服务平台建设。完成12366远程坐席设置和推广应用市局互动参与平台，全年服务人工咨询来电31394人次，较上年增长125.26%。完善办税服务厅特色服务，建立办税服务厅窗口双屏监控机制，探索试行办税服务厅工作质效分析预警机制。开发“免填式表单”软件，实现基础业务一键式免填表单的实际应用，为每位纳税人每单业务实现60%左右的数据免填，窗口节省约40%的业务办理时间。探索个性化上门服务，解决纳税人的合理要求，在纳税服务形式上有所突破。推介50617户企业参与网上税企互动。深化纳税人学校培训工作，完成各类专题培训15期，参加人数逾1600人。建立涉税争议前置处理机制，解决涉税争议。加强网络购票工作，年内有4121户次纳税人通过网络领购发票257.58万份，购票份数较上年提高6.40%，纳税人“足不出户”办税的覆盖面进一步扩大。年内，逐步建立健全纳税人需求采集信息分析机制、纳税人投诉举报处理反馈机制等工作办法。通过12366热线、12345市民热线、信函等渠道共受理并按时处理纳税服务投诉12件，查实4件，按规定处理。10月，受理一起涉税争议前置处理案件，处理结果受到纳税人肯定。年内，完成2010—2011年度纳税信用等级评定工作，结合纳税信用等级评定结果，健全信用激励机制，提高纳税人税法遵从度。在纳税信用等级评定中，区局有63810户纳税人参加评定，有174户纳税人被评定为A类，占总户数0.273%；有43886户纳税人被评为B类，占总户数68.78%；有394户纳税人被评为C类，占总户数0.617%；有148户纳税人被评为D类，占总户数0.232%；有19214户纳税人暂缓评定，占总户数30.11%。

【税收征管改革】2月，召开专题务虚会，对税收征管改革体系形成统一的认识。3月，成立征管改革领导机构和工作小组，加强征管改革工作中重大事项的研究、决策、执行。赴山东省青岛市李沧国税局进行为期一周的考察调研和参与性工作。编制调查问卷和召开征管改革座谈会，收集对征管改革的58项意见和建议。从风险和需求出发，对90项事项进行梳理，整理出680项应对风险、响应需求的具体举措。6月，制定《奉贤区税务局税收管理改革路径图》，初步形成具有奉贤征管特色的税收管理运行体系。以“复杂工作程序化、简单工作自动化、繁琐工作集约化、智能工作专业化”为工作思路，对“催报催缴”工作进行试点改革，对纳税人自动进行纳税申报提醒服务，发送短信提醒2.32万条，逐步实现“催报催缴”提醒自动化。12月，正式推行涉税审批制度改革，成立专职审批所，对234项涉税事项进行全面梳理，通过整合部门优势资源，优化流程方案，实现涉税业务集中审批。

【税收征管】至年底，区局税务登记户数达到8.67万户，总户数年增加8157户，比上年增长10.38%。其中，内资企业7.68万户、港澳台商投资企业622户、个体经营7889户，分别比上年增长12.93%、15.40%、11.02%；外商投资企业978户、其他413户，分别比上年下降2%、78.19%。按组成行业来看，批发零售业、租赁和商务服务业、制造业、建筑业所占比重较大，分别占到总户数的45.16%、12.94%、18.76%、8%。9月起，对全区1.81万户个体工商户税收实行分片管理，统一个体税收征管工作标准，规范零散税收征收管理。做好各镇开发区、市场管理公司的委托代征税款及代开发票管理工作，通过设立委托代征、代开发票服务点，形成税务部门、镇（开发区）、市场三级协税护税网络体系。4个乡镇协税办和2个市场管理公司受托为个体工商户和无证户实行网络代开发票，代开发票4675份。年内，完成日常评估和专项评估1141户，补征各项税款8484.89万元，较上年分别增长68.29%和153.92%。撰写完成《塑料制品业（032920）行业评估指南》与《化学原料和化学制品制造业（032600）行业评估指南》。做好“简并票种、统一式样”工作，完成区内4.3万户企业老版发票的清理和换版工作。推动网络发票开具工作，扩大网络开票应用面。至年底，1.32万户纳税人使用网络开具发票，累计开票金额123.42亿元，分别比上年增长85.11%、229.38%。组织开展发票明细数据采集试运行工作，为信息管税和数据利用提供保障。

【纳税提醒机制】年内，开展第四、五、六期重点纳税提醒，涉及塑料制品业、化学原料和化学制品制造业以及机织服装制造业三类行业62户企业，纳税人整体回复率平均达到98.04%，企业经重点纳税提醒后自查补税比例分别为64.71%、71.43%和66.67%，合计补征税费357.34万元，调减亏损60.6万元，冲减增值税留抵税额79.62万元。6月，正式启动对“三级风险”标识企业的一般纳税提醒工作，选取“汽车制造业”和“汽车修理与维护”两个有关联性行业中的标识为“三级风险”的200户纳税人进行发函提醒。纳税人回复率达91.5%，合计补缴税款296.98万元，调增应纳税所得额7.44万元，补开发票金额11.39万元。

【大企业税收管理】年内，扩大税源监控范围，在区内“6+8”产业、重点税源企业、上市企业基础上新增注册型企业、房地产开发企业和“营改增”企业。正式开展数据预审，提高重点税源申报数据质量，完成全区872户四

2012年1月28日，奉贤区税务局主动向拜耳材料科技（中国）有限公司提供服务

级重点税源企业电子申报预审提醒软件的应用推广，占应推广户数的85.24%。探索大企业管理服务模式，选择2户定点联系企业签订税务遵从协议，完善大企业遵从评价体系。根据市局要求成立测试小组，负责企业税收风险评估测试工作，自行选取2户定点联系企业开展税源监控分析，通过具体指标分析，利用提醒函提示帮助企业有效防范涉税风险。第四季度，面向区局定点联系企业进行满意度调查，共发放《定点联系企业需求调查表》79份，回收79份，总体满意度为100%。

【国际税收管理】加强反避税专业人才队伍建设，成立反避税专业工作小组，提升区局反避税工作的质量和效率。年内，非居民管理税收收入完成3.83亿元，同比增长5.07%。其中，增值税0.31亿元，同比增长100%；营业税0.38亿元，同比下降23.67%；企业所得税3.13亿元，同比增长1.37%；个人所得税62.28万元，同比增长161.68%。非居民企业所得税收入类型分为承包工程、提供劳务作业和源泉扣缴两大类，2012年度承包工程、提供劳务作业完成企业所得税0.12亿元，占非居民管理企业所得税收入的3.91%。源泉扣缴部分完成企业所得税3.01亿元，占非居民管理企业所得税收入的96.09%。全年对外支付出具税务证明925份，同比增长9.86%，其中征税份数864份，同比增长7.73%，免税份数27份，同比下降22.86%，不予征税份数34份，同比增长580%。10月至年底，承担并完成本市非居民征管系统试运行工作。

【税务稽查】年内，查结案件780件，合计查补收入3.29亿元，其中查补税款2.48亿元，加收滞纳金1220万元，处罚款6919万元，没收非法所得27万元，查补收入名列全市税务系统第一名。查处“2·03”“4·19”等一批大案、要案。在“2·03”专案中，查明4户企业共开具增值税专用发票2223份，涉案开票金额1.71亿元，税额2913.53万元，价税合计2.01亿元。在“4·19”特大虚开增值税专用发票案件中，对374户进行稽查，查补税款、罚款合计9858.52万元，没收非法所得22.20万元，增值税自行调整入库451.48万元，调增应纳税所得额190.40万元。组织3户重点税源企业自查和2户企业的检查工作，组织自查收入118万元，重点检查查补收入69.47万元，并形成审计式检查、调研式检查报告上报市局。全年举报中心受理案件521件，其中被立案稽查案件136件，至年底办结129件，其中有问题户数为112户，查补收入1910.39万元，有5户作暂存待查处理，共计发举报奖励基金14937元。年内，查处发票违法企业838户，查处非法发票5.45万份，查补收入1.15亿元，其中查补税款5848.94万元，加收滞纳金562.84万元，罚款5042.59万元，没收违法所得15.92万元。配合公安等部门，采取“同步取证，联合办公办案”的紧密型办案模式，打击发票“卖方市场”，查处非法出售假发票案件84件，非法代开或系虚开及非法取得发票案件57件，捣毁窝点99个，缴获涉案发票19.21万份。连续两年荣获国家税务总局“打击发票违法犯罪活动工作成绩突出单位”称号。

【信息化建设】年内，成立区局金税三期广域网项目实施领导小组和项目实施小组，制定工作实施计划、组织方案和应急处理预案。对区局中心机房进行网络升级，对基层所机房进行改造，完成金税三期网络设备安装和线路接入、调试、切换工作，基本实现金税三期广域网项目建设。做好“四小票”信息的采集工作，每月对“四小票”数据进行汇总、检查和校验，对重复或错误的数据进行删减和修改，进行通报和辅导，将正确数据上传市局，完成数据比对。全年共上报四小票记录51872条，涉及税款44.57亿元。在综合平台中搭建信息类固定资产管理模块，开展信息化设备清查工作，结合使用年限和机器状况更新部分设备，全年配发新计算机

148台、新打印机64台、新显示器70台，升级在用计算机96台。配合市局承办全市税收信息专题会议、综合征管软件（上海）信息安全现场会。建设虚拟化应用平台，提高中心机房服务器设备的利用率，满足区局各项信息化应用不断增加的需求。

【机构人员】年内，区局机关设有10个科室，另设机关党委办。基层共有16个税务所，包括11个管理所、3个征收所、1个执法监察和纳税评估所、1个税收风控中心。设专职稽查局，下设综合科（举报中心）、案件审理科和3个检查所。其中9个税务所和3个检查所位于奉贤区南桥镇及周边奉浦地区，4个税务所位于奉贤区东部的奉城镇洪庙社区，还有3个所分别位于柘林镇、金汇镇、青村镇。至年底，区局在编人员451人，局机关85人，占18.84%；基层税务所366人，占81.16%。干部平均年龄为42岁，男女比例为1.2∶1（男246人，女205人）。在编人员中大专以上学历424人，占总人数的94%，其中本科289名，研究生38名，大专97名。全局在职中共党员（含预备党员）280人，占总人数的62.%。

【机构调整】7月，第十三税务所（税收风险分析管控中心）的基本职能调整为对全区所辖企业的税收风险进行分析、管理和监控。第十三税务所原职能（负责海湾镇、星火开发区所属的（包括经济园区）企事业单位（除三资企业外）及个体工商户等各类涉税业务的税收管理和日常检查工作）整体划转至第十二税务所。收入核算科下属数据管理中心职能划转至第十三税务所（税收风险分析管控中心）。至年底，正处级领导职务1人；副处级领导职务5人；副处级非领导职务3人，较上年增加1人；正科级领导职务33人；副科级领导职务52人，较上年增加2人；正科级非领导职务55人，较上年减少5人；副科级非领导职务128人，较上年减少9人；科员165人，较上年减少8人；试用期9人，较上年增加2人。

【人事管理】6月，制定《奉贤区税务局能级初始评定实施方案》，启动干部能级管理工作，按照个人申报、初审、主观评价、能级考试等阶段组织实施能级管理初始评定。11月，完成区局346名税务干部的能级初始评定工作，在2012年度考核评比和奖励工作中，有72名同志考核优秀，11名同志获公务员奖励记三等功，61名同志获公务员奖励嘉奖。年内，区局有36位同志晋升，其中经市局人教处批准，配合区委组织部，按照干部选拔任用程序，有2名同志提任为国企领导干部。有1名同志提任为副处级非领导职务，6名同志提任为正科级领导职务，10名同志提任为正科级非领导职务，9名同志提任为副科级领导职务，6名同志提任为副科级非领导职务。配合市局开展的青年干部公开选拔工作中，1名同志被提任为区局副科级领导职务，1名同志被提任为徐汇区税务局副科级领导职务。配合市局开展的副处级后备干部选拔工作中，有5名同志确定为副处级后备干部。在全市税务系统开展的2012年“上海市税务系统岗位标兵”评选活动中，区局3名同志分别荣获“上海市税务系统征管岗位标兵”称号、“上海市税务系统稽查岗位标兵”称号和“上海市税务系统服务岗位标兵”称号。2名同志进入“上海市税务系统岗位标兵”候选人名单。全年共有9名新录用公务员和区局签约。

【教育培训】年内，启用在线学习平台，推出各类课程共计580门，共享知识文档813篇。与上海市税务干部学校汇编《2010—2011年增值税和营业税问题解答选编》《2010—2011年企业所得税问题解答选编》等9个文本式电子课件上传至在线学习平台，供税务干部下载学习。与上海交通大学合作，购买其年度部分课程作为干部教育培训内容的补充，课程涵盖战略管理、团队管理、个人管理、人力资源管理等9大类100门次。年内，组织58名同志参加市局20个重点调训项目,3名同志参加总局组织的所得税业务研修培训、房地产估价技术应用工作高级专业人才培训和 OECD 培训，133 人次参加税收与发展论坛讲座和税收业务系列专题讲座，15 名年轻同志参加区局与徐汇分局、嘉定分局在上海市税务干部学校联合举办的为期三天的兼职师资培训班。有 2 名同志考取税务总局委托培养研究生，8 名同志分别获得经济系列、计算机系列中级技术职称，2 名同志取得国民教育本科学历，50 余名同志报名参加 2012 年注册税务师考试，30 余名同志报名参加中级经济师考试，10 余名同志报名参加注册会计师考试。区局挑选 5 名同志组成代表队参加税务总局第三批企业所得税考试，获得全市集体第三名，其中 3 人分获全市个人第二名，第九名和第十一名，成为国家税务总局所得税司人才库成员；6 月，组织 122 位同志参加会计二级达标考试，参考人员及格率为 90.16%，有 16 位同志取得满分，平均成绩为 102.11 分，高出全市税务系统平均分 7.68 分；7 月，组织近三年进入单位的 39 名同志参加公共管理（MPA）核心课程考试；9 月，组织科级领导参加市局业务考试，参考人员及格率为 100%，有 15 位同志考试成绩满分。11 月，组织 52 名同志参加三员（管理员、征收员、稽查员）考试。

【政务管理】年内，加强综合信息工作，上报的各类稿件被总局、市局、《中国税务报》《奉贤报》《奉贤要闻摘报》和《奉贤手机报》等录用 176 篇。完善内、外门户功能，发布、更新信息 406 条。区局督办系统增加短信提醒功能，列入督查范围事项 19 件。按照“及时受理、全程管理、专人负责、限时办结”要求做好信访办理工作，全年受理纯信访件 45 件，到期办结 43 件，办结率为 100%，全年未发生集体上访情况，无往年信访积案。

【财务管理】年内，完善国库单一账户体系建设，按国库单一账户体系管理要求，设置本单位的零余额账户和专用存款账户，并逐步清理取消本单位的其他财政性资金账户。1 月起，全面实行国库集中支付，并将“三公”经费的运行统一纳入国库单一账户系统管理平台。推行公务卡管理，减少现金支付结算，规范公务支出用款。制定区局固定资产管理办法，对历年的资产进行清理核查，对所有固定资产进行重新核对、调整和登记，确保资产账账相符、账实相符。年内，对公务用车保险、维修、加油等方面实行政府集中采购和定点采购。

【内部审计】年内，开展执法督察和执法监察项目检查工作，采取组织各单位自查自纠和“听、看、查、议、评”抽查等方式，对 4707 户企业的出口货物退（免）税、结构性减税政策执行落实进行执法督察。在出口货物退（免）税管理中对 1707 户企业进行全面检查。检查结构性减税政策落实情况，符合条件的小微企业享受企业所得税优

2012 年 2 月，奉贤区税务局党组书记、局长冯捷（右一）到三一重工调研

惠政策执行情况企业3000户。对2009—2011年度的全部稽查案卷共计2126户组织自查，抽查817个稽查案卷。在重点行业税收管理中抽查房地产业税收管理企业30户，金融保险业税收管理企业11户。在城镇土地使用税政策执行情况中，对619户企业进行查处。抽查230户注销企业，抽查面30%。检查上半年行政处罚案件624件。

【纪检监察】 年内，建立“廉政文化宣传园”，创新开发“廉政文化网上展厅”，展厅内设廉政制度篇、教育活动篇、警示案例篇、政风行风篇、内控机制篇、文化作品篇、清风学苑和廉政影院等栏目，“边展出，边更新”，对展厅各栏目内容进行实时更新维护。开展“倡新风树正气，廉洁文明过节”“讲党性、重品行、作表率”和“廉政文化在身边”等主题活动，推进廉政文化建设。将纳税人述职述廉活动从管理所向征收所、评估所、检查所拓展，3个征收所、8个管理所、1个评估所、3个检查所共计162人次向纳税人进行述职述廉。组织开展基层税务所内控机制及信息化建设。对基层所工作梳理分解，按照征收系列、管理系列、评估系列和检查系列四个方面，梳理111项权力事项、排查230个廉政和职务风险预警点，制定146个工作流程图，形成102项内控制度，“内部风险监控平台”形成初步框架并运行。健全接访办信机制、信访问题排查化解机制、信访对象谈话提醒机制和信访案件分析处理机制，解决信访人反映的问题。全年，受理监察信访件14件，全部办结，信访件数量低于往年。

【后勤管理】 年内，开发车辆管理系统、会议管理系统和固定资产管理系统，区局车辆、会务和固定资产的管理基本实现制度化、痕迹化。

【税收科研】 加强对“营改增”企业、房地产企业、“6+8”产业、重点税源企业的调研，撰写有关区内企业会计报表质量、餐饮行业税收、新办企业质量分析、生活性服务业、中小企业税收优惠、加强第三方涉税信息的共享应用、构建奉贤区税收征收保障体系等专题调研报告11篇。区税务学会连续三年获奉贤区科协目标考核一等奖。课题《关于奉贤区税收征管专业化实施策略的研究》成为2012年奉贤区公共事业研究项目立项课题。12月，在中国税务杂志社与中国计算机用户协会联合主办的“2012年全国税务信息化优秀论文征集评选活动”中，区局申报的《税务系统信息化建设中网闸的应用探讨》一文，获电子税务管理中心“网上办税系统信息安全保障研究”专项课题三等奖。

【税务文化】 年内，健全完善精神文明建设和税务文化建设联动机制，加强调研分析、分类指导、交流探讨，4月，在2012年奉贤区精神文明建设暨全国文明城区创建动员大会上，2个办税服务厅被评为2010—2011年度奉贤区文明窗口，1名同志被评为奉贤区创建全国文明城区提名资格工作先进个人，1名同志被评为2010—2011年度奉贤区优秀志愿者。《“叔叔”付真爱　少年得圆梦》被评为市级机关系统2011年度十佳好人好事提名奖，报送的《为残智障儿童撑起一片蔚蓝》被评为2010—2011年度奉贤区精神文明十佳好事。区局第一税务所、第二税务所和第一检查所被评为2011—2012年度上海市文明单位。区局机关被评为2011—2012年度奉贤区文明机关，8个基层税务所被评为2011—2012年度奉贤区文明单位。开展思想政治工作研讨活动，完善“奉税党建网”，推进党务公开，制作和出版《思·行——2011年度思想政治工作研讨会中心组学习文章汇编》，组织开展“局领导上党课”“党支部书记讲党课”和“微型党课”集中展示，五型机关建设评比、税务核心价值理念征集活动等多项活动。7月，市级机关工作党委副书记徐善良、区机关党工委书记徐明云等领导莅临区局调研学习型党组织创建工作。区局被上级党组织推荐为上海市学习型党组织（机关），1名党员被推荐为上海市学习型党员。开展创先争优活动，深化再承诺、践诺和评诺工作，完善“党员责任区”“党员示范岗”“党员志愿者”等行为规范。筹划、制作《践行创先争优　谱写奉税风华》宣传册和展板，对创先争优活动进行总结、回顾和宣传。6月，在奉贤区党的建设研究会成立大会暨创先争优活动理论研讨会上，区局报送的《建立“为民服务创先争优”长效机制的实践与思考》一文，荣获一等奖。6月，在奉贤区庆祝中国共产党成立91周年暨创先争优活动表彰大会上，区局机关党委获“奉贤区创先争优先进基层党组织标兵”荣誉称号，3名同志获“奉贤区创先争优优秀共产党员”荣誉称号。开展各类文体活动，充实职工的精神文化生活，营造和谐向上氛围。4月，承办“和谐奉税”杯上海市税务系统2012年职工乒乓球（混合团体）比赛，区局代表队荣获团体第一名。参加2012年奉贤区第八届“和汇杯”乒乓球赛，获得女子团体第三名和男子第五名。参加2012年奉贤区第八届“悦华杯”羽毛球比赛，获得男子双打第三名。区局广播操队代表奉贤区参加上海市“元旦”迎新广播操比赛，获得全市第七名。区局青年团队受到共青团上海市委员会和上海市人力资源和社会保障局的联合表彰，并被授予“上海市青年五四奖章集体”的光荣称号。

（吴海明）

崇明县税务局

【**概况**】2012 年，崇明县税务局（以下简称县局）以党的十七大和十八大精神为指导，按照市局和县委、县政府的领导部署，特别是顾炬局长于 1 月、6 月两次来县局调研，对县局工作提出要求，对征管改革工作具体指导，县局上下一心，锐意进取，各方面工作取得新进展。坚持依法行政，科学组织收入，依法落实税收政策；聚焦“风险监控”与“纳税服务”两轮驱动，稳妥推进税收征管改革；多管齐下，优化纳税服务；推进党风廉政、政风行风和机关作风建设；加强队伍建设和专业化人才培养；完善内部管理体制机制，促进工作规范协调运转。年内，县局以“创新驱动、转型发展”为统领，按照“文化+制度+科技”的思路，倡导三种工作理念（依法行政、适应形势、求实求是），坚持三项工作原则（功夫实、做事实、效能实），推行三条工作准则（严谨的工作作风、认真的工作态度、诚心的工作驱动），建设智慧崇明税务（行政管理科学化、信息化、科技化，征收管理科学化、信息化、科技化，风险监控科学化、信息化、科技化，纳税服务科学化、信息化、科技化）。

【**税收收入**】2012 年，县局共完成税收收入 86.86 亿元，比上年增收 5.71 亿元，增长 7.04%。其中：完成中央级税收收入 31.79 亿元，比上年增收 3.33 亿元，增长 11.70%；完成市级税收收入 19.94 亿元，比上年增收 0.81 亿元，增长 4.21%；完成县级税收收入 35.13 亿元，比上年增收 1.57 亿元，增长 4.69%。从 2012 年主要行业税收完成情况分析，建筑、租赁和商务服务业总量与增量均领先其他行业。其中：建筑业完成税收 200479.64 万元，同比增收 16722.10 万元，增长 9.10%；租赁和商务服务业完成税收 178407.50 万元，同比增收 17180.36 万元，增长 10.66%。房地产业全年共完成税收 67267.89 万元，同比增收 1498.43 万元。制造业全年完成税收 167980.33 万元，同比增收 16406.08 万元，增长 10.82%。交通运输业全年完成税收 41525.18 万元，同比减收 2509.13 万元，下降 5.70%。

【**推进营业税改征增值税试点**】县局建立领导小组及工作小组，制定实施方案，统一部署“营改增”试点工作。对税改的意义、内容、具体操作等进行全方位、多角度的内外宣传辅导，有针对性地对纳税人开展业务培训、政策宣传和资料发放工作，按规定口径解疑释惑。做好跟踪调研和试点情况评估，按要求开展财政扶持政策落实的相关工作。完善“营改增”试点后续管理，加强风险监控。对“营改增”试点工作中发现的问题，提出针对性的意见和建议。年内，县局完成各项税收 264007.59 万元，同比减收 14103.18 万元，下降 5.07%；完成改征增值税收入 103559.44 万元，比同期同业营业税减收 10501.56 万元，下降 9.21%。

抓好所得税政策落实和管理。开展企业所得税汇算清缴。贯彻落实所得税政策，做好各项审核、备案，按规定落实研发费加计扣除、农业企业税收优惠、高新技术企业所得税优惠等各项政策，发挥税收职能作用。依法规范企业所得税征收方式管理，控制核定征收范围，强化核定征收管理，降低核定征收风险。完成个人所得税汇算清缴，年所得12万元以上自行纳税申报，开展工资薪金比对工作自查和专项检查，规范个人所得税征收管理。年内40户企业、166个研发费项目享受研发费用加计扣除12782万元。134户企业办理农业企业所得税优惠事前备案手续。对2924户小型微利企业、7户软件企业办理企业所得税优惠的事前备案，分别减免企业所得税800万元、1000万元。27户高新技术企业享受企业所得税减免8200万元。受理年所得12万元以上自行申报6676人。

推进个人住房房产税改革试点。做好个人住房房产税征免认定环节的宣传，配合市局做好交易环节的系统流程改造，完善个人住房房产核价机制，依法组织招标，引进第三方中介机构，对崇明县范围内的二手房交易进行估价，制定二手房交易税收环节流程图，运用房地产估价技术评估交易价格的相关告知书，宣传、落实本市普通住房的标准。年内，个人住房房产税应征房产771套，应征税款45.38万元，个人住房房产税免征房产502套。

【税种管理】落实各项税收政策，发挥税收服务创新驱动、转型发展的职能作用，突出重点，贯彻落实营业税改征增值税政策，加强政策效应的调研反馈。

【纳税服务】加强税法宣传。通过税企互动平台、电子邮件、下企业走访等形式将政策汇编内容送至企业，共计约50000户次。编发《崇明税务专刊》，每月发行1.5万余份。下发《办税须知》《营业税改增值税试点操作指南》《简并票种统一式样有关问题的宣传资料》等各类宣传资料20万份。编订《办事小常识》，向纳税人公布征管模式改革后的税务所办税信息及涉税事项“全县通办”相关信息，帮助纳税人掌握办税信息。组织开展税收宣传月活动，4月21日成功举办“生态旅游与税收”特色宣传活动。

加强办税服务厅管理。修订完成《办税服务厅管理办法》《自助办税终端系统管理办法》，制定《办税服务厅设备报修管理办法》，明确工作职责，理顺工作关系。加强办税服务厅后续标准化建设推进工作，对部分办税服务厅进行改造，更换政务公开栏，更新办公室标牌、照片，设立各税务所办公示意图等。落实7×24小时自助办税服务终端（ARM）的安装和操作培训，年内ARM机覆盖各征收大厅，6个所实现7×24小时服务。3月1日起，实现涉税事项“全县通办”，加大推广和宣传力度，完善工作流程与操作规则，确保通办顺畅流转。

发挥各服务平台的作用，加强全员纳税服务理念教育，为纳税人提供公开、透明和高效的服务。深化12366热线功能，完善工作流程和操作规则，12366热线话务接通率达到90%以上。做好税务微博工作，编发报送微博稿件，加强和纳税人的实时互动，扩大崇明税务影响力。推广电子互动平台，实现信息推送、互动交流、调查问卷、预约登记等功能的运用。4月，成立“崇明纳税人学校”，制定管理办法，制定教学计划，以面授、函授、网络教学的方式，面向全体纳税人宣传税收业务和政策，全年现场培训2场，函授4期，网络课堂6讲。

构建和谐征纳关系。落实“需求采集、需求分析、需求响应、持续改进”的纳税服务工作机制，畅通纳税人呼声渠道，保护纳税人合法权益。针对税收争议，提前介入，化解矛盾，改善征纳关系。及时、妥善回复门户网站“局长信箱”“投诉举报”和“网上提问”三个模块的来信。做好纳税人涉税事项接待，提供有关证明材料。主动对建筑企业，物流、货运代理企业，钢材煤炭企业，核定征收企业，制发风险提醒函，避免可能发生的各类涉税风险。做好纳税人信用等级评定，鼓励纳税人依法诚信纳税。简化、优化税务登记、税务认定、发票管理、申报征收等办税环节，减少纳税人跑税务机关的次数和等待时间。

【税收征管】 根据国家税务总局税收征管改革的要求与市局的总体部署，构建符合崇明海岛郊区实际的现代税收征管模式。年初采取“局级所分离，所级组分离”的征管模式，夯实征管改革的基础；年中，设立两个中心，推进“管理专业化、服务就地化、监管统一化、操作规范化”，做好征管改革的准备工作；年底，以“按照要求、结合实际、搭建框架、逐步细化、分步实施、稳步推进”的工作原则，推进征管模式的转变。

1—4 月，根据崇明税源情况与县局税源管理特点，按规模、行业兼顾风险等因素对税源进行分类分级管理，夯实税源管理基础。采取“局级所分离，所级组分离”的征管模式，在县局层面对征管、稽查、评估、部分专业事项进行所分离，在征管所层面实现办税服务厅、综合管理组、税源管理组组分离。在原有的“征、管、查”三分离中，从“管”的环节分离出“评”“审”，打通“征、管、查、评、审”为主线的税务管理链条，纳税评估、涉税审批、数据处理、纳税服务四个专业化逐步实现。利用信息化手段，虚拟专业部门，探索专业化流程，加强对人力资源进行适应“征、管、查、评、审”专业化管理的分类分级培训，为征管改革推进夯实基础。

5—8 月，推进“管理专业化、服务就地化、监管统一化、操作规范化”。6 月 11 日，县局成立纳税服务中心与风险监控中心，统筹并加强纳税服务和风险监控工作。纳税服务中心将散布在“征、管、查、评、审”五大环节和各部门之间的服务项目统一归并，风险监控中心对各类风险进行归集和统一发布，将各部门的风险项目集中处理，实现横向管理，与科所层级的纵向管理相补充，形成矩阵式管理，实现各部门、各层级的优势互补。创新建立物联系统，改造办公场所，做好人力资源调研与储备，为虚拟专业部门实体化运作做好准备。

9—12 月，遵循“按照要求、结合实际、搭建框架、逐步细化、分步实施、稳步推进”的工作原则，对县局人力资源进行调研，调整优化人力资源支撑专业化组织机构，实现虚拟专业部门向实体运作转变。12 月 24 日，设立纳税服务科（纳税服务中心）与信息技术科（风控中心）。调整部分税务所工作内容，将第二税务所转为评估所，加强评估力量，第四税务所、第十三税务所转为审批所，实行专业化审批，实现税收征管模式从区域设所、地块管理向专业设所、专业化管理过渡。加强对内风险监控。由第二税务所操作，办公室发布的征管工作质效报告和纳服质效报告，及其他各项监控报告，推动县局部门内控机制建设，加强县局人力资源管理，分类分级开展涵盖征、管、查、评、审各条线的培训，对内组织覆盖局级、科级、

2012 年 2 月 29 日，崇明县税务工作会议

所级的学习研讨，对外做好与行政机关、招商主体、纳税人的宣传沟通工作，营造征管改革氛围。

开展“远程点对点”服务，寓服务于审批。第十八税务所负责统一处理县局税务登记事项。第四税务所主动与新办企业联系，提供纳税辅导。当场办结类涉税审批事项，由十二个征管所采用布点贴近纳税人和招商主体的受理方式，由办税服务厅即时审批。纳税人发起的非当场办结类（退税类、出口免抵退除外）和税务机关发起的企业所得税征收方式鉴定、企业所得税核定鉴定征收汇总审批和研发项目登记110项涉税事项，由第十三税务所作集中审批。需实地核查的涉税事项，由第十三税务所通过县局内部行政（业务）管理系统向征管所发起核查需求。建立涉税审批资料接收和移送台账制度，提供审批结果通知书邮政EMS送达服务。依托信息化支撑和资料配送系统，实现纳税人申请方便、税务机关审批质效双提高。推进审批资料档案化管理，建立资料流转顺畅、审批标准规范透明、档案及时归档的格局。

【大企业税收管理】县局信息技术科（风控中心）采取项目管理制度，开展分类分级应对，规范项目闭环管理，明确风险应对途径，做好外部风险防控与应对工作。组织科、所两级风险应对。对风险低的企业，移交纳税服务科（纳税服务中心）进行风险提示；对风险高的纳税人，移交第九、第十七专职评估所开展纳税评估；对评估中发现存在税收违法行为的，移交县局稽查局进行稽查。第二税务所对县局内部税收征管活动中的风险进行识别，发挥内部工作质效检测作用，建立工作质效评价机制，做好内部风险防控与应对工作。以“两个报告”（征管质效和纳服质效报告）为抓手，对县局内部各单位（部门）的征收管理（含评估）及纳税服务工作进行统计分析、风险识别、工作评价，定期发布征管质效、纳服质效分析报告；对县局各单位执行市局监控的考核指标的情况予以跟踪报告，根据相关部门风险控制情况，开展回归测试，出具反馈评价项目报告。

【国际税收管理】开展出口退税工作。加强出口退税管理，发挥出口退税政策在保增长、保就业方面的支撑作用。做好来料加工免税证明明细记录抽查，加强出口退税评估、预警指标分析和疑点数据自查。组织开展出口退税最新政策培训，做好出口退税率文库升级。开展调查研究，完成重点产品国际竞争力调查和2013年关税政策调整建议上报，组织开展银制品出口退税核查，对出口退税计划需求情况作出预测。开展出口货物退（免）税备案单证抽查，规范外贸出口经营秩序。年内，县局出口退税申报96户，其中外贸企业30户，生产企业66户（内资41户，外资25户）。审核免抵退税额269997万元，其中退税额158993万元，免抵税额111004万元。外贸企业共计退税6957万元，其中增值税退税6955万元，消费税退税2万元。生产企业免抵退税额263040万元，其中退税额152036万元，免抵税额111004万元。

【税务稽查】围绕纳税评估和风险预警两个重点，制定纳税评估工作规程实施细则。建立纳税评估专职税务所，负责上海市局下达的评估工作和县局确定的重点行业、风险行业、重点税源和重大涉税事项的评估工作。制定统一的风险提醒函和约谈要点，对高风险纳税人进行纳税评估，对低风险纳税人进行纳税提醒。

开展专项评估工作，组织开展广告业、会展业和制造业专项评估。以保障“营改增”工作顺利推进，促进货物运输业和货运代理业的健康有序发展为目标开展专项纳税评估。年内，完成各类评估293户，失控企业61户，查补税款435.78万元。调减企业所得税亏损5685.72万元，调整企业所得税应纳税所得额598万元。

制定货运货代企业风险分类分级管理实施意见，设定20项指标，应用百分制考核办法，对货物运输业、货运代理业纳税人分A、B、C分类分级管理。做好发票风险监控，关注发票购买数量和频率、开票情况、企业规模匹配性三类情况，筛选产生疑点企业名单，进行风险提示。对税控收款机、财务报表报送质量、税种核定等各事项、各环节进行风险监控。对建筑业、钢贸、煤炭行业进行风险识别和排序，分情况提出风险应对措施。

以查处大要案为着力点，发挥“以查促管”的作用，提高稽查工作质效，全年立案检查378户，查补收入合计4755万元。提高重大税收违法案件管理水平，全面开展各项税收检查，推进信息化稽查。加强制度建设，制定稽查选案工作办法和重大税收违法案件报告制度暂行办法，加强案件管理，降低执法风险。在稽查报告中完整准确反映纳税人的诉求意见。

【信息化建设】围绕“营改增”工作、征管改革加强信息化建设，在内部行政（业务）管理系统中根据所内组分离的要求，开发“人员管理”“税源管理”及“任务管理”模块，修改完善税收预测功能。制定《崇明县税务局信息化项目建设管理办法（试行）》，开发信息发布审批模块。用新设备新技术做好党务公开推广，完成县局机关及各税务所党支部的党务公开工作。做好两级运维和数据抽取工作。加强信息化资产管理，做好信息化基础建设及硬件维护，按规定落实信息化安全工作要求。

建设税务政策支持系统，满足纳税人在税务所内上网，读取有关法律法规的需求。根据市局金税三期网络建设的进度安排，做好网络改造，确保改造期网络不断、业务不停、数据不丢。按照上海市局内门户推广的统一部署，做好版面设计、栏目规划、数据迁移、培训推广等各环节的工作，做好县局内门户与市局内门户模块的整合。

【机构人员】截至12月21日，县局共设10个职能科室，1个直属稽查局和21个派出机构。其中：设办公室、货物和劳务税科、所得税科、收入核算科、纳税服务科（纳税服务中心）、征收管理科、信息技术科（风控中心）、财务管理科、人事教育科、监察室10个职能科室；机关党委办公室，工会和团委3个部门；稽查局下设综合科（举报中心），案件审理科；派出机构包括：15个征管税务所、1个审批所、2个评估税务所和3个检查所。全局共有干部480人，其中：领导班子成员6人（正职1人，副职3人，纪检组长1人）；副处级调研员3人；科级领导干部87人（其中正职39人，副职48人）；一般干部388人。

【人事管理】完善干部选拔任用制度，做好市局处级后备干部选拔工作，制定县局干部晋升选拔实施方案，拓宽选人用人渠道。做好干部选拔任用工作，开展干部轮岗交流工作，全年安排中层干部39人，轮岗交流一般干部107人，保持干部队伍的活力。

【教育培训】加强教育培训力度，落实市局重点调训计划，参加税务总局、市局组织的各类培训以及税务干部学校组织的系列讲座和市里组织的双休日专题讲座。按照分类分层原则，全年共安排各级各类培训3327人次。组织营业税改征增值税全员培训4期（培训人数473人）、纳税评估理论与技巧培训2期（培训人数64人）、12366及办税服务厅人员培训2期（培训人数92人）。在上海市税务系统2012年科级干部业务考试中，县局总平均分列全系统第四。在上海市税务系统2012年会计二级达标考试中，县局平均成绩在全系统排序第七。

【政务管理】做好十八大召开前后的安全保卫工作，执行值班报告制度和保密规定，加强安全检查，注意消防安全、食品卫生安全和行车安全。认识维护社会稳定的重要性，按照市局信访工作规程、信访舆情管理规定的要求，坚持上下联动、左右协调的原则，建立健全县局内部工作机制，形成信访、舆情、应急管理三位一体的工作格局，依法规范做好信访的预防、化解和缓解工作。

【财务管理】加强财务管理，细化财务核算，抓好预算编制执行，规范行政经费使用。正确核算水、电、油、燃气费用及其他办公等用品实际使用情况，确保节能降耗指标分解落实。做好县局公务用车问题专项治理后续工作。推进政府采购工作，按照政府采购软件流程操作，完善政府采购工作机制。按上级要求有序推进公务卡改革工作。加强财务制度建设，制发《崇明县税务局贯彻实施〈上海市税务系统基层单位经费支出审批办法（试行）〉的具体细则细化表》及《崇明县税务局定点加油、定点维修管理办法（试行）》。加强各类账户的管理和稽核，确保资金安全、收支真实合法。

【内部审计】做好迎接市局巡视审计检查、税务总局巡视组对县局的延伸检查等工作。县局多次召开局党组会议。成立工作协调小组，各部门主要负责人参加，监察室负责组织协调，召开专题会议布置落实。制定工作方案，明确责任分工，准备汇报材料和巡视审计检查项目的各项资料，供巡视审计组随时查阅。配合市局巡视审计组、总局巡视组召开动员大会，做好民主测评、个别访谈工作。分析研究巡视审计中反馈的情况和问题，落实整改措施。

【纪检监察】将党风廉政、政风行风和机关作风建设与税收中心工作紧密结合，开展理想信念、党纪政纪、反腐倡廉等教育活动，保持党员、干部的思想纯洁、队伍纯洁和作风纯洁。推进惩防体系建设，落实党风廉政建设责任制。召开党风廉政建设会议，部署党风廉政建设工作，落实党风廉政建设责任制，签订《党风廉政建设承诺书》和《优质服务承诺书》。加强廉政执法执纪自查工作，做好迎接市局惩防体系建设检查工作。开展“为政清廉保纯洁”廉政教育月活动，开展经常性的党风廉政教育。加强“两权”监督，提高依法行政水平，开展税收执法督察和税收执法监察工作，推进基层单位内控机制建设。开展政风行风迎评工作。根据政风行风“网上测评”和机关作风建设要求，以优化纳税服务为切入点，提高依法行政水平和税收执法效能，提升纳税满意度。落实2011年政风行风测评结果整改，明确整改工作的目标任务和具体要求。执行税务人员下企业回执制和服务质量回访制，通过明察暗访、问卷调查、窗口测试等多种形式对各税务所的征收管理、服务质量进行综合评价，发挥第三方评判作用，开展社会中介机构暗访调查。召开政风行风建设领导小组会议，下发市局特邀监察员监督检查活动情况通报，督促各单位各部门对照检查，切实整改。年内政风行风测评中，县局综合满意度在全县8个执法单位中位列第三名。

【后勤管理】创新工作思路和工作举措，建立健全各项制度，完善内部管理，规范县局物资传递工作，提高物资传递的质量与效率，降低发送的综合成本，从6月1日起，县局推行物资传递系统，向各单位统一传递表格、资料、材料、物品等。为纳税人提供优质高效的服务。

【税务文化】加强党建基础工作，推行党务公开，推进学习型党组织和学习型机关建设，开展创先争优活动。县局分别被市局、县级机关党工委选送上报“2011—2012年度上海市学习型党组织（机关）创建工作先进单位。县局“服务连企业、税收促发展”案例荣获崇明县机关作风建设案例评选二等奖。县局机关党委被县委评为“崇明县创先争优先进基层党组织”。县局党务公开工作被上海市党务公开领导小组作简报宣传。县局第八税务所、第十四税务所被评为2010—2012年度崇明县“五好”基层党组织。在2012年县级机关党工委系统最佳组织生活会案例评选活动中，县局机关第一党支部、第二党支部荣获三等奖，机关第三党支部、第十八税务所党支部荣获鼓励奖。

开展团员青年活动。组织开展“喜迎新春，乐活元宵”活动，“冬日阳光”崇税青年青春温暖行动，“诗意青春”——上海原创诗歌征集活动。组织参加纪念建团90周年暨“五四”运动93周年主题集会，举办“弘扬五四精神，放飞青春梦想”活动、热点税收政策PPT制作及宣讲赛，组织“团亲团爱”新进公务员联谊活动。参加市局举办的辅助应用软件创新创意展示赛，选送的参赛项目“征管改革的配套信息辅助软件”获得创意组二等奖。坚持爱心献社会，深化青年志愿者活动，培育青年的社会责任感。

组织开展职工文艺汇演、迎春联欢会、离退休老干部团拜会、复转干部庆祝建军节和十月歌会等活动，丰富干部职工的文化生活。对困难职工给予补助，对老同志和生病住院职工及时做好慰问，做好职工门诊和急诊医疗保险续保工作。组织全体职工健康体检，委托县体育局对干部职工进行体质测试，举办县局2012年职工运动会，参加上海市税务系统运动会，倡导全民健身、运动快乐的理念。

开展精神文明建设，一批先进单位得到上级表彰。县局第八税务所、第十四税务所荣获“第十六届（2011—2012年度）上海市文明单位”称号。5家单位获“2011—2012年度上海市税务系统文明单位”称号（按市局表彰顺序排列）：第一税务所、第五税务所、第六税务所、第八税务所、第三检查所。局系统20家单位、部门获“2011—2012年度崇明县文明单位”称号（按县表彰顺序排列）：第八税务所、第十四税务所、县局机关、第一税务所、第二税务所、第三税务所、第四税务所、第五税务所、第六税务所、第七税务所、第九税务所、第十税务所、第十一税务所、第十五税务所、第十六税务所、第十七税务所、第十八税务所、第一检查所、第二检查所、第三检查所。县局第十八税务所荣获“崇明县五一巾帼集体”称号，第八税务所、第十八税务所分别荣获“工人先锋号”称号。县局荣获崇明县机要密码工作先进集体三等奖。县局工会荣获“2012年度崇明县工会目标考核工作标兵单位”称号，工会财务获得“财务工作二等奖”。

（韩秀丽）

市税务稽查一局

【**概述**】2012 年，市税务稽查一局（以下简称分局）根据全国和上海市税务工作、稽查工作会议精神，结合稽查工作实际情况，以“五抓五提高”（即抓紧抓早抓合理安排，提高稽查效能；抓公平公正，规范操作，提高执法水平；抓现代科学查账，提高创新稽查手段；抓对内沟通、对外服务，提高协调能力；抓学习、抓廉政，提高干部队伍综合素质）为目标，强调务实、创新的工作精神，推行多项实践性、可操作性强的工作制度，做到稽查效能、执法水平、协调能力、创新能力、干部素质五个方面的提高。分局坚持将依法行政贯穿始终，通过教育培训、岗位练兵、推行“主查员”制度等形式，提高干部规范执法意识和能力。抓好查前、查中、查后三个阶段和选案、稽查、审理、执行四个环节的全过程规范、审理环节的重点防范和稽查人员自身的监督防范，对历年发布的各项内部制度通过新增、保留、修订、合并、废除等方式进行清理，重新建立 22 项“税收执法类制度”，确保稽查执法在安全线上有序开展。全年完成税务稽查案件 314 户，查补各类税款 2.12 亿元（其中 6 户尚在市局重审中，涉税金额 0.83 亿元），组织企业自查收入 5.63 亿元，合计完成税收收入 7.75 亿元，继续保持听政、复议和诉讼的“零发生”。年内，分局探索税务稽查与纳税评估进一步合作与衔接，与评估分局开展联手选案，发挥评估指标分析和税务稽查双方的优势，开展有针对性的选案。推进信息化稽查，以“请进来，走出去”的培训方式和“信息化稽查小组对抗赛”等教学模式，提升稽查人员信息化稽查实战能力；通过稽查软件采集海量数据、运用审计式工作底稿等手段，开展案情分析，实施检查痕迹管理，探索信息化、审计式、调研型“三位一体”的检查模式；创新组织管理方式，运用“扁平化、团队制、分散式”工作方式开展检查。全年度通过信息化稽查查补各项税收 6.36 亿元。队伍建设方面，开展形式多样的廉政教育，多层次、全方位的业务培训，加强税收执法监督和内部管理监督，保障税收执法权和行政管理权在制度约束下规范运行。

【**稽查查补收入**】2012 年，分局完成税务稽查案件 314 户，查补各类税款 2.12 亿元，组织企业自查收入 5.63 亿元，合计完成税收收入 7.75 亿元。其中，重点税源企业及其他专项检查情况完成 286 家，查补各类税收收入 7.07 亿元；分局承办的全市范围内由国家税务总局、市局交办督办的各类案件 15 件，涉及 28 户企业，结案案件共查补各类收入 0.68 亿元。

【**重大案件查处**】分局承办的重大案件包括总局督办案、市局领导交办案、市局信访转办案。针对每件大、要案，分局都成立专案组，由分管领导牵头，检查科负责督办，检查所确定主查员，建立汇报和沟通协调制度，按照《重大税收违法案件督办管理暂行办法》的规定，按时报送进展报告。年内分局承办的国家税务总局、市局交办督办的各类案件15件，涉及28户企业。结案案件共查补各类收入0.68亿元。

【重点税源企业检查】 年内重点税源户的检查涉及金融、保险、海洋石油、宝钢、海运等行业，分局对其中的62户在沪企业进行重点检查。根据企业的自查情况，结合行业特性，制订详细检查预案。在重点检查阶段，分局全部采用信息化稽查方式，采集有关电子数据，进行分析复核，评估筛选出这些企业的主要涉税风险点。全年累计查补各类税款6.38亿元（含自查收入），调减以前年度可弥补亏损额2553.64万元。

【税收专项检查与区域专项整治】 分局承办的专项检查涉及五个方面：一是“营改增”专项检查，共检查企业74户；二是出口退税专项检查，共检查企业82户；三是高风险企业检查，共25户；四是医疗机构专项检查，共40户；五是其他3户。共计224户，查补税款0.69亿元。

【案源管理】 分局通过综合征管软件、征管部门等渠道采集纳税人的基础信息及其他相关数据资料，分行业、分环节、分重点设置选案标准和选案参数，确定选案分析指标和分析方法。探索稽查选案与纳税评估联手选案。全年完成对2500多户重点税源企业，80户中海运集团及其在沪成员企业，35户纳税评估企业以及1670户营利性医疗机构，21户“1202”总局协查企业合计4306户备选案源的选取工作，共选取112户企业实施检查，稽查选案准确率为99.34%。

【信息化稽查】 年内，分局探索信息化、审计式、调研型“三位一体”的检查模式，通过稽查软件采集海量数据、运用审计式工作底稿等手段，开展案情分析，实施检查痕迹管理，研究建立信息化稽查的基本管理制度，制定信息化、审计式、调研型“三位一体”检查的管理办法。针对大型企业信息化稽查需要采集海量数据进行分析、查找涉税疑点的情况，运用扁平化方式由分局信息化技术支撑小组组织力量集中采集海量数据，再进行团队制的集体穿透式阅账，分析和查找涉税疑点，最后分散到各检查所对涉税疑点进行实证的“三合一”查账方式，提高信息化稽查实战能力和稽查效率。

【海关代征进口增值税专用缴款书核查】 年内分局接待50批外省市税务机关进行协查工作，联系并协助外省市税务机关到海关、工商以及其他税务部门开展调查取证工作。全年审核12152份发票，向外省市税务机关回复并出具1198份证明材料。在核查比对工作中，发现3700份发票存在问题，涉及海关代征增值税35258.02万元，其中可以确认属于伪造的假发票2665份，涉及海关代征增值税22674.74万元。通过《协查系统V3.2》共登记、接收协查函20个，涉及户数20个，涉及发票97份，价税合计24416.84万元，税额4150.63万元。对

2012年4月23日，市税务稽查一局青年文明号成员在二号线世纪大道站进行税法宣传

协查函，按期回复率为100%，受托协查完整率为100%。

【税法宣传月活动】4月，分局与上海电信联合开展以“税法宣传畅e行，执法服务促和谐”为主题的税法宣传和执法服务月活动。与上海电信合作制作的动漫片《非裸婚时代》（2集）在上海热线、互联星空网站、电信大楼大屏幕播放；在历年部分查账企业的网络终端、IPTV用户电视终端播放自创的开机主动推送税法宣传公益广告；在电信账单中附送税法宣传漫画及宣传资料；开设电信《IT时报》税法宣传专版；派出宣传小组在电信营业大厅进行税法咨询活动。分局与上海电信联合召开税法宣传、执法服务现场座谈会。会议围绕规范税收执法，优化执法服务的内容，就目前大型企业涉税热点、难点和风险点进行讲解和剖析。分局制作的动漫公益宣传短片《水润万物，税泽民生》、动漫片《非裸婚时代》（2集）均入选税务总局的项目评比，其中《水润万物，税泽民生》在第八届全国税收动漫大赛中，获得公益短片类优秀奖。

【人事管理】年内分局在册干部163名，其中6名处级干部参加市局考核，2名“12366”借调人员参加市局考核，其余155名参加分局考核。分局考核优秀的有31名，称职的有122名，未定等次2名（新录用人员）。晋升副调研员1名、正科级领导3名、主任科员3名、副科级领导5名、副主任科员6名（其中2名为新进硕士研究生公务员定级），对1名科员定级（为新进本科公务员1名）。全年调入6名（2名新进大学生，4名系统内人员），系统内调出2人，退休2人，辞职1人。

【教育培训】年内，分局完善市局重点调训分局自主培训和个人按需择训三位一体的教育培训体系。建立人才信息数据库实现全局干部参训信息全覆盖。对全局每一名干部的教育培训的情况和成绩等信息全部通过管理系统进行录入，实时记录和跟踪参训情况。全年完成培训1048人次、培训天数1770天，人均培训天数为10.9天（其中分局自主培训851人次、合计培训天数945.5天）；参加市局科级干部考试，以平均144.83分的成绩获得总分第六名，有8名科级干部取得满分；按规定参加会计达标二级考和三员考，其中会计达标二级考有3名干部获得满分。分局通过对专业技能高端队伍开展的信息技术人才、高级会计人才、税务稽查人才等专业化骨干培训；以及对基础队伍开展现代办公软件、征管软件运用、查账软件操作、中级会计知识的普及型培训，使全局能够独立采用通用财务软件并使用查账软件阅账的比例达到78%。10月24—25日，第一期税务稽查业务实训班在分局的税务稽查实训基地正式开班。通过讲授式、体验式、演练式等多种实训方式对来自上海税务系统2012年新录用的126名公务员学员进行首轮培训。

【政务管理】在政务信息工作方面，分局侧重反映稽查工作中的热点、重点、难点问题。全年上报市局信息稿件82篇，被市局《税务简报》《税务动态》等录用73篇、被国税总局录用2篇。分局组织稿源向《上海税务》杂志、《中国税务报》等媒体投稿，各被录用1篇。

【微博工作】自2012年4月上海税务微博开通，分局为保证微博工作的开展，在市局《管理规程》基础上制定分局微博工作团队的管理办法和考核办法，把微博工作纳入全局重点工作考核范围。自8月起，通过上海税务微博开设“以案说法”专栏，获得热烈反响。年内发布的19篇以案说法稿件平均转发数均超过150次，其中，《集团管理费问题》是上海税务微博第一篇转发超过100次的稿件，《三代手续费》案例是第一篇评论超过100次的稿件，《会议费界定问题》一文是上海税务微博第一篇转发超过600次，评论超过200次的稿件，是2012年上海税务人气最高的稿件。分局组织宣传员和部分粉丝进行微博互动，转发、评论上海税务微博超过10000次，互动频率为全系统第一，在市局发布的上海税务微博粉丝支持度排行榜上每期均有3—4名宣传员进入前十，年度粉丝排行前十中有四名本局宣传员。

【后勤管理】 年内，办公室完善驾驶班管理制度，严格对驾驶员的管理；合理调配车辆，确保稽查一线和科室领导开会用车。通过驾驶班班长责任制，及时报告用车情况，掌握用车动态；根据一年中用车忙闲情况，及时调整租车数量，做到既确保工作用车，又厉行节约。分局办公室加强分局实物资产（不包括信息化资产）的管理，用软件系统对实物资产进行即时管理，每调拨、处置一件实物，办公室、财务科、信息科都能即时在网上看到，进行相互监管。

【财务管理】 年内，加强财务管理，修订完善《财务会计管理及监督制度》，制定《分局经费支出审批暂行办法》《差旅费管理暂行办法》和《公务卡使用报销管理暂行办法》。8月，实现固定资产由“美丽华”单机版管理改为“清源”网络版管理，为固定资产动态管理提供保障，推进固定资产管理工作规范化建设。

【内部审计】 年内，分局抓好对领导班子和税收执法的监督。在对领导班子的监督方面，落实领导干部重大事项报告制度、落实领导干部民主生活会制度、落实《领导班子和领导干部监督管理办法（试行）》，通过组织民主测评，加强对领导班子落实党风廉政、政风行风建设责任制的监督检查。在税收执法监督方面，落实廉政告知制度和执法回访制度。4月和10月组织人员对102家已稽查结案的纳税单位进行回访，企业反馈较好。5月集中开展专项治理复查整改“回头看”工作，对32户稽查结案企业进行走访，均未发现干部违规收送礼金礼券购物卡的现象。

【纪检监察】 3月，开展“为政清廉保纯洁”廉政教育月活动，组织召开专题报告会、组织专题学习、开展专题讨论等，结合年度考核和“创先争优”工作，组织收集、整理和宣传身边的“闪光点”。推进部门内控机制建设，做到组织健全、领导有力、程序规范、资料齐全、工作进度符合规定要求。至12月底，除对科室的内控机制建设进行完善外，各检查所的内控机制建设，也在规定时间节点完成。

【税收科研】 年内，分局对《保险行业税务稽查若干问题的思考与研究》《信息化稽查痕迹化管理调研报告》《银行业稽查指南》《航空行业稽查指南》四项课题组织调研。分局局长任组长，明确落实到部门负责。在市局课题评比中，《信息化稽查痕迹化管理》课题荣获二等奖。《保险行业税务稽查若干问题的思考与研究》因对保险行业独特深刻角度的剖析而引起上海保监局、市局稽查处的高度重视。在2012

2012年12月5日，市税务稽查一局邀请消防中队的同志开办消防安全知识讲座

年度市局信息化稽查案例评比中，分局共有3篇案例参与评比，通过书面及现场演示两项评比，最终以93.5的平均分在13个稽查局中位列第一名。其中《信息手段早介入“三位一体”出成果》信息化稽查案例获一等奖，《审银行特征析风险　采境外数据证疑点》信息化稽查案例获二等奖。另外，在市局优秀案例评比中，《聚焦特色追缴巨额税款》检查案例获三等奖。

【税务文化】分局通过各类主题活动拓展税务文化的内涵。3月5日，局团总支号召全体团员青年积极参加青年志愿者团队、倡导团员青年将双面打印、废纸利用、电池回收等打印成一张张“低碳小贴士”粘贴在办公室显著位置、带领团员青年前往长期结对帮扶的浦东新区祝桥敬老院等，践行“快乐志愿情　公益我先行”微公益理念。3月13日，第二团支部5名团员代表前往浦东世纪公园认养树木，在世纪公园内四块主题林之一的“心愿林”中认养一棵香樟树。12月8日，分局团总支组织分局10名团员青年作为系统内首批志愿者报名参加“蓝天下的至爱”募捐志愿活动，募得善款700余元，受到上海税务微博关注。

（严丽华）

市税务二分局

【概述】2012 年，市税务二分局（以下简称分局）坚持“以点带面、引领突破”的工作方针，按照“学习、落实、深化”的工作思路，根据转型后的职能工作要求，围绕税收风险管理和纳税评估中心工作，推进指标开发、设计、验证，开展面上和专项风险识别，组织纳税评估应对，探索数据质量管理，落实大企业管理相关工作，加强反避税工作，优化内部行政管理，提升干部教育培训、党风廉政建设、税务文化建设等工作的质量和水平。

【小型商贸企业增值税发票风险识别应对】3 月，根据市局关于加强发票特别是小型商贸企业增值税专用发票风险分析监控的要求，分局对全市范围内的小型商贸企业一般纳税人 2011 年度增值税专用发票进行专项面上风险识别。分局利用前期开发的指标筛选出风险企业 498 户，其中：111 户移交稽查，另 387 户分别由分局和各区县税务局进行纳税评估。在 387 户纳税评估的风险企业中，除去 3 户完成稽查或正在稽查的企业，实际评估 384 户，评估率为 100%。发现有问题户数 142 户，查有问题比例 36.98%，评估补税共计 443.29 万元。

【“营改增”试点企业风险识别应对】围绕加强营业税改征增值税（以下简称“营改增”）风险管控，根据市局安排，5 月正式启动“营改增”企业风险专项识别应对，建立包括六个方面重点内容（销项管理、进项管理、洋山即征即退政策、超税负返还、出口退税、过渡性财政政策扶持）、28 个风险点的“营改增”风险监控管理体系，利用开发的指标及指标组合，共筛选出风险企业 141 户，其中，问题户 103 户，问题户比例 73.04%。具体为：移交稽查 51 户，其中有问题 43 户，问题户比例 84.31%；分局选取 12 户开展评估，其中有问题 9 户，问题户比例 75%；其余 78 户企业，由各分局评估，其中有问题 51 户，问题户比例 65.38%。

【首次面上风险识别应对】6—8 月，根据市局开展年度面上风险分析监控的工作要求，全市开展首次面上风险识别应对工作。通过识别排序共筛选出风险企业 3017 户，其中，利用市局 12 个指标识别（对 90 余万户企业的面上筛选）1340 户、房地产开发行业 164 户、批发零售行业 1008 户、金属结构制造行业 214 户、旅游行业 217 户、“营改增”试点企业 68 户，第三方信息筛选 6 户。在上述筛选出的风险企业中，移交稽查 75 户，二分局评估 20 户，下发各征管分局进行二次风险识别 2922 户。除移交稽查的 75 户一级风险企业，各分局开展评估应对户数共计 1363 户，实际评估比例 46.33%，查有问题户数 673 户，查有问题比例 52.97%，评估共计补税 8975.40 万元。

【专项税收风险评估】根据市局工作安排，分局承担中国石化上海石油化工股份有限公司、中国石油化工股份有限公司化工销售华东分公司等 4 家石化企业的税收风险评估工作。对 4 家企业的八大类涉税风险点进行逐一排查，组织各评估小组人员参加市局开展的石化企业风险评估专业培训，对工作中遇到的疑点、难点问题，及时召集分局业务部门及专家团队商讨问题解决方案，确保每一环节工作按照时间节点完成。

【税收风险指标建设】 在3月开展全市小型商贸企业增值税发票风险专项评估中，研究近20个发票犯罪案例，结合企业生产经营的一般规律和虚开虚受企业的违法特征，创建相关指标40余个。在5月启动的“营改增”风险识别应对中，形成基础指标、专业指标、征管指标3个模块共90个指标组成的指标库，针对“营改增”风险重点行业和项目，形成“2+2”指标组合，建立汉字化关联指标。在6月启动的全市面上首次风险识别排序中，根据市局要求，自行完成房地产行业指标的创建，配合青浦、奉贤、闵行3个征管分局完成批发零售、金属结构制造及旅游业3个行业风险识别指标的创建，共创建指标68个，其中房地产业15个、旅游业12个、金属结构制造业19个、批发零售业22个，上述指标全部纳入市局指标库系统。结合数据质量管理实际，设计相关数据校验指标。创建增值税、所得税等风险识别指标。尝试建立涵盖不同税种、不同行业的指标库。建立指标的动态维护、修正机制。根据市局《关于加强分行业风险指标体系建设的意见》（沪国税征科〔2012〕39号）要求，分局配合市局牵头组织13个区县分局在全市层面首次统一开展行业指标建设。召开启动布置会，明确各项目分局分片区情况、各阶段性工作内容以及时间进度安排，详细解释和说明工作中涉及的行业范围的确定、风险识别指标的创建、指标平台维护的数据准备等；多次召开片区座谈会，动态把握各分局指标建设工作推进情况，协商解决工作推进中碰到的问题。截至年底，行业指标体系建设的前期调研、基本思路、具体安排等准备工作基本完成。

【数据综合管理】 在财务会计数据校验方面，对纳税人申报的全部财务会计数据，包括各月度《资产负债表》《利润表》《补充信息采集表》中的111个会计报表项目，以及年度《资产负债表》《利润表》《现金流量表》《所有者权益变动表》和《补充信息采集表》中的161个会计报表项目进行表内和表间的勾稽关系校验。在纳税申报数据校验工作方面，设计税收数据与会计信息综合校验指标6个，涉及税务申报表数据项目约20项，财务报表项目8项，利用这些指标对税收数据中与财会信息有直接关联的部分进行逻辑比对校验。配合市局征管科技处定期发布《上海市税收数据质量情况的通报》。成立第三方信息专项工作小组，拟定《第三方信息采集工作方案》，落实人员安排和责任机制。以“拓展采集渠道，数据比对分析，指标效果突出，逐步推进实现”为基本原则，制订具体工作计划，明确阶段性工作要求，拟达到的预期目标等。开展应用实践，以上海市土地出让信息为切入点，将可获得的第三方信息中2011—2012年上半年取得国有土地使用权的企业数据，与征管系统中的契税申报数据进行综合比对，查找出在此期间拍得国有土地使用权而未按期申报缴纳契税的企业名单，结合其他税收与会计申报数据，以及发票使用等情况进行分析，筛选出3户风险企业并开展纳税评估。经评估，3户企业均存在不同程度的涉税问题，其中1户企业在税务约谈与风险提示后补缴契税2556万元、印花税76万元。

【编撰纳税评估和风险应对工作指引】 根据市局对分局提出的要在全市风险管理中发挥“引领”作用的要求，结合工作实际，成立专题工作小组，对前期工作实践进行梳理、总结、分析，立足规范工作、提高质效，开展纳税评估和风险应对工作指引的编撰。年内，完成《增值税评估分析指引》《纳税评估约谈工作指引》和《行业风险识别和应对工作指引》的编撰工作，得到上级部门的肯定。《增值税评估分析指引》根据增值税征收原理，以结构图形式为评估人员开展增值税风险评估提供工作思路，便于评估人员按图索骥，发现纳税人的涉税风险点；《纳税评估约谈工作指引》从发挥纳税评估约谈效力、找准突破口、甄别疑点等角度，对纳税评估约谈工作进行剖析，提出意见；《行业风险识别和应对工作指引》结合行业风险识别和应对工作理论与实践，以行业风险识别和应对工作流程为主线，就如何开展行业风险识别和应对进行全面、系统的实例讲解。

【大企业税收风险分析监控】 根据税务总局工作要求以及市局具体部署，分局承担钢铁以及船舶两个行业的税务风险测试工作，涉及宝钢集团和中国船舶集团及其下属企业共计26户。选派业务骨干参加税务总局的专题培训，了解大企业税务风险评估测试工作的整体要求、工作流程、软件操作等。采取上门、电话、邮件多种方式，对26户企业进行调查问卷填写专题辅导，确保企业按照要求完成全部调查问卷的填写和上传；开展问卷复核，按照“两上两下、三级审核”的工作程序，对调查问卷所涉及的242个问题进行逐一审核、复核。5月底，完成大企业税务风险测试，从服务企业、帮助企业建立内控体系以及为今后工作提供借鉴角度出发，形成大企业税务风险测试专题工作报告。在6月29日市局大企业管理处举办的“大企业税务风险评估”学习班上，分局干部应邀作“企业内部风险控制理论”和“如何开展企业税务风险评估实地测试工作”的专题交流。以“四量分析”为主线，探索从企业生产经营状况、财务核算状况、税收收入状况入手，建立重点税源企业分析模板。根据对行业及企业的分析确定重点监控数据，制定分行业分类别的数据采集表式，具体行业采集表式细化为征管数据采集表式、生产经营数据采集表式、宏观经济数据采集表式和第三方数据采集表式。初步建立四大类通用指标，以及汽车、电力行业等七大类17项行业指标。组织力量按季编写钢铁、汽车、电力、石化四大监控跟踪行业简讯，提出分局的初步分析意见。以钢铁行业为突破口设计税收分析模型。

【税收政策落实监控】 选取现有数据信息完整、具有可操作性的4个政策项目（调整本市增值税、营业税起征点政策；小型微利企业所得税优惠政策；免征小型微型企业部分行政事业性收费政策；公共租赁住房建设和运营有关税收优惠政策）先行试点，并对政策进行梳理归纳，提炼政策要点，为数据需求编写提供依据。编写数据抽取需求，根据市局法规处的要求，确定数据筛选条件、取数来源、数据项以及结果显示字段等项目，抽取符合条件的企业信息。年内，完成10个税收政策项目的落实监控。

2012年3月28日，市税务二分局召开党风廉政建设工作会议。图为分局主要领导与部门负责人进行签约仪式

【反避税管理】 通过建立集中统一的反避税风险管理特征指标库

及全市的关联申报分析，开展市级避税嫌疑户的筛选，参与案件的论证、分析调查与跟踪管理，形成全市跨区域协同联动的闭环风险管控机制。年内筛选市级避税嫌疑户 16 户，配合征管分局调查补税 7.49 亿元，其中，成功对某大型跨国企业实施选案及初步案头分析，调整补税达 7.18 亿元，受到税务总局和市局的通报表彰。通过对 2011 年筛选的 5 户企业的跟踪分析，掌握企业盈利大幅提高的真实情况，提高应纳税所得额 2.84 亿元，增加实际应缴所得税额 7798 万元；以组建经济分析师团队和充实市局专题研究团队为契机，依托国际著名的商业数据库，强化数据的采集、分析、应用，搜集行业相关经济数据，完善评价标准，完成汽车行业价值链初步量化分析。

【纳税评估专题宣传】结合税收宣传月活动，4 月 27 日举办以纳税评估工作为主题的税企座谈会，邀请分局 2011 年评估过的 6 家企业的财务负责人、2 家总局大企业风险测试企业的财务负责人、上海市工商联相关部门人员参加。通过座谈，向企业宣传介绍分局的主要工作职能和工作概况，税务部门在深化征管改革、优化纳税服务背景下推进风险管理和纳税评估工作的意义和目的，以及风险管理和纳税评估的基本概念、基本内容，工作流程等，取得较好反响。

【机构人员】分局行政编制为 150 名，年底人员实际设置数为 136 名，其中局长 1 名，副局长 2 名，纪检组长 1 名；副处级调研员 3 名；正、副科级领导人数为 40 名。机构设置方面，正科级内设机构 10 个，另按规定设置机关党委办公室，年底人员实际设置数为 71 名（含局长室）；正科级派出机构 5 个，年底人员实际设置数为 65 名。分局业务科室的领导主要由精通业务的中青年干部构成，45 岁以下的领导干部占比 77%；政工科室和税务所的领导干部中，45 岁以下的领导干部占比 63%。一线税务所的人员为 65 人，各所人员配置做到老中青三结合，搭配上以 4:4:2 的比例配置。

【人事管理】年内分局招收新录用公务员 1 名，选拔任用分局干部 13 名，占干部总人数 9.6%：其中 2011 年末开展提任、2012 年初任命的主任科员 2 名、副主任科员 6 名；年内选拔任用工会副主席 1 名、副科级领导干部 3 名、副主任科员 1 名。第三季度，在本市税务系统开展的公开选拔青年领导干部工作中，分局推出一个信息科副科长职位，经过公开选拔程序，选拔原宝山税务局干部 1 名到分局任职。在该市税务系统 2012 年行政行用等级评定中，分局被评为 A 等单位。

【教育培训】优化干部队伍结构，根据现有队伍结构合理配置各部门人员，向市局提出人才需求，年内，有 4 名市局人才库抽调的干部充实至分局业务科所。加强教育培训：选派业务骨干参加总局专项业务培训，有 4 人次参加税务总局的“全国税务系统处级干部业务培训班”“纳税评估与风险管理研讨班”等；落实市局培训项目，有 81 人次参加市局举办的各类培训；开展自主专题培训，包括纳税评估、反避税、“营改增”、小企业会计准则、行政强制法等。2012 年，分局干部在全市税务系统会计二级达标考试、科所长考试、行政强制法考试中均获名列前茅的成绩，平均成绩分别为第二、第二和第四名。

【政务管理】围绕落实内门户推广上线，成立上线工作领导小组，下设工作办公室，负责上线工作的具体落实推进；制定具体推进工作方案，明确各环节工作内容、要求、时间节点、责任部门和人员等事项，落实好宣传辅导等各项工作，确保分局内门户按时上线，实现 OA 系统到内门户的顺利转换。落实双人二十四小时安保值班制度，定期检查，排摸隐患，认真处理、解决信访事宜。落实十八大信访维稳，建立信访维稳日报制度，开展信访维稳专门排查。重点做好全国及上海市“两会”，元旦、春节、“十一”等

2012 年 3 月 31 日，市税务二分局纳税评估实证小组召开例会讨论工作。分局局长林子瑜现场参与讨论

长假的安全保卫。做好 8 月初 11 号强台风的防范和应对工作。结合上级有关纳税评估管理文件精神、档案管理办法及分局纳税评估工作实践，从保证纳税评估资料完整性的角度出发，明确纳税评估签报、工作报告、分析报告、工作底稿等 26 项归档内容。6 月，完成 2011 年开展的 23 户企业纳税评估资料的归档工作，共归档 29 卷。

【纪检监察】 召开外部特邀检查员会议，听取来自企业、综合管理部门和兄弟单位的 15 名特邀监察员就分局职能转型后的党风廉政和政风行风建设方面的意见和建议。在分局内部聘请 9 名干部组成新一届内部廉政监督员，制定《市税务二分局廉政监督员工作暂行办法》，健全组织，明确职责、任务、要求，发挥内部廉政监督作用。组织纪检监察干部和分局内部廉政监督员赴市内其他税务局，就廉政风险内控机制建设和廉政信息化建设等开展学习交流。开展纳税评估工作廉政监督，制定《廉政告知书》《致纳税人的信》（回执卡），要求分局干部在对企业开展评估前送达纳税人，发挥被评估企业对分局干部的廉政监督作用。根据市局《纳税评估工作规程（试行）》以及分局纳税评估业务廉政监督工作规定，在此前开展纳税评估的企业中选取 8 户企业进行回访，通过回访测评的方式，了解企业对分局干部在秉公执法、清正廉洁、文明服务等方面的情况。

【税务文化】 举行迎十八大专题报告会，邀请上海市委党校教授为分局干部做专题报告。成立创先争优领导小组和推进工作组，制定工作计划，开展分局职能大讨论，将创先争优与分局中心工作相结合，发挥风控中心在全市风险管控工作中的作用。发挥党员的先锋模范作用，针对分局工作面临的新形势，号召分局全体党员做好工作，勇于争先、勇于奉献、率先垂范，发挥带动作用。年内，分局创先活动中部分党员获得上海市税务系统先进党员和先进党务工作者称号，另有部分党员获得分局先进党员和先进党务工作者称号。开展以“改革　发展　创新——税收风险管理监控的实践与探索”“探索指标管理实践和突破”“反避税“等为主题的青年评估论坛。开展“爱心一日捐”活动，迎春联欢会，走访慰问退休干部，举行退休干部迎新春茶话会，组建多个兴趣小组，组队参加市税务系统第一届职工运动会以及市局组织的各项体育赛事，与其他分局联合开展主题团日活动等，提升分局干部的凝聚力、向心力。加强学习型机关建设，倡导终身学习理念，在分局内部形成良好的学习氛围。2012 年，分局第二税务所和财务科分别获得上海市文明单位和上海市税务系统文明单位荣誉称号。

（杨结应）

市税务三分局

【概述】2012 年，市税务三分局（以下简称分局）围绕年初制定的“明定位、固基础、谋发展”的主题，根据直属征管分局职责定位，贯彻落实各项重大税制改革和税收政策，支持全市“两个中心”建设和经济发展；以涉税事项流程优化、纳税遵从评价、数据质量管理等工作为突破口，稳步推进税收征管改革，各项业务基础全面夯实；重点加强计划管理，全面夯实内部行政基础，工作质效不断提升；加强依法治税和纳税服务，打造“规范、诚信、透明、优质、高效”的税收法治服务环境，完成全年各项工作任务。

【税收收入】重点完善税收收入预测分析监控体系建设，全面加强组织协调，果断实施综合调控，确保税收收入增长的均衡性和可控性。年内，分局完成税收收入 647.1 亿元，比上年增长 10.9%，增收 63.4 亿元；完成证交印花税 159.0 亿元，比上年下降 36.0%，减收 89.3 亿元。

2012 年市税务三分局分税种税收情况表

单位：亿元

项目名称		税收金额	比 2011 年增收	增幅（%）
分税种	合　计	647.1	63.4	10.9
	增值税	1.3	0.2	22.8
	营业税	180.3	29.2	19.3
	企业所得税	364.7	34.1	10.3
	个人所得税	75.9	3.0	4.1
	其他各税	24.9	−3.1	−11.1

2012 年市税务三分局金融业税收情况表

单位：亿元

项目名称		税收金额	比 2011 年增收	增幅（%）
金融业	金融业合计	646.4	65.8	11.3
	银行业	537.7	106.4	24.7
	保险业	54.4	−19.9	−26.8
	交易所	54.3	−20.7	−27.6

【税收特点】四大主体税种全面增收，其中企业所得税在税收总量和税收增量上均占比第一。全年企业所得税完成364.7亿元，占税收总量的56%；企业所得税比上年增收34.1亿元，占税收增量的54%。银行业税收快速增长成为分局税收增长主因。全年银行业完成税收收入537.7亿元，比2011年增长24.7%，增收106.4亿元，占分局税收增量的168%。特大重点税源企业对分局税收贡献度高。全年交通银行完成税收收入150.5亿元，比上年增长27.1%，增收32.1亿元；浦发银行完成税收收入85.8亿元，比上年增长29.8%，增收19.7亿元，两家银行合计增收51.6亿元，占全局税收增量的82%。

【税收法治】年内，分局成立依法行政工作领导小组，负责牵头、组织、协调和监督检查分局依法行政工作；整合人力资源，从办公室、业务科室、征管所抽取7人组成法制工作团队，负责协助分局相关部门做好依法行政培训教育、对行政和法律救济工作提供建议。强化各类培训，分两批对分局全体税务干部开展《行政强制法》专题培训，借助网上考试平台开展网上测试，测试参与率及合格率均达100%，测试平均成绩达96分；根据《规范税务行政处罚裁量权实施办法（试行）》，结合分局实际情况开展业务培训，提升一线执法人员执法水平。

【税种管理】（1）组织开展2011年度企业所得税汇算清缴工作，涉及企业147户（其中：居民企业93户，非居民企业54户），申报率达100%，补征企业所得税59.5亿元，清退企业所得税3.62亿元；巩固完善具有分局特色的企业所得税汇算清缴后续管理模式，采取项目分类分层方式进行重点核查，通过后续管理共发现21户次企业存在涉税问题，减少可弥补亏损额11949.67万元，补缴企业所得税1546.74万元。（2）按照“早布置、多宣传、勤受理、促申报”的工作思路，完成个人所得税自行申报工作：截至3月31日，分局受理申报共计71988人次，申报人数较上年同期增加14255人次，增幅达24.69%；经过两个月的排摸催报等后续管理工作，截至5月31日，分局共计受理申报76679人次，补税69人，补税金额417.14万元。（3）推进营业税改征增值税试点工作：①实行“一对一”全过程管理，事事有预案，户户有跟踪，确保零差错。2012年，分局发生应税服务企业主要为海洋石油企业，共涉及上海石油天然气有限公司、中海油能源发展股份有限公司上海采油技术服务分公司、中海油信息科技有限公司上海分公司、中海油能源发展股份有限公司上海物流分公司、中国海洋石油东海公司5户企业，业务内容包括物流辅助、仓储服务、研发服务、信息系统、会议展览及有形动产租赁等应税服务。全年上述企业共发生应税服务销售额累计11532.4万元，上报应税服务增值税355.98万元。②落实个性化工作：上海东方航空股份有限公司作为全市唯一采用总机构汇总缴纳方式按季缴纳增值税的试点企业，分局与该企业多次开展座谈，配合税务总局、市局相关处室进行调研，使企业完成“营改增”申报工作；完成本市第一笔零税率应税服务免抵退税审核审批工作，审核通过零税率应税服务免抵退税额1.25亿元，审核审批退税额1521万元。③配合“营改增”试点工作，完成服务贸易出口企业资格认定77户。（4）确保新车船税法及其实施条例落实到位。分局作为保险机构主管税务机关，依托保险公司开展政策宣传，利用上海市保险同业公会交强险平台统一修改扣缴设置。年内，全市车船税收入达14.64亿元，其中，保险机构代收代缴机动车车船税收入为14.12亿元，占车船税总收入的96.45%。（5）落实海洋石油行业矿区使用费改征资源税工作，配合市局开发征管系统模块，解决历史遗留政策问题，全年实现资源税税收收入4194万元。

【纳税服务】组织开展全国第21个税收宣传月系列活动，4月25日，举办“税收·发展·民生——纳税服务走近您身边”税收宣传特色活动，向纳税人介绍主要纳税服务渠道，并由两位纳税人代表围绕“纳税服务走近我身边”的主题进行发言，取得良好的税收宣传和税企互动效果。分局注重加强各类征纳沟通、交流渠道建设。一是开设“三分局纳税人课堂”，全年共举办四期培训班，内容涉及营业税、企业所得税、申报表填写以及软件应用等方面，共600余人次参加培训；二是创刊《三分局纳税服务动态季报》，设有12366远程坐席运行情况、税企互动平台、纳税人呼声、办税服务厅动态、建议与反馈、实践与举措、创新与改革等7个子栏目；三是完成上海税务网站“互动参与平台”推广应用工作，共实现518户电子申报户（正常户）的推广应用并成功设置发票抵扣联认证、申请领购发票、申请代开发票、打印《个人所得税完税证明》四大项预约登记业务，通过平台推送信息126条、非即时税企互动175条，发布问卷调查2份；四是继续做好12366远程坐席各项工作，全年共受理电话咨询12890个。规范办税服务，年内分别制定《三分局办税服务厅标准化建设实施方案》《三分局办税服务大厅巡察工作制度》以及《三分局办税服务场所弹性工作制度（试行）》。保障税务行政执法权与税务行政管理相对人的权益，制定《上海市税务三分局涉税争议前置处理规程（试行）》。

【税收征管】扎实推进税收征管改革。科学规划，制定《市税务三分局推进税收征管改革的实施意见》以及配套制度，制定分局税收风险分析监控联席会议制度，成立分局税收风险分析监控中心（以下简称“风控中心”），构建“风险分析监控管理联席会议—分局风控中心—相关部门风险管理员”的工作体系；重点聚焦，选择涉税事项流程优化、纳税遵从评价、数据质量管理等工作为突破口，全年完成11项涉税事项优化，对6户企业着手开展纳税遵从评价，初步建立村镇银行和人寿保险行业指标体系，探索开展出租房产“两税”申报表比对、企业所得税预缴零申报管理等专项风险监控。

【专项工作】（1）根据市局《关于调整本市企业跨区县迁移税务登记申请渠道的公告》，自3月1日起，调整本市纳税人跨区县迁移的申请渠道，由分局第四税务所集中受理全市跨区县迁移申请。分局设立受理专窗，制定工作预案，与市局处室、相关分局联系沟通，先后就完善网上申请模块、增加网上税款入库信息查询、场地核查提醒等情况提出优化建议，确保业务环节紧密衔接，政策执行口径一致。全年共接受纳税人申请17707户次，预受理登记7574户次，正式受理近6496户，启动场地再次核查6户次。（2）继续做好外地建筑安装企业在沪承接工程的登记工作，全年共受理外建各类登记

2012年2月1日，市税务三分局顺利完成首户“营改增”试点企业纳税申报工作。图为分局相关部门人员开展现场办公，帮助纳税人顺利完成申报工作

11111户次，其中，外建报验登记1049户、项目登记8331户、项目追加投资登记1444户、外建变更登记287户；审核在沪建筑安装企业个人所得税查账征收项目信息共计12581条。（3）继续做好全市来料加工管理、出口退税审批等业务。贯彻落实促进外贸稳定增长相关政策，将退税审批时限压缩到2个工作日内。全年完成出口退税审批2.5万余条，退税人民币875亿元；开具来料加工免税证明近18912份，免税人民币104亿元，核销手册17527本，免税人民币105亿元；办理出口企业退免税资格认定、变更、注销合计5258户。

【大企业税收管理】开展大企业纳税满意度调查，共计发放《上海市税务局纳税服务需求调查表》388份，回收385份，回收率为99.23%，其中，向税务总局、市局级定点联系企业共发放124份，回收124份，回收率为100%。调查结果显示，户管纳税人最关心的问题集中于最新税收政策、税收优惠政策的落实、办事效率、办税流程高效简便等方面。开展大企业风险管理工作，与中国太平洋保险（集团）股份有限公司签订税收遵从协议。

【海洋石油税收管理】以国税总局海洋石油税收三十周年系列活动为契机，全面加强海洋石油行业管理。组织参加海洋石油行业联合审计工作；参与海洋石油税收三十周年相关纪念文献编纂工作；分局领导带队参加系列座谈会和工作会议，就完善管理机制、大力组织收入、推动专业化管理、优化纳税服务等与全国交流经验，畅想发展道路，分局有3位同志受到税务总局通报表扬。

【国际税收管理】做好国际税收情报交换工作，制作美国、日本、韩国、加拿大、澳大利亚五国自然人和法人的自动税收情报50份。开展上海第一例有关证券承销业务的常设机构利润归属问题的转让定价调查，企业补缴企业所得税和个人所得税合计698万元。

【税务稽查】加大对纳税人发票使用情况的检查力度，全年共完成30户企业的发票检查，查处违法企业11户，查处非法发票数25份，涉及金额28.94万元，查补税款7.24万元。完成市局下达的税收自查工作任务，共计组织企业自查户数162户，查补收入87371万元，其中，增值税查补3万元；营业税查补16817万元；企业所得税查补56546万元；个人所得税查补12597万元；房产税等其他税收查补1408万元。

【信息化建设】加强信息数据支持，满足各项重点工作需求，分别定制“营业税改征增值税管理查询”“发票简并票种管理查询”“2012年汇算清缴申报管理查询”等数十项定制查询程序，提高征管效率；加强分局征管风险控制管理数据支撑，先后制定“发票质量管理”“流转税管理”“所得税管理”等各类税收数据查询程序。切实强化信息安全检查，采取部门定期自查和分局不定期抽检相结合的方式每月开展检查。

【机构人员】上海市国家税务局第三税务分局、上海市地方税务局第三分局（上海市国家税务局海洋石油分局、国家税务总局海洋石油税务管理局上海分局）设有10个内设机构和机关党委办公室，7个基层税务所。截至12月31日，在职干部179人，其中：机关67人，基层税务所112人。研究生以上文化程度18人，本科及大专文化程度160人，分别占干部总数的10.06%和89.39%。党员114人，占干部总数的63.69%；民主党派共1人。30岁以下、31～40岁、41～50岁、51岁以上人员分别占干部总数的24.02%、8.38%、54.75%、12.85%。处级干部8名，科级干部77名，科员94名。

【机构调整】分局成立风控中心，信息技术科在保留原有职能基础上，增加风险分析监控职能，信息技术科负责人兼任风控中心负责人；中心设立数据管理、监控管理和综合管理三个工作小组，承担各项工作职能。分局第二税务所职能调整，负责分局户管企业纳税评估。

【人事管理】年内，分局共选拔任用科级干部9人，副科级领导干部4人（其中：参加市局公开选拔青年科级领导干部1人），副科级非领导职务5人；完成3名正科级领导干部、1名副科级领导干部试用转正考察工作；完成7名副科级领导干部和19名一般干部轮岗工作。配合市局开展处级非领导职务晋升工作，分局1人任调研员、1人任副调研员；配合市局开展处室竞聘工作，分局1人竞聘成功。

2012年8月28日，市税务三分局2011届新录用公务员集体宣誓，正式转正

【教育培训】以全面提升干部综合素质为目标，开展各类培训与考核。组织分局干部参加市局各类考试，做好备考工作，通过开展集中辅导、模拟演练以及封闭强化不断提升干部业务水平，在市局组织的会计二级达标以及科所长考试中分别取得平均分系统第一、第八的优良成绩。年内分局首次举行一般干部全员业务考试，围绕考试内容开展4次专题培训，累计310余人次参加。

【政务管理】加强计划管理，建立重点计划的制定、执行和反馈机制，加大督办力度；制定《市税务三分局分局级会议制度（试行）》，组织季度和月度工作会议，加强追踪问效，确保重点计划贯彻执行。推进内门户建设，开展学习调研、征集需求、版面设计、栏目确定、稿件准备、可行性评估、数据迁移、应用培训、制定管理办法等工作，确保分局内门户11月15日正式上线。

【财务管理】推进公务卡管理工作，制定《市税务三分局公务卡使用报销管理办法》，对分局公务卡使用报销的具体事宜做出明确规定；邀请银行技术人员上门指导操作流程，按照公务卡强制结算目录实施公务卡报销，规范各项经费支出。

【内部审计】5—7月，分局对2009—2012年上半年度税收执法督察和执法监察情况开展全面自查。分局税收执法督察的重点内容主要包括结构性减税政策落实情况以及金融保险业税收管理情况，其中在对保险企业从事国际航运保险业务取得收入免征营业税政策执行情况的检查中发现2份文书归档材料中缺少备案通知书，及时予以整改落实。

【纪检监察】落实党风廉政建设责任制，修订《2012年党风廉政建设责任书》，层层签订责任书，修改下发《三分局党风廉政建设责任工作任务分解表》《三分局领导班子和领导干部监督管理责任分解表》《三分局政风行风纠风工作责任分解表》，将责任细化量化，落实到人；实行日常考核和年度考核相结合，为副科级以上领导干部建立纸质和电子两份廉政档案，定期更新数据，充实考核内容；实行副科级以上领导干部年终述廉以及重大事项报告等制度，做好提前预防和后续监督。围绕“为政清廉保纯洁”的主题，组织廉政教育月活动，举办廉政教育专题报告会、内部监督员座谈会、开展《税收违法违纪行为处分规定》专题教育、征集廉政格言、更新廉政屏保等各项活动，增强干部廉洁自律意识。借助“税企互动平台”将三个征管所27名专管员以及3名所长代表的述职述廉报告以及测评表直接发送至相关纳税人。

【后勤管理】 结合市局开展的《上海市税务系统安全保卫工作管理规范》达标评比活动，多举措提高安全防范水平：一是修订完善《税务三分局安全工作管理办法》；二是强化安保工作，优化各楼层安保人员配置，实施外来人员出入登记制度，确保办公场所安全；三是提升安全防范意识和技能，全年开展2次消防安全讲座，举行1次应急疏散演练。

【税收科研】 对金融衍生产品税收管理、金融行业实行“营改增”等问题跨前思考，为上级部门决策积累资料，提供建议；在跟踪问效中发现问题，对市局领导赴企业走访、审计、稽查等工作中反映出来的合格境外机构投资者（QFII）投资利润汇出、外资法人银行向境外母行支付管理费用等政策问题持续跟踪研究。开展分局课题调研，全年围绕分局重点工作完成5篇分局级课题和14篇部门级课题。

【税务文化】 抓好学习型组织创建工作，持续开展主题学习活动：通过在内门户开设十八大精神学习专栏、开展十八大专题辅导报告等方式深入学习贯彻党的十八大精神；提高干部综合素质，开展“好书共分享”荐书读书活动，13个支部共推荐优秀书籍60余本，完成读后感14篇。参与市局各类活动，取得良好成绩：参与市局举办的“倡导核心价值，共建和谐文化”演讲活动荣获三等奖，参加市局举办的辅助软件创新创意展示赛，分局“综合数据查询应用平台创意展示”小组荣获创意类三等奖，组织代表队参加上海市税务系统第一届职工运动会，90余名同志分别参加入场式队列表演、排舞、广播操、太极拳、趣味比赛等项目，分局入场式队列表演荣获第二名，分局排舞队荣获第七名。开展爱心帮困活动，全体职工为身患重病职工募集爱心捐款共5.82万元。

（陈　漪）

市税务稽查四局

【概述】 2012 年，市税务稽查四局（以下简称分局）在贯彻市局工作部署的基础上，以完成稽查任务、规范税收秩序为目标，以探索稽查专业化管理为契机，紧紧围绕服务科学发展、共建和谐税收的工作主题，坚持在三个“着力”上下工夫，一是着力夯实两个基础：扎实抓好基础管理和基础制度，加强稽查工作的制度化和科学化。二是着力突出两个重点：以各类检查为主线，以信息化建设为抓手，探索稽查管理新模式，提高稽查工作的质量和效率。三是着力推进三个注重：注重依法行政，不断提高税收执法水平；注重创新管理，不断提高稽查工作质效；注重加强队伍建设，不断提高干部综合素质。通过全体干部共同努力，分局全面完成稽查任务，内部管理、干部队伍等方面取得新的成果。

年内，分局共组织实施税务稽查 599 户，其中：专项检查 487 户，专案检查 54 户，重点税源检查 25 户，涉税举报案件 32 户，督办交办检查 1 户。各类检查查补税款、滞纳金、罚款 5.69 亿元。全年共召开重大案件审理会议 10 次，集中审理重大案件 36 件，涉及查补税款、滞纳金、罚款共计 1.33 亿元，其中上报市局重大审理案件 3 件，涉及查补税款、滞纳金、罚款共计 8510.52 万元。

【稽查查补收入】 年内，分局各类检查查补税款 4.85 亿元、滞纳金 0.78 亿元、罚款 0.06 亿元，实际入库 1.93 亿元，入库率为 33.92%，结案率为 96.99%，选案准确率为 92.51%，偷税处罚率为 80%。

【重大案件查处】 年内，分局共组织召集 10 次重大案件审理会，审理重大涉税案件 36 件，占整个检查案件的 6%，涉及查补税款、滞纳金、罚款共计 1.33 亿元，其中上报市局重大审理案件 3 件，涉及查补税款、滞纳金、罚款共计 8510.52 万元。对检查审理中发现的重大、特殊及敏感性问题，经集体研究并慎重处理，向征管局发出《重大案件情况告知书》13 份，全部收到意见反馈，其中对违法事实、处理处罚无异议的有 12 份，部分采信合理意见的有 1 份，确保政策执行的平衡与统一。

“3·26”案件（公安部称“3·13”案件）是分局年内规模最大的统一行动案件。在市局领导下，分局成立以主要领导为组长的专案领导小组，以新组建的稽查专业所为主力，抽调其他所业务骨干共计 40 多人，成立 6 个检查小组，职能科室各司其职、相互配合，快速制定检查预案。检查小组以军事化模式在同一时间采取行动，对涉案的多家企业进行调账，询问当事人、核查账证资料。调取会计凭证 873 本、账簿 139 本；发票、抵扣联、报告等 262 本；营业执照、税务登记证等 113 份；其他资料 225 袋（盒）；复制各台电脑数据 25.26GB。至 12 月底，该案涉及多达 20 余户涉嫌违法企业，完成数据分析、调查取证和部分查结案件的初步审理工作，并出具案件查处工作报告。

【税收专项检查与区域专项整治】（1）税

收专项检查。年内，分局开展专项检查487户，其中指令性项目：成品油企业47户、出口退（免）税企业106户、资本交易企业39户；指导性项目：房地产业及建筑安装业97户、家具等其他行业170户；另实施区域税收专项整治28户。全年专项检查查补税款2688万元，滞纳金247万元，罚款200万元。（2）区域专项整治。分局采取查前辅导、查中约谈、自查与重点检查相结合的方式，开展医药、医疗器械生产经营单位和医疗机构发票使用情况专项整治检查工作，对发票的合法性、真实性、正确性实施全面深入的清查。自查中，共有8户药品、医疗器械生产经营单位对其收受的123份有问题发票进行整改，补缴税款3.41万元；有1户三级公立医院对收受的发票逐份网上查询比对，发现共有483份发票存在票货不符的疑点，开票金额达500多万元。

【重点税源企业检查】分局通过制定方案、策划预案、关注进展、总结成效等方法落实重点税源户检查工作。年内，分局完成东风日产汽车经营有限公司等15家企业的总局级重点税源户检查，8月底完成总结分析报告报送市局；完成美津浓等5户市级重点税源户检查，从中抽取宝洁（上海）公司和壳牌（上海）公司开展调研式检查任务；对中移动在沪5户成员企业实施查前辅导、查中约谈、自查与重点相结合的重点税源户检查等工作，促进重点税源户的纳税遵从度。

【案源管理】稽查选案管理。年内，分局以“依法、公正、高效、有序”为原则实施案源管理，建立从信息收集到案源选取、任务分配、进度跟踪、结果评估、举报回复等案源管理制度，规范工作流程，利用征管信息、协查数据、第三方信息等强化稽查案源分析，细化选案指标，实施科学选案，遵循重点选取案件原则和信息查询分析原则，提高选案准确率，推动选案工作向智能化、集约化纵深发展，提升稽查效能，为全面完成分局全年检查任务提供保障。全年共下达检查任务599户，其中专项检查任务487户，选案准确率达92.79%。

案例库建设。为推进税务稽查案例库建设工作，分局修订《税务稽查案例管理办法》，确定每年两次由各检查所上报典型案例进行评比交流，加强对典型案件和疑难案件的分析，推进案例的撰写、报送和建库工作，使所选案例涵盖专项、专案、信访等各类检查，涉及不同行业，体现个案特色。年内评出优秀案例18篇，其中1篇上报市局。

【稽查信息化】年内，分局组织技术人员深入稽查一线，配合各检查所开展信息化稽查；根据检查需求，创新信息技术，提升信息化稽查质效。开展信息化检查86户，超出市局要求的达标数37%，与上年同期相比增长12%。检查完成84户，有问题77户，追缴税款6051.21万元，处罚款2336.02万元，共计查补收入1.03亿元，户均查补税款123万元。

【举报协查管理】（1）举报案件查处。年内，分局查处涉税举报案件32户，查补税收收入935.07万元、滞纳金45.26万元、罚款90.21万元。（2）发票协查。年内，分局通过V3.2增值税发票协查系统收到协查案181起，涉及受托方企业202户，发票1404份，涉税金额1.66亿元，税额2802.17万元。发出委托协查案117起，涉及企业149户，发票2593张，涉税金额14.37亿元，税额2.43亿元。以纸质发函的形式发出普通发票协查函151份，涉及对方企业151户，发票457份。至12月底，分局查处违法企业73户，查处非法发票945份，查补税款568.12万元，加收滞纳金105.08万元，处罚款31.89万元，共计查补收入705.09万元。

【纳税服务】年内，分局采取多种形式开展税法宣传活动：一是组织干部观看访谈讲话，包括税务总局的在线访谈活动，总局领导署名文章和税收宣传新闻信息以及市局相关的视频及讲话等。二是深入一线普法宣传。组织稽查人员深入被查企业宣传相关税收政策，发放《纳税指南》等宣传资料，解读政策并现场答疑。联合文明共建单位上海警备司令部直属工作处开展以“税法进军营，共建促和谐”为主题的税收宣传活动，通过“我是主讲员”互助互学平台向军人普及税法基本知识。三是配合征管分局实地宣传。分局赴长宁区政府参加“引导税收遵从　实现征纳共赢——长宁区第21个税收宣传月大企业服务专场暨2011年度纳税服务年报发布仪式”，与长宁区税务分局一起设点宣传，为与会大企业提供现场咨询。四是参加“上海税务之歌——第三届税收情缘”歌词征集活动。在投稿的多篇歌词中，筛选出《给税务人的情书》《我心中的蓝》《税麦》三篇歌词上报市局。

【机构人员】分局设7个内设机构和7个派出机关。内设机构分别为办公室、综合选案科、检查科、案件审理科、信息技术科、财务管理科、人事教育科，按有关规定设置纪检监察机构和机关党委；派出机构分别为第一检查所、第二检查所、第三检查所、第四检查所、第五检查所、第六检查所、第七检查所。分局编制168名（其中，国税编制为94名、地税编制为74名），计：局长1名、副局长3名，纪检组长1名，正副处级领导职数5名，正副科级领导职数42名，处级、科级非领导职数按有关规定核定。分局在职干部职工163名（其中，国税在职为91名、地税在职为72名）。

【人事管理】年内，分局招录干部共计2人，任免干部15人。年末参加考核干部163人，其中评定优秀25人，称职136人，未定等次2人；不参加考核2人，其中病事假累计超过半年1人，借调市局12366纳税服务热线工作1人。年末参加评奖人员163人，其中记三等功2人，嘉奖23人。

【教育培训】分局根据稽查任务特点和干部能力状况，制订2012年培训工作计划，修订教育奖励办法，鼓励干部积极参加社会各类培训。年内分局参加市局各类培训45项、讲座29次，累计受训257人次，累计培训816天；自主培训9项，累计受训1140人次，累计培训9天。参训率与岗位适配率均为100%。在学习安排上突出“急用先学”的原则，完成“营改增”业务政策、“2011年企业所得税清算政策”等培训。

【政务管理】（1）机关政务。年初，分局修订《政务信息管理办法》，对内刊《分局简报》进行改版。至12月底，办公室编辑上报市局各类政务信息98篇，被市局《税务动态》录用93篇，《市税务稽查分局全面推进依法行政有效提升执法水平》和《市税务稽查分局探索试行稽查专业化管理成效初显》被市局《税务简报》专题录用。办公室编辑内刊《分局简报》33期，录用信息443

2012年9月3日，市税务稽查四局举行税务系统35周岁以下青年科级领导干部公开选拔面试，局长谢惠康（中）、市局人教处副调研员张玉霖（右三）等作面试考官

篇，及时报道分局、科室及一线动态。自“上海税务”政务微博开通以来，分局结合稽查实际，制定并实施分局微博支撑团队管理办法及考核办法，优选各部门业务精、素质高、纪律强的青年骨干组成团队，设1个联络员、20个宣传员。团队借助网络、短信、论坛等平台，配合市局做好“上海税务”微博管理、发布、互动等方面的调研工作，及时汇总上报调研稿。截至12月底，共上报微博稿件39篇，被录用23篇。（2）信访工作。年内，分局按时上报年度信访统计数据11份、信访排查3份、信访分析3份；应对行政复议案件2件、行政诉讼1件；按时报送具体行政行为、复议、诉讼、赔偿的统计数据，分析本单位税收政策执行情况和效果，总结经验，每季度按要求上报政策执行情况反馈；协助市局法规处举办的案例汇编工作，上报案例3篇。

【财务管理】预算管理方面，分局定期制作、分析《预算执行进度表》《银行账户结余表》，查找预算执行进度快慢的原因，提出提高资金使用效率的方法，为领导决策提供依据。预算执行中，对“三公经费”和会议费、水电油等经费支出额定从紧管理，确保“三公经费”支出控制在规定额度内。资产监管方面，分局按照车辆管理要求做好公务用车登记工作，结合综合车辆编制下达，做好车辆报废、处置等相关信息的备案、反馈；按照国有资产收入收缴管理改革要求，按照职责和流程处置固定资产收入，规范使用相关票据，及时将资产处置收入上缴国库。

【纪检监察】（1）党风廉政建设。4月，分局组织召开党风廉政建设大会，部署2012年党风廉政反腐倡廉工作任务，结合《市税务稽查分局党风廉政建设责任制实施意见》，分解工作任务，签订廉政责任书，推动党风廉政建设责任制工作的落实。每季度对各部门执行责任分解表的情况进行检查，促进各项分解责任的贯彻落实。（2）内控机制建设。年内，分局构建完成科所两个层面的全局范围的内控制度框架，明确78个具体岗位，梳理出权力事项57项，排查各类廉政风险点112个，绘制岗位流程图46幅，完善制度23项，初步建立起权责明晰、分权制衡、流程制约、全程监控的部门内控机制。（3）加强政风行风建设。开展违规收送礼金礼券购物卡复查整改“回头看”工作，逐条对照“四看”内容进行检查，监督整改落实情况。完善“执法回访”制度，年内回访231户，其中信访158户，实地走访73户，收回《反馈意见表》207份，满意率为97.59%。先期试点向纳税人公开述职述廉，搭建查纳双方沟通平台，解决纳税人关心的问题，落实纳税人的知情权、评价权和监督权。（4）加强廉政教育。通过交流、参观、联谊座谈等形式，取得实效；邀请相关领导来分局作报告，撷取税务系统历年案例，以案说法、以案明理，用身边的事教育身边的人；坚持抓好元旦、春节等传统重大节日期间的廉洁从政提醒工作，指导各部门做好节日期间的廉洁从政短信提醒工作；结合稽查工作特点，以“审视内控制度，发现风险盲点”为主题，针对分局执法回访结果以及上海零点公司出具的调查报告，查找在执法公正和执法廉洁两个方面存在的薄弱环节，细化整改落实意见，增强依法履职和防范风险的意识。

【后勤管理】年内，分局安全保卫工作做到“五重”：一重制度建设，全年召开安全工作分析协调会议12次，梳理完善《安全保卫检查工作制度》等9项制度及规定，重新编写修订《安全保卫工作管理办法》等4项制度及规定；二重规范达标，制定分局达标评比活动实施方案，提升安保工作水平；三重安全“三查”，即科所自查、部门间互查、办公室抽查，组织抽查60次；四重隐患排查，对现有的管道和线路、插座、接线板等进行7次全面排查，组织相关人员进行消防器材的使用及应急疏散演练；五重宣传教育，利用局域网、板报等多途径开展安全保卫制度宣传教育，增强全员自觉性和主动性。

2012 年 11 月 23 日，市税务稽查四局组织召开信息化稽查案例评选会

按照厉行节约的要求，分局在办公用品的采购上坚持“定点、定额、定量”的“三定”原则，即：以“货比三家”为基础，确定采购商家和价格；以实际需求为基础，做到定量采购不积压。在办公用品的领用上，严格领用制度，实行按需领用。

【税收科研】年内，分局贯彻上海税收征管改革的总体要求，根据税务稽查工作的任务特点，在分析和总结近几年稽查工作经验的基础上，对建立适应上海税收征管特点的稽查专业化管理模式进行有益探索，取得初步成效。自主立项的调研课题《建立税务稽查专业化管理模式的探索与思考》在市局 2012 年税务稽查课题调研报告评审会上获得三等奖。

【税务文化】(1) 精神文明创建。年内，分局开展创先争优活动坚持三个结合：一是与“税收中心工作”相结合。用各项税收工作的实际成果作为衡量和检验创先争优活动的硬指标、硬要求。二是与“团队建设”相结合。实行“科所联动”机制，促进部门之间的优势互补、相互促进。三是与“学习型建设”相结合。丰富建设学习型机关内容，完善建设学习型机关机制，创新建设学习型机关载体。在 2010—2012 年创先争优专项表彰中，分局第五党支部被市局表彰为“优秀党支部”，冯耀民同志和屠惠琴同志荣获“优秀共产党员”称号。(2) 文化活动开展。分局在团总支的协助下，完成图书专业分类、编制电子书库、设计图书管理软件、购买新书、增订杂志等多项工作，开展以“享·悦·读”为主题的读书荐书活动；组织第五届“迎新杯”乒乓球团体赛、第九套广播体操比赛等；参加系统职工运动会，根据宣传动员、竞赛训练、表演方阵、后勤保障等不同工作要求分别组织相关人员，分层有序的筹备演练，在运动员入场仪式的评比中，获得一等奖。

（严新军　顾啸凌）

市税务稽查五局

【概况】2012 年，市税务稽查五局（以下简称分局）围绕“团结进取、奋发向上、再上台阶”的工作目标，以团队建设为抓手，重视行政安全与队伍廉洁，对内加强干部队伍建设、提高稽查工作质量，对外加强宣传和服务，完成全年各项工作任务。2012 年共组织落实 12 大类 16 批次的税务检查任务，制定检查方案 14 个。检查企业 654 户，其中结案 565 户，实现查补收入 1.71 亿元，选案准确率为 98.43%，结案率为 86.39%，入库率为 111.02%。另有 9 户企业上报市局审理，涉及查补收入 1.4 亿元。

【案件审理】分局根据税务总局下发的稽查文书样式，按工作流程对审理环节的内部文书和对外文书进行分类梳理，细化使用要求，根据市局下发《规范税务行政处罚裁量权实施办法（试行）》，在市局裁量权执行标准框架内研究制定操作办法。在审理工作中，实行《案件审理流转表》，使审理的各个环节都有迹可循；对查补税款 500 万元以上或企业陈述意见中涉及征管等情况的案件，以《税务案件情况交流单》与征管分局进行书面沟通；实行重大案件审理制度，对有争议或金额大的案件严格执行案审会制度，分局每月 5 日、20 日召开两次案审会，年内召开 20 次重大案件审理会，集体审理重大案件 51 户。

【执法督察和执法监察】分局成立税收执法督察和执法监察工作领导小组和工作小组，5 月底召开动员布置会议，制定《2012 年税收执法督察和执法监察工作实施方案》。采取部门自查和单位抽查相结合方式，制定单位抽查方案及抽查工作底稿，完成部门自查案件 848 户、单位抽查案件 70 户，税务稽查方面查有问题 13 户。对查有问题的 13 户案卷，抽查工作小组进行案卷跟踪，督促相关检查所进行整改或说明情况。

【重大案件查处】在“4·19”重大案件虚开增值税专用发票中，共对 37 户企业（15 户开票企业，22 户受票企业）进行检查，其中与公安部门联合办案 22 户。检查 15 户开票企业共涉案发票 389 份，涉及税额 1203.42 万元，未发现存在涉嫌虚开增值税专用发票的行为。22 户受票企业共涉及收受涉案发票 368 份，涉及税额 208.67 万元，其中恶意受票 48 份，查无此票 5 份，查补税款 426.16 万元，滞纳金 5.03 万元，罚款 81.91 万元。

年内接收督办案件 4 起，涉及 8 家企业。结案 2 家，其余案件尚在补充稽查中。对某物资回收利用有限公司的检查出具拟处理报告，待市局审核批复，其余均按时上报案件检查进展报告。

【税收专项检查与区域专项整治】年内分局安排专项检查 497 户，结案 431 户，实现查补收入 14249.35 万元，选案准确率为 98.86%，结案率为 90.14%，入库率为 112.2%。另有 8 户企业上报市局审理，涉及查补收入 12198.66 万元。主要包括五项检查内容：一是对征管部门移送案源进行税务检查。1 月，对 3 户江浙沪甬联动机制联查企

2012 年 3 月 19 日，市税务稽查五局召开党风廉政建设暨稽查工作会议

业、5 户浦东非正常户联查企业进行税务检查，查补税款 67.82 万元，加收滞纳金 16.62 万元，罚款 1.25 万元。查处主要问题为出售商品未及时结转收入；销售商品收取价外费用未缴纳增值税；营业费用中列支其他企业的开办费、装修费等。二是对高风险企业税收检查。1 月、4 月、10 月分三批对 24 户高风险企业进行检查，查结 19 户，查补税款 65.66 万元，加收滞纳金 8.34 万元，罚款 11.19 万元。查处主要指标为年度所得税税负率，查处主要问题为支付法人代表个人银行贷款利息列支在财务费用——利息支出科目等。三是对部分货运代理和交通运输企业税收专项整治。5 月，对 3 户货运代理和交通运输企业进行了检查，查补税款 14.1 万元，加收滞纳金 0.27 万元，罚款 0.04 万元。查处主要问题为汇率换算错误、运输费用抵扣额计算错误等。四是对货运、货代、广告、仓储、文化创意等部分企业开展税收专项整治（亮剑行动）。10 月，对 7 户企业开展信息化稽查和调研式检查，其中 2 户企业开展审计式检查，查结 3 户，查补收入 3.17 万元。五是稽查选案模型筛选案源税收检查。10 月，对 1 户企业开展检查，查补收入 0.3 万元。

【重点税源企业检查】 重点税源户检查。年内组织对 8 户总局级及市局级重点税源企业开展税收自查和检查工作。采取查前辅导、查中约谈、自查与重点检查相结合的方式，结合专项检查、打击发票违法犯罪活动、信息化检查、调研式检查以及审计型检查等工作要求，细化重点税源企业检查内容和方向，实现自查收入 8046.95 万元，查补收入 539.52 万元。

出口退（免）税重点检查。分局组织对 77 户出口企业 648 条疑点信息开展了检查，选取 9 户企业开展海运提单的核查工作。结案 69 户，查补收入 230.63 万元。查处 1 户存在“假自营、真代理”的违规情况，追回退税款 71.45 万元。

药品、医疗器械生产经营单位和医疗机构发票使用情况专项整治。9 月，对 10 户三级以上公立医院，40 户药品、医疗器械生产经营单位进行自查辅导。在自查的基础上，对 2 户三级以上公立医院，8 户药品、医疗器械生产经营单位进行重点抽查，同时选取上述公立医院的供货单位共 10 户企业开展延伸检查。

【案源管理】 建立案源备选库。按照 2012 年度税收专项检查的总户数不低于 450 户的要求，建立案源备选库。从市局提供的有关行业基础数据库中，对出口退税、资本性交易、成品油企业的基础信息进行筛选，建立分行业的案源备选库；通过“征管系统”一户式查询，结合征管分局提供的企业基础数据，对房地产、建筑、食品、旅游和家具行业，建立分区域的案源备选库。

确定选户的相关原则。一是均衡下户原则，2011年四季度对2011年税收专项检查《稽查对象备选名单库》进行数据梳理，2011年11月下达2012年税收专项检查任务19户，2012年1月下达50户，3月下达99户，均衡安排税务专项检查工作。二是重点选取原则。将重点税源企业作为优先选户条件之一，着重对四级重点户的数据信息进行梳理。除2010年、2011年已经实施专项检查的企业以外，其余重点税源企业基本均作为备选对象。年内列入专项检查的四级重点企业共计257户，占总检查户数的52%。三是信息查询分析原则。对房地产等行业的选户采用一户式信息查询的方式，对税种的核定和申报、经营情况进行核实。结合对“网上房地产”等采集信息的分析、历年税收专项检查中违法行为的规律以及近阶段涉税检举的线索，重点选取一些企业作为专项检查对象。四是专项和专案稽查相结合的原则。将线索清晰、重点行业的举报案件列入专项检查的案源，实施有针对性的查处。

【稽查信息化】 年内采集财务数据257户，业务数据29户，文档数据58户，分析报告160户，合计查补收入5724.12万元，冲减增值税留抵税金13.65万元，调减亏损企业申报亏损额612.59万元。撰写的信息化案例《多方数据现场对比，隐匿收入无所遁形》获2012年度稽信息化案例评比三等奖。

【举报协查核查管理】 涉税举报。年内收到涉税举报材料139件，涉及户数67户，查结32户，中止、终结3户，在查32户，查补税款565.12万元，滞纳金85.62万元，罚款360.75万元。对6名检举人发放检举奖励共计16629元。

发票检查。年内共下发检查593户，落实市局“查账必查票，查案必查票，查税必查票”的要求，结案511户，查处发票违法企业共143户，涉及非法发票份数3935份，涉及金额5.77亿元，查补税款7742.16万元，加收滞纳金378.69万元，罚款814.04万元。移送公安4户，公安抓获犯罪嫌疑人82人。配合公安部门检查企业48户，涉及非法发票份数603份，金额3082.14万元；配合公安部门梳理违法企业46户，涉及非法发票份数41853份，金额24.36亿元。

发票协查。年内，通过协查系统接收的有疑问及确定虚开的受托协查，累计查补增值税254.1万元，所得税161.5万元，其他税费19.2万元，加收滞纳金6万元，罚款85.7万元，主要为“4·19”票案和已确定虚开协查。3.2版协查工作共涉及案件455件，协查699户次。其中受托协查案件363件，受托方472户次；发起委托协查共92件，涉及对方企业227户。

【纳税服务】 分局按照稽查规程的要求对被稽查企业实施稽查，在稽查过程中，听取被稽查企业的意见和诉求，对企业提出的问题进行针对性解释；稽查审理过程中，与征管分局沟通，向市局处室请示；稽查执行过程中，尊重纳税人的正当权益，妥善解决争议，年内组织听证2起。开展税法宣传活动，在办公楼和居委张贴税法宣传画，到企业实施检查时发放税法宣传材料，选择有代表性的被稽查企业进行实地回访，赴吴淞海军基地给415舰官兵进行税收政策宣讲。

【机构人员】 分局内设机构8个，为正科级。分别是：办公室、综合选案科（举报中心）、检查科、案件审理科、信息技术科、财务管理科、人事教育科、监察室。另按有关规定，设置机关党委办公室。办公室增加政策法规相关职能；人事教育科增加离退休干部相关职能；监察室增加督察内审相关职能。派出机构7个，为正科级。分别是：上海市国家税务局地方税务局第五稽查局第一至第七检查所。12月31日，在职干部人数为164人。

【人事管理】 推进干部选拔任用工作。全年开展选拔任用工作10个批次：按照市局要求，开展处级非领导职务晋升和青年科级领导干部公选工作，其中：1人晋升副处级非领导职务、1 人晋升副科级领导职务；实施科级非领导职务晋升 3 次，其中：3 人晋升副主任科员、5 人晋升主任科员；组织对试用期的科级领导干部进行考察转正 3 批，共计 8 人；推选处级后备干部 3 名、科级后备干部 10 名。

【教育培训】 制定 2012 年度干部教育培训工作要点，完成市局重点培训、单位自主培训、个人按需择训三位一体的教育培训任务，共举办 20 次自主培训项目，全员参训 5 次，共计 24 课时，内容涉及信息化稽查、行政强制法、企业所得税、“营改增”相关政策等。自 1 月 1 日起实施《关于干部个人单项奖励的实施办法》，对在市局及以上部门组织的考试竞赛中取得较好成绩及通过自主学习取得各类职称和执业资格的干部个人予以奖励。

【政务管理】 年内，分局按照“公开为原则，不公开为例外”的要求，主动公开有关税务处理处罚决定书的政府信息 6 条，全文电子化率达 100%，在规定的时间内送达公告；收到依申请公开的申请 34 个，均在规定的时间内作了答复。年内向市局报送信息 72 篇，为历年最高。其中《稽查五局重抓案例“大鱼”，不断提升税务稽查水平》在市局 3 月 14 日的第 7 期《税务简报》刊登，为历年年内刊登最早的同类稿件。牵头市局课题调研，《关于税务稽查执行若干问题研究》获特别贡献奖。2 月，制定《安全卫生工作管理细则》，明确各部门主要负责人和安全员的工作职责，开展自查和互查，每季度汇总考核，成绩列入团队建设成果考核。6 月，修订《保密工作管理办法》，明确保密工作的组织领导、目标责任、涉密文件资料管理要求。分局成立由局主要领导任组长，分管局领导为副组长，各部门为主负责人为成员的信息系统安全领导小组。建立一套基础管理和应用管理制度，包括：《信息系统安全管理办法》《信息安全事件专项应急预案》《信息化设备管理办法》《计算机病毒防治管理办法》等。对《信息系统安全管理办法》作进一步修订，细化一部分规章制度；加强考核力度，将重要的信息安全制度作为局团队考核指标。

【内门户上线】 分局成立内门户推广应用领导小组、工作小组和推广小组，制订实施方案，对原 OA 办公流程及部分应用进行梳理，制订新老系统间的流程迁移及应用对接的方案，拟订《单位内门户管理办法》和《信息发布管理办法》，8 月 23 日内门户正式上线。

【财务管理】 分局制发《政府采购工作规程（试行）》，明确政府采购项目、采购程序和各部门职责。年内，地税机房改造项目的每个流程都按照政府采购的要求进行。在国税购买电视机、复印纸等方面实行政府采购的优化管理措施，购买办公转椅时采取货

2012 年 5 月 4 日，市税务稽查五局与市税务三分局团员青年参观渔阳里共青团机关旧址

比三家的询价做法。

【纪检监察】3月，制定《党风廉政建设责任制实施细则》，明确处级干部和科级领导干部党风廉政建设责任。落实惩防体系建设各项任务，定期召开联席会议，完成2008—2012年惩治和预防腐败体系工作规划各项工作任务。开展政风行风建设工作，以电话、信函、走访和座谈会等方式征询被查单位意见和建议。走访企业33户、电话问询140户、信函征询70户，已收到回复的征询意见，总体评价良好。推进内控机制建设，部门内控机制建设材料梳理100项权利事项，排查出148个廉政风险点，制定91个工作流程图，整理59项内部控制制度。编制《内控机制建设材料汇编（2013年版）》。开展依法行政知识宣讲、“廉政书籍人人读”、反腐倡廉专题报告会、布置廉政墙报专栏等廉政教育活动，安排廉政学习内容20项、廉政教育活动5项。围绕“为民服务”主题开展“支部抓党员，党员带群众”“稽查与服务同行”等主题活动，党支部建立“共产党员文明建设值日岗”制度，受到企业一致好评。

【后勤管理】完成计算机主机房的改建工程。经过改建，主机房运行环境实行实时检测、远程实时自动报警，完善消防报警系统，实现双UPS供电保障，提升单位信息系统安全保障能力；结合机房改建和金税三期工程，对各类信息系统和网络系统重新进行优化整合；新建信息化设备备件室，对全局信息化资产进行全面整理。

【税务文化】分局开展“书墨飘香、文化育人”专项活动，开辟随笔交流网上平台、筹建开放杂志阅览室，开通午间广播台。5月，作为系统内学习型机关创建先进单位接受市级机关检查，《“百宝箱”优化团队学习方式》一文收入市级机关工作委员会编著的《学习型党支部建设实例》；在市局“税务核心价值理念”演讲比赛中，荣获三等奖。以“围绕中心、立足岗位、增强党支部建设的有效性”为主题开展全体干部捐书给贫困山区的孩子，和兄弟分局党支部、青年文明号单位、海军415舰结对进行共建联建等活动，各党支部建立“党员示范岗”，开展创先争优和文明创建工作。分局团总支举行“融入城市发展，实现岗位建功”之“追寻城市的历史”成果展演系列活动，获上海市税务系统“十佳团建项目”称号。参与“上海市税务青年微公益大赛”，选送的公益达人和公益项目“微风，吹来公益新时尚”分获“优秀志愿者”和“优秀志愿服务项目”称号。年初，分局团总支获得度税务系统“红旗团组织”称号；“青年自主开发辅助应用小软件”比赛获得创意组优秀奖。

（周　健）

市税务稽查六局

【概述】2012年，市税务稽查六局（以下简称分局）围绕“科学选案、精品稽查、规范执法、惩防腐败、提升素质、夯实基础、加强党建”七项工作主题，统一执法标准，整合稽查资源，提高稽查效能，强化执法监督，加强队伍建设，实现七个稳步提升：一是以试行选案软件为契机，提升选案效果。推行选案软件，加强案源监控和配套制度完善，实现人工选案向计算机选案为主、人机结合选案模式的转变。二是以多出精品案为目标，提升稽查质量。以信息化稽查和基础制度建设为重点，加快实现收入任务型稽查向打击威慑型稽查模式的转变。三是以统一政策口径为前提，提升执法形象。规范政策口径，加强执行反馈，实现被动封闭式向主动开放式审理模式的转变。四是以推进惩防体系为要点，提升防腐能力。浓厚廉政文化氛围，完善权力制约机制，加强政风行风建设，基本实现宏观型向细节型廉政监督模式的转变。五是创新教育考核为抓手，提升全员素质。以提高工作能力、显现培训实效为目标，充分实现书本化单一化向能力化多元化人才培养模式的转变。六是以加快基础建设为重心，提升管理效率。加强横向联系和纵向协调，不断提高稽查协作程度和协同效能，实现各自为政向统筹一体管理模式的转变。七是以向“十八大”献礼为主题，提升党建水平。以党的十八大召开为契机，开展思想教育活动，实现组织动员型向实践服务型党建活动模式的转变。通过以上“七个转变”，保证全年各项工作任务较好完成。

【稽查查补收入】全年共组织实施税务稽查562户，其中：2012年专项检查473户（行业性检查项目372户、市局下达81户、药品、医疗器械专项整治11户、征管移送5户、延伸检查4户），结案率为92.48%，查补收入入库率为95.52%，查补各类税款、滞纳金、罚款总额2.94亿元，实际入库2.81亿元。

【重大案件查处和审理】3月中旬，对税务总局督办的上海某光电股份有限公司涉嫌虚开增值税专用发票案“3·13专案”实施重点检查。查前制定周密预案，在公安部门配合下组织30余名检查人员对涉案企业进行突击检查，第一时间控制企业用于记账的电脑和相关负责人的电脑共10台、服务器2台，拷贝企业电子账簿和相关人员的电子文档，调取企业全部财务资料、记账凭证、交易合同等共17箱，组织精干力量对企业电子数据、账册凭证进行全面的检查分析，确认企业存在对内、对外两套账套，查获“小金库”手工账本，还原企业的生产经营情况及相关开票情况。配合武汉公安、市经侦五支队对10余名涉案人员进行询问调查，对江苏、浙江、安徽、广东、深圳五省市9户涉案企业采取发函协查和派员实地外调等方式进行调查取证，查明涉嫌虚开增值税专用发票2066份，价税合计逾2.32亿元；涉嫌虚受增值税专用发票908份，价税合计逾2.57亿元。

拟订《关于调整重大税务案件审理相关事项的通知》，明确重大税务案件审理的范围和工作流程，对重大、疑难案件进行集中分析、讨论、审理，共同把关。年内审结案件504件，案件审结率为92.48%，全年召开重大案件审理会议11次，集中审理重大税务案件48件，其中上报市局重大审理案件3件，审理查补税款、滞纳金、罚款共计16934.57万元。

【税收专项检查与区域专项整治】 年内实施专项检查476户，涉及行业包括：成品油、资本交易、出口退（免）税、房产、建安、家具、旅游、食品、区域专项整治等。至年底查结457户，其中结案和送执行428户，查补各类税收2.64亿元，加收滞纳金723.72万元，处罚款387.11万元，调减亏损2337.44万元，抵减增值税留抵税款95.9万元。

【重点税源企业检查】 根据市局总体安排，全年组织对5户企业开展重点税源户检查，至年底完成自查阶段工作，补税金额约46.47万元。其做法是根据市局开展药品、医疗器械生产经营单位和医疗机构发票使用情况专项整治工作的要求，采取召开税企座谈会及上门辅导等形式，部署启动13家三级以上公立医院、42户有一定规模的药品、医疗器械生产经营单位的自查辅导工作。自查反馈24户企业存在收受或使用不符规定发票的行为以及购销合同漏贴印花税等问题，补缴各类税款58.65万元。在第一次自查的基础上，对10户三级以上公立医院开展一对一约谈，并选取2户三级以上公立医院实施重点检查，选取10户企业作为延伸检查。

【案源管理】 根据市局下发的基础信息，结合本局现有的资源，采取不同方法选取案源：一是对市局下发的房地产、建筑安装、食品制造、家具制造、旅游、货运代理6大行业6487户企业的信息，以Excel的方式，根据行业区域进行分拣，按照登记类型等筛选范围，按照销售收入确定规模，并对2009—2011年分别设置税负率指标、利润率指标、2010年和2012年营业收入与流转税增减幅度配比等指标开展选案分析，选取325户疑点指标较多、离散较大的企业作为备选户，最终下达检查任务143户。对于其中属于虹口的户管企业，运用信息化选案系统，分行业进行多条件筛选和十多项指标的分析处理，得出综合排序疑点分值较高以及指标值问题较大的企业与以Excel方式得出的结果进行比对，既验证系统取数和指标的准确性，又能更合理地选户。二是对成品油受票企业专项整治市局下发的一百余万条受票信息，通过Access方式汇总对口区局受票企业4950户，筛选受票票面税额10万~200万元范围内的企业306户，对照企业明细表，设置税负率、成品油单份发票的金额、接受成品油销售收入与流转税增减幅度的配比等指标进行分析，最后下发42户接受成品油的检查企业；类似如成品油发票开具企业、资本交易、药品、医疗器械生产经营单位整治，也通过大量数据筛选分析，最后确定选案对象。

【稽查信息化】 年初制定《信息化稽查工作方案》，从三个方面推进信息化稽查工作：一是达到“双百”目标，即：检查人员信息化检查参与面达到100%；对会计电算化企业实施电子查账面达到100%。二是提升分析运用能力。将“中普”“奇星”两套查账软件与分局主持开发的选案系统相配合，开展疑点指标比分析，相互印证。并根据其差异制作《信息化稽查情况分析表》。三是实现信息共享。在单机版稽查软件成熟运用的基础上，启动中普稽查软件网络版的上线工作，实现数据资料统一汇总、集中管理，并通过网络版稽查软件的运用，及时整理和交流信息化稽查典型案例和成功做法。年内实施信息化稽查85户，涉及专项、专案、人民来信等多种案件类型，并在总局“3·13蓝宝专案”上取得突破。初步统计查补税款、滞纳金、罚款共计7693多万元，追缴出口退税金额110多万元，调增应纳税所得额619万元，调减留抵税款421.23万元。

【举报协查核查管理】完善举报管理工作：一是加强对检举案件的登记管理，按照管理流程重新设计台账，加强报表统计汇总功能，增加办理时限提醒功能。二是加强对检举案件的受理甄别。全年收到举报件95件，剔除并案处理21件，实际由承办所处理38件，其他处理的36件，其中暂存待查13件，职能科室处理9件。三是加强检举案件分析跟踪。全年按时上报各类统计报表和分析报告36份。对市局要求查办结果的重点和疑难举报案件，按要求做好处理结果的反馈和上报工作，年内回复市局办公室查办结果8份，回复市局稽查处查办结果3份，对2件疑难复杂举报案件召开3次案件沟通会，对最终处理和解决疑难重点案件起到了指导和推动作用。

【纳税服务】开展税收宣传，坚持集中宣传与日常宣传相结合。税收宣传月期间制作《2012年专项检查行业政策汇编光盘》发放到全年专项检查指令性行业企业手中；在2011年度所查企业中选取2家查有疑难问题的企业开展调研回访活动；配合闸北区税务局开展以“税收·发展·民生，打击发票违法犯罪行为”为主题的专项整治活动；青年法律服务小组在静安寺地铁口设立宣传点为过路市民提供税收政策咨询。在日常稽查中推行“三书一询”制度，入户检查时向企业发送“三书”：即《税务稽查程序告知书》《税务人员廉洁从政告知书》和《纳税人的权利和义务告知书》，公开稽查程序及法律救济途径；检查结束后，向企业发放《征询意见单》，就政策解释情况、程序告知情况、公正执法情况、廉政执行情况等征询被查企业意见。

【机构人员】分局机构设置为9个科室和7个所：办公室、综合选案科（举报中心）、检查科、案件审理科、信息技术科、财务管理科、人事教育科、监察室、机关党委办公室、第一至七税务检查所。至2012年底，在册人员共155人，中共党员94名，共青团员4人，民主党派4人；35岁以下37人，36～40岁7人，41～45岁37人，46～50岁57人，51～55岁10人，56岁以上7人，平均年龄43岁。35岁以下占23.87%，36～50岁的占65.16%，50岁以上的占10.97%；男性73人，女性82人，男女性别比例为1∶1.12。文化程度：硕士16人，本科112人，专科27人。职级：处级干部8人，科级干部77人（领导职务31、非领导职务46人），科员级干部68人，待任职干部2人。取得中级以上专业技术职称71人，其中高级职称1人；取得执业资格证书的20人。至年底离退休职工57人，其中离休干部2人。

【人事管理】一是配合市局开展工作。完成处级非领导职务晋升、处级后备干部选拔、市局机关处室职位竞聘、公开选拔青年科级领导干部、“岗位标兵”评选表彰和日常干部考核、重大事项申报等工作。二是调整充实队伍力量。通过分析干部职数、知识结构及年龄状况等因素，完成部分干部轮岗，年内计完成2名科级领导职务晋升、8名科级非领导职务晋升、3人调入、6人调出、2人辞职、4人退休、2名科级领导干部试用期考核、1名新进公务员试用期转正、2名新进公务员招录等相关工作。三是抓好干部队伍激励。对2011年行政考核优秀26人、三等功2人、嘉奖24人进行奖励；根据干部疗休养办法，组织四批76名干部参加疗休养；做好离退休干部“放心”“舒心”工程，健全离退休管理工作机制，加强政策解释和耐心沟通，关心离退休干部思想、生活状况，开展迎春联欢、送温暖、体检、生日祝福等形式多样的尊老敬老活动，调动广大干部积极性，增加团队凝聚力。

【教育培训】一是按需培训。制定2012年教育培训工作计划，建立干部需求反馈机

2012年4月24日，市税务稽查六局税收宣传小分队到中誉房产公司宣传税法

制，通过发布培训信息、问卷调查等方式，摸清干部需求，开展针对性培训。二是统筹安排，坚持科学管理原则。做好上海市局下达的各项培训的组织工作：组织参加处级领导职务公务员职业道德培训示范班1人，处级领导研修班、中青年干部培训班、新任科级干部培训、税制转型和改革培训、小企业会计准则培训等重点培训20个班次34人，稽查类、财务审计类、法律类、信息类等专业人才库培训8类23人，税收与发展、最新税收政策解读、税收青年讲坛等专题讲座培训17场101人。完善培训人员安排和变更、证书管理、事前登记、培训请假、跟踪登记、学分统计等工作制度。三是突出重点，坚持全面推进原则。利用内外师资，组织开展全员案例式稽查业务交流培训、“营改增”政策与实务操作培训、企业所得税政策培训等自主培训；坚持“每周一练”，利用网络考试平台开展38期练习和考试，包括“三员”“会计二级达标”“最新税收政策”等内容；组织科所长业务学习。坚持科所长业务文件每月精讲的学习制度，对最新税收政策进行讲解以及学习资料汇编共享，组织68人次参加市局各类讲座，组织科所长业务考试考前集中封闭式培训；深化信息化培训，丰富电子教育课件学习，上传中华会计网校注册税务师学习课件、科所长业务学习课件等各类内容，将个体培训的成效扩展到全局；开展会计二级达标和“三员”考前培训，组织6次考前培训和6次阶段模拟考试，在2012年会计二级达标考试中及格率100%，位列全系统第一，“三员”考试及格率100%；开设“激流”特色讲坛，根据干部个性化需求，量身定制推出科所长业务精读、信息化选案培训、PPT操作培训等多样化“套餐”，实现分层、分类培训、按需施教；组织企业所得税培训。通过青年骨干任讲师、税校培训归要点、网络课堂常测试、分组讨论解疑惑等多项措施确保考前准备。加强政治理论、科学文化等综合素质培训，鼓励干部参加各类综合培训，全年共有65人次参加双休日讲座、6人参加MPA公共管理考试、2人参加全国税务系统执法资格考试。

【财务管理】 一是完善财务制度。修订《固定资产管理办法》《政府采购工作办法》《财务会计管理办法》《公务卡管理办法》，对固定资产管理内部机构及职责、日常管理流程、政府采购方式及程序、公务卡使用范围及报销流程进行明确和细化。二是强化预算管理。分级细化预算，规范经常性项目预算填报；严格预算审核，对基建、信息化经费、车辆购置等项目经费实行事先会审制度；强化执行刚性，严格按预算执行，努力减少调整事项，杜绝自行调整预算和超预算支出情况。三是加强资产管理。全面开展固定资产清查，核实固定资产实物管理基础信息，做到账实、账卡、账账相符。严格经费管理。全面推广公务卡使用，加强稽查经费、专项经费、公用经费支出管理，从严控制三公经费支出，推广节能办公设备采购。

【纪检监察】 廉政文化方面，开展“为政清廉保纯洁”主题教育活动、参观爱国主义教育基地、党组书记上“廉政党课”、党风廉政建设责任书签约、全体干部廉洁自律承诺等活动。落实惩防体系工作方面，制作下达《建立健全惩治和预防腐败体系2008—2012年工作规划任务实施分解表》7方面56项工作内容，在年底开展针对性检查。推进内控制度建设方面，推进基层所内控制度建设，完成基层所岗位说明书、权力事项梳理、工作流程图、风险点排查，初步形成基层所内控制度。廉政监督方面，开展4次两权监督执法检查，抽查案卷46份，除个别文书有细微差错，总体情况较好；接受被查企业监督，对42家企业进行执法情况回访，听取企业对检查人员在依法行政、廉洁自律和文明服务方面的意见，评价好的占100%；开展2012年执法督察、执法监察自查，重点检查案卷201户，查后归集问题，上网通报，对照整改；开展党风廉政建设和反腐败工作专项治理，对照中央和上海市委有关专项治理违规收送礼金礼券购物卡纪律规定进行自查，经查无违纪情况；开展民主评议基层税务所工作，随机抽取56户被查企业开展回访，对测评中存在的问题和纳税人集中反映的问题深入分析，积极整改；继续开展述职述廉工作，以税企座谈会形式向纳税人汇报依法履职、任务完成、作风效率、廉洁自律等情况。

【后勤管理】 分局新办公楼临江花苑消防改造及装修装饰工程于5月正式开工，为确保工程“规范、安全、优质”，主要采取三方面措施：一是分工明确，管理到位。基建工作除前期招投标等工作外，包含投资、支付、工期、质量、变更、文档六项管理环节。基建小组按照安全、质量、进度、投资的控制要求，从管理上建立起党组会议决策、基建小组管理、常驻代表实施的三级管理模式，在组织架构体系上确保信息畅通、工程顺利运行。二是从严管理，确保质量。每一工程环节均做到“抓安全、保质量、控投资、把进度”，对外协调好安监、质检、审图、消防、物业等部门，对内与投资监理、施工监理、施工公司、弱电公司等有效沟通，建立每周一次的工程例会制度，督促施工方、监理方、设计方履行好相关职责。通过安监，质检等部门10余次安全检查。三是规范采购，过程透明。由专人专职负责基建项目管理，对基建项目的各个环节进行实时跟踪与监控，确保项目规范运行。对基建项目严格验收，做到“全额申报不拆分，先有预算后有支出，没有预算不支出”，确保从立项、审批、规划、设计、招投标、监理、施工、进度、资金管理、竣工验收和决算审计各环节都规范有序进行。至年底，基建工程已完成旧房拆除、分割布局、排线布管、隐蔽工程验收、墙地面装饰施工等工作。

【税收科研】 推动税收调研工作：一是通过“微调研”探讨常见问题，借局报《六局风采》平台，每月采编3～4篇短小精悍、观点鲜明的微型调研文章，探讨稽查热点话题，邀专家坐堂指点调研写作，邀请《上海税务》杂志主编指导调研报告写作要点；二是通过“组合调研”深入研究课题，由科所长和青年骨干自由组合，针对工作薄弱环节自选课题25项开展调研；三是通过“重点调研”攻克工作瓶颈，借他山之石拓展工作思路，领导干部带队赴外省市兄弟稽查单位考察，重点了解内控机制、基层党建、税务稽查方面成功经验，形成考察报告，引入实际工作。参与市局关于征管改革中税务稽查定位课题的调研，完成计划书、提纲、统稿、修改等各阶段工作，并获得上海税务稽查课题调研报告特别贡献奖。

【税务文化】 一是加快推进学习型机关建设。在2011年学习型机关创建模型初步建成的基础上，以推行“理论大众化”教育活动为抓手，发挥三级联动作用，创建景愿明晰、团队学习、工学结合的学习团队。抓政治理论学习，坚持每月政治廉政学习，组织

《2012理论热点面对面——从怎么看到怎么办》、党的十七届五中全会、六中全会精神等专题学习，保证干部每周集体学习2学时，全年累计96学时以上，党员全年集中学习不少于24学时。成立思想政治研究工作会。制定《思想教育工作制度》，定期召开思研工作会，不断创新思想政治工作新途径、新方法。丰富四种学习平台：自学平台，鼓励干部制定个人学习计划，每周读书看报不少于2小时，领导干部和35岁以下青年多学1小时；党团学习平台，创建学习型党团组织，鼓励党团员走上各类培训讲台，交流思想，展现特长；兴趣小组平台，通过摄影、花艺、篆刻、羽毛球等不同类型兴趣小组活动，提高干部综合素质；读书平台，开展“读书、励志、创新、和谐”读书荐书交流活动。二是推进凝聚力建设工程。做好职工保障工作，坚持职工互助互济保障机制和方便小药箱等工作；借推广第九套广播体操倡导全员健身活动；坚持“六必访”，开展“爱心一日捐”，全年募集捐款8030元。开展多样载体活动，参与系统第一届运动会各项赛事，赛出友谊，赛出精神；组织妇女节踏青、儿童节亲子等特色活动；各部门工会通过“观茶艺、品茶趣、叙友情”“稽查案例评比”“红酒文化之旅”等人文活动增进交流，提升素养。

（伊　琦）

附　录

2012 年上海市国家税务局领导名单

职　务	姓　名	任职时间
局　长	顾　炬	2006. 03—
副局长	庄晓玖	2009. 01—
副局长	许建斌	2002. 10—
巡视员	周振家	2011. 04—2012. 06
副局长	胡兰芳	2007. 06—
副局长	刘新利	2009. 10—
纪检组组长	阎更耀	2011. 09—
总经济师	曹　晖	2011. 09—
总会计师	庞　为	2011. 09—
副巡视员	吴立民	2011. 04—

2012 年中共上海市国家税务局党组领导名单

职　务	姓　名	任职时间
党组书记	庄晓玖	2009. 01—
党组副书记	顾　炬	2009. 01—
党组成员	许建斌	2002. 10—
党组成员	胡兰芳	2007. 06—
党组成员	刘新利	2007. 06—
党组成员	阎更耀	2011. 09—
党组成员	曹　晖	2011. 09—
党组成员	庞　为	2011. 09—

2012 年上海市地方税务局领导名单

职　务	姓　名	任职时间
局　长	顾　炬	2009. 02—
副局长	庄晓玖	2009. 02—
副局长	许建斌	2009. 02—
巡视员	周振家	2011. 05—2012. 06
副局长	胡兰芳	2009. 02—
副局长	刘新利	2009. 12—

续表

职　务	姓　名	任职时间
纪检组组长	阎更耀	2012. 02—
总经济师	曹　晖	2009. 12—
总会计师	庞　为	2011. 11—
副巡视员	吴立民	2011. 05—

2012 年中共上海市地方税务局党组领导名单

职　务	姓　名	任职时间
党组书记	庄晓玖	2009. 01—
党组副书记	顾　炬	2009. 01—
党组成员	许建斌	2009. 03—
党组成员	胡兰芳	2009. 03—
党组成员	刘新利	2009. 03—
党组成员	阎更耀	2012. 02—
党组成员	曹　晖	2011. 11—
党组成员	庞　为	2011. 11—

市局机关处级职务人员名单

序号	部门	正职领导	副职领导	调研员	副调研员
1	办公室	李　明	赵锁根 宁　亚	武克友（兼） 陈国敬	龚炳生（兼） 金亚萍（兼） 汪秋霞
2	政策法规处	支　勇	余文华 郑　瑜		陈美玲　唐莲萍
3	货物和劳务税处	钟剑伟			曹　璐
4	进出口税收管理处	乐秀琪	隋　蕾		
5	企业所得税处	陈　华	唐梨萍		宋一萍　缪良英 卢　江　徐　健
6	国际税务管理处 （个人所得税处）	邱　为			
7	财产和行为税处	杨朝彰			胡昭萌
8	收入规划核算处	董　理	赵　勇		沈陆霞
9	纳税服务处 （大企业税收管理处）	赵明富	肖红梅	范佶睿（兼）	

续表

序号	部门	正职领导	副职领导	调研员	副调研员
10	征管和科技发展处	蒋旭涛	崔　欣 马富强		王君蕾（兼） 金　雷 梁光辉（兼）
11	稽查处	朱　蕾	唐林玮		杨敏庸
12	财务管理处	施耀忠	杨寿宝		沈　琼
13	督察内审处 （巡视工作办公室）	刘洪波	肖书琴		许　萍
14	人事教育处 （离退休干部处）	陈　颖	张海威		张玉霖　周优霖 石卫平
15	监察室	张文伟	张仕斌		李　平
16	机关党委办公室 （思想政治工作办公室）	沈　青	钱　斌		顾忠培
17	工会	刘新利（兼）			田欢乐

注：正处级领导 16 人，副处级领导 16 人，调研员 1 人，副调研员 20 人。共 53 人（兼职不计）。

浦东税务局领导和处级非领导职务人员名单

序号	部门	正职领导	副职领导	纪检组组长	调研员	副调研员
1	区局领导及处级 非领导职务人员	蒋震平	吴　恩 杨富勇 经　伟	吴　健	武建设 赵帅普	古　月　宁　江 陈翼坚　赵　文 奚志明　饶　江 卢建平　王安良 孙　光　卢晓明 竺伟福　张　勇 仇张平　余肇萍 杨　剑　韦云炎
2	办公室	李征宇				
3	货物和劳务税处 （财产和行为税处）	董庆荣				
4	进出口税收管理处	陈耀斌	李世耀 （副处级）			
5	企业所得税处	张　飚				
6	国际税务管理处	常　虹				
7	收入规划核算处					
8	纳税服务处	吴卫港				
9	征收管理处	武建设（兼）				
10	信息技术处	刘　俊				
11	财务管理处	吴　琼				
12	督察内审处					
13	人事教育处	高华强				

续表

序号	部门	正职领导	副职领导	纪检组组长	调研员	副调研员
14	监察室					
15	机关党委办公室（思想政治工作办公室）	周婉蓉				
16	临港分局	陈　锋				
17	综合保税区分局	杨义勤（正处级）	陈翼坚（兼）			
18	稽查局	杨富勇（兼）	姚红波 陆小华 武肇英			

注：正处级领导5人，副处级领导15人，调研员2人，副调研员16人，共计38人。

区、县局处级职务人员名单

序号	单位	局长	副局长	纪检组组长	稽查局局长	调研员	助理调研员	副调研员
1	黄浦	沈　敏	潘德蛟　李　宇 钟琳虹	俞文清		屠伟恩		李国良　李兆成 郭雅棣　巢　怡 罗　浩
2	徐汇	吴桐声	茅　禾　王　瑱 洪志强	周　璜（正处级）		龚根发	钱剑光	孟艺华　杨照明
3	长宁	洪新卫	邬崇灏　陈业宝 张　淳	徐　凯（正处级）			何乔龙	王晓军　金健勇 王　晓
4	静安	张建平	朱金根　吕世春 胡勤根　蒋薇虹			张有志	范建伟	冯谷鸣　陈　明
5	普陀	楼忠民	严晓琳　姜晓峻 严　涛	朱国平		张立新	杨　斌	胡展东　徐　俊
6	闸北	朱锦山	张志刚（正处级） 张晓东　方　蕾	曹　荃				陶文君　衣爱国 胡松浒　黄成冲
7	虹口	杨良藩	韩德国（正处级） 董文原　陈建萍	许　凤				闫　枫　张进发
8	杨浦	沈伟杰	王金福（正处级） 林永康　高　炜 黄　靓	徐敏华				万恩洪　钱爱萍 申光耀　黄立雄
9	闵行	苍铁城	於培坚　金启明 张丽军　章志宏	徐晓东	张丽军（兼）		林长柱	李德兴　谢　芳
10	宝山	李俊强	孔宪亮　朱亚跃 玄克梅　陈晓峰	陈凤江	孔宪亮（兼）			李同斌　陈伯荣 王继龙
11	嘉定	郑继明	宋其峥　徐　凯 黄建军	王建华		徐仁兴	龚全芳	龚孝良　浦世农
12	金山	汪立文	王　春　任书银 张振明　郁雅芳		王　春（兼）			王国权　徐明夫 孙水金
13	松江	陆建新	彭大伟　金　萍 沈建明　陈志民	朱　斌	彭大伟（兼）		俞　琪 杨婴骊	邬玉梅

续表

序号	单位	局长	副局长	纪检组组长	稽查局局长	调研员	助理调研员	副调研员
14	青浦	朱　伦	王文忠　朱永明 孙蕉燕　桂志明	殷春明	朱永明（兼）			王正界　朱伟星 王林元
15	奉贤	冯　捷	徐怡群　夏永平 汪粉华　邓剑萍	褚勇华	夏永平（兼）			戴锡林　朱振富 钱文刚
16	崇明	蒋国荣	徐少峰　丰卫东 程　洁	江　松	丰卫东（兼）			顾品祥　秦立心 陆卫斌

注：正处级领导 21 人，副处级领导 65 人，调研员 5 人，助理调研员 8 人，副调研员 44 人。共 143 人（未含浦东）。

直属单位处级职务人员名单

序号	单位	正职领导	副职领导	纪检组组长	调研员	副调研员	副处级
1	稽查一局	裔传立	陆友清　张益华			邵蓓莉　陆艳涛 俞振华　马苏平	
2	稽查四局	谢惠康	邬金彪　水启裕	汪　菁		汪业民　杨政荣 陈　誉	
3	稽查五局	华建新	张静芳	吴明丽		沈德华　金瑞敏 陈国荣	
4	稽查六局	宋　强	钟蓓雄（正处级） 王海月	杨大功	郭建申	王学新　刘长虹 崔惠俊	
5	二分局	林子瑜	马宗续　刘如敏	程新国		陈章银　王厚廷 郑子仪	
6	三分局	徐佩仪	严　庆　沈继雄 罗　磊		吴庆山	鲁明雄　万振明 张维勇	
7	电子税务中心	蒋旭涛（兼）	应　伟　王舒军				
8	税收科学研究所		龚炳生（主持） 金亚萍　吴　燕				刘　进
9	税务干部学校	陈　颖（兼）	杨　浩　李梦梁 李志轩				
10	票据管理中心		王君蕾（主持） 梁光辉				
11	机关服务中心	武克友	马熔平　胡思弘				
12	注税管理中心	范佶睿					

注：正处级领导 9 人（兼职不计），副处级领导 27 人，调研员 2 人，副调研员 19 人，副处级 1 人。共 58 人。

上海市税务系统职工队伍统计表

填报单位:上海市国税局、地税局　　　　统计日期:2012年12月31日

项目		总数	性别 男	性别 女	政治面貌 中共党员	政治面貌 青年团员	政治面貌 民主党派	政治面貌 群众	文化程度 研究生 博士	文化程度 研究生 硕士	文化程度 大学本科	文化程度 大学专科	文化程度 中专	文化程度 高中	文化程度 初中以下	年龄 30岁以下	年龄 31岁至35岁	年龄 36岁至40岁	年龄 41岁至45岁	年龄 46岁至50岁	年龄 51岁至55岁	年龄 56岁至60岁	年龄 61岁以上	参加工作时间 1960年至1969年	参加工作时间 1970年至1979年	参加工作时间 1980年至1989年	参加工作时间 1990年至1999年	参加工作时间 2000年至2009年	参加工作时间 2010年以后	专技职称 高级	专技职称 中级	专技职称 初级
		1	2	3	4	5	6	7	8	9	10	11	12	13	14	15	16	17	18	19	20	21	22	23	24	25	26	27	28	29	30	31
总计	1	11216	6021	5195	6017	386	205	4608	13	911	6479	2997	344	288	184	1782	701	946	2305	3640	1153	689		37	1568	5158	2098	2088	267	75	3690	4933
局级	2	11	10	1	11				2	3	5	1								4	3	4			5	6				6	3	1
处级 领导职务	3	171	130	41	168		2	1		21	126	23			1			12	27	80	32	20			42	98	31			16	122	26
处级 非领导职务	4	122	101	21	121			1		3	85	33	1					1	4	47	35	35			68	50	4			3	72	27
科级 领导职务	5	1680	1083	597	1532	3	24	121	4	178	1258	221	7	10	2	145	174	235	399	553	138	36			148	773	459	300		20	899	560
科级 非领导职务	6	2954	1670	1284	1872	18	48	1016	5	627	1015	966	195	121	25	417	218	84	288	857	614	476		37	965	1145	181	594	32	9	1074	1311
普干	7	5952	2761	3191	2233	363	130	3226	2	79	3963	1712	111	71	14	1217	299	586	1547	2014	237	52			210	2975	1341	1193	233	21	1516	2998
工人	8	326	266	60	80	2	1	243			27	41	30	86	142	3	10	28	40	85	94	66			130	111	82	1	2		4	10
市局机关 小计	9	209	131	78	185	1	1	22	4	37	149	18		1		32	38	22	25	58	18	16			27	73	41	68		11	114	36
市局机关 局级	10	10	9	1	10				2	3	4	1								3	3	4			5	5				5	3	1
市局机关 处级 领导职务	11	32	21	11	32					7	23	2						4	6	17	4	1			3	21	8			3	24	3
市局机关 处级 非领导职务	12	28	17	11	27			1			20	8							2	12	5	9			12	14	2			2	20	4
市局机关 科级 领导职务	13																															
市局机关 科级 非领导职务	14	122	76	46	103		1	18	2	26	86	7		1		21	32	18	17	26	6	2			7	33	31	51		1	61	27
市局机关 普干	15	17	8	9	13	1		3		1	16					11	6											17			6	1

续表

项目 \ 类别				总数	性别		政治面貌				文化程度							年龄								参加工作时间						专技职称		
					男	女	中共党员	青年团员	民主党派	群众	研究生		大学本科	大学专科	中专	高中	初中以下	30岁以下	31岁至35岁	36岁至40岁	41岁至45岁	46岁至50岁	51岁至55岁	56岁至60岁	61岁以上	1960年至1969年	1970年至1979年	1980年至1989年	1990年至1999年	2000年至2009年	2010年以后	高级	中级	初级
											博士	硕士																						
				1	2	3	4	5	6	7	8	9	10	11	12	13	14	15	16	17	18	19	20	21	22	23	24	25	26	27	28	29	30	31
稽查和税务分局	小计		16	963	447	516	575	28	14	346	2	110	636	194	16	4	1	186	66	60	209	326	66	50			102	436	175	230	20	4	415	345
	局级		17																															
	处级	领导职务	18	22	15	7	22					2	15	5							1	10	8	3			6	15	1			1	20	1
		非领导职务	19	21	18	3	21					1	13	6	1							9	6	6			13	8					16	4
	科级	领导职务	20	206	113	93	189			17	1	32	151	21	1			24	22	24	42	78	15	1			15	97	46	48		1	125	47
		非领导职务	21	262	125	137	184		4	74	1	72	111	64	9	4	1	54	22	4	26	85	31	40			64	107	16	70	5	2	115	88
	普干		22	452	176	276	159	28	10	255		3	346	98	5			108	22	32	140	144	6				4	209	112	112	15		139	205
直属事业单位	小计		23	479	345	134	168	4	7	300	2	22	130	55	34	93	143	11	29	53	73	123	110	80			154	164	132	24	5	34	77	36
	局级		24																															
	处级	领导职务	25	9	8	1	8		1				9								1	5	2	1			3	5	1			4	2	2
		非领导职务	26																															
	科级	领导职务	27	46	30	16	35		3	8	2	3	28	5	2	5	1			10	10	11	6	9			12	14	19	1		12	23	6
		非领导职务	28																															
	普干		29	98	41	57	45	2	2	49		19	66	9	2	2		8	19	15	22	22	8	4			9	34	30	22	3	18	48	18
	工人		30	326	266	60	80	2	1	243			27	41	30	86	142	3	10	28	40	85	94	66			130	111	82	1	2		4	10
区县税务局	小计		31	9565	5098	4467	5089	353	183	3940	5	742	5564	2730	294	190	40	1553	568	811	1998	3133	959	543		37	1285	4485	1750	1766	242	26	3084	4516
	局级		32	1	1		1						1									1						1				1		
	处级	领导职务	33	108	86	22	106		1	1		12	79	16			1			8	19	48	18	15			30	57	21			8	76	20
		非领导职务	34	73	66	7	73					2	52	19						1	2	26	24	20			43	28	2			1	36	19
	科级	领导职务	35	1428	940	488	1308	3	21	96	1	143	1079	195	4	5	1	121	152	201	347	464	117	26			121	662	394	251		7	751	507
		非领导职务	36	2570	1469	1101	1585	18	43	924	2	529	818	895	186	116	24	342	164	62	245	746	577	434		37	894	1005	134	473	27	6	898	1196
	普干		37	5385	2536	2849	2016	332	118	2919	2	56	3535	1605	104	69	14	1090	252	539	1385	1848	223	48			197	2732	1199	1042	215	3	1323	2774

2012 年涉税政策法规目录

增 值 税

序号	标　　题	文　号	发文日期
1	国家税务总局关于一般纳税人销售自己使用过的固定资产增值税有关问题的公告	国家税务总局公告 2012 年第 1 号	2012 年 1 月 6 日
2	关于实施营业税改征增值税试点过渡性财政扶持政策的通知	沪财税〔2012〕5 号	2012 年 2 月 2 日
3	财政部　国家税务总局关于增值税税控系统专用设备和技术维护费用抵减增值税税额有关政策的通知	财税〔2012〕15 号	2012 年 2 月 7 日
4	关于转发《财政部　国家税务总局关于继续免征国产抗艾滋病病毒药品增值税的通知》的通知	沪财税〔2012〕9 号	2012 年 2 月 9 日
5	关于转发《财政部　国家税务总局关于继续执行宣传文化增值税和营业税优惠政策的通知》的通知	沪财税〔2012〕10 号	2012 年 2 月 9 日
6	关于转发《财政部　国家税务总局关于应税服务适用增值税零税率和免税政策的通知》的通知	沪财税〔2012〕7 号	2012 年 2 月 17 日
7	关于转发《财政部　国家税务总局关于免征蔬菜流通环节增值税有关问题的通知》的通知	沪财税〔2012〕19 号	2012 年 2 月 24 日
8	关于转发《财政部　国家税务总局关于交通运输业和部分现代服务业营业税改征增值税试点若干税收政策的通知》通知	沪财税〔2012〕18 号	2012 年 2 月 24 日
9	关于转发《财政部　国家税务总局关于扶持动漫产业发展增值税、营业税政策的通知》的通知	沪财税〔2012〕22 号	2012 年 2 月 29 日
10	关于转发《财政部　国家税务总局关于继续执行边销茶增值税政策的通知》的通知	沪财税〔2012〕25 号	2012 年 3 月 1 日
11	关于转发《财政部　国家税务总局关于增值税税控系统专用设备和技术维护费用抵减增值税税额有关政策的通知》的通知	沪财税〔2012〕30 号	2012 年 3 月 7 日
12	国家税务总局关于部分产品增值税适用税率问题的公告	国家税务总局公告 2012 年第 10 号	2012 年 3 月 16 日
13	国家税务总局关于部分玉米深加工产品增值税税率问题的公告	国家税务总局公告 2012 年第 11 号	2012 年 3 月 27 日
14	关于转发《财政部　国家税务总局关于重庆江北等 5 家机场民航国际航班使用进口保税航空燃油有关税收政策的通知》的通知	沪财税〔2012〕35 号	2012 年 3 月 29 日
15	财政部　国家税务总局关于在部分行业试行农产品增值税进项税额核定扣除办法的通知	财税〔2012〕38 号	2012 年 4 月 6 日
16	国家税务总局关于药品经营企业销售生物制品有关增值税问题的公告	国家税务总局公告 2012 年第 20 号	2012 年 5 月 28 日
17	国家税务总局关于二手车经营业务有关增值税问题的公告	国家税务总局公告 2012 年第 23 号	2012 年 6 月 1 日
18	财政部　国家税务总局关于交通运输业和部分现代服务业营业税改征增值税试点若干税收政策的补充通知	财税〔2012〕53 号	2012 年 6 月 29 日
19	国家税务总局关于调整增值税纳税申报有关事项的公告	国家税务总局公告 2012 年第 31 号	2012 年 6 月 29 日
20	国家税务总局关于卷帘机适用增值税税率问题的公告	国家税务总局公告 2012 年第 29 号	2012 年 6 月 29 日

续表

序号	标　题	文　号	发文日期
21	国家税务总局关于中国东方航空股份有限公司增值税计算缴纳有关问题的公告	国家税务总局公告2012年第32号	2012年7月3日
22	国家税务总局关于在部分行业试行农产品增值税进项税额核定扣除办法有关问题的公告	国家税务总局公告2012年第35号	2012年7月17日
23	财政部　国家税务总局关于在北京等8省市开展交通运输业和部分现代服务业营业税改征增值税试点的通知	财税〔2012〕71号	2012年7月31日
24	国家税务总局关于北京等8省市营业税改征增值税试点增值税一般纳税人资格认定有关事项的公告	国家税务总局公告2012年第38号	2012年8月10日
25	关于转发《财政部　国家税务总局关于固定业户总分支机构增值税汇总纳税有关政策的通知》的通知	沪财税〔2012〕79号	2012年8月20日
26	国家税务总局关于北京等8省市营业税改征增值税试点有关税收征收管理问题的公告	国家税务总局公告2012年第42号	2012年8月24日
27	国家税务总局关于北京等8省市营业税改征增值税试点增值税纳税申报有关事项的公告	国家税务总局公告2012年第43号	2012年8月27日
28	关于本市部分行业试行农产品增值税进项税额核定扣除具体实施办法的公告	上海市国家税务局公告2012年第6号	2012年9月19日
29	关于下发本市部分试行农产品增值税进项税额核定扣除试点企业扣除标准的通知	沪国税货〔2012〕49号	2012年9月19日
30	财政部　国家税务总局关于免征部分鲜活肉蛋产品流通环节增值税政策的通知	财税〔2012〕75号	2012年9月27日
31	关于老设备经营租赁服务简易征收相关问题的公告	上海市国家税务局公告2012年第8号	2012年11月2日
32	关于转发《财政部　国家税务总局关于免征部分鲜活肉蛋产品流通环节增值税政策的通知》的通知	沪财税〔2012〕103号	2012年11月22日
33	国家税务总局关于营业税改征增值税试点文化事业建设费申报有关事项的公告	国家税务总局公告2012年第51号	2012年12月4日
34	国家税务总局关于营业税改征增值税试点文化事业建设费缴费信息登记有关事项的公告	国家税务总局公告2012年第50号	2012年12月4日
35	财政部　国家税务总局关于交通运输业和部分现代服务业营业税改征增值税试点应税服务范围等若干税收政策的补充通知	财税〔2012〕86号	2012年12月4日
36	国家税务总局关于硝基复合肥有关增值税问题的公告	国家税务总局公告2012年第52号	2012年12月7日
37	国家税务总局关于纳税人资产重组增值税留抵税额处理有关问题的公告	国家税务总局公告2012年第55号	2012年12月13日
38	财政部　国家税务总局关于熊猫普制金币免征增值税政策的通知	财税〔2012〕97号	2012年12月28日
39	财政部　国家税务总局关于印发《总分支机构试点纳税人增值税计算缴纳暂行办法》的通知	财税〔2012〕84号	2012年12月31日

消费税

序号	标　　题	文　号	发文日期
1	国家税务总局关于卷烟消费税计税价格信息采集有关问题的通知	国税函〔2012〕31号	2012年1月21日
2	关于转发《国家税务总局关于卷烟消费税计税价格信息采集有关问题的通知》的通知	沪国税货〔2012〕3号	2012年2月7日
3	国家税务总局关于发布《用于生产乙烯、芳烃类化工产品的石脑油、燃料油退（免）消费税暂行办法》的公告	国家税务总局公告2012年第36号	2012年7月12日
4	财政部　国家税务总局关于《中华人民共和国消费税暂行条例实施细则》有关条款解释的通知	财法〔2012〕8号	2012年7月13日
5	关于转发《财政部　国家税务总局关于〈中华人民共和国消费税暂行条例实施细则〉有关条款解释的通知》的通知	沪财税〔2012〕78号	2012年8月20日
6	关于转发《财政部　国家税务总局关于消费税纳税人总分支机构汇总缴纳消费税有关政策的通知》的通知	沪财税〔2012〕86号	2012年9月10日
7	国家税务总局关于催化料、焦化料征收消费税的公告	国家税务总局公告2012年第46号	2012年9月27日
8	国家税务总局关于消费税有关政策问题的公告	国家税务总局公告2012年第47号	2012年11月6日

营业税

序号	标　　题	文　号	发文日期
1	财政部　国家税务总局关于转让自然资源使用权营业税政策的通知	财税〔2012〕6号	2012年1月6日
2	关于转发《商务部　国家税务总局关于确认天津天保租赁有限公司等企业为第八批内资融资租赁试点企业的通知》的通知	沪地税货〔2012〕2号	2012年1月19日
3	关于转发《财政部　国家税务总局关于继续执行宣传文化增值税和营业税优惠政策的通知》的通知	沪财税〔2012〕10号	2012年2月9日
4	关于转发《财政部　国家税务总局关于转让自然资源使用权营业税政策的通知》的通知	沪财税〔2012〕21号	2012年2月29日
5	关于转发《财政部　国家税务总局关于扶持动漫产业发展增值税、营业税政策的通知》的通知	沪财税〔2012〕22号	2012年2月29日
6	国家税务总局关于部分纳税人向深圳第26届世界大学生夏季运动会提供服务赞助有关营业税问题的通知	国税函〔2012〕98号	2012年3月12日
7	关于转发《国家税务总局关于中国移动通信集团广东有限公司及其关联机构向第16届亚洲运动会提供服务赞助有关营业税问题的通知》的通知	沪地税货〔2012〕12号	2012年4月10日
8	关于转发《国家税务总局关于部分纳税人向深圳第26届世界大学生夏季运动会提供服务赞助有关营业税问题的通知》的通知	沪地税货〔2012〕13号	2012年4月17日
9	关于上海永绿置业有限公司等企业2011年度公有住房租金收入及售后公房管理费收入免征营业税的批复	沪地税货〔2012〕14号	2012年4月19日
10	财政部　国家税务总局关于福建省平潭综合实验区营业税政策的通知	财税〔2012〕60号	2012年6月15日

续表

序号	标　　题	文　号	发文日期
11	财政部　国家税务总局关于外派海员等劳务免征营业税的通知	财税〔2012〕54 号	2012 年 6 月 15 日
12	关于转发《财政部　国家税务总局关于外派海员等劳务免征营业税的通知》的通知	沪财税〔2012〕73 号	2012 年 8 月 3 日
13	关于转发《工业和信息化部　国家税务总局关于公布中小企业信用担保机构免征营业税和取消免征资格名单的通知》的通知	沪地税货〔2012〕26 号	2012 年 9 月 14 日
14	国家税务总局关于将北京东方信捷物流有限责任公司等企业纳入物流企业营业税差额纳税试点范围的公告	国家税务总局公告 2012 年第 48 号	2012 年 11 月 28 日
15	财政部　国家税务总局关于铁路房建生活单位营业税政策的通知	财税〔2012〕94 号	2012 年 12 月 18 日

进出口税收

序号	标　　题	文　号	发文日期
1	关于转发《财政部　工业和信息化部　海关总署　国家税务总局关于国家中小企业公共技术服务示范平台适用科技开发用品进口税收政策的通知》的通知	沪财税〔2012〕4 号	2012 年 1 月 17 日
2	关于转发《财政部　海关总署　国家税务总局关于“十二五”期间第一批享受进口税收优惠政策的中资“方便旗”船舶清单的通知》的通知	沪财税〔2012〕13 号	2012 年 2 月 8 日
3	关于转发《财政部　商务部　海关总署　国家税务总局关于来料加工企业转型为法人企业进口设备税收政策有关问题的通知》的通知	沪财税〔2012〕33 号	2012 年 2 月 20 日
4	国家税务总局关于下发出口退税率文库 20120201A 版的通知	国税函〔2012〕61 号	2012 年 2 月 21 日
5	市商务委、市财政局、上海海关、市税务局关于公布 2011 年度符合享受采购设备税收政策资格的外资研发中心名单的公告	沪商外资〔2012〕122 号	2012 年 2 月 28 日
6	关于转发《财政部　海关总署　国家税务总局关于鼓励科普事业发展的进口税收政策的通知》的通知	沪财税〔2012〕31 号	2012 年 2 月 29 日
7	财政部　工业和信息化部　海关总署　国家税务总局关于调整重大技术装备进口税收政策有关目录的通知	财关税〔2012〕14 号	2012 年 3 月 7 日
8	关于转发《国家税务总局关于下发出口退税率文库 20120201A 版的通知》的通知	沪国税进〔2012〕2 号	2012 年 3 月 15 日
9	国家税务总局关于发布《营业税改征增值税试点地区适用增值税零税率应税服务免抵退税管理办法（暂行）》的公告	国家税务总局公告 2012 年第 13 号	2012 年 4 月 5 日
10	关于转发《财政部　国家税务总局关于调整海上石油开采企业名单的通知》的通知	沪财税〔2012〕39 号	2012 年 4 月 27 日
11	关于转发《财政部　海关总署　国家税务总局关于鼓励科普事业发展的进口税收政策的通知》的通知	沪财税〔2012〕44 号	2012 年 5 月 15 日
12	关于转发《财政部　海关总署　国家税务总局关于进一步扶持新型显示器件产业发展有关税收优惠政策的通知》的通知	沪财税〔2012〕51 号	2012 年 5 月 25 日
13	国家税务总局关于外贸企业出口视同内销货物进项税额抵扣有关问题的公告	国家税务总局公告 2012 年第 21 号	2012 年 5 月 25 日
14	财政部　国家税务总局关于出口货物劳务增值税和消费税政策的通知	财税〔2012〕39 号	2012 年 5 月 25 日

续表

序号	标　　题	文　号	发文日期
15	国家税务总局关于外贸企业使用增值税专用发票办理出口退税有关问题的公告	国家税务总局公告2012年第22号	2012年6月1日
16	国家税务总局关于发布《出口货物劳务增值税和消费税管理办法》的公告	国家税务总局公告2012年第24号	2012年6月14日
17	国家外汇管理局　海关总署　国家税务总局关于货物贸易外汇管理制度改革的公告	国家外汇管理局公告2012年第1号	2012年6月27日
18	关于转发《财政部　国家税务总局关于出口货物劳务增值税和消费税政策的通知》的通知	沪国税进〔2012〕9号	2012年7月3日
19	关于转发《财政部　海关总署　国家税务总局关于种子（苗）种畜（禽）鱼种（苗）和种用野生动植物种源2012年免税进口计划的通知》的通知	沪财税〔2012〕65号	2012年7月9日
20	关于转发《财政部　国家税务总局关于出口货物劳务增值税和消费税政策的通知》的通知	沪财税〔2012〕66号	2012年7月12日
21	关于转发《财政部　海关总署　国家税务总局关于在上海试行启运港退税政策的通知》的通知	沪财税〔2012〕69号	2012年7月24日
22	财政部　海关总署　国家税务总局关于在天津东疆保税港区试行融资租赁货物出口退税政策的通知	财税〔2012〕66号	2012年7月26日
23	关于转发《财政部　海关总署　国家税务总局关于印发有机发光二极管显示面板生产企业进口免税物资范围及首批享受政策企业名单的通知》的通知	沪财税〔2012〕75号	2012年8月8日
24	国家税务总局关于发布《天津东疆保税港区融资租赁货物出口退税管理办法》的公告	国家税务总局公告2012年第39号	2012年8月10日
25	国家税务总局关于发布《启运港退（免）税管理办法》的公告	国家税务总局公告2012年第44号	2012年8月24日
26	国家税务总局关于贯彻落实《国务院办公厅关于促进外贸稳定增长的若干意见》的通知	国税函〔2012〕432号	2012年9月17日
27	关于转发《国家税务总局关于贯彻落实〈国务院办公厅关于促进外贸稳定增长的若干意见〉的通知》的通知	沪国税进〔2012〕15号	2012年10月8日
28	关于第十九批国家认定享受优惠政策企业（集团）技术中心名单的公告	发改委　科技部　财政部　海关税务总局公告2012年第36号	2012年10月25日
29	财政部　科技部　民政部　海关总署　国家税务总局关于科技类民办非企业单位适用科学研究和教学用品进口税收政策的通知	财关税〔2012〕54号	2012年11月12日
30	关于转发《财政部　海关总署　国家税务总局关于印发彩色滤光膜、偏光片生产企业进口物资范围及首批享受政策企业名单的通知》的通知	沪财税〔2012〕107号	2012年12月12日
31	市商务委、市财政局、上海海关、市税务局关于公布2012年度符合享受采购设备税收政策资格的外资研发中心名单的补充公告	沪商外资〔2012〕911号	2012年12月24日

企业所得税

序号	标　　题	文　号	发文日期
1	财政部　国家税务总局关于公共基础设施项目和环境保护、节能节水项目企业所得税优惠政策问题的通知	财税〔2012〕10号	2012年1月5日
2	关于企业发生的派遣员工工资薪金等费用税前扣除问题的通知	沪国税所〔2012〕1号	2012年1月6日
3	关于转发《财政部　国家税务总局关于小型微利企业所得税优惠政策有关问题的通知》的通知	沪财税〔2012〕2号	2012年1月6日
4	财政部　国家税务总局关于企业参与政府统一组织的棚户区改造支出企业所得税税前扣除政策有关问题的通知	财税〔2012〕12号	2012年1月10日
5	关于转发《财政部　工业和信息化部　国家税务总局　工商总局　银监会关于贯彻实施〈小企业会计准则〉的指导意见》的通知	沪财会〔2012〕14号	2012年1月18日
6	关于下发本市集成电路设计企业通过2011年度年审和认定名单的通知	沪国税所〔2012〕4号	2012年1月21日
7	财政部　国家税务总局关于金融企业贷款损失准备金企业所得税税前扣除政策的通知	财税〔2012〕5号	2012年1月29日
8	关于下发2011年第四季度本市认定软件企业名单和登记软件产品名单及2011年下半年软件企业认定和软件产品登记变更情况的通知	沪地税所〔2012〕5号	2012年2月8日
9	财政部　国家税务总局关于证券行业准备金支出企业所得税税前扣除有关政策问题的通知	财税〔2012〕11号	2012年2月16日
10	关于转发《财政部　国家税务总局关于公共基础设施项目和环境保护、节能节水项目企业所得税优惠政策问题的通知》的通知	沪财税〔2012〕26号	2012年3月2日
11	关于转发《财政部　国家税务总局关于企业参与政府统一组织的棚户区改造支出企业所得税税前扣除政策有关问题的通知》的通知	沪财税〔2012〕27号	2012年3月2日
12	关于印发《本市汇总纳税总机构企业所得税分配比例备案管理规程（试行）》的通知	沪国税所〔2012〕10号	2012年3月7日
13	关于转发《财政部　国家税务总局关于金融企业贷款损失准备金企业所得税税前扣除政策的通知》的通知	沪财税〔2012〕34号	2012年3月28日
14	财政部　国家税务总局关于保险公司农业巨灾风险准备金企业所得税税前扣除政策的通知	财税〔2012〕23号	2012年3月29日
15	关于认定上海浦发公益基金会等98家单位非营利组织免税资格的通知	沪国税所〔2012〕14号	2012年3月30日
16	关于修改《农、林、牧、渔业项目的所得减免税》事项管理规程的通知	沪地税所〔2012〕22号	2012年4月5日
17	国家税务总局关于深入实施西部大开发战略有关企业所得税问题的公告	国家税务总局公告2012年第12号	2012年4月6日
18	财政部　国家税务总局关于中小企业信用担保机构有关准备金企业所得税税前扣除政策的通知	财税〔2012〕25号	2012年4月11日
19	国家税务总局关于小型微利企业预缴企业所得税有关问题的公告	国家税务总局公告2012年第14号	2012年4月13日
20	关于上海华东理工大学教育发展基金会公益性捐赠税前扣除资格认定问题的通知	沪国税所〔2012〕16号	2012年4月20日
21	关于印发《本市境外注册中资控股企业居民身份认定管理规程（试行）》的通知	沪国税所〔2012〕15号	2012年4月20日

续表

序号	标　　题	文　号	发文日期
22	财政部　国家税务总局关于进一步鼓励软件产业和集成电路产业发展企业所得税政策的通知	财税〔2012〕27号	2012年4月20日
23	财政部　国家税务总局　民政部关于公布2011年度第二批获得公益性捐赠税前扣除资格的公益性社会团体名单的通知	财税〔2012〕26号	2012年4月20日
24	关于转发《财政部　国家税务总局关于证券行业准备金支出企业所得税税前扣除有关政策问题的通知》的通知	沪财税〔2012〕38号	2012年4月24日
25	国家税务总局关于企业所得税应纳税所得额若干税务处理问题的公告	国家税务总局公告2012年第15号	2012年4月24日
26	财政部　国家税务总局关于保险公司准备金支出企业所得税税前扣除有关政策问题的通知	财税〔2012〕45号	2012年5月15日
27	关于转发《财政部　国家税务总局关于保险公司农业巨灾风险准备金企业所得税税前扣除政策的通知》的通知	沪财税〔2012〕48号	2012年5月17日
28	关于转发《财政部　国家税务总局关于中小企业信用担保机构有关准备金企业所得税税前扣除政策的通知》的通知	沪财税〔2012〕47号	2012年5月17日
29	关于下发2012年第一季度本市认定软件企业名单和登记软件产品名单的通知	沪地税所〔2012〕30号	2012年5月21日
30	国家税务总局关于我国居民企业实行股权激励计划有关企业所得税处理问题的公告	国家税务总局公告2012年第18号	2012年5月23日
31	财政部　国家税务总局关于确认中华全国总工会和中国红十字会总会2011年度公益性捐赠税前扣除资格的通知	财税〔2012〕47号	2012年5月24日
32	关于转发《财政部　国家税务总局关于进一步鼓励软件产业和集成电路产业发展企业所得税政策的通知》的通知	沪财税〔2012〕53号	2012年5月29日
33	财政部　国家税务总局关于广告费和业务宣传费支出税前扣除政策的通知	财税〔2012〕48号	2012年5月30日
34	国家税务总局关于软件和集成电路企业认定管理有关问题的公告	国家税务总局公告2012年第19号	2012年5月30日
35	财政部　国家税务总局　中国人民银行关于印发《跨省市总分机构企业所得税分配及预算管理办法》的通知	财预〔2012〕40号	2012年6月12日
36	上海市经济信息化委　市财政局　市国税局　市地税局关于落实本市合同能源管理项目企业所得税优惠政策的通知	沪经信节〔2012〕396号	2012年6月19日
37	国家税务总局关于企业所得税核定征收有关问题的公告	国家税务总局公告2012年第27号	2012年6月19日
38	关于认定上海市企业联合会等256家单位非营利组织免税资格的通知	沪地税所〔2012〕24号	2012年7月20日
39	国家税务总局关于中国信达资产管理股份有限公司变更二级分支机构的公告	国家税务总局公告2012年第37号	2012年7月27日
40	关于上海现代服务业发展研究基金会等4家单位公益性捐赠税前扣除资格认定问题的通知	沪国税所〔2012〕24号	2012年7月31日
41	关于印发《国家规划布局内重点软件企业和集成电路设计企业认定管理试行办法》的通知	发改高技〔2012〕2413号	2012年8月9日
42	国家税务总局关于发布《企业政策性搬迁所得税管理办法》的公告	国家税务总局公告2012年第40号	2012年8月10日
43	关于转发《财政部　国家税务总局　中国人民银行关于印发〈跨省市总分机构企业所得税分配及预算管理办法〉的通知》的通知	沪财预〔2012〕96号	2012年8月16日

续表

序号	标　题	文　号	发文日期
44	关于认定上海东方爱心基金会等252家单位非营利组织免税资格的通知	沪国税所〔2012〕22号	2012年9月3日
45	关于转发《国家规划布局内重点软件企业和集成电路设计企业认定管理试行办法》的通知	沪国税所〔2012〕27号	2012年9月7日
46	关于认定2012年上海市第一批技术先进型服务企业的通知	沪技服企认〔2012〕1号	2012年9月9日
47	关于转发《浦东新区企业研发费用加计扣除操作流程》的通知	沪地税所〔2012〕64号	2012年9月13日
48	关于上海青年志愿者协会等6家单位公益性捐赠税前扣除资格认定问题的通知	沪国税所〔2012〕28号	2012年9月19日
49	国家税务总局关于对跨地区经营汇总纳税企业所得税款分配情况进行检查的通知	国税函〔2012〕445号	2012年9月24日
50	关于转发《国家税务总局关于对跨地区经营汇总纳税企业所得税款分配情况进行检查的通知》的通知	沪国税所〔2012〕30号	2012年10月25日
51	关于认定2012年上海市第二批技术先进型服务企业的通知	沪技服企认〔2012〕2号	2012年12月3日
52	财政部　国家税务总局　中国人民银行关于《跨省市总分机构企业所得税分配及预算管理办法》的补充通知	财预〔2012〕453号	2012年12月25日
53	关于下发2012年第二、三季度本市认定软件企业名单和登记软件产品名单的通知	沪地税所〔2012〕108号	2012年12月26日
54	国家税务总局关于印发《跨地区经营汇总纳税企业所得税征收管理办法》的公告	国家税务总局公告2012年第57号	2012年12月27日
55	关于印发《上海市规划布局内重点软件企业、重点集成电路设计企业认定办法（试行）》的通知	沪发改高技〔2012〕126号	2012年12月28日

个人所得税

序号	标　题	文　号	发文日期
1	国家税务总局关于第五届黄汲清青年地质科学技术奖奖金免征个人所得税问题的公告	国家税务总局公告2012年第4号	2012年1月31日
2	关于转发《财政部　国家税务总局关于证券机构技术和制度准备完成后个人转让上市公司限售股有关个人所得税问题的通知》的通知	沪财税〔2012〕11号	2012年2月8日
3	国家税务总局关于执行内地与港澳间税收安排涉及个人受雇所得有关问题的公告	国家税务总局公告2012年第16号	2012年4月26日
4	财政部　国家税务总局关于工伤职工取得的工伤保险待遇有关个人所得税政策的通知	财税〔2012〕40号	2012年5月3日
5	关于转发《财政部　国家税务总局关于工伤职工取得的工伤保险待遇有关个人所得税政策的通知》的通知	沪财税〔2012〕61号	2012年6月21日
6	关于下发2012年度外省市在沪建筑安装企业实行个人所得税查账征收企业名单的通知	沪地税个〔2012〕2号	2012年6月26日
7	国家税务总局关于明天小小科学家奖金免征个人所得税问题的公告	国家税务总局公告2012年第28号	2012年6月28日

续表

序号	标　　题	文　号	发文日期
8	国家税务总局关于证券经纪人佣金收入征收个人所得税问题的公告	国家税务总局公告2012年第45号	2012年9月12日
9	财政部　国家税务总局　证监会关于实施上市公司股息红利差别化个人所得税政策有关问题的通知	财税〔2012〕85号	2012年11月16日
10	国家税务总局关于律师事务所从业人员有关个人所得税问题的公告	国家税务总局公告2012年第53号	2012年12月7日
11	关于转发《财政部　国家税务总局　证监会关于实施上市公司股息红利差别化个人所得税政策有关问题的通知》的通知	沪财税〔2012〕109号	2012年12月21日

国际税收管理

序号	标　　题	文　号	发文日期
1	国家税务总局关于《中华人民共和国政府和根西岛政府关于税收情报交换的协定》及谅解备忘录生效执行的公告	国家税务总局公告2012年第5号	2012年2月2日
2	国家税务总局关于《中华人民共和国政府和马恩岛政府关于税收情报交换的协定》生效执行的公告	国家税务总局公告2012年第6号	2012年2月2日
3	国家税务总局关于《中华人民共和国政府和泽西岛政府关于税收情报交换的协定》及谅解备忘录生效执行的公告	国家税务总局公告2012年第7号	2012年2月2日
4	国家税务总局关于《中华人民共和国政府和百慕大群岛政府关于税收情报交换的协定》及谅解备忘录生效执行的公告	国家税务总局公告2012年第8号	2012年2月2日
5	国家税务总局关于《中华人民共和国政府和阿根廷共和国政府关于税收情报交换的协定》生效执行的公告	国家税务总局公告2012年第9号	2012年2月2日
6	财政部　国家税务总局关于城市公交企业购置公共汽电车辆免征车辆购置税的通知	财税〔2012〕51号	2012年6月15日

车辆购置税

序号	标　　题	文　号	发文日期
1	财政部　国家税务总局关于城市公交企业购置公共汽电车辆免征车辆购置税的通知	财税〔2012〕51号	2012年6月15日
2	国家税务总局　交通运输部关于城市公交企业购置公共汽电车辆免征车辆购置税有关问题的通知	国税发〔2012〕61号	2012年6月26日
3	关于转发《财政部　国家税务总局关于城市公交企业购置公共汽电车辆免征车辆购置税的通知》的通知	沪财税〔2012〕72号	2012年8月3日
4	关于转发《国家税务总局　交通运输部关于城市公交企业购置公共汽电车辆免征车辆购置税有关问题的通知》的通知	沪国税货〔2012〕48号	2012年9月14日
5	国家税务总局　工业和信息化部关于完善机动车整车出厂合格证信息管理系统加强车辆购置税征收管理和优化纳税服务工作的通知	国税发〔2012〕107号	2012年11月16日
6	关于转发《国家税务总局　工业和信息化部关于完善机动车整车出厂合格证信息管理系统加强车辆购置税征收管理和优化纳税服务工作的通知》的通知	沪国税货〔2012〕66号	2012年12月28日

车 船 税

序号	标　　题	文　号	发文日期
1	国家税务总局　交通运输部关于进一步做好船舶车船税征收管理工作的通知	国税发〔2012〕8号	2012年1月20日
2	财政部　国家税务总局　工业和信息化部关于节约能源、使用新能源车辆减免车船税的车型目录（第一批）的公告	财政部　国家税务总局　工业和信息化部公告2012年第7号	2012年3月6日
3	财政部　国家税务总局　工业和信息化部关于节约能源、使用新能源车船车船税政策的通知	财税〔2012〕19号	2012年3月6日
4	关于转发《国家税务总局　交通运输部关于进一步做好船舶车船税征收管理工作的通知》的通知	沪地税财行〔2012〕18号	2012年5月7日
5	关于转发《财政部　国家税务总局　工业和信息化部关于节约能源、使用新能源车船车船税政策的通知》的通知	沪财税〔2012〕49号	2012年5月17日
6	财政部　国家税务总局　工业和信息化部关于节约能源、使用新能源车辆减免车船税的车型目录（第二批）的公告	财政部　国家税务总局　工业和信息化部公告2012年第25号	2012年5月28日
7	财政部　国家税务总局　工业和信息化部关于不属于车船税征收范围的纯电动燃料电池乘用车车型目录（第二批）的公告	财政部　国家税务总局　工业和信息化部公告2012年第26号	2012年5月28日
8	关于本市因质量原因退回车辆后车船税退税问题的公告	上海市地方税务局公告2012年第1号	2012年9月19日

资 源 税

序号	标　　题	文　号	发文日期
1	国家税务总局关于发布《中外合作及海上自营油气田资源税纳税申报表》的公告	国家税务总局公告2012年第3号	2012年1月20日

城镇土地使用税

序号	标　　题	文　号	发文日期
1	财政部　国家税务总局关于物流企业大宗商品仓储设施用地城镇土地使用税政策的通知	财税〔2012〕13号	2012年1月20日
2	关于本市单位纳税人城镇土地使用税困难减免有关问题的通知	沪财税〔2012〕16号	2012年2月20日
3	关于转发《财政部　国家税务总局关于物流企业大宗商品仓储设施用地城镇土地使用税政策的通知》的通知	沪财税〔2012〕24号	2012年3月1日
4	关于本市物流企业大宗商品仓储设施用地减征城镇土地使用税备案事项的通知	沪地税财行〔2012〕21号	2012年5月17日
5	关于本市单位纳税人申请办理城镇土地使用税困难减免有关操作事项的通知	沪地税财行〔2012〕22号	2012年5月17日
6	财政部　国家税务总局关于农产品批发市场、农贸市场房产税、城镇土地使用税政策的通知	财税〔2012〕68号	2012年9月3日
7	关于转发《财政部　国家税务总局关于农产品批发市场、农贸市场房产税、城镇土地使用税政策的通知》的通知	沪财税〔2012〕100号	2012年11月20日

房 产 税

序号	标　　题	文　号	发文日期
1	财政部　国家税务总局关于城市公交企业购置公共汽电车辆免征车辆购置税的通知	财税〔2012〕51 号	2012 年 6 月 15 日
2	财政部　国家税务总局关于农产品批发市场、农贸市场房产税、城镇土地使用税政策的通知	财税〔2012〕68 号	2012 年 9 月 3 日
3	关于转发《财政部　国家税务总局关于农产品批发市场、农贸市场房产税、城镇土地使用税政策的通知》的通知	沪财税〔2012〕100 号	2012 年 11 月 20 日
4	上海市人民政府关于《上海市人民政府关于印发〈上海市开展对部分个人住房征收房产税试点的暂行办法〉的通知》继续有效的通知	沪府发〔2012〕105 号	2012 年 12 月 26 日

印 花 税

序号	标　　题	文　号	发文日期
1	财政部　国家税务总局关于城市公交企业购置公共汽电车辆免征车辆购置税的通知	财税〔2012〕51 号	2012 年 6 月 15 日
2	国家税务总局关于发行 2012 年印花税票的公告	国家税务总局公告 2012 年第 56 号	2012 年 12 月 19 日
3	国家税务总局关于中国海洋石油总公司使用的“成品油配置计划表”有关印花税问题的公告	国家税务总局公告 2012 年第 58 号	2012 年 12 月 28 日

契　　税

序号	标　　题	文　号	发文日期
1	财政部　国家税务总局关于企业事业单位改制重组契税政策的通知	财税〔2012〕4 号	2012 年 1 月 12 日
2	关于调整本市普通住房标准的通知	沪房管规范市〔2012〕3 号	2012 年 2 月 13 日
3	关于转发《财政部　国家税务总局关于企业事业单位改制重组契税政策的通知》的通知	沪财税〔2012〕29 号	2012 年 3 月 5 日
4	财政部　国家税务总局关于城市公交企业购置公共汽电车辆免征车辆购置税的通知	财税〔2012〕51 号	2012 年 6 月 15 日
5	财政部　国家税务总局关于企业以售后回租方式进行融资等有关契税政策的通知	财税〔2012〕82 号	2012 年 12 月 6 日

综合税收政策

序号	标　题	文　号	发文日期
1	关于印发《上海市科普事业“十二五”发展规划》的通知	沪科合〔2011〕56号	2012年2月3日
2	关于转发《财政部　国家税务总局关于中国邮政集团公司邮政速递物流业务重组改制有关税收问题的通知》的通知	沪财税〔2012〕8号	2012年2月9日
3	关于转发《财政部　国家税务总局关于部分国家储备商品有关税收政策的通知》的通知	沪财税〔2012〕14号	2012年2月10日
4	关于转发本市公共租赁住房（单位租赁房）投资建设和经营管理机构等名单的通知	沪地税财行〔2012〕16号	2012年4月11日
5	国务院关于进一步支持小型微型企业健康发展的意见	国发〔2012〕14号	2012年4月19日
6	财政部　国家税务总局关于城市公交企业购置公共汽电车辆免征车辆购置税的通知	财税〔2012〕51号	2012年6月15日
7	关于转发《财政部　国家税务总局　中国人民银行关于调整铁路运输企业税收收入划分办法的通知》的通知	沪财预〔2012〕134号	2012年10月25日
8	文化部　财政部　税务总局关于公布2012年通过认定的动漫企业和重点动漫企业名单的通知	文产发〔2012〕44号	2012年11月12日
9	关于转发本市第二批市级共有产权保障住房（经济适用住房）建设项目及其开发企业名单的通知	沪地税财行〔2012〕47号	2012年11月27日
10	国家税务总局　中国人民银行　财政部关于跨省合资铁路企业跨地区税收分享入库有关问题的通知	国税发〔2012〕116号	2012年12月13日
11	关于摘转《国务院关于第六批取消和调整行政审批项目的决定》中涉税行政审批项目的通知	沪国税法〔2012〕30号	2012年12月13日
12	关于转发第四批本市公共租赁住房（单位租赁房）项目名单的通知	沪地税财行〔2012〕59号	2012年12月26日

税收征收管理

序号	标　题	文　号	发文日期
1	国家税务总局关于发布《税务稽查执法文书式样》的公告	国家税务总局公告2012年第2号	2012年1月4日
2	关于印发《纳税评估工作规程（试行）》的通知	沪国税征科〔2012〕2号	2012年1月17日
3	国家税务总局关于发布《中外合作及海上自营油气田资源税纳税申报表》的公告	国家税务总局公告2012年第3号	2012年1月20日
4	关于转发《国家税务总局关于免收小型微型企业发票工本费有关问题的通知》的通知	沪国税征科〔2012〕4号	2012年2月8日
5	关于调整本市企业跨区县迁移税务登记申请渠道的公告	上海市国家税务局　上海市地方税务局公告2012年第1号	2012年2月22日
6	关于同意顺丰速运集团（上海）速运有限公司使用热敏纸冠名发票的批复	沪地税征科〔2012〕7号	2012年3月14日

续表

序号	标　　题	文　号	发文日期
7	关于规范营业税改征增值税试点工作发票管理相关事项的公告	上海市国家税务局 上海市地方税务局公告2012年第2号	2012年3月16日
8	关于本市贯彻国家税务总局《全国普通发票简并票种统一式样工作实施方案》的通知	沪国税征科〔2012〕10号	2012年3月28日
9	关于启用新版普通发票的公告	上海市国家税务局 上海市地方税务局公告2012年第3号	2012年3月28日
10	关于转发《商务部　财政部　税务总局　工商总局　统计局　外汇局关于开展2012年外商投资企业联合年检工作的通知》的通知	沪财企〔2012〕25号	2012年4月16日
11	关于转发《关于修改〈航空运输电子客票行程单〉背面使用说明的函》的通知	沪地税征科〔2012〕10号	2012年4月26日
12	国家税务总局关于网上纳税申报软件评测结果的通告	国家税务总局通告2012年第1号	2012年5月14日
13	国家税务总局关于将稀土企业开具的发票纳入增值税防伪税控系统汉字防伪项目管理有关问题的公告	国家税务总局公告2012年第17号	2012年5月16日
14	国家税务总局关于进一步贯彻落实税收政策促进民间投资健康发展的意见	国税发〔2012〕53号	2012年5月29日
15	国家税务总局关于1元以下应纳税额和滞纳金处理问题的公告	国家税务总局公告2012年第25号	2012年6月14日
16	国家税务总局关于国家认定企业技术中心和国家中小企业公共技术服务示范平台纳税情况核查有关问题的公告	国家税务总局公告2012年第26号	2012年6月15日
17	关于进一步明确出口商品使用发票有关问题的通知	沪国税征科〔2012〕24号	2012年6月25日
18	关于转发《国家税务总局关于进一步贯彻落实税收政策促进民间投资健康发展的意见》的通知	沪国税法〔2012〕18号	2012年6月28日
19	国家税务总局关于纳税人虚开增值税专用发票征补税款问题的公告	国家税务总局公告2012年第33号	2012年7月9日
20	国家税务总局关于发布试点物流企业名单（第八批）的公告	国家税务总局公告2012年第34号	2012年7月12日
21	关于转发《上海市人民政府办公厅转发市经济信息化委关于推进本市法人网上身份统一认证工作的实施意见的通知》的通知	沪国税征科〔2012〕27号	2012年7月18日
22	关于发布《委托代征税款及代开发票管理暂行办法（试行）》的公告	上海市国家税务局 上海市地方税务局公告2012年第4号	2012年8月3日
23	国家税务总局关于发布《废弃电器电子产品处理基金征收管理规定》的公告	国家税务总局公告2012年第41号	2012年8月20日
24	关于本市启用《电子缴款凭证》的公告	上海市国家税务局 上海市地方税务局公告2012年第5号	2012年9月3日
25	关于贯彻落实《废弃电器电子产品处理基金征收管理规定》的意见	沪国税征科〔2012〕33号	2012年9月28日
26	财政部　国家税务总局关于进一步明确废弃电器电子产品处理基金征收产品范围的通知	财综〔2012〕80号	2012年10月15日

续表

序号	标　题	文　号	发文日期
27	关于转发《财政部　国家税务总局关于进一步明确废弃电器电子产品处理基金征收产品范围的通知》的通知	沪国税征科〔2012〕40号	2012年10月29日
28	关于本市开展发票管理专项检查工作的通知	沪国税征科〔2012〕41号	2012年11月1日
29	关于在本市范围内实施纳税申报制度改革的公告	上海市国家税务局上海市地方税务局公告2012年第9号	2012年12月20日

纳税服务

序号	标　题	文　号	发文日期
1	关于试点建立涉税争议前置处理机制的意见	沪国税纳〔2012〕7号	2012年4月17

有关规费

序号	标　题	文　号	发文日期
1	财政部　国家税务总局关于城市公交企业购置公共汽电车辆免征车辆购置税的通知	财税〔2012〕51号	2012年6月15日
2	国家税务总局关于营业税改征增值税试点中文化事业建设费征收有关事项的公告	国家税务总局公告2013年第35号	2013月6月28日
3	财政部　国家税务总局关于营业税改征增值税试点中文化事业建设费征收有关问题的通知	财综〔2012〕68号	2012年8月29日
4	关于转发《财政部　国家税务总局关于营业税改征增值税试点中文化事业建设费征收有关问题的通知》的通知	沪财预〔2012〕132号	2012年10月17日
5	财政部　国家税务总局关于营业税改征增值税试点中文化事业建设费征收有关问题的补充通知	财综〔2012〕96号	2012年12月3日
6	关于转发《财政部　国家税务总局关于营业税改征增值税试点中文化事业建设费征收有关问题的补充通知》的通知	沪财预〔2012〕168号	2012年12月31日

其　他

序号	标　题	文　号	发文日期
1	国家税务总局关于扬州税务进修学院更名的通知	国税函〔2012〕7号	2012年1月6日
2	国家税务总局关于印发《税收个案批复工作规程（试行）》的通知	国税发〔2012〕14号	2012年2月10日
3	国家税务总局关于印发《2012年税务系统执法监察和效能监察工作要点》的通知	国税函〔2012〕138号	2012年4月6日
4	关于印发《促进税收政策落实工作制度》的通知	沪国税法〔2012〕13号	2012年4月20日
5	国家税务总局关于表彰2011年度税务系统打击发票违法犯罪活动工作成绩突出的单位和个人的决定	国税发〔2012〕50号	2012年5月28日
6	财政部　国家税务总局关于城市公交企业购置公共汽电车辆免征车辆购置税的通知	财税〔2012〕51号	2012年6月15日

2012 年税收收入完成情况

单位：万元

项　目	本　年	同　期	增减（%）	中　央	地　方
总　计	98180340	92742993	5.86	62140133	36040207
一、税收总收入	104090013	97907813	6.31	70309479	33780534
其中：证券交易印花税	1589699	2482897	-35.97	1542010	47689
海关代征	28833995	27663269	4.23	28833995	
税收收入	73666319	67761647	8.71	39933474	33732845
1. 国内增值税	21152918	16824083	25.73	14424570	6728348
其中：改征增值税	1920158				1920158
2. 国内消费税	6334893	5703456	11.07	6334893	
3. 营业税	8979187	10415362	-13.79		8979187
4. 企业所得税	21158728	19645655	7.70	13700684	7458044
其中：内资	11356380	10755619	5.59	7451822	3904558
外资	9802348	8890036	10.26	6248862	3553486
5. 个人所得税	7952383	7873822	1.00	4771429	3180954
其中：利息个人所得税	2413	8153	-70.40	1448	965
6. 固定资产投资方向调节税		32			
7. 城市维护建设税	1558975	1432888	8.80		1558975
8. 房产税	925594	736625	25.65		925594
9. 其他印花税	526119	444029	18.49		526119
10. 城镇土地使用税	318149	290991	9.33		318149
11. 土地增值税	2331001	1682164	38.57		2331001
12. 车船税	146403	108669	34.72		146403
13. 车辆购置税	697704	646125	7.98	697704	
14. 耕地占用税	120425	151003	-20.25		120425
15. 契税	1459646	1806743	-19.21		1459646
16. 资源税	4194			4194	
二、出口退税	-8178426	-7148864		-8178426	
三、其他收入	2268753	1984044	14.35	9080	2259673
1. 教育费附加收入	1062866	968416	9.75		1062866
2. 文化事业建设费收入	134556	114568	17.45		134556
3. 税务部门其他罚没收入					
4. 税务行政性收费	8121	9141	-11.16	8121	
5. 其他（含河道管理费）	1063210	891919	19.20	959	1062251

2012年税收收入分单位完成情况

单位：万元

分　局	全年完成数	上年同期	同比增减（%）
税收收入合计	73666319	67761647	8.71
黄浦区	4011139	3698183	8.46
徐汇区	2860034	2616131	9.32
长宁区	2434799	2172618	12.07
普陀区	2110150	1929057	9.39
静安区	2275567	2202899	3.30
闸北区	1616205	1391411	16.16
虹口区	1343214	1235684	8.70
杨浦区	7448537	6436993	15.71
宝山区	2532009	2649214	-4.42
闵行区	4713301	4200156	12.22
嘉定区	5500829	4912715	11.97
浦东新区	20690829	19374876	6.79
金山区	2002255	2128638	-5.94
奉贤区	1809600	1641489	10.24
松江区	2661014	2455038	8.39
青浦区	2317347	2071319	11.88
崇明县	868582	811483	7.04
三分局	6470908	5837035	10.86

注：税收收入不包含海关代征和证券交易印花税。

2012 年税收收入分行业分税种统计情况（一）

单位：万元

项目	税收总收入	国内增值税	其中：一般纳税人	国内消费税	营业税	企业所得税		个人所得税
						内资企业	外资企业	
合　计	104090013	21152918	20790554	6334893	8979187	11356378	9802350	7952383
一、第一产业	12316	1658	1373		4817	2733	510	1781
二、第二产业	50098189	11373074	11350525	6184351	1469426	2309263	3532365	1573114
（一）采矿业	35602	12319	12284		9056	6609	139	1894
1. 煤炭开采和洗选业								
2. 石油和天然气开采业	23465	11717	11717		249	5679		1257
其中：原油	14844	5504	5504		249	5679		1257
3. 黑色金属矿采选业								
4. 有色金属矿采选业								
5. 非金属矿采选业								
6. 其他采矿业	12137	602	567		8807	930	139	637
（二）制造业	46845400	10624899	10612964	6184351	223820	1622072	3461827	1253604
1. 农副食品加工业	73928	39056	38997		1787	5247	19254	4461
2. 食品制造业	532325	367921	367555	2	5698	17108	94819	29043
3. 酒、饮料和精制茶制造业	200634	123361	123310	21063	1079	6735	19590	20550
①酒的制造	53429	21078	21076	21037	360	4237	3337	756
其中：酒精								
②饮料制造	146451	101820	101773	26	685	2341	16256	19771
③精制茶制造	754	463	461		34	157	-3	23
4. 烟草制品业	5921084	1108363	1108363	4031997	222	401792	1437	20550
其中：卷烟制造	5921081	1108362	1108362	4031997	222	401792	1437	20550
5. 纺织业	175417	121207	120727		4088	13332	19801	7974
6. 纺织服装、服饰业	624423	418221	417432		6937	94585	64371	22567
7. 皮革、毛皮、羽毛及其制品和制鞋业	179362	94353	94314		1306	70734	4733	2913
8. 木材加工和木竹藤棕草制品业	52521	32916	32752	2253	2146	5104	5223	2567
9. 家具制造业	123040	92466	91916	17	2285	8586	10544	5400
10. 造纸和纸制品业	167474	121536	121446		1012	7439	24258	7438
11. 印刷和记录媒介复制业	152385	103481	103267		2175	17565	12683	9679
12. 文教、工美、体育和娱乐用品制造业	156379	84897	84393	2513	3641	36254	12517	9386

续表

项　目	税收总收入	国内增值税	其中：一般纳税人	国内消费税	营业税	企业所得税		个人所得税
						内资企业	外资企业	
13. 石油加工、炼焦和核燃料加工业	1675258	353916	353916	1236453	2038	-298	7715	10685
其中：成品油	1666925	348011	348011	1236453	1807	-302	7617	10306
14. 化学原料和化学制品制造业	1302876	817097	816729	10895	13868	101907	199193	111184
15. 医药制造业	582415	367383	367286		4812	50024	80323	59011
16. 化学纤维制造业	12863	9870	9869		244	-547	744	1164
17. 橡胶和塑料制品业	466341	308575	308427	805	5184	43090	57367	33634
18. 非金属矿物制品业	332239	216349	215445		7960	31328	36471	23257
19. 黑色金属冶炼和压延加工业	426526	286387	286379		7186	39301	8301	37417
20. 有色金属冶炼和压延加工业	75982	42055	42030		741	4392	18931	5455
21. 金属制品业	630778	406808	406017		12286	67299	81629	37552
22. 通用设备制造业	1484115	930517	929444		17624	123909	251766	103705
23. 专用设备制造业	884753	530371	529756		15801	59102	156071	91980
24. 汽车制造业	4392860	1643777	1642584	870743	13808	84020	1533792	170138
25. 铁路、船舶、航空航天和其他运输设备制造业	387269	202054	201907	7482	6615	85944	33739	34330
其中：铁路运输设备制造	33007	24120	24117		610	1115	2853	2078
船舶及相关装置制造	253566	129462	129356		4594	77909	8418	22313
航空、航天及设备制造	26741	12981	12980		371	5464	275	6347
摩托车制造	33975	14532	14530	7482	548	611	7924	1349
26. 电气机械和器材制造业	1199059	684349	683162		22499	129648	219328	100705
27. 计算机、通信和其他电子设备制造业	1187852	550060	549537	40	34538	51151	309003	192339
28. 仪表仪器制造业	231743	126633	126555		6533	10418	50330	30813
29. 其他制造业	23213499	440920	439449	88	19707	56903	127894	67707
（三）电力、热力、燃气及水的生产和供应业	929645	627162	627158		22593	137017	24765	45012
1. 电力、热力生产和供应业	745920	549811	549811		10152	72569	20926	36316
①电力生产	219374	139573	139573		566	35305	19199	12054
②电力供应	518374	406743	406743		9158	35206	876	23394
③热力生产和供应业	8172	3495	3495		428	2058	851	868
2. 燃气生产和供应业	119075	50683	50683		5675	46770	1259	5796
3. 水的生产和供应业	64650	26668	26664		6766	17678	2580	2900
（四）建筑业	2287542	108694	98119		1213957	543565	45634	272604
1. 房屋建筑业	356578	5027	4580		215441	81443	7696	30365

续表

项目	税收总收入	国内增值税	其中：一般纳税人	国内消费税	营业税	企业所得税		个人所得税
						内资企业	外资企业	
2. 土木工程建筑业	785206	23483	22303		386836	220035	4967	111543
3. 建筑安装业	650368	47563	45561		354987	123426	13125	85590
4. 建筑装饰和其他建筑业	495390	32621	25675		256693	118661	19846	45106
三、第三产业	53979508	9778186	9438656	150542	7504944	9044382	6269475	6377488
(一) 批发和零售业	19227108	6829215	6724190	150483	451959	1405292	2156675	1255241
1. 批发业	16562181	5543799	5478184	114836	283245	965790	1837538	1012070
其中：烟草制品批发	346939	105590	105590	105007	1838	107006		6256
煤炭及制品批发	108516	61906	61905		1176	32265	126	2185
石油及其制品批发	287830	207119	207069		3471	29113	18695	7247
汽车及零配件批发	684544	404437	403878		6183	43863	166518	31064
2. 零售业	2664927	1285416	1246006	35647	168714	439502	319137	243171
(二) 交通运输、仓储和邮政业	2197988	684466	664460		242583	501618	371838	280080
1. 交通运输业	1606692	466186	449311		169267	440002	254207	187962
2. 仓储业	505273	215883	212942		36035	34675	114349	80851
3. 邮政业	86023	2397	2207		37281	26941	3282	11267
(三) 住宿和餐饮业	743117	7155	5642	17	445284	88564	64524	54279
1. 住宿业	308015	2427	2058		147776	53150	22880	21155
2. 餐饮业	435102	4728	3584	17	297508	35414	41644	33124
(四) 信息传输、软件和信息技术服务业	1649941	324948	308080		339566	203713	277489	436495
1. 电信、广播电视和卫星传输服务业	392609	3828	3143		177620	41756	103379	38822
其中：电信	382064	3508	3046		171229	39657	103265	37810
2. 互联网和相关服务	61489	6157	5822		24167	10996	7336	11457
3. 软件和信息技术服务业	1195843	314963	299115		137779	150961	166774	386216
(五) 金融业	10030504	38058	35369		2157243	3748246	971500	1145029
1. 货币金融服务	6002257	35143	32953		1691417	2885701	641041	573654
其中：银行	5363598	3111	1285		1573407	2647100	465352	518037
金融租赁	290669	30926	30910		38969	83117	112614	13634
2. 资本市场服务	2932194	1115	978		185892	614863	162805	352370
其中：证券市场服务	2397851	10	3		120638	335177	42923	293666
期货市场服务	297016				46878	233047	529	11068
3. 保险业	620856	61			178041	130060	15460	127506
4. 其他金融业	475197	1739	1438		101893	117622	152194	91499

续表

项　目	税收总收入	国内增值税	其中：一般纳税人	国内消费税	营业税	企业所得税		个人所得税
						内资企业	外资企业	
（六）房地产业	9254288	11280	9343	40	2308548	1677489	609856	360831
1. 房地产开发经营	6396582	5129	4612	40	1649905	1510729	524551	163416
2. 物业管理	410257	2254	1871		188278	80395	38408	28423
3. 房地产中介服务	104373	2497	2068		41642	17230	7631	29413
4. 自有房地产经营活动	1981051	379	246		319952	33338	15365	105192
5. 其他房地产业	362025	1021	546		108771	35797	23901	34387
（七）租赁和商务服务业	7127116	1343065	1210560	2	1042926	986304	1303267	2048453
1. 租赁业	179534	23685	18519		39756	42207	51400	10096
2. 商务服务业	6947582	1319380	1192041	2	1003170	944097	1251867	2038357
（八）科学研究和技术服务业	1239784	355286	321555		163415	228945	86314	358221
（九）居民服务、修理和其他服务业	779209	122000	106561		189203	120111	153753	131945
其中：居民服务业	114309	7009	5639		38769	25186	4049	33403
机动车、电子产品和日用产品修理业	62261	33172	31707		6431	5944	3616	10076
（十）教育	193388	2986	1042		42493	15211	9080	117092
（十一）卫生和社会工作	98478	490	369		3970	8082	10869	71901
其中：卫生	98024	490	369		3826	8026	10869	71733
（十二）文化、体育和娱乐业	186754	36045	33811		58607	36550	5300	30216
其中：新闻和出版业	56023	19818	19513		8267	10771	879	11191
广播、电视、电影和影视录音制作业	47554	11303	10882		14405	7972	577	10130
体育	19240	370	211		12652	1254	-89	2337
娱乐业	32732	772	649		15432	6324	1826	1101
（十三）公共管理、社会保障和社会组织	228384	4460	742		22078	10918	14036	70292
（十四）其他行业	1023449	18732	16932		37069	13339	234974	17413

2012年税收收入分行业分税种统计情况（二）

单位：万元

项　目	其中：储蓄利息所得税	城市维护建设税	房产税	印花税	其中：证券交易印花税	城镇土地使用税	土地增值税	车辆购置税
合　计	2414	1558975	925594	2115818	1589699	318149	2331001	697704
一、第一产业		130	78	97		304		
二、第二产业		719853	112605	146945		154696	33676	
（一）采矿业		794	269	309		19		
1. 煤炭开采和洗选业								
2. 石油和天然气开采业		135	68	164		2		
其中：原油		73	68	127		2		
3. 黑色金属矿采选业								
4. 有色金属矿采选业								
5. 非金属矿采选业								
6. 其他采矿业		659	201	145		17		
（二）制造业		627287	83205	118628		141828	23731	
1. 农副食品加工业		971	419	1466		1107	160	
2. 食品制造业		11212	1273	1904		2642	664	
3. 酒、饮料和精制茶制造业		5624	643	685		1304		
①酒的制造		1567	282	82		693		
其中：酒精								
②饮料制造		4043	301	603		605		
③精制茶制造		14	60			6		
4. 烟草制品业		353404	1663	1195		447		
其中：卷烟制造		353402	1663	1195		447		
5. 纺织业		2128	2172	746		3358	611	
6. 纺织服装、服饰业		9336	2024	1711		3625	1046	
7. 皮革、毛皮、羽毛及其制品和制鞋业		3078	694	187		1364		
8. 木材加工和木竹藤棕草制品业		676	220	139		926	349	
9. 家具制造业		1235	445	470		1300	292	
10. 造纸和纸制品业		2051	662	743		2187	147	
11. 印刷和记录媒介复制业		3241	1224	556		1734	45	
12. 文教、工美、体育和娱乐用品制造业		2171	1625	667		2191	517	

续表

项　目	其中：储蓄利息所得税	城市维护建设税	房产税	印花税	其中：证券交易印花税	城镇土地使用税	土地增值税	车辆购置税
13. 石油加工、炼焦和核燃料加工业		51124	3679	3493		6433	20	
其中：成品油		50696	3260	3269		5808		
14. 化学原料和化学制品制造业		18982	4426	10312		13751	1128	
15. 医药制造业		11448	3763	2110		3502	26	
16. 化学纤维制造业		155	134	503		574	22	
17. 橡胶和塑料制品业		5485	2203	3237		6005	678	
18. 非金属矿物制品业		5142	1737	3075		6098	822	
19. 黑色金属冶炼和压延加工业		12099	17561	6897		10356	1021	
20. 有色金属冶炼和压延加工业		897	689	1296		1526		
21. 金属制品业		9247	3919	3149		7588	932	
22. 通用设备制造业		28774	6610	8938		10878	1184	
23. 专用设备制造业		12313	4098	4963		7540	1873	
24. 汽车制造业		31752	6112	22880		13388	2247	
25. 铁路、船舶、航空航天和其他运输设备制造业		5513	3547	2936		3769	1320	
其中：铁路运输设备制造		1322	40	137		56	676	
船舶及相关装置制造		3230	3018	1944		2674	4	
航空、航天及设备制造		520	365	268		150		
摩托车制造		176	8	353		332	640	
26. 电气机械和器材制造业		17333	4089	8961		10194	1321	
27. 计算机、通信和其他电子设备制造业		9283	4375	19993		11037	5881	
28. 仪表仪器制造业		3175	975	1030		1150	585	
29. 其他制造业		9438	2224	4386		5854	840	
（三）电力、热力、燃气及水的生产和供应业		37196	13661	9565		7593	3945	
1. 电力、热力生产和供应业		31654	10973	6313		3411	3242	
①电力生产		4139	3275	2715		2548		
②电力供应		27463	7550	3538		651	3242	
③热力生产和供应业		52	148	60		212		
2. 燃气生产和供应业		3680	1127	2704		1381		
3. 水的生产和供应业		1862	1561	548		2801	703	
（四）建筑业		54576	15470	18443		5256	6000	
1. 房屋建筑业		9296	2939	3015		618	711	

续表

项目	其中：储蓄利息所得税	城市维护建设税	房产税	印花税	其中：证券交易印花税	城镇土地使用税	土地增值税	车辆购置税
2. 土木工程建筑业		16965	6294	8718		2744	2146	
3. 建筑安装业		17387	3433	3216		947	648	
4. 建筑装饰和其他建筑业		10928	2804	3494		947	2495	
三、第三产业	2414	838992	812911	1968776	1589699	163149	2297325	697704
（一）批发和零售业		305028	104486	183713		18261	9249	
1. 批发业		226940	43969	158290		12254	6012	
其中：烟草制品批发		13866	4126	2779		468		
煤炭及制品批发		3640	382	6753		83		
石油及其制品批发		13594	1357	6687		546		
汽车及零配件批发		9701	362	21723		394	253	
2. 零售业		78088	60517	25423		6007	3237	
（二）交通运输、仓储和邮政业		41373	31295	23086		12639	66	
1. 交通运输业		35981	21562	17924		5378	6	
2. 仓储业		3923	7104	5031		6635	60	
3. 邮政业		1469	2629	131		626		
（三）住宿和餐饮业		27592	49780	1208		3132	1581	
1. 住宿业		9552	46130	687		2677	1581	
2. 餐饮业		18040	3650	521		455		
（四）信息传输、软件和信息技术服务业		35465	17136	5062		2626	6578	
1. 电信、广播电视和卫星传输服务业		11719	12020	1297		1306		
其中：电信		11378	11881	1204		1289		
2. 互联网和相关服务		983	208	156		29		
3. 软件和信息技术服务业		22763	4908	3609		1291	6578	
（五）金融业		154996	53168	1617443	1589699	2232	1347	
1. 货币金融服务		117714	34993	20948		1360	273	
其中：银行		105535	34364	15093		1319	268	
金融租赁		6863		4546				
2. 资本市场服务		13050	10172	1591021	1589699	474	432	
其中：证券市场服务		8431	5900	1590503	1589699	210	393	
期货市场服务		3273	2062	53		106		
3. 保险业		17153	6014	4344		346	642	
4. 其他金融业		7079	1989	1130		52		

续表

项　目	其中：储蓄利息所得税	城市维护建设税	房产税	印花税	其中：证券交易印花税	城镇土地使用税	土地增值税	车辆购置税
（六）房地产业		108078	392512	39228		80110	2188431	
1. 房地产开发经营		71141	230324	31906		69310	2134850	
2. 物业管理		10794	49568	1395		2923	7819	
3. 房地产中介服务		2066	1913	177		203	1601	
4. 自有房地产经营活动		17821	61588	3601		3349	25470	
5. 其他房地产业		6256	49119	2149		4325	18691	
（七）租赁和商务服务业		117380	110520	43690		29397	66984	
1. 租赁业		2902	1371	1716		2569	953	
2. 商务服务业		114478	109149	41974		26828	66031	
（八）科学研究和技术服务业		24409	11612	5807		3911	1308	
（九）居民服务、修理和其他服务业		13506	14925	8811		4952	8946	
其中：居民服务业		1912	2124	960		319	301	
机动车、电子产品和日用产品修理业		2084	357	140		432	9	
（十）教育		2549	3149	219		561	48	
（十一）卫生和社会工作		300	973	94		84	1715	
其中：卫生		291	899	93		82	1715	
（十二）文化、体育和娱乐业		5138	6256	834		4738	3070	
其中：新闻和出版业		1908	2253	102		176	658	
广播、电视、电影和影视录音制作业		1417	1054	518		178		
体育		591	1010	38		354	723	
娱乐业		666	833	133		3957	1688	
（十三）公共管理、社会保障和社会组织		1159	16076	39235		275	7929	
（十四）其他行业	2414	2019	1023	346		231	73	697704

2012 年税收收入分行业分税种统计情况（三）

单位：万元

项目	车船税	耕地占用税	契税	资源税	固定资产投资方向调节税	进口货物增值税	进口消费品消费税
合计	146403	120425	1459646	4194		25427167	3406828
一、第一产业		208					
二、第二产业	24	7400		4194		19070375	3406828
（一）采矿业				4194			
1. 煤炭开采和洗选业							
2. 石油和天然气开采业				4194			
其中：原油				1885			
3. 黑色金属矿采选业							
4. 有色金属矿采选业							
5. 非金属矿采选业							
6. 其他采矿业							
（二）制造业	22	2923				19070375	3406828
1. 农副食品加工业							
2. 食品制造业		39					
3. 酒、饮料和精制茶制造业							
①酒的制造							
其中：酒精							
②饮料制造							
③精制茶制造							
4. 烟草制品业	14						
其中：卷烟制造	14						
5. 纺织业							
6. 纺织服装、服饰业							
7. 皮革、毛皮、羽毛及其制品和制鞋业							
8. 木材加工和木竹藤棕草制品业		2					
9. 家具制造业							
10. 造纸和纸制品业	1						
11. 印刷和记录媒介复制业	2						
12. 文教、工美、体育和娱乐用品制造业							
13. 石油加工、炼焦和核燃料加工业							

续表

项　目	车船税	耕地占用税	契税	资源税	固定资产投资方向调节税	进口货物增值税	进口消费品消费税
其中：成品油							
14. 化学原料和化学制品制造业		133					
15. 医药制造业	3	10					
16. 化学纤维制造业							
17. 橡胶和塑料制品业		78					
18. 非金属矿物制品业							
19. 黑色金属冶炼和压延加工业							
20. 有色金属冶炼和压延加工业							
21. 金属制品业	1	368					
22. 通用设备制造业		210					
23. 专用设备制造业		641					
24. 汽车制造业		203					
25. 铁路、船舶、航空航天和其他运输设备制造业		20					
其中：铁路运输设备制造							
船舶及相关装置制造							
航空、航天及设备制造							
摩托车制造		20					
26. 电气机械和器材制造业		632					
27. 计算机、通信和其他电子设备制造业	1	151					
28. 仪表仪器制造业		101					
29. 其他制造业		335				19070375	3406828
（三）电力、热力、燃气及水的生产和供应业		1136					
1. 电力、热力生产和供应业		553					
①电力生产							
②电力供应		553					
③热力生产和供应业							
2. 燃气生产和供应业							
3. 水的生产和供应业		583					
（四）建筑业	2	3341					
1. 房屋建筑业		27					
2. 土木工程建筑业	1	1474					
3. 建筑安装业		46					

续表

项目	车船税	耕地占用税	契税	资源税	固定资产投资方向调节税	进口货物增值税	进口消费品消费税
4. 建筑装饰和其他建筑业	1	1794					
三、第三产业	146379	112817	1459646			6356792	
(一) 批发和零售业	11	703				6356792	
1. 批发业	6	640				6356792	
其中：烟草制品批发	3						
煤炭及制品批发							
石油及其制品批发	1						
汽车及零配件批发		46					
2. 零售业	5	63					
(二) 交通运输、仓储和邮政业	4828	4116					
1. 交通运输业	4828	3389					
2. 仓储业		727					
3. 邮政业							
(三) 住宿和餐饮业	1						
1. 住宿业							
2. 餐饮业	1						
(四) 信息传输、软件和信息技术服务业	1	862					
1. 电信、广播电视和卫星传输服务业		862					
其中：电信		843					
2. 互联网和相关服务							
3. 软件和信息技术服务业	1						
(五) 金融业	141242						
1. 货币金融服务	13						
其中：银行	12						
金融租赁							
2. 资本市场服务							
其中：证券市场服务							
期货市场服务							
3. 保险业	141229						
4. 其他金融业							
(六) 房地产业	6	18233	1459646				
1. 房地产开发经营	5	2501	2775				
2. 物业管理							

续表

项　目	车船税	耕地占用税	契税	资源税	固定资产投资方向调节税	进口货物增值税	进口消费品消费税
3. 房地产中介服务							
4. 自有房地产经营活动		1845	1393151				
5. 其他房地产业	1	13887	63720				
(七) 租赁和商务服务业	179	34949					
1. 租赁业	170	2709					
2. 商务服务业	9	32240					
(八) 科学研究和技术服务业	2	554					
(九) 居民服务、修理和其他服务业	8	11049					
其中：居民服务业		277					
机动车、电子产品和日用产品修理业							
(十) 教育							
(十一) 卫生和社会工作							
其中：卫生							
(十二) 文化、体育和娱乐业							
其中：新闻和出版业							
广播、电视、电影和影视录音制作业							
体育							
娱乐业							
(十三) 公共管理、社会保障和社会组织	98	41828					
(十四) 其他行业	3	523					

2012 年税收收入分税种分企业类型统计情况

单位:万元

项目	税收总收入	内资企业									港澳台投资企业	外商投资企业	个体经营	附列资料:乡(镇)企业
		小计	国有企业	集体企业	股份合作企业	联营企业	有限责任公司	股份有限公司	私营企业	其他企业				
税收总收入	104090013	62709666	19908506	298495	110305	61243	17854102	9586855	10964146	3926014	7140530	33569492	670325	2921210
1. 增值税收入	46580085	25533501	15817518	62374	39817	25340	3721952	1191314	4650366	24820	2422136	18606114	18334	1061561
其中:一般纳税人	20790554	9983943	558842	59525	39333	25185	3703774	1190628	4389234	17422	2410516	8395625	470	1057499
小规模纳税人	362364	293258	2376	2849	484	155	18178	686	261132	7398	11620	39622	17864	4062
2. 消费税收入	9741721	7510779	2149337	360	636		4068574	1275286	16000	586	15924	2214771	247	3100
3. 营业税	8979187	6767036	319793	85503	17831	8073	2284892	1901571	2001967	147406	617880	1257573	336698	508587
其中:中央														
4. 企业所得税	21158728	11356378	441610	81201	25147	20912	4191784	3876785	2456185	262754	2466256	7336094		802244
其中:中央	13700684	7451821	273042	48730	15093	12548	2571666	2890073	1483016	157653	1561237	4687626		487480
5. 个人所得税	7952383	3623145	252166	23866	17914	2933	1249806	803825	960214	312421	884211	3226872	218155	175902
其中:储蓄存款利息所得	2414												2414	
6. 资源税	4194	4194					4194							
7. 固定资产投资方向调节税														
8. 城市维护建设税	1558975	1123142	56121	7566	2680	1247	610341	218080	217507	9600	127426	289192	19215	44131
9. 房产税	925594	566468	65917	16270	2977	919	262327	96663	97134	24261	160468	143655	55003	35798

续表

项　目	税收总收入	内资企业								港澳台投资企业	外商投资企业	个体经营	附列资料:乡(镇)企业
		小计	国有企业	集体企业	股份合作企业	联营企业	有限责任公司	股份有限公司	私营企业	其他企业			
10. 印花税	2115818	1876758	12217	9148	432	195	128340	45512	58312	1622602	50405	180922	7733	19935
其中:证券交易印花税	1589699	1589699					3980			1585719				
11. 城镇土地使用税	318149	222527	20811	5212	1946	807	105394	18708	68234	1415	31026	64503	93	37379
12. 土地增值税	2331001	1704739	35791	5426	839	817	1185531	22493	435630	18212	364791	247017	14454	215395
13. 车船税	146403	144219	43	33	38		4189	135558	146	4212	7	2144	33	3118
14. 车辆购置税	697704	697344	697344										360	
15. 烟叶税														
16. 耕地占用税	120425	119790	39838	1536	48		36778	1060	2451	38079		635		14060
17. 契税	1459646	1459646								1459646				
18. 其他税收														

2012 年涉外税收分行业分税种统计情况

单位:万元

项　目	合　计	增值税	消费税	营业税	企业所得税	个人所得税	城市维护建设税	房产税	城镇土地使用税	车船税	其他各税
一、涉外税收收入	40710022	21028250	2230695	1875453	9802350	4111083	416618	304123	95529	2151	843770
(一)中外合资经营企业	8555318	3227579	841721	445880	2826851	601480	103051	101217	36580	2048	368911
1. 采矿业	417			387			27				3
2. 制造业	5730173	2605122	840410	22424	1880535	254823	57199	11341	21994	1	36324
3. 电力、热力、燃气及水的生产和供应业	83193	55271		1086	20064	2800	1942	203	1113		714
4. 建筑业	40308	2595		21625	6874	5522	1318	1740	60		574
5. 批发和零售业	813489	456596	1271	17393	235102	63036	13920	2581	592	2	22996
6. 交通运输、仓储和邮政业	158685	35302		9376	86026	22513	1887	1320	1247	1	1013
7. 住宿和餐饮业	63572	68		36756	10369	4909	2470	8440	425		135
8. 信息传输、软件和信息技术服务业	50131	12258		6863	15822	13474	1099	100	29		486
9. 金融业	477507	1093		127229	214869	121860	8858	510	30	1898	1160
10. 房地产业	828817	1954	40	153643	271573	13392	8614	69141	8280		302180
11. 租赁和商务服务业	193428	29470		31361	55384	64387	3922	5817	2013	146	928
12. 科学研究和技术服务业	65501	21775		3496	16548	22322	793	46	362		159
13. 文化、体育和娱乐业	7232	258		4680	1451	314	198	16	210		105
14. 其他行业	42865	5817		9561	12234	12128	804	-38	225		2134
(二)中外合作经营企业	814941	278713	7929	76889	277695	99375	12964	21271	5468		34637

续表

项　目	合　计	增值税	消费税	营业税	企业所得税	个人所得税	城市维护建设税	房产税	城镇土地使用税	车船税	其他各税
1. 采矿业											
2. 制造业	294078	171523	7057	4030	82945	18663	3776	967	2908		2209
3. 电力、热力、燃气及水的生产和供应业	7252	2861		32	3566	262	156	239	80		56
4. 建筑业	11009	382		3509	2585	4153	184	6	5		185
5. 批发和零售业	152057	60873	856	8647	62687	8526	2703	3308	222		4235
6. 交通运输、仓储和邮政业	3492	741		499	824	981	58	298	59		32
7. 住宿和餐饮业	46211	495	16	19618	16313	4021	1386	3912	146		304
8. 信息传输、软件和信息技术服务业	4038	1597		411	560	1327	140				3
9. 金融业	20	6				13					1
10. 房地产业	93640	48		18650	34057	2172	1080	10059	1748		25826
11. 租赁和商务服务业	166244	36977		12429	62966	47671	2843	2149	160		1049
12. 科学研究和技术服务业	4235	763		815	1207	1321	90	6	30		3
13. 文化、体育和娱乐业	6139	111		2376	2248	348	73	249	53		681
14. 其他行业	26526	2336		5873	7737	9917	475	78	57		53
（三）外资企业	17697487	7194768	18305	1089547	5188117	3266674	279758	168609	53191	102	438416
1. 采矿业	1130			245		775	17				93
2. 制造业	4940348	2903231	12893	66194	1246637	561619	48441	9597	35946	5	55785
3. 电力、热力、燃气及水的生产和供应业	25154	15745		206	664	4866	1046	1634	728		265
4. 建筑业	97920	9259		17714	33626	34514	1342	360	114		991
5. 批发和零售业	6089218	3061894	5410	148652	1820729	839724	122905	13952	1219		74733

续表

项　目	合　计	增值税	消费税	营业税	企业所得税	个人所得税	城市维护建设税	房产税	城镇土地使用税	车船税	其他各税
6. 交通运输、仓储和邮政业	682193	242099		42651	262470	116923	6237	3201	2143	8	6461
7. 住宿和餐饮业	152513	1681		85937	32497	17431	5763	8465	230		509
8. 信息传输、软件和信息技术服务业	728986	118603		107773	237679	245401	12757	4003	609		2161
9. 金融业	997245	12614		178009	566981	214818	14637	4546	50	88	5502
10. 房地产业	926749	3667		187642	286476	42448	11440	110387	9989		274700
11. 租赁和商务服务业	2688260	753048	2	212257	624851	1019225	50540	11680	1174	1	15482
12. 科学研究和技术服务业	268083	54001		12926	46140	150096	2501	296	622		1501
13. 文化、体育和娱乐业	3678	160		2303	335	677	153	37	6		7
14. 其他行业	96010	18766		27038	29032	18157	1979	451	361		226
(四)非居民企业	2108678	156323	9	263137	1509687	143554	20845	13026	290	1	1806
1. 外国企业常驻代表机构	191805	1369		78463	55450	50447	5510	348	7	1	210
2. 提供劳务、承包工程作业	1709	22		166	145	7	12	1334	23		
3. 金融和保险	132975	1		30191	70246	29320	2113	71	18		1015
4. 国际运输收入											
5. 支付单位扣缴	1498941	154854	9	153123	1174338		13129	3312	83		93
6. 其他	283248	77		1194	209508	63780	81	7961	159		488
(五)外籍个人											
(六)进口货物税收	11533598	10170867	1362731								
二、出口货物退税	－3858819	－3855992	－2827								

2012 年税收收入分行业统计情况

单位：万元

项　目	税收收入	增值税	消费税	营业税	企业所得税	个人所得税	其他各税
税收收入	73666319	21152918	6334893	8979186	21158728	7952383	8088211
六大重点发展工业	11445280	5070896	2118150	108975	3000503	767827	380101
1. 电子信息产品制造业	1578619	791647	40	40727	450203	232045	63956
2. 汽车制造业	4392860	1643777	870743	13808	1617812	170138	76582
3. 石油化工及精细化工制造业	2437165	816065	1247367	9175	203210	74405	88118
4. 精品钢材制造业	401688	270867		6807	43770	32933	47311
5. 成套设备制造业	1861241	1074857		31424	501825	177219	75915
6. 生物医药制造业	773707	473683		7034	183683	81087	28219
六大支柱产业	39709575	10485073	1021281	5360355	13527665	3749792	5565407
一、信息产业	3643089	1296959	86	428694	1021329	742729	153292
1. 信息制造业	1133335	531254	40	34773	335525	183433	48310
2. 信息销售业	758927	410104	46	32370	185190	102095	29122
3. 信息服务业	1750827	355600		361551	500614	457201	75860
二、金融业	8440805	38058		2157243	4719746	1145031	380727
三、商贸流通业	12117292	6420142	150412	420638	3379616	1153844	592639
四、汽车制造业	4392860	1643777	870743	13808	1617812	170138	76582
五、成套设备制造业	1861241	1074857		31424	501825	177219	75915
六、房地产业	9254288	11280	40	2308548	2287337	360831	4286252
装备制造业	9528666	4543499	878265	109456	3018830	701809	276806

注：本表口径为税收收入。

纳税登记户数分行业分企业类型统计情况

单位:户

项目	登记户数	纳税户数	内资企业									港澳台投资企业	外商投资企业	个体经营
			小计	国有企业	集体企业	股份合作企业	联营企业	有限责任公司	股份有限公司	私营企业	其他企业			
合计	1102409	913890	725840	5335	10199	3270	767	36711	2251	653195	14112	16045	32291	139714
一、采矿业	24	21	14	2	0	0	0	5	6	1	0	3	4	0
二、制造业	125639	114511	98153	689	2947	1575	263	3791	367	88485	36	3572	8110	4676
三、电力、热力、燃气及水的生产和供应业	402	270	244	36	68	5	1	100	3	29	2	10	16	0
四、建筑业	51808	43534	42999	313	434	136	29	2411	122	39534	20	209	250	76
五、批发和零售业	515030	424398	308523	1367	2795	865	236	9501	439	293149	171	4991	9740	101144
六、交通运输、仓储和邮政业	36596	30216	25210	200	359	94	23	1705	61	22749	19	823	1017	3166
七、住宿和餐饮业	34958	26192	13530	308	492	96	34	881	49	11632	38	395	434	11833
八、信息传输、软件和信息技术服务业	23413	20176	17887	39	20	12	3	1036	155	16585	37	667	1559	63
九、金融业	5224	2293	1960	40	5	1	5	672	518	563	156	107	226	0
十、房地产业	22581	17322	16176	328	314	43	46	4259	72	11077	37	676	462	8
十一、租赁和商务服务业	163522	132135	118363	623	949	173	39	7940	298	106247	2094	3833	8924	1015
十二、科学研究和技术服务业	45061	37359	35074	409	502	93	23	1949	103	31529	466	408	928	949

续表

项　目	登记户数	纳税户数	内资企业									港澳台投资企业	外商投资企业	个体经营
			小　计	国有企业	集体企业	股份合作企业	联营企业	有限责任公司	股份有限公司	私营企业	其他企业			
十三、居民服务、修理和其他服务业	51092	43391	28252	288	698	139	48	1487	24	24221	1347	219	330	14590
十四、教育	4757	4467	4406	141	71	10	3	53	0	286	3842	12	37	12
十五、卫生和社会工作	2104	1929	1651	25	27	2	0	97	3	692	805	12	20	246
十六、文化、体育和娱乐业	7518	6197	5949	331	236	20	9	385	25	4225	718	60	66	122
十七、公共管理、社会保障和社会组织	1292	1175	1156	112	46	0	0	7	0	8	983	2	15	2
十八、其他行业	11388	8304	6293	84	236	6	5	432	6	2183	3341	46	153	1812